26-37 } 1

20-21
134-135 } 2
174-181

104-113
44-53 } 3

38-46 } 4

104-113
136-141 } 5
(Gishli)

Hans Mogel

Psychologie des Kinderspiels

Von den frühesten Spielen bis zum Computerspiel

3., aktualisierte und erweiterte Auflage

Hans Mogel

Psychologie des Kinderspiels

Von den frühesten Spielen bis zum Computerspiel

Die Bedeutung des Spiels als Lebensform des Kindes, seine Funktion und Wirksamkeit für die kindliche Entwicklung

3., aktualisierte und erweiterte Auflage

Mit 36 Abbildungen und 6 Tabellen

Univ.-Prof. Dr. Hans Mogel
Universität Passau
Philosophische Fakultät
Lehrstuhl für Psychologie
94030 Passau

ISBN 978-3-540-46623-9 Springer Medizin Verlag Heidelberg

Bibliografische Information der Deutschen Nationalbibliothek
Die Deutsche Nationalbibliothek verzeichnet diese Publikation in der Deutschen Nationalbibliografie;
detaillierte bibliografische Daten sind im Internet über http://dnb.d-nb.de abrufbar.

Dieses Werk ist urheberrechtlich geschützt. Die dadurch begründeten Rechte, insbesondere die der Übersetzung, des Nachdrucks, des Vortrags, der Entnahme von Abbildungen und Tabellen, der Funksendung, der Mikroverfilmung oder der Vervielfältigung auf anderen Wegen und der Speicherung in Datenverarbeitungsanlagen, bleiben, auch bei nur auszugsweiser Verwertung, vorbehalten. Eine Vervielfältigung dieses Werkes oder von Teilen dieses Werkes ist auch im Einzelfall nur in den Grenzen der gesetzlichen Bestimmungen des Urheberrechtsgesetzes der Bundesrepublik Deutschland vom 9. September 1965 in der jeweils geltenden Fassung zulässig. Sie ist grundsätzlich vergütungspflichtig. Zuwiderhandlungen unterliegen den Strafbestimmungen des Urheberrechtsgesetzes.

Springer Medizin Verlag
springer.com
© Springer Medizin Verlag Heidelberg 1991, 1994, 2008
Printed in Germany

Die Wiedergabe von Gebrauchsnamen, Warenbezeichnungen usw. in diesem Werk berechtigt auch ohne besondere Kennzeichnung nicht zu der Annahme, dass solche Namen im Sinne der Warenzeichen- und Markenschutzgesetzgebung als frei zu betrachten wären und daher von jedermann benutzt werden dürften.

Produkthaftung: Für Angaben über Dosierungsanweisungen und Applikationsformen kann vom Verlag keine Gewähr übernommen werden. Derartige Angaben müssen vom jeweiligen Anwender im Einzelfall anhand anderer Literaturstellen auf ihre Richtigkeit überprüft werden.

Planung: Dipl.-Psych. Joachim Coch
Projektmanagement: Meike Seeker
Einbandgestaltung: deblik Berlin
Einbandphotos: © Michael Kempf – Fotolia.com; © Christoph Fischer
Satz: Josef Gregurek

SPIN: 86150100

Gedruckt auf säurefreiem Papier   2126 – 5 4 3 2 1

Für Renate
und Daniel Ferrari

Zum Geleit

Warum werden Bücher über das kindliche Spiel geschrieben? Handelt es sich beim Spiel nicht eigentlich um eine belanglose Beschäftigung im menschlichen Leben? Bedarf das Spiel wirklich dieser intensiven Zuwendung und eines solchen Aufwandes?

Dafür spricht, dass sich seit der Antike bis zur Gegenwart, wie der Autor nachweist, viele Geister von Rang und Namen mit diesem Phänomen ausgiebig beschäftigt haben. Hauptantrieb war und ist für sie die Einsicht, dass das Spiel des Kindes eine unverzichtbare Grundlage für dessen harmonische und gesunde Entwicklung darstellt. Doch, so sehr es in dieser generellen Einschätzung des Spiels Übereinstimmung gibt, so sehr unterscheiden sich die Meinungen im einzelnen. Hinzu kommt, dass die Auffassungen über das Spiel des Kindes leider von zahlreichen Vorurteilen und Fehldeutungen durchzogen sind. Der Autor greift sie mutig auf und setzt sich mit ihnen konstruktiv auseinander. Mut gehört dazu wahrlich, denn manch ein Vorurteil ist an einen großen Namen aus der Geschichte der Psychologie des Spiels geknüpft und wurde von Generation zu Generation als gesicherte Erkenntnis weitergegeben. Der Autor stellt viele dieser Auffassungen, die vor allem die Ziele, Motive, Erlebnisweisen, den Realitätsbezug, die Phantasiefunktion im Spiel betreffen, in Frage und setzt neue Sichtweisen sowie eigene Forschungsergebnisse zum Spiel dagegen. Dies geschieht engagiert und reich an Argumenten, wobei der Leser so manche bisherige Vorstellung über kindliches Spielen relativiert vorfindet. Es lohnt sich, diese insgesamt neue und andere Einschätzung kindlichen Spielens kennenzulernen, die das Kinderspiel als eine eigene Lebensform in der kindlichen Persönlichkeitsentwicklung thematisiert und von den verschiedensten Seiten beleuchtet. Die Lektüre eines jeden Kapitels lässt uns miterleben, wie es dem Autor gelingt, Schritt für Schritt die Barrieren hinwegzuräumen, die einer vollen Entfaltung und Wertschätzung des kindlichen Spiels im Wege stehen. So wird etwa auch für das Spiel Erwachsener mit Kindern deutlich: Das gemeinsame Spiel ist nicht nur eine Wohltat für das Kind, sondern auch für den Erwachsenen in vieler Hinsicht eine Bereicherung. Entsprechende Anregung finden alle Leser, die sich als Eltern, von Berufs wegen oder aus Berufung dem spielenden Kind zuwenden, in reichem Maße. So lässt sich die eingangs gestellte Frage klar beantworten: Es war notwendig, dieses Buch zu schreiben – und es ist wichtig, dieses Buch zu lesen.

Erfurt, im Frühjahr 1991   Prof. Dr. Karlheinz Otto

Vorwort zur dritten Auflage

Bei der Abfassung und Anordnung der Kapitel wurde die bewährte Tradition beibehalten, die es erlaubt, dass alle Kapitel unabhängig voneinander gelesen werden können. Am Ende eines jeden Unterkapitels findet sich nunmehr eine Zusammenfassung. Besonders wesentliche Feststellungen sind mit ❶ gekennzeichnet. Beispiele werden mit ❯ markiert. Wichtige Begriffe sind im Glossar erläutert.

Erkenntnisse aus der eigenen Spielforschung, insbesondere der Forschung am Lehrstuhl für Psychologie der Universität Passau, wurden integriert. Sie sind das Ergebnis einer langjährigen produktiven Zusammenarbeit zwischen Prof. Dr. Peter Ohler und mir.

Bei den Hauptsponsoren der Spielforschung, Firma eibe in Röttingen und Firma LEGO in Hohenwestedt, darf ich mich für die große Unterstützung herzlich bedanken.

Ich danke Herrn Dipl.-Psych. Joachim Coch vom Springer-Verlag für die vorzügliche Kooperation. Besonderer Dank gilt dem gesamten Team am Lehrstuhl für Psychologie der Universität Passau, durch dessen starkes Engagement die vorliegende Neuauflage überhaupt erst möglich wurde.

Passau, im Sommer 2008   Hans Mogel

Vorwort zur zweiten Auflage

Wenn nach kurzer Zeit die zweite Auflage eines wissenschaftlichen Buches notwendig ist, freut sich der Autor und wird zugleich belohnt – durch weitere Arbeit: Zwei Kapitel, nämlich 4.3 Die Bedeutung der Familie für die Spielentwicklung und 4.4 Das Kinderspiel im Wandel der Zeit, sind neu. Während das Erstere (4.3) an Argumentationen zur Spielpartnerschaft Erwachsener anknüpft, thematisiert das Zweite vor allem die modernen Gegenwartsspiele wie z.B. Computerspiele.

Die Neuauflage ist zusätzlich durch Farb- und Schwarzweiß-Fotographien illustriert, Glossar, Literatur- und Sachwortverzeichnis wurden aktualisiert und erweitert. Allerdings habe ich es vermieden, jede neuere Publikation im Text selbst anzuführen, um leser- und leserinnenfreundlich zu bleiben.

Herrn Dr. phil. Peter Ohler, Wiss. Assistent am Lehrstuhl für Psychologie der Universität Passau und Herrn cand. Inf. Oliver Schade danke ich für wertvolle Hinweise und Ergänzungen im Bereich der Computerspiele sowie für die Hilfe bei der Zusammenstellung des fotographischen Bildmaterials. Herrn cand. inf. Mike-Roland Muth danke ich für seine Hilfe bei der Anpassung des Sachverzeichnisses an die Neuauflage des Buches. Frau Renate Ferrari und Herrn Daniel Ferrari bin ich für ihre Kooperation bei der Besorgung des Titelbildes zu besonderen Dank verpflichtet. Frau Marianne Förg danke ich für die korrekte Übertragung des Manuskripts.

Für die gewohnt problemlose und sorgfältige Zusammenarbeit bei der Gestaltung der vorliegenden Neuauflage danke ich dem Springer-Verlag.

Sandbach, im Sommer 1994   Hans Mogel

Vorwort zur ersten Auflage

Nur wenige Tätigkeiten des Menschen haben so viele, so einseitige und so widersprüchliche Beschreibungen hervorgerufen wie das kindliche Spiel. Auch die Versuche, das Kinderspiel zu erklären, sind vielschichtig. Keiner dieser Versuche kann für sich beanspruchen, der einzig zutreffende Ansatz zu sein. Eigentlich ist das Kinderspiel nach wie vor ein faszinierendes Rätsel. Kaum meint man die Lösung zu haben, schon tun sich neue Abgründe der Unwissenheit auf. Warum ist das so? Wie kann man es ändern? Können wir Wesen und Sinn des Kinderspiels erkennen?

Unsere Versuche einer ernsthaften und nachvollziehbaren Erklärung des Kinderspiels können nur Erfolg haben, wenn wir das Spielen als eine zentrale Lebensform des Kindes begreifen, beschreiben und zu erklären versuchen. Das Leben selbst, die kindliche Beziehung zur Wirklichkeit und die persönlichen Entwicklungspotentiale des Kindes verschmelzen im Spiel zu einem einheitlichen Geschehen mit vielen Gesichtern. Bleiben wir dabei, uns von jenem Gesicht des Spiels einvernehmen zu lassen, das einer bestimmten unserer theoretischen Vorstellungen darüber entspricht, liegen wir vermutlich schon falsch. Das kindliche Spiel lebt aus sich selbst heraus und ist nur von da aus zu begreifen. Aber dieses Aus-sich-selbst-heraus-Leben ist bunt und überraschungsreich, wie das kindliche Leben überhaupt. Wir müssen uns auf die kindlichen Lebensverhältnisse einlassen, wenn wir zum Verständnis einer zentralen Lebensform des Kindes, wie sie sein Spiel darstellt, gelangen wollen. Das bedeutet zuallererst, das Kind als ein Individuum anzuerkennen, das eigene Wege der Gestaltung seines Verhaltens geht und dabei die Wegmarken am liebsten selbst setzt. Das Spiel bietet ihm dazu optimale Möglichkeiten.

Wir, die Erwachsenen, müssen das Kinderspiel ernst nehmen. Wollen wir zu einem echten Verständnis der kindlichen Spieltätigkeiten gelangen und ihre Relevanz für die kindliche Persönlichkeitsentwicklung erkennen, müssen wir seine psychologischen Hintergründe verstehen lernen. Vor allem dazu soll mit diesem Buch ein Beitrag geleistet werden.

Bamberg, den 1. März 1991   Hans Mogel

Übersicht

Es gibt verschiedene Möglichkeiten, dieses Buch zu lesen. Wer bereits über Vorwissen zur Psychologie des Kinderspiels verfügt, kann mit Abschnitt 5.6 beginnen, denn dieser enthält einen knappen zusammenfassenden Überblick zu den hauptsächlichen Arbeitsthemen des Buches. Für Leser, die hier Neuland betreten, ist Abschnitt 1.1 ein günstiger Einstieg. Leser mit breitem Wissen über kindliches Spiel können sich am Inhaltsverzeichnis orientieren, wo ein vollständiger Überblick über alle bearbeiteten Inhalte gegeben wird.

Die einzelnen Kapitel des Buches sind so abgefasst, dass sie auch unabhängig voneinander gelesen werden können. Daher werden einige sehr wesentliche inhaltle Probleme in verschiedenen Kapiteln wiederholt aufgegriffen, allerdings aus unterschiedlicher Perspektive. Die Zwischenüberschriften in den einzelnen Kapiteln sollen die darin behandelten Inhalte näher kennzeichnen und darüber hinaus eine rasche Orientierung im Text gewährleisten. Wegen der besseren Lesbarkeit wurde sehr weitgehend auf eine, besonders für den Leser manchmal lästige „akademische Pflichtübung", verzichtet: jeden Gedanken und jede Idee mit den Namen von Personen zu „schmücken", die sich einmal mit dem Kinderspiel befasst haben. Solche Namen enthält das Literaturverzeichnis. Dort wurde eine Reihe von Arbeiten aufgenommen, die an bestimmten Themen besonders Interessierten als weiterführende Literatur dienen können. Es soll betont werden, dass der hier beschrittene Weg, das kindliche Spiel als eine fundamentale Lebensform des Kindes zu begreifen, die Basis weiterer Arbeiten bleiben wird. Erste Ergebnisse zweier Forschungsprojekte (Projekte „Spielwirklichkeit I" und „Spielwirklichkeit II"), die von der Otto-Friedrich-Universität Bamberg gefördert wurden, bestätigen die Richtigkeit des Weges.

Ein besseres psychologisches Verständnis des kindlichen Spiels führt meines Erachtens auch zu größerem Wissen über die kindliche Lebensweise, die Bedürfnisse und Handlungsziele der Kinder, ihr eigentliches psychisches Befinden und ihre Entwicklung. Damit ist das Spiel nicht nur ein Königsweg für die kindliche Selbstverwirklichung, sondern auch für die Erkenntnis und das Verständnis der kindlichen Persönlichkeitsentwicklung durch uns Erwachsene.

Inhaltsverzeichnis

1. Das Spiel – seine Merkmale und Bedeutungen — 1

1.1 Was heißt eigentlich „Spielen"? — 2
- 1.1.1 Spielen aus der Sicht von Studentinnen und Studenten — 2
- 1.1.2 Der Begriff „Spielen" in der Alltagssprache — 4
- 1.1.3 Einige Hauptmerkmale echten Spielens — 5
- 1.1.4 Das Spiel – Fundamentales Lebenssystem des Menschen — 6
- 1.1.5 Gegenstandsbezug und Bewegung im Spiel — 6
- 1.1.6 Die Bedeutung der Zeit im kindlichen Spiel — 7
- 1.1.7 Zusammenfassung — 8

1.2 Welche Bedeutung hat das Spielen für Kinder? — 9
- 1.2.1 Einige Bedingungen für den Beginn eines Spiels — 9
- 1.2.2 Das Kind und seine Umwelt im Spiel — 9
- 1.2.3 Bedeutung, Dynamik und persönlicher Wert des Spielens — 11
- 1.2.4 Erlebniswert, Verhaltenswert und Wirklichkeitsaufbau durch Spielen — 13
- 1.2.5 Die Bedeutung der Geborgenheit für das kindliche Spiel — 15
- 1.2.6 Geborgenheit und Ungeborgenheit im Spielverlauf — 15
- 1.2.7 Zusammenfassung — 16

1.3 Wie sieht die Wissenschaft kindliches Spiel? — 17
- 1.3.1 Frühe klassische Ansichten zur Erklärung des Spielens — 17
- 1.3.2 Spiel als „Vorübung" für das Leben (Karl Groos) — 18
- 1.3.3 Spiel als „Lust an der Funktion" (Karl Bühler) — 19
- 1.3.4 Spiel als Aktivitätsform der geistigen Entwicklung (Jean Piaget) — 19
- 1.3.5 Pychodynamische Aspekte zum Spiel (Freud, Adler, Buytendijk, Zulliger) — 20
- 1.3.6 Motivationspsychologische Sichtweise des Spiels (Heinz Heckhausen) — 21
- 1.3.7 Einige Missverständnisse in der Betrachtung des Kinderspiels — 22
- 1.3.8 Zusammenfassung — 23

1.4 Funktionen des Spiels für die kindliche Entwicklung — 24
- 1.4.1 Spielfreude – ein generelles Merkmal des Spiels? — 24
- 1.4.2 Der Wirklichkeitscharakter kindlichen Spielens — 26
- 1.4.3 Aktivität und Freiwilligkeit des Spielens — 27
- 1.4.4 Spontaneität und Phantasie durch Spielen — 28
- 1.4.5 Spontane Verlaufsformen des Spiels — 28
- 1.4.6 Zusammenfassung — 29

2. Spielformen und Gestaltungsmöglichkeiten — 31

2.1 Zur Freiheit kindlichen Handelns im Spiel — 33
- 2.1.1 Zur Zweckfreiheit des kindlichen Spiels — 33

	2.1.2	Äußere Zwecke und spielerische Handlungsfreiheit	34
	2.1.3	Freies Spielen und freies Handeln	35
	2.1.4	Selbstzweck, Selbstbestimmung und Selbstvergessenheit	36
	2.1.5	Zusammenfassung	37
2.2		**Kulturelle und soziale Beeinflussung des Spiels**	**38**
	2.2.1	Aneignung der Kultur und soziale Anpassung im Spiel	38
	2.2.2	Modellierung und Nachahmung von Verhaltensweisen	38
	2.2.3	Einschätzung kindlicher Spielhandlungen von außen	39
	2.2.4	Spiel als kindlicher Bezug zu Gegenständen der Umwelt	39
	2.2.5	Konfliktverarbeitung und spielerischer Umgang mit Normen	40
	2.2.6	Einflüsse durch Spielzeug, Spielplätze und Erfahrungen	42
	2.2.7	Zusammenfassung	43
2.3		**Persönlichkeitsentwicklung und Wandel der Spiele**	**43**
	2.3.1	Allgemeine Bedingungen der kindlichen Entwicklung	43
	2.3.2	Entwicklungsbedingter Wandel der Spiele	44
	2.3.3	Einflüsse des Spiels auf die Entwicklung	45
	2.3.4	Kurzcharakteristik der Spielformenentwicklung	49
	2.3.5	Hinweise zu den Forschungsvoraussetzungen und -inhalten	52
	2.3.6	Kurzbeschreibung der Laborumgebung	54
	2.3.7	Ergebnisse zum Spiel mit Mobiliar und Spielzeug	59
	2.3.8	Zusammenfassung	62
2.4		**Laborstudie zu Spielzeugpräferenzen**	**63**
	2.4.1	Untersuchungsplan	63
	2.4.2	Methodisches Vorgehen	63
	2.4.3	Methodisch-technisches Arrangement	64
	2.4.4	Technische Laborausstattung VISOR	65
	2.4.5	Erfassung von Spielzeugpräferenzen	66
	2.4.6	Ergebnisse zu geschlechtsspezifischen Präferenzen	67
	2.4.7	Ergebnisse zu geschlechtsspezifischen Besonderheiten	67
	2.4.8	Zusammenfassung	68
2.5		**Wirklichkeit im Kinderspiel**	**69**
	2.5.1	Zur Erfassbarkeit des Realitätsbezugs beim Menschen	69
	2.5.2	Zwei Beispiele des kindlichen Realitätsbezugs im Spiel	69
	2.5.3	Die Determination unterschiedlicher Realitätsbezüge im Spiel	70
	2.5.4	Entwicklungs- und spielformentypische Realitätsbezüge	71
	2.5.5	Erfahrungsabhängigkeit und Gegenwartsgestaltung	72
	2.5.6	Wie Vergangenheit und Zukunft die Spielwirklichkeit determinieren	73
	2.5.7	Beachtenswerte Kriterien für die Erforschung des Kinderspiels	73
	2.5.8	Zusammenfassung	74
2.6		**Die Bedeutung der Eltern als Spielpartner der Kinder**	**75**
	2.6.1	Umwelteinwirkungen auf das Spiel	75
	2.6.2	Die Eltern als Repräsentanten kindlicher Umwelten	75
	2.6.3	Direkte und indirekte Partnerschaft der Eltern im Spiel	76

2.6.4	Wie Kinder durch Spielen ihre Erfahrungen bewältigen	78
2.6.5	Die Eltern als echte und ernsthafte Spielpartner	79
2.6.6	Zusammenfassung	81

3. Erleben und Erfahren im Spiel — 83

3.1 Das Erleben und die Wirkung der Spielinhalte auf die Erfahrung — 85

3.1.1	Das kindliche Bezugssystem und die Erfahrungsbildung	85
3.1.2	Experimente im gewohnten Lebensfeld von Kindern	86
3.1.3	Experimentelle Variationen der „Geschichte von Klimbambula"	87
3.1.4	Befragung nach dem Spiel zur Erkundung der kindlichen Einstellungen	88
3.1.5	Klimbambula: Vom „bösen Ärgerer" zum „guten Helfer"	89
3.1.6	Ergebnisse zur Gestaltung von Erfahrungen bei Kindern	90
3.1.7	Gut - böse - gut: Ergebnisse zur kindlichen Gestaltung abwechselnder Erfahrungen	92
3.1.8	Folgerungen aus den Ergebnissen für das kindliche Spiel	94
3.1.9	Zusammenfassung	94

3.2 Psychohygienische Funktionen des Spielens — 95

3.2.1	Erlebniswert – psychohygienisches Regulativ des Spiels	95
3.2.2	Erlebniserweiterung – zentrale Funktion des Spielens	95
3.2.3	Erfahrung und psychohygienische Funktionen des Spielens	96
3.2.4	Zur psychohygienischen Funktion des „Guten" und des „Bösen" im Spiel	98
3.2.5	Individualität der Verarbeitung von Erfahrung	101
3.2.6	Entwicklungspsychologische Natur der psychohygienischen Funktionen des Spielens	102
3.2.7	Zusammenfassung	103

3.3 Die verschiedenen Spielformen in der kindlichen Entwicklung — 104

3.3.1	Entwicklungspsychologische Erforschung des Spiels	104
3.3.2	Entwicklungsdynamik der Spielarten	104
3.3.3	Entwicklung der Objektpermanenz (Objektkonstanz)	106
3.3.4	Die Symbolfunktion als Entwicklungsgrundlage differenzierter Spielarten	107
3.3.5	Möglichkeit des Gelingens und Misslingens im Spiel	108
3.3.6	Der Sinn sozialer Aktivitäten im Spiel	109
3.3.7	Die Orientierung an der sozialen Wirklichkeit beim Nachgestalten im Spiel	109
3.3.8	Entwicklungspotentiale durch Regeln im Spiel	111
3.3.9	Die Ernsthaftigkeit des Spiels: Streit im Regelspiel	111
3.3.10	Zusammenfassung	113

3.4 Der Einfluss von Spielzeug, Spielplätzen, Spielräumen, Spielzeiten — 113

3.4.1	„Gutes" und „schlechtes" Spielzeug	113
3.4.2	Spielzeug und kindlicher Wirklichkeitsbezug	114
3.4.3	Spielzeuggebrauch: der Spielwert als Kriterium	114
3.4.4	Der Gemeinschaftscharakter von Spielplätzen	115
3.4.5	„Vollständige", „perfekte" und „sterile" Spielplätze	116
3.4.6	Kindgerechte Merkmale von Spielplätzen	116
3.4.7	Spielräume für kindliches Spiel	117

3.4.8	Spiel als Raum der alltäglichen Selbstentfaltung.	118
3.4.9	Spielzeit – sinnerfüllte Zeit, wertvolle Zeit	119
3.4.10	Der Umgang Erwachsener mit Spielräumen und Spielzeiten	119
3.4.11	Zusammenfassung.	121

3.5 Spiel im sozialen Netzwerk am Beispiel „Pokémon" — 121

Von: Josef Gregurek

3.5.1	Das soziale Netzwerk als Spielpartner	122
3.5.2	Klassisches Spielzeug und Trend-Spielzeug.	123
3.5.3	„Pokémon" als Trend-Spielzeug.	124
3.5.4	„Pokémon" als Spiel für das soziale Netzwerk.	124
3.5.5	Effekte des Spiels mit „Pokémon"	125
3.5.6	Zusammenfassung.	127

4. Theoriebildung zur Entwicklung der Spielformen — 129

4.1 Warum eine Theorie zum Spiel? — 130

4.2 Die Spielformen und ihre Funktionen — 131

4.2.1	Das Spiel dient der Adaptation (Anpassung)	131
4.2.2	Das Spiel im Dienst der Erkenntnis.	132
4.2.3	Das Spiel im Dienst der Selbsterweiterung.	132
4.2.4	Das Spiel hat psychohygienische Funktionen	133
4.2.5	Die Aktivierungsfunktion des Spiels	134
4.2.6	Das Spiel und seine soziale Funktion	134
4.2.7	Das Spiel zur Schaffung innerer Ordnungen	134
4.2.8	Das Spiel zur Regulation von Zeit und Raum	135
4.2.9	Zusammenfassung	136

4.3 Psychologische Grundlagen einer integrativen Spieltheorie — 137

4.3.1	Entwicklungskomponenten des Funktionsspiels	138
4.3.2	Entwicklungskomponenten des Experimentierspiels	138
4.3.3	Entwicklungskomponenten des Frühen Symbolspiels	139
4.3.4	Entwicklungskomponenten des Konstruktionsspiels	139
4.3.5	Entwicklungskomponenten des Ausdifferenzierten Symbolspiels/Rollenspiels	140
4.3.6	Entwicklungskomponenten des Regelspiels	140
4.3.7	Zusammenfassung	140

4.4 Generelle und kulturspezifische Merkmale des Kinderspiels — 141

4.4.1	Transkulturelle Universalität des Spiels und die Bedeutung der Spielzeuge	141
4.4.2	Kulturspezifische und individuelle Gestaltungen des Spiels	142
4.4.3	Untersuchungen zur Spielentwicklung deutscher und thailändischer Kinder	143
4.4.4	Ergebnisse zu den thailändischen Untersuchungen	144
4.4.5	Ergebnisse zu Funktions- und Experimentierspiel	144
4.4.6	Ergebnisse zum Konstruktionsspiel	145
4.4.7	Ergebnisse zu den Symbolspielen/Rollenspielen	147
4.4.8	Ergebnisse zum Regelspiel	147

4.4.9	Diskussion der Forschungsmethoden und der Ergebnisse	147
4.4.10	Besonderheiten der kulturspezifischen Umgebungseinflüsse	148
4.4.11	Interkultureller Vergleich kindlicher Spielaktivitäten	149
4.4.12	Unterschiede zwischen städtischen und ländlichen Spielaktivitäten	149
4.4.13	Zusammenfassung	151

5. Das Kinderspiel: Motor der Persönlichkeitsentwicklung und Lebensbewältigung — 153

5.1	**Laborstudie zum Konstruktionsspiel**	**155**
5.1.1	Theorieaspekte zum Konstruktionsspiel	155
5.1.2	Fragestellung und Hypothesen	155
5.1.3	Methode und Probanden	156
5.1.4	Untersuchungsmaterialien	156
5.1.5	Versuchsaufbau und -ablauf	157
5.1.6	Ergebnisse	158
5.1.7	Diskussion und Schlussfolgerungen	159
5.1.8	Beispiel für Instruktionen zum Ratertraining beim Konstruktionsspiel	159
5.1.9	Zusammenfassung	161
5.2	**Spielen als aktive Darstellung, Gestaltung, Symbolisierung**	**162**
5.2.1	Selbstdarstellung durch Gestaltung und Symbolisierung	162
5.2.2	Darstellungs- und Gestaltungsaspekte des Funktionsspiels	163
5.2.3	Darstellungs- und Gestaltungsaspekte des Konstruktionsspiels	164
5.2.4	Selbst- und Fremddarstellung durch Symbolisieren	165
5.2.5	Darstellung und Spielgestaltung im Regelspiel	166
5.2.6	Gestaltung der Gegenwart durch das Spiel	167
5.2.7	Zusammenfassung	168
5.3	**Eine besondere Form von Rollenspiel**	**169**

Von: Christoph Fischer

5.3.1	Was Rollenspiele sind	169
5.3.2	Geschichte der Rollenspiele	170
5.3.3	Der Aufbau eines Rollenspiels	170
5.3.4	Das Regelwerk	171
5.3.5	Der Charakter	171
5.3.6	Der Spielleiter	171
5.3.7	Die Geschichte	172
5.3.8	Pen&Paper-Rollenspiel	172
5.3.9	LARP	173
5.3.10	Computerspiele	173
5.3.11	Zusammenfassung	174

5.4 Die Förderung der individuellen Entwicklung durch Spielen — 174

- 5.4.1 Vielfalt von Spielen oder gezielte Spielauswahl? — 174
- 5.4.2 Lernspiele zur Entwicklung von Kompetenzen — 175
- 5.4.3 Spielförderung als Förderung individueller Entwicklung — 176
- 5.4.4 Spielzeugpropheten und das Beispiel „Kriegsspielzeug" — 176
- 5.4.5 Individuelles Spiel und Förderung des Sozialkontakts — 178
- 5.4.6 Förderung von Erlebniswert und Verhaltenskompetenzen — 178
- 5.4.7 Entwicklungsfördernde Verhaltensweisen der Eltern — 179
- 5.4.8 Kindliche Individualität als Ziel der Förderung — 180
- 5.4.9 Zusammenfassung — 181

5.5 Die Bedeutung der Familie für die Spielentwicklung — 182

- 5.5.1 Die Bedeutung des Spiels für das Kind in der Familie — 183
- 5.5.2 Die Rolle der Familie bei der Spielentwicklung — 184
- 5.5.3 Die Familie als Spielpartner des Kindes — 188
- 5.5.4 Zusammenfassung — 189

5.6 Das Kinderspiel im Wandel der Zeit — 190

- 5.6.1 Elektronische Spiele — 191
- 5.6.2 Einfluss der Computer- und Videospiele auf die Spielentwicklung — 193
- 5.6.3 Computerspielarten und Computerspielinhalte — 195
- 5.6.4 Persönlicher Sinn von Computerspielen für Kinder und Jugendliche — 198
- 5.6.5 Simulation von Realität und der Spaß am Computerspiel — 199
- 5.6.6 Freizeitregulation und Computerspiel — 200
- 5.6.7 Computerspiel und aktuelle Entwicklungsbedingungen — 202
- 5.6.8 Einfluss der Computerspiele auf den Spieler — 204
- 5.6.9 Computerspiel für ältere Menschen — 207
- 5.6.10 Zusammenfassung — 209

6. Anwendungsaspekte — 213

6.1 Anwendungsaspekte für Spieldiagnostik und Spieltherapie — 214

- 6.1.1 Diagnostik und Therapie: Spiel in der klinischen Praxis — 214
- 6.1.2 Individuelles Kind und klinisches Handeln — 215
- 6.1.3 Diagnostisches Vorgehen in der Spielbeziehung — 215
- 6.1.4 Veränderung der Lebenssituation als heilsame Maßnahme — 216
- 6.1.5 Therapeutisches Vorgehen mit Hilfe des Spiels — 217
- 6.1.6 Freiheit des Spielverhaltens in der therapeutischen Behandlung — 217
- 6.1.7 Persönlichkeitsentwicklung, Spieldiagnostik, Spieltherapie — 219
- 6.1.8 Kindliches Leben und Verständnis des Spielverhaltens — 219
- 6.1.9 Gefahr der Beeinträchtigung und mögliche Gegenmaßnahmen — 220
- 6.1.10 Zusammenfassung — 220

6.2 Hinweise für Eltern, Pädagogen, Seelsorger, Ärzte und Psychologen — 221

- 6.2.1 Das Spiel – Wirklichkeitsbezug des Kindes — 221
- 6.2.2 Das Spiel und die Spielumwelten des Kindes — 222

6.2.3	Bedingungen spielerischer Selbstentfaltung	223
6.2.4	Nachahmung, Bewältigung und Integration von Gegensätzen im Spiel	224
6.2.5	Signale des Spiels	225
6.2.6	Das Spiel als Vermittler der Zeit im Erleben	225
6.2.7	Die hohe Relevanz des Spiels im kindlichen Leben	226
6.2.8	Zusammenfassung	227

7. HERZ-Theorie des Kinderspiels — 229

7.1	Vorbemerkung	230
7.2	Handlung im Spiel	230
7.3	Erleben im Spiel	231
7.4	Realität im Spiel	234
7.5	Ziele im Spiel	235
7.6	„Eis"-Modell des Spiels	235
7.7	Zusammenfassung	237

Glossar – Erläuterung wichtiger Begriffe — 239

Literatur — 247

Sachverzeichnis — 253

Der Autor und sein Team — 262

1. Das Spiel – seine Merkmale und Bedeutungen

1.1 Was heißt eigentlich „Spielen"? — 2

1.1.1 Spielen aus der Sicht von Studentinnen und Studenten 2
1.1.2 Der Begriff „Spielen" in der Alltagssprache 4
1.1.3 Einige Hauptmerkmale echten Spielens 5
1.1.4 Das Spiel – Fundamentales Lebenssystem des Menschen 6
1.1.5 Gegenstandsbezug und Bewegung im Spiel 6
1.1.6 Die Bedeutung der Zeit im kindlichen Spiel 7
1.1.7 Zusammenfassung 8

1.2 Welche Bedeutung hat das Spielen für Kinder? — 9

1.2.1 Einige Bedingungen für den Beginn eines Spiels 9
1.2.2 Das Kind und seine Umwelt im Spiel 9
1.2.3 Bedeutung, Dynamik und persönlicher Wert des Spielens 11
1.2.4 Erlebniswert, Verhaltenswert und Wirklichkeitsaufbau durch Spielen 13
1.2.5 Die Bedeutung der Geborgenheit für das kindliche Spiel 15
1.2.6 Geborgenheit und Ungeborgenheit im Spielverlauf 15
1.2.7 Zusammenfassung 16

1.3 Wie sieht die Wissenschaft kindliches Spiel? — 17

1.3.1 Frühe klassische Ansichten zur Erklärung des Spielens 17
1.3.2 Spiel als „Vorübung" für das Leben (Karl Groos) 18
1.3.3 Spiel als „Lust an der Funktion" (Karl Bühler) 19
1.3.4 Spiel als Aktivitätsform der geistigen Entwicklung (Jean Piaget) 19
1.3.5 Pychodynamische Aspekte zum Spiel (Freud, Adler, Buytendijk, Zulliger) 20
1.3.6 Motivationspsychologische Sichtweise des Spiels (Heinz Heckhausen) 21
1.3.7 Einige Missverständnisse in der Betrachtung des Kinderspiels 22
1.3.8 Zusammenfassung 23

1.4 Funktionen des Spiels für die kindliche Entwicklung — 24

1.4.1 Spielfreude – ein generelles Merkmal des Spiels? 24
1.4.2 Der Wirklichkeitscharakter kindlichen Spielens 26
1.4.3 Aktivität und Freiwilligkeit des Spielens 27
1.4.4 Spontaneität und Phantasie durch Spielen 28
1.4.5 Spontane Verlaufsformen des Spiels 28
1.4.6 Zusammenfassung 29

1.1 Was heißt eigentlich „Spielen"?

Am Anfang einer Vorlesung zur Psychologie des freien kindlichen Spiels erlaubte ich mir selbst ein kleines Spiel: „Meine Damen und Herren! In diesem Semester werden wir uns mit dem kindlichen Spiel beschäftigen. Da Sie so zahlreich erscheinen, möchte ich die Gelegenheit nutzen und zunächst von Ihnen erfahren, wie Sie über das Spiel denken. Natürlich nicht für zwei Stunden, nur für fünf Minuten möchte ich Sie um Ihre Meinung bitten! Beantworten Sie mir aus Ihrer persönlichen Sichtweise schriftlich auf einem Zettel die folgende Frage: Was heißt eigentlich ‚Spielen'?"

1.1.1 Spielen aus der Sicht von Studentinnen und Studenten

Das kleine Spiel zu Beginn der Vorlesung erbrachte bemerkenswerte Ergebnisse. Fast alle Studentinnen und Studenten der Pädagogik, Psychologie, Philosophie, Soziologie und Theologie (es handelte sich um eine interdisziplinär zugängliche Vorlesung) stimmen in dem einen Merkmal des Spielens überein:

Spielen bedeutet, irgend etwas nur zur Freude zu machen, Spaß und Vergnügen zu haben, Amüsement und Lust zu erleben.
Spielen meint eine Tätigkeit oder ein Verhalten, das frei gewählt ist und das frei ist von äußeren Zwecken.

Die Merkmale Freude, Freiheit und Freiwilligkeit wurden von vielen genannt. Aber ebenso wie das Merkmal der Freude wurde auch das der Freiheit des Spiels manchmal eingeschränkt, beispielsweise so:

Bei professionellen Spielen, wie etwa im Sport oder bei Lernspielen, ist das Spielen nicht immer mit Freude verbunden, und auch die Freiheit des Spiels ist eingeschränkt. Für viele heißt Spielen so etwas wie Beschäftigung mit neuen Dingen. Eine gewisse Neugier sei bei jedem Spiel dabei. Erstaunlicherweise hob eine ganze Reihe der Studentinnen und Studenten zwei Merkmale des Spielens hervor, die bei wissenschaftlichen und sonstigen Definitionen des Spiels meistens fehlen oder nur selten mit dem Spielen verbunden werden: Räumlichkeit und Zeitlichkeit des Spielens. Die folgenden Beschreibungen sollen das zeigen:

- Spielen heißt Beschäftigung im Raum mit Gegenständen zum Zeitvertreib und zur Vergnügung.
- Spielen heißt, sich für kurze Zeit losgelöst fühlen vom Alltag, es heißt eigentlich Freizeit"vertreib".
- Für das Spielen muss genügend Zeit vorhanden sein, unter Zeitdruck kann man nicht spielen.
- Meistens kann man Räumlichkeit und Zeitlichkeit beim Spiel momentan überwinden, man wird von der Räumlichkeit und Zeitlichkeit unabhängig.
- Spielen heißt Gestaltung von Raum und Zeit.

Aber nicht nur der Raum-Zeit-Bezug des Spielens wird gesehen, auch die eigentlichen Inhalte des Spielens werden genannt. Manche betonen, welchen Sinn der Spielende durch sein Spiel ausdrückt:

- Spielen heißt Auslotung aller Ebenen der Wirklichkeit.
- Spielen verschafft einen Zugang zur „Welt".
- Spielen ist Ausdruck des eigenen „Selbst" und Umsetzung individueller Kreativität.
- Spielen bedeutet ein Nachaußenkehren seelischer Konstellationen.
- Spielen ist eventuell ein Abbild der Psyche.

Neben diesen Beziehungen von innerer und äußerer Wirklichkeit beim Spielen werden weitere Aspekte gesehen, die mit den inneren und

1.1 · Was heißt eigentlich „Spielen"?

äußeren Beziehungen des Spielens zu tun haben, wie etwa Phantasie, Umweltbezug, Interaktionen und Partnerschaftlichkeit im Spiel:

- Spielen heißt das Errichten einer Phantasiewelt. Es ist oft ein Schlüpfen in eine andere Rolle, aber auch der Versuch, die reale Welt nachzustellen (zum Beispiel Spielen mit Fischer-Technik) und dadurch neue Gesetzmäßigkeiten zu erlernen. Es ermöglicht das logische Denken zu erlernen.

Andere Beschreibungen heben die Interaktion und die Partnerschaftlichkeit beim Spielen hervor:

- Spielen heißt Hintergrund für ungezwungene Unterhaltung, bedeutet, sich mit seinem Spielpartner auf ein anderes Gebiet zu begeben, ihn anders kennen zu lernen.
- Spielen heißt Kommunikation mit Gedanken/Dingen/Personen.
- Spielen heißt Auseinandersetzung mit der Umwelt oder/und Personen in Freiheit mit Freude, ohne Ernstcharakter von den Folgen her betrachtet, vom Engagement her besteht Ernst.

Neben der Frage nach seiner Ernsthaftigkeit betonen einige Studenten den Zielbezug beim Spielen:

- Spielen heißt die Auseinandersetzung mit Gegenständen nach eigenen oder vorgegebenen Regeln. Dabei werden die Ziele teilweise selbst gesteckt. Das Spiel ist aber deutlich von Arbeit und Pflicht abgetrennt.
- Wenn man das Spiel kennzeichnet, muss man seine Zielrichtung nennen. Spielen ist auf Lustgewinn gerichtet (Ausnahmen: das Durchspielen von Sachverhalten im Management und das professionelle Spielen im Sport).
- Spielen heißt, dass das Ziel des Spiels nicht immer von vornherein festgelegt ist.

Abb. 1.1 Mädchen im balancierenden mobilen Spiel, das sich auf einem Pedalo fortbewegt. (Foto: Hans F. Herbert Abendroth)

Schließlich heben einige meiner Studentinnen und Studenten zwei Grundmerkmale des Spielens hervor, das *Bewegen* und die *Spannungssuche*:

- Spielen bedeutet immer ein Bewegen, selbst wenn dieses Bewegen nur in Gedanken ist.
- Spielen heißt Bewegung und spannender Kampf, Vergleich, Herstellen einer Rangordnung (zum Beispiel „Computer-Weltranglisten").
- Spielen erzeugt eine gewisse Spannung, den sog. „thrill".
- Spielen heißt, dass ein Subjekt sich mit einem Objekt auseinander setzt, so dass Spannung entsteht, aber freiwillig, um sich zu amüsieren.

Eine letzte Beschreibung erwähnt die auch sonst häufig zur Kennzeichnung des Spielens verwendeten Aspekte:

- Spielen heißt, irgend etwas nur zur Freude und zum Wohlgesinntsein machen. Man kann es auch gezielt einsetzen, um etwas zu üben, aber es muss unbedingt Spaß machen. Spielen ist für alle wichtig, auch für Erwachsene, um das Leben vor Trübsinn und Sinnlosigkeit zu retten.

Nun, das kleine Spiel zu Beginn der Vorlesung hat sich gelohnt. Alle Achtung: Die Studentinnen und Studenten haben gut nachgedacht.

Wesentliche Merkmale, die das Spielen näher kennzeichnen, haben sie selbst entdeckt. Insgesamt machten sie auf eine Vielfalt von Aspekten des Spielens aufmerksam. Wichtiger noch – sie haben es vermieden, einige wissenschaftlich „gesicherte" Vorurteile zum Wesen des Spiels wiederzugeben. Auf diese, ausgerechnet von der wissenschaftlichen Beschäftigung mit dem Spiel entstandenen Fehleinschätzungen komme ich noch zurück (Abschn. 1.3). Fassen wir die angeführten Merkmale des Spielens noch einmal in Stichpunkten zusammen, erhalten wir auf die Frage dieses Kapitels „Was heißt eigentlich ‚Spielen'?" eine erste, aber zugleich vielschichtige Antwort. Sie entspricht der Reichhaltigkeit psychologischen Geschehens, das am Spiel beteiligt ist.

Spielen ist demnach eine frei gewählte Tätigkeit, die unabhängig von äußeren Zwecken verläuft. Spielen geht mit Neugier einher, es orientiert sich am Neuigkeitsgehalt der Dinge, sucht Überraschungen. Spielen heißt das Erleben von Freude, Spaß, Vergnügen, Amüsement, Lust. Spielen signalisiert ein inneres Wohlbefinden des Spielenden. Spielen wird getragen von einer Spannungssuche. Es ist ein Bewegen von Gegenständen, das mit Lebensbereicherung und Lebenserleichterung einhergeht. Das Spielen hat eine eigene Beziehung zu Raum, Zeit und Umwelt. Es bedeutet Raum- und Zeitgestaltung, ist dabei aber frei von Zeitdruck. Es dient dem Zeitvertreib, manchmal versucht es, Räumlichkeit und Zeitlichkeit des Lebens zu überwinden. Spielen heißt phantasievolle und kreative Auseinandersetzung mit der Umwelt. Spielbeziehungen sind häufig partnerschaftliche Interaktionen. Spielen heißt Kommunikation mit Gedanken, Dingen, Personen. Spielen hat einen Zielbezug, eine Zielrichtung. Die Ziele eines Spiels können aber sehr variieren („Zielflexibilität"). Spielen heißt Ausdrücken des individuellen Selbst. Sinn dabei ist es, die Wirklichkeit nach außen und nach innen auszuloten.

1.1.2 Der Begriff „Spielen" in der Alltagssprache

In der Alltagssprache hat das Wort „Spielen" viele unterschiedliche Bedeutungen. Das kommt besonders in einigen Redewendungen zum Ausdruck. Möchte man mitteilen, dass jemand sich selbst oder andere leichtfertig gefährdet, kann man dies so äußern: „Er spielt ein gefährliches Spiel" oder „Sie spielt mit dem Feuer". Jedes Mal ist klar, dass Leichtsinn und Risikobereitschaft eine Gefahrensituation heraufbeschwören, deren Ausgang zunächst ungewiss ist.

Der Begriff des Spielens muss in der Alltagssprache zur Beschreibung sehr verschiedener Bereiche der Wirklichkeit herhalten. Einige Beispiele sollen das zeigen. Der Satz „Anna weiß, was gespielt wird" bedeutet, dass Anna über die Zusammenhänge eines Sachverhaltes Bescheid weiß. Zu wissen, was gespielt wird, heißt, etwas zu durchschauen. Der Satz „Peter weiß nicht, was gespielt wird" kann bedeuten: Peter ist nicht informiert. Er kann auch bedeuten, dass man ihm gegenüber mit verdeckten Karten spielt, ihm „übel mitspielt", ihn „ausspielt". Der Satz „Das Spiel ist aus" kann unterschiedliche Bedeutungen haben; er kann besagen, dass z.B. ein Fußballspiel zu Ende ist, Sieger und Verlierer feststehen, er kann aber auch das Auffliegen einer Serie krimineller Aktivitäten besiegeln oder emotionale Erleichterung oder Betroffenheit ausdrücken, je nachdem, auf welcher Seite eines zum Abschluss gebrachten Geschehens man steht.

1.1 · Was heißt eigentlich „Spielen"?

Wenn man von einer Gruppe jugendlicher Bergsteiger sagt, „sie setzen ihr Leben aufs Spiel", signalisiert dies ein bewusstes Risiko, das eigene Leben durch Bergsteigen zu verlieren.

Hinter dem Begriff des Spielens verbirgt sich in der Alltagssprache offenbar eine Reihe von Zusammenhängen, die das Leben selbst betreffen und direkt auf die Wirklichkeit der Lebensvorgänge bezogen sind. Falschheit und Heuchelei, Lug und Trug, Diplomatie und Geschick können durch das Wort „Spielen" ebenso treffend beschrieben werden wie Leichtsinn und Risiko, Freiheit und Freude, Spaß und Vergnügen, Scherz und Witz. Besonders der Humor lebt von der kreativen, spielerischen Kombination unterschiedlicher Ebenen der Wirklichkeit. Wie die Menschen durch ihre Tätigkeit, ihr Verhalten und ihr Handeln ein Stück Wirklichkeit gestalten, kann manchmal nur durch den Begriff des Spielens näher beschrieben werden:

Musiker spielen ein Musikstück, sie spielen verschiedene Instrumente. Schauspieler spielen ein Theaterstück, sie spielen verschiedene Rollen. Fußballspieler spielen ein Fußballspiel, sie spielen auf verschiedenen Positionen. Schachspieler spielen ein Schachspiel, sie spielen bestimmte Züge und Kombinationen. Gleichgültig, welcher Bereich der Wirklichkeit durch das Spielen auch erzeugt und gestaltet wird, er ist innig mit dem jeweiligen Spiel verknüpft. Er ist engstens verbunden mit der Tätigkeit der Spieler, ihrer spielerischen Aktivität, ihrem Spielverhalten. Jedes Mal hat das Spiel ein eigenes Ziel und ein besonderes Ergebnis. Und häufig verfolgt es mehrere Ziele zugleich mit ebenfalls mehreren Ergebnissen. Das gilt für alle Beispiele. Dabei gehören zum Spiel die Spielziele *und* -ergebnisse. Man kann das an den genannten Beispielen (Musik- und Theaterstück, Fußballspiel, Schachspiel) zeigen:

- Die Musiker spielen ein Musikstück mit dem Ziel, sich und den Hörern Freude zu bereiten. Sie erreichen ihr Ziel, wenn das Ergebnis auf beiden Seiten stimmt, wenn also sie selbst und die Hörer Gefallen daran finden.

- Ganz ähnlich ist es beim Theaterspiel. Ziel und Ergebnis stimmen in einer „gelungenen Vorstellung" überein.

Fußball und Schach sind als Gewinnspiele ergebnisorientiert. Die inneren Ziele und Züge des Spieles werden dem angestrebten Ergebnis, möglichst zu gewinnen, untergeordnet. Man kann fragen, ob es sich bei dieser Art Spiel überhaupt noch um Spielen handelt.

1.1.3 Einige Hauptmerkmale echten Spielens

Als eines der Hauptmerkmale echten Spiels gilt, dass das Spiel Sinn und Zweck in sich selbst trägt. Wenn also Ziele und Ergebnisse angestrebt werden, dann liegen sie beim richtigen und echten Spielen in der Spieltätigkeit selbst. Jeder außerhalb des Spielens liegende Zweck entfällt.

Durch „reines Spielen" wird eine echte Wirklichkeit erzeugt, die zum Erfahrungsschatz des Spielenden gehört. Und diese Spielwirklichkeit ist nicht weniger wirklich als andere Wirklichkeiten des Lebens. Wie wirklich und wie wichtig Spielen als eine freie, freiwillige und meist freudvolle Tätigkeit ist, davon können wir uns nur ein zutreffendes Bild machen, wenn wir spielende Kinder beim Spielen sorgsam beobachten, uns nach und nach in ihre Spieltätigkeit hinein versetzen, um dadurch den Sinn kindlichen Spielens zu begreifen. Ein solches *Verständnis des Kinderspiels* zu erreichen, ist ein Ziel dieses Buches.

Die kindlichen Spielhandlungen sind auf die Spielziele und -ergebnisse, vor allem aber auf das Kind selbst bezogen. Auch wenn sich diese Ziele im Verlauf eines Spiels rasch ändern können, ist das Spielen selbst der beste, weil kindgerechte Ausdruck des psychischen Geschehens. Was Kinder beim Spielen erzeugen und gestalten, das ist *ihre* Wirklichkeit, in der Subjektivität und Objektivität der inneren und der äußeren Tatsachen zu einer Einheit verschmelzen: dem kindlichen Spielen.

Die Frage „Was heißt eigentlich ‚Spielen'?" können wir nur von hier aus, vom kindlichen Spielen selbst aus beantworten. Denn durch das Spielen gestalten Kinder ihre individuelle Wirklichkeit, und zwar direkter, unverfälschter und aufschlussreicher als in jedem anderen Tätigkeitsfeld ihres Verhaltens. Entwicklungspsychologisch gesehen gibt es eigentlich während der gesamten Entwicklung des Menschen kaum einen Lebensabschnitt, in dem Spielen und Wirklichkeit so eng aufeinander bezogen sind, wie das in der Kindheit der Fall ist. Allein das wäre schon Grund genug dafür, das kindliche Spielen viel ernster zu nehmen als es bisher geschieht, und es würde bedeuten, der psychologischen Seite der Spieltätigkeit des Kindes eine weitaus größere und gründlichere Aufmerksamkeit zu schenken als in der Vergangenheit.

Das individuelle Spielen des Kindes, die psychische Dynamik des Bewegens und Gestaltens im Spiel und das intensive Erleben der eigenen Spieltätigkeit sind Hauptgründe dafür, die Frage dieses Kapitels „Was heißt eigentlich ‚Spielen'?" zu ergänzen und zu fragen, was es für Kinder bedeutet.

1.1.4 Das Spiel – Fundamentales Lebenssystem des Menschen

Das Spiel gehört zu den *Fundamentalen Lebenssystemen* des Menschen. Darunter versteht man psychologisch grundlegende, die individuelle Persönlichkeitsentwicklung fördernde Vorgänge des psychischen Geschehens. Diese Vorgänge haben eine unmittelbare Relevanz für das positive Erleben und für erfolgreiches Handeln. Spiel, Selbstwertgefühl, Geborgenheit und das positive Erleben selbst bilden *Fundamentale Lebenssysteme*. Drei Merkmale sind ihnen gemeinsam:

- *Fundamentale Lebenssysteme* streben eine individuelle Optimierung der förderlichen Seiten des Erlebens an. Somit üben sie eine psychohygienische Funktion aus, die einen adaptiven Wirklichkeitsbezug fördert.

- Dieser äußert sich in der aktiven Indivduum-Umwelt-Relation mit entwicklungsfördernden Gegenstandsbezügen.
- Dabei sind die internen psychischen Regulationen und Steuerungen am Aufbau und an der Aufrechterhaltung positiver Emotionen wie z.B. Freude, Glücksgefühl orientiert.

Fundamentale Lebenssysteme wie das Spiel sind lebensförderlich und existenzsichernd wirksam. Durch ihre systemeigenen Dynamiken setzen sie vorteilhafte Entwicklungen der psychischen Organisation des Lebens in Gang. Sie stellen die Funktionsweise dieser Organisation, wenn irgend möglich, dauerhaft sicher. Mit dem grundsätzlich positiven Erlebniswert der *Fundamentalen Lebenssysteme* geht eine Verbesserung der adaptiven Kompetenzen des Individuums einher. Das zeigt sich beim kindlichen Spiel besonders deutlich an zwei grundlegenden Merkmalen eines jeden Spielverlaufs: dem *Gegenstandsbezug* und *der Bewegung* im Spiel. Die Universalität dieser beiden Merkmale dokumentiert sich gewissermaßen selbst. Sie sind in jedem Spiel präsent.

1.1.5 Gegenstandsbezug und Bewegung im Spiel

Alle Kompetenzen, die sich Kinder im Umgang mit den Gegenständen ihres Erlebens und Verhaltens aneignen, stehen in einer Beziehung zur Besonderheit dieser Gegenstände und zu den Funktionen, die diese Gegenstände für die Erlebens- und Verhaltensregulation ausüben. Was wir gerne als kindliche Aktivität, Orientierung, Anpassung und Veränderung beschreiben, sind psychische Leistungen des Kindes in Bezug auf die Gegenstände und Ereignisse seiner näheren Umwelt. Diese gegenstandsbezogenen Leistungen entwickeln sich nach und nach. Um sie hervorzubringen, setzt das Kind zunehmend koordinierte Bewegungen ein, die man für die frühe Entwicklung mit Piaget als sensomotorische Koordinationen bezeichnen kann. Sie haben zunächst den eigenen Körper (z.B.

Daumenlutschen), später die Dinge der näheren Umwelt (z.B. eine Rassel, einen Ring, einen Ball) zum Gegenstand.

Gemeinsam ist den verschiedenen Formen der frühen Koordination, dass sie als Bewegungen in Raum und Zeit vonstatten gehen mit dem Ziel, Gegenstandsbezüge zu etablieren. Einige Beispiele sollen verschiedene Formen von Gegenstandsbezügen in der Persönlichkeitsentwicklung des Kindes verdeutlichen:

> Beispiele:
- Ein Säugling lutscht immer wieder an seinem Daumen. Er versucht, alle Gegenstände, die er greifen kann, in den Mund zu stecken.
- Ein einjähriges Mädchen „füttert" mit einem Holzstück seine Puppe und „säubert" mit der Hand deren Mund.
- Ein Kindergartenkind verwendet viel Zeit und Mühe darauf, aus Bauklötzen einen Turm zu bauen, der trotz der erreichten Höhe noch nicht einstürzt.
- Zwei vierjährige Jungen und Mädchen trinken aus entsprechendem Plastikgeschirr nicht vorhandenen Kaffee.
- Ein Fahrrad fahrender Erstklässler übt sich im Freihändigfahren.
- Zwei zehnjährige Buben bauen hinter dem Dickicht des abgelegenen Waldes eine Baumhütte.
- Zwei kleine Mädchen untersuchen mit großer Hingabe ihre Barbiepuppen.
- Ein Zwölfjähriger versucht den persönlichen Rekord im Luftballonbalancieren aufzustellen.
- Vier Jugendliche treffen sich nach dem kurzen sonntäglichen Kirchgang beim Frühschoppen zum Skat.
- Eine Familie streitet sich wieder einmal beim „Mensch-ärgere-Dich-nicht".
- Ein Vierzehnjähriger sitzt täglich sechs bis sieben Stunden vor dem Computer und spielt mit Konzentration und Hingabe diverse Computerspiele.
- Eine sieben-köpfige Clique Jugendlicher spielt wochenlang „Pokémon".

Neben dem prinzipiellen Gegenstandsbezug ist die Bewegung ein herausragendes Merkmal allen Spielens. Wenn es ein gemeinsames Merkmal des Spielens gibt, dem wohl jedermann zustimmen wird, dann ist es sein prinzipieller Bewegungscharakter. Es gibt kein Spiel, das ohne die Bewegungen der Spieler stattfindet. Selbst wenn sich ein Spiel von außen her anbietet, muss der Spieler eingreifen, „etwas bewegen", wenn er teilhaben möchte. Bewegungslose Spiele gibt es nicht. Metaphorisch gesagt: Selbst ein Gedankenspiel lebt von der Bewegung der Gedanken. Kein Spielforscher wird dem widersprechen. Über die Akzeptanz des universellen Bewegungscharakters in Raum und Zeit hinaus gibt es aber wenig Einstimmigkeit bezüglich der Einschätzung des Kinderspiels. Diese Uneinigkeit hat durchaus Tradition. Sie mag in der Vielfalt von Lebensäußerungen des Spiels wurzeln und einen weiteren Grund darin haben, dass der psychologische Sinn des Kinderspiels von außen her, d.h. durch die äußere Beobachtung der Spieltätigkeit von Kindern, nicht leicht festzustellen ist. Wird er aber erst einmal festgestellt, kann er sich schon bald als unzutreffend erweisen.

1.1.6 Die Bedeutung der Zeit im kindlichen Spiel

Die Erwachsenenperspektive der Wissenschaft hat zu einer Dominanz der weit verbreiteten Annahme geführt, das Spiel sei vor allem unter dem Aspekt zu betrachten, inwiefern es zur künftigen Lebensbewältigung des Kindes beitrage, zum Beispiel zur kognitiven Entwicklung, zur Entwicklung sozialer Kompetenz, zur Entwicklung von Konfliktbewältigungsstrategien. Um es gleich zu sagen: Eine solche Perspektive ist dem spielenden Kind fremd und fern. Kein Kind der Welt fragt, inwieweit sein Spiel zu seiner Persönlichkeitsentwicklung beitrage, kein Kind käme auf die Idee zu fragen, ob es durch das Spiel in der Zukunft „profitiere".

Zwar kann das spielende Kind auch künftige Möglichkeiten in der Gegenwart vorwegnehmen und dadurch zur eigenen Erlebniserweiterung beitragen, doch ist sein wesentlicher Zeitbezug im Spiel auf die Gegenwart gerichtet. Im Spiel strebt das Kind danach, seine Gegenwart aktiv zu gestalten, dadurch aktuelle Bedürfnisse, Wünsche und Ziele im wahrsten Sinne des Wortes im Hier und Jetzt zu verwirklichen. Das ist der Kern seiner spielenden Erlebniserweiterungen. Das Kind bezieht dazu ebenso Erfahrungen aus der Vergangenheit mit ein, wie es zukünftige Ereignisse und Vorstellungen antizipiert. Das Spielgeschehen selbst ist jedoch gegenwärtig!

Kinder leben und erleben im Spiel ihre Gegenwart. Diese genießen sie unbelastet von Gedanken an die Vergangenheit oder an die Zukunft. Das unterscheidet sie und ihre Spieltätigkeit grundlegend von den Lebensformen der Erwachsenen. Diese befinden sich mit ihren Gedanken zumeist in der Vergangenheit oder in der Zukunft. Das Erleben der Gegenwart geht ihnen weitgehend verloren. Damit verlieren sie auch einen Teil ihrer Lebensqualität. Denn das eigentliche Leben und das Erleben selbst findet in der Gegenwart, im Jetzt statt. Das zeigen uns jedes Mal überdeutlich die Kinder mit ihrem Spiel. Selbst wenn sie vergangene Ereignisse in ihr Spiel einbeziehen oder Wunschträume darin realisieren, es ist alles Gegenwartserleben und Gegenwartsgestaltung.

Solche Unabhängigkeit von den verschiedenen Dimensionen der Zeit und der direkte Gegenwartsbezug geben dem Kinderspiel eine auffallende Leichtigkeit und große Unbeschwertheit. Darüber hinaus werden spielerisch kreative Potentiale freigesetzt, denn das kindliche Handeln im Spiel wird nicht durch spielexterne Gedanken an Vergangenheit und Zukunft belastet. Es geschieht im Jetzt.

Kinder können in ihrem Spiel sämtliche psychischen Kräfte (z.B. Emotionen, Motivation) und psychischen Funktionen (z.B. Wahrnehmen, Denken) unbeschwert und vollständig aktualisieren. Sie werden nicht durch störende Gedanken bezüglich bestimmter Ereignisse aus der Vergangenheit oder in der Zukunft abgelenkt oder belastet. Die ganze Energie für das spielerische Handeln ist ausschließlich auf das Jetzt bezogen. Die prinzipielle Gegenwärtigkeit des kindlichen Lebensvollzugs gewinnt im freien Spiel maximale Möglichkeiten der Selbstaktivierung und Selbstentfaltung. Die kindliche Selbstverwirklichung durch das Spiel schafft optimale Bedingungen für aktuelles positives Erleben. Die Spielfreude mag darin eine ihrer Wurzeln haben. Das Kind erlebt sich unbegrenzt und gegenwärtig – eben zeitlos. Somit ist sein Spiel gelebte und erlebte Gegenwart.

1.1.7 Zusammenfassung

- Spiel ist eine individuelle, persönlich sinnvolle Aktivität zur Gestaltung der eigenen Wirklichkeit. Der spielerische Gegenstandsbezug erweist sich für menschliches Leben als fundamental.
- Was wir als Spielwirklichkeit bezeichnen, gibt allerdings den wissenschaftlichen Erkenntnisanstrengungen noch Rätsel auf: Spiel lässt sich nicht leicht erklären, denn allzu facettenreich sind seine Dynamiken, Prozesse, Strukturen, Funktionen und Erscheinungsformen.
- Im prinzipiellen Bewegungscharakter liegt allerdings ein dominantes Merkmal des Spiels vor, dem alle Spielforscher zustimmen können. Ansonsten hat aber Uneinigkeit bei der Einschätzung des Kinderspiels Tradition.
- Es mag an der inneren Besonderheit der kindlichen Lebensform des Spiels liegen, dass sie sich nicht leicht zu erkennen gibt. Kinder gestalten im Spiel ihre Gegenwart und erleben auch gegenwärtig.
- Der Zeitbezug ist diesem Erleben untergeordnet. Das Erleben ist beim spielenden Kind subjektiv zeitlos. Sein Spiel findet im Hier und Jetzt statt.
- Generell gilt für alles Spielen, dass es Erleben und Gestaltung eines gegenwärtigen Geschehens darstellt. Kurz: Spiel ereignet sich im Jetzt.

1.2 Welche Bedeutung hat das Spielen für Kinder?

Spielen ist die zentrale Tätigkeitsform des kindlichen Lebens. Keine andere Verhaltensweise zieht soviel kindliche Aufmerksamkeit in ihren Bann, und nirgendwo strengen sich Kinder mehr und ausdauernder an, um ein *eigenes* Ziel zu erreichen, als das beim freien Spielen der Fall ist. Man kann das hohe Engagement und die Vertiefung in das eigene Spiel bei den verschiedensten Spielformen beobachten. Spielen scheint eine ungemein *wichtige* Angelegenheit zu sein. Kinder setzen ein hohes Maß eigener Aktivität ein, wenn es darum geht, ein Spiel zu beginnen und in Gang zu halten. Die Dynamik des kindlichen Spielens führt ein regelrechtes Eigenleben.

Das Spiel, so scheint es, lebt aus sich selbst heraus. Es bezieht seine Energien aus dem Spielvorgang und erhält ihn dadurch aufrecht. Aber die Dynamik und die Energie des Spielvorganges sind nicht einfach von vornherein vorhanden. Es muss einige Bedingungen dafür geben, dass ein Kind überhaupt von sich aus zu spielen beginnt und sein Spiel fortführt.

1.2.1 Einige Bedingungen für den Beginn eines Spiels

Solche Bedingungen, die das Kinderspiel in Gang setzen, liegen im Kind selbst und in seiner näheren Umgebung. Nur ein Kind, das das Bedürfnis zu spielen hat, wird tatsächlich spielen. Es wird aber nur spielen können, wenn die nähere Umgebung sein Spiel ermöglicht, zum Beispiel dadurch, dass das Kind die entsprechenden Spielgegenstände, das *Spielzeug* vorfindet.

❗ Eine reizarme Umgebung ohne jegliche Spielgegenstände kann das kindliche Spielbedürfnis ebenso hemmen wie eine reizüberflutende Umgebung mit einem Überangebot an Spielzeug.

Im ersten Fall wird möglicherweise die Lust zu spielen durch den Mangel an Spielgegenständen nicht befriedigt, im zweiten Fall kommt die Spiellust vielleicht gar nicht erst auf. Denn dadurch, dass alles, was das Spiel überraschungsreich und spannend machen könnte, irgendwie schon da ist, entfällt ja die neugierige Gespanntheit. Wenn kindliches Spiel zustande kommt, so beeinflussen sich die kindliche Spiel*motivation* und die kindlichen Spiel*umgebungen* gegenseitig. Jeder Wandel auf einer der beiden Seiten kann sofort zu einer Verschiebung der Spielziele führen. Das bedeutet für den Verlauf des kindlichen Spieles, dass dann plötzlich etwas anderes in den Vordergrund der Spieltätigkeit rückt und sehr wichtig wird.

1.2.2 Das Kind und seine Umwelt im Spiel

Was wollen Kinder ganz allgemein, wenn sie spielen? Kinder wollen im Spiel *sich selbst gestaltend* mit der Umwelt auseinander setzen. Das Wort „gestalten" ist dabei zweifach gemeint. Im Spiel gestaltet das Kind zugleich *sich selbst* und *seine Umwelt*, das heißt, dass das Spielgeschehen mit einer zugleich stattfindenden *Selbst*veränderung und *Umwelt*veränderung verknüpft ist. Es stiftet einen Zusammenhang zwischen den inneren Veränderungen, die es selbst betreffen, und den äußeren Veränderungen, die seine Umwelt betreffen. Die psychologische Bedeutung dieses Zusammenhangs ist, dass das Kind und seine Umwelt durch die spielerische Gestaltung zu einer (nicht weiter unterteilbaren) *Handlungseinheit* werden. Beide Seiten dieser Einheit erfahren durch die Spieltätigkeit des Kindes eine Weiterentwicklung. Darin liegt eine der Hauptbedeutungen des Spielens für das Kind. Durch sein Spielen beeinflusst es sich selbst, es differenziert die Individualität seiner eigenen Person. Indem das Kind sein Spiel mit Gegenständen der Umwelt ausführt, wirkt es verändernd auf sie ein. Dieser offenbar doppelte Bezug des kindlichen Spiels weist also zwei verschiedene Richtungen

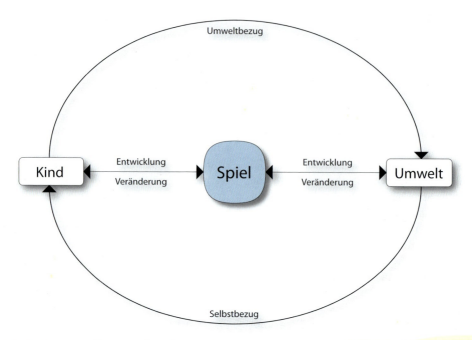

Abb. 1.2 Der Zusammenhang zwischen dem Kind und seiner Umwelt im Spiel. Durch sein Spiel beeinflusst und verändert das Kind seine Umwelt. Die Umwelt beeinflusst und verändert wiederum das Kind. Der Selbstbezug und der Umweltbezug des kindlichen Spiels führt auf beiden Seiten zu Veränderungen. Durch das Spiel kommt es zwischen dem Kind und seiner Umwelt zu wechselseitigen Einflüssen, die beidseitig Entwicklungen bedingen. Spiel verläuft also auf Grund immer wieder veränderter Voraussetzungen beim Kind und seiner Umwelt.

auf. Er ist zugleich Selbstbezug und Umweltbezug. Auf beiden Seiten bewirkt er spielerisch Veränderungen.

Dieser Zusammenhang zwischen dem Kind und seiner Umwelt im Spiel ist wechselseitig. Denn nicht nur das Kind beeinflusst den weiteren Gang der Dinge, es wird auch selbst durch die Umweltveränderungen beeinflusst, die es spielend hervorgerufen hat.

> Beispiel:
> Ein vierjähriges Mädchen spielt mit einem gleichaltrigen Mädchen „Kaufladen". Es kauft 10 kg Waschpulver, denn es „muss" alle Puppenkleider gründlich waschen. Nun holt es eine Schüssel Wasser, gibt das Waschmittel dazu, zieht die drei Puppen aus, wäscht deren Kleider. Die Puppen „frieren", draußen regnet es, und das Mädchen kann die Kleider nicht zum Trocknen draußen aufhängen. Da die Puppen dringend trockene Kleider benötigen, kommen diese in den mütterlichen Wäschetrockner usw.

Warum ist ein solcher Zusammenhang wechselseitig? Er ist es, weil das Kind durch sein spielerisches Tun bestimmte Ereignisse erzeugt, die einen zuvor bestehenden Zustand bei ihm selbst (waschen müssen), wie auch in seiner Umwelt verändern (Puppen frieren). Das weitere Spiel erfolgt also aufgrund immer wieder veränderter Voraussetzungen. Die Dynamik dieses Vorgangs erlebt das Kind als Spannung. Sie regt seine Neugier an, motiviert den Fortgang des Spiels und bewirkt weitere Spielhandlungen (Wäschetrockner). Denn das weitere Spielen ist der sicherste Weg, die Neugier zu befriedigen, angenehme Gespanntheit zu erleben, Überraschungen zu suchen und zu finden, um schließlich Freude zu haben.

1.2.3 Bedeutung, Dynamik und persönlicher Wert des Spielens

Für das Kind bedeutet Spielen einen wechselseitigen Gestaltungs- und Veränderungsvorgang, auf den es sich freiwillig mit seiner Umgebung einlässt. Dieser Vorgang ist zugleich ein wesentliches psychologisches Kennzeichen des kindlichen Spielens. Er ist mitverantwortlich für die Dynamik des kindlichen Spielverhaltens. Diese Dynamik rührt von der gleichzeitigen Selbst- und Umweltgestaltung durch das Spielen her. Abbildung 3 veranschaulicht den Vorgang und fasst ihn schematisch zusammen.

Durch seinen spielerischen Umgang mit den äußeren Dingen erzeugt das Kind immer wieder andere, in sich reizvolle Umwelten. Spielen bedeutet für das Kind einen selbst erzeugten Wandel äußerer Reize. Dieser Wandel ist es, der dazu führt, dass sich die ursprünglichen Spielziele leicht ändern können. Was gerade noch hochinteressant war und mit großer Aufmerksamkeit und intensiver Konzentration verfolgt wurde, kann vom Kind plötzlich in das Reich scheinbarer Nebensächlichkeiten verbannt werden. Der Spielinhalt muss dort so lange verharren, bis er wieder zum Spielziel avanciert.

Solche *Zielfluktuationen*, wie man den raschen dynamischen Wandel der Spielziele bezeichnen könnte, sind typisch für die Flexibilität der kindlichen Psyche. Sie sind außerdem ein Beweis für die hohe Plastizität kindlichen Erlebens und Verhaltens bei der spielerischen Gestaltung der eigenen Wirklichkeit.

Spielen bedeutet für Kinder auf jedem Niveau ihrer Entwicklung eine optimale Lebensform mit maximalen Entfaltungsmöglichkeiten. Das Ausmaß der kindlichen Persönlichkeitsentfaltung hängt von den kindlichen Spielräumen ab. Der Begriff des *Spielraums* muss für eine Psychologie des Kinderspiels selbstverständlich mehrere Bedeutungen tragen. Dem kindlichen Spielbedürfnis und der tatsächlichen Spieltätigkeit des Kindes kommt es sehr zugute, wenn Spielraum (auch für die erziehenden Erwachsenen) bedeutet:

- Freizeit für das Spielen,
- Freiraum für das Spielen,
- Verfügbarkeit von Spielgegenständen,
- Verfügbarkeit von Orten für das Spielen,
- Akzeptanz kindlichen Spielens durch die Erwachsenen,
- Toleranz der Dauer kindlichen Spielens,
- echtes Interesse an den Ergebnissen des Spiels,
- positive Bewertung der Spieltätigkeit,
- Zurückhaltung und Nichteinmischung,
- Hilfestellungen auf Wunsch des Kindes.

Man sieht, dass der Spielraum für das kindliche Spiel, wenn es ein echter und guter Spielraum sein soll, auch die Erwachsenen als indirekte, manchmal als direkte Spielpartner erfordert. Die für den Spielraum genannten Gesichtspunkte stellen Voraussetzungen dafür dar, dass Kinder ihr Spiel entfalten können. Welche Bedeutung das Spielen für Kinder haben kann, ist mit diesen Qualitäten des Spielraums verbunden.

Zwar werden wir später auf den Begriff des Spielraums wieder zurückkommen, doch lohnt es, die genannten Qualitäten des Spielraums bereits jetzt im Auge zu behalten. Denn eines ist sicher: Die subjektive Bedeutung des Spielens für das Kind ist weitgehend abhängig von den objektiv vorhandenen Bedingungen, die kindliches Spielen ermöglichen und fördern. Diese äußeren Bedingungen können aber auch ungünstig sein, das Spiel beeinträchtigen, manchmal unmöglich machen (z.B. bei Spielzeugmangel). Eine wesentliche Bedeutung des Spielens entsteht aus dem *Erleben des Spiels für das Kind*. Die selbst hervorgerufenen Spieleffekte bergen Gewohntes und Neues zugleich. Sie bestätigen dem Kind einige seiner bereits gemachten Erfahrungen und zeigen ihm, dass manche Dinge einen regelmäßigen Verlauf haben mit einem ständig gleichen Ergebnis: Lässt man eine Tasse fallen, zerbricht sie jedes Mal in mehrere Einzelstücke – herrlich! Eine solche positive Erfahrung des noch nicht einmal ein Jahr alten Kindes verbindet den Spaß und die Freude am Effekt mit weiteren Experimenten: Mal sehen, ob andere Sachen

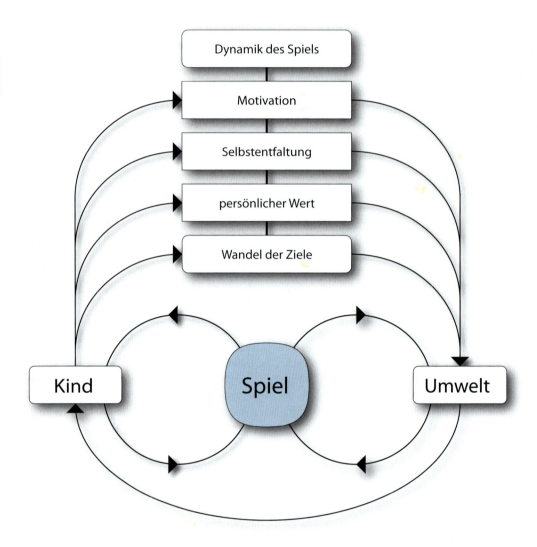

Abb. 1.3 Die spielerische Selbstentfaltung des Kindes bewirkt zusammen mit den Gestaltungsvorgängen beim Kind selbst und bei seinen Umwelten einen häufig raschen Wandel der Spielziele (Zielfluktuation). Dieser Wandel beeinflusst die Dynamik des Spiels als ein durch Neugier und Spannung motiviertes Geschehen, das für das Kind einen persönlichen Wert hat.

auch so schön klingen und zersplittern, wenn man sie fallen lässt! Solche frühen Formen der „Funktionslust" (der Begriff stammt von dem Psychologen Karl Bühler) gehen häufig mit aktivem spielerischem Experimentieren der Kinder einher. Das Erleben und die mit solchem Spiel verbundenen Erfahrungen sind überwältigend. Zumeist aber sind sie von kurzer Dauer, denn sobald die nähere personale Umwelt (zum Beispiel die Eltern) die kreativ-destruktiven, Spaß und Vergnügen bereitenden Spielaktivitäten entdeckt, werden sie jäh unterbunden. Das Kind muss erkennen, dass seine spielerische Selbstentfaltung äußere Grenzen hat. Unmissverständlich wird ihm klargemacht, dass seine Spielhandlungen ein völlig unzulässiges Ziel verfolgen.

Andererseits erlebt das Kind durch spielerisch aktives Experimentieren ganz unmittelbar etwas, das die immense Bedeutung des Spielens erklärt: den Überraschungsgehalt des noch Unbekannten. Nirgendwo sonst als im Spiel kann das Kind sich so eigenständig, aktiv und selbst gewählt überraschen. Nirgendwo sonst ist mit nur geringfügigen oder gar keinen negativen Konsequenzen zu rechnen. Die durch das Spiel selbst bewirkten Überraschungen erlebt das Kind emotional positiv, sie steigern sein Wohlbefinden. Wenn es ihm gelingt, sie in seinen bisherigen Erfahrungsschatz einzuordnen und künftig sich nutzbar zu machen, dann erlebt das Kind unmittelbar den Wert seiner Spielhandlungen. Das steigert sein Gefühl eigener Kompetenz und fördert das Selbstwertgefühl des Kindes.

Eine weitere Bedeutung des Spielens für das Kind besteht also in einer Kompetenz- und Selbstwertsteigerung, die in diesem Fall nicht durch äußeres Lob und Bestätigung seitens anderer Personen, sondern durch das eigene Spielen herbeigeführt wird.

1.2.4 Erlebniswert, Verhaltenswert und Wirklichkeitsaufbau durch Spielen

Die Bedeutung des Spielens für Kinder ist unmittelbar, aktuell und direkt mit dem Erleben verbunden. Kinder fragen (ganz im Unterschied zum Wissenschaftler) nicht: Was bedeutet Spiel? Vielmehr erleben sie den Spielinhalt als ihre gegenwärtige Wirklichkeit. Im aktuellen Erleben besteht eine der Hauptbedeutungen des Spielens für Kinder. Dieses Erleben führen sie durch ihre Spielhandlungen aktiv herbei. Ein Kind, das Autofahren spielt, fährt erlebnismäßig tatsächlich Auto. Nur dem außen stehenden Erwachsenen und dem von außen her beobachtenden Wissenschaftler mag es so vorkommen, dass das Kind nur so tue, als fahre es Auto. Subjektiv und im eigenen Erleben fährt das Kind wirklich Auto, obwohl die äußere Wirklichkeit des Spielgeschehens eigentlich nicht erlaubt, dieses objektiv als Autofahren zu beschreiben. Andererseits benutzt das Kind bei seiner spielerischen Nachgestaltung des Autofahrens alle typischen Merkmale, die nun einmal die Tatsache des Autofahrens ausmachen: Es erzeugt die Motorengeräusche, das Gasgeben, das Bremsen, das Lenken und die Bewegungen des Fahrens. Es erlebt die Wirklichkeit des Autofahrens, es erzeugt diese Wirklichkeit selbst, es selbst ist das fahrende Auto und der Fahrer zugleich.

An diesem Beispiel kann man gut erkennen, dass das Spiel für Kinder zumeist mehrere Bedeutungen zugleich hat. Zwei wesentliche Bedeutungen fallen ins Auge: erstens die aktive Erzeugung eigenen Erlebens, das als wichtige Spielhandlung imponiert (Autofahren), zweitens die aktive Gestaltung der eigenen Wirklichkeit (Autofahren), innerhalb derer das Kind die subjektive und die objektive Seite des gleichen Vorgangs zu einem sichtbaren Verhalten verschmelzt. Spielend Autofahren ist in unserem Beispiel ein Vorgang, den das Kind erlebnis- und verhaltensmäßig erzeugt, spielerisch zu *seiner Wirklichkeit* macht. Sie ist für das Kind wertvoll und wichtig.

Die spielerische Gestaltung der Lebensvorgänge durch das Kind hat in jedem Falle einen bestimmten Erlebniswert und einen bestimmten Verhaltenswert. Beide erzeugt das Kind selbst, beide beeinflussen seine Entwicklung, und beide sind Kennzeichen des kindlichen Wirklichkeitsaufbaus. Den Wert des Spielens für die kindliche Selbstentfaltung kann man nicht hoch genug einschätzen. Würden Kinder diesen Wert nicht selbst positiv einschätzen – kein Kind würde spielen.

Spielen hat also einen hohen persönlichen Wert für das Kind. Das ist nur allzu verständlich. In welchem anderen Bereich seines Lebens bietet sich dem Kind die Möglichkeit, ohne äußeren Zwang den Wert des eigenen Erlebens und Verhaltens zu steigern und dabei das Selbstwertgefühl aus sich selbst heraus zu fördern?! Das Erleben eigener Kompetenz bei der spielerischen Gestaltung der Wirklichkeit und die Entwicklung des Selbstwertgefühls hängen eng zusammen. Sind beide positiv ausgebildet, bieten sie ein sicheres Fundament der weiteren

Entwicklung. Das kindliche Spiel scheint eine wesentliche Bedingung für beides zu sein: Spielend wirklich Auto fahren – das ist herrlich! Ebenso ist es mit anderen Spieltätigkeiten, auch wenn die „objektive Wirklichkeit" dieser Tätigkeiten zum Teil anders aussieht. Wirkliches Autofahren im Straßenverkehr ist anders als wirklich spielerisches Autofahren des Kindes, doch beides ist Wirklichkeit. Es handelt sich nur um verschiedene Wirklichkeitsebenen einer subjektiv gleichen Tätigkeit. Wer hätte auch das Recht, dem Kind, das Autofahren spielt, zu unterstellen, dass es gar nicht Auto fährt? Niemand!

! Gleichgültig, welches Spiel Kinder spielen und wie sich dabei Illusionen, Phantasien, Träume und Wunschvorstellungen mischen – das Kind erlebt sein Spiel als wichtig, wertvoll und vollkommen real. Keine andere Tätigkeitsform eignet sich besser, eigene Ideen Wirklichkeit werden zu lassen, Phantasien auszuleben, Wünsche zu realisieren.

Im Umgang mit Erwachsenen bietet das Spiel eine optimale Möglichkeit, sich mit ihnen auf die gleiche Stufe zu stellen. Spielt der Erwachsene mit dem Kind, legt häufig das Kind dabei die Spielinhalte und die Normen fest, denen das Verhalten der Beteiligten zu folgen hat. Eine wirksame Methode der Kinder ist es dabei, den Erwachsenen ganz bestimmte Verhaltensweisen vorzuschreiben: Ein zweijähriges Kind, das dem Vater etwa die Rolle des Esels zuweist, erwartet auch die entsprechenden Verhaltensweisen (dass der Esel nämlich „iaah" macht und nicht etwa wie ein Hund bellt oder wie eine Katze miaut). Die typische Verhaltensweise ist also wirklich verbindlich.

Ansonsten sind es die Spielregeln, denen sich alle unterordnen müssen. Dabei spürt das Kind seine Chance, es im Spiel den Erwachsenen gleichtun zu können. Sämtliche Spiele, bei denen es am Schluss Sieger und Besiegte gibt, eignen sich bestens, denn durch die Spielregeln herrscht automatisch Gleichrangigkeit. Dann entscheiden Glück, Zufall, Notwendigkeit und ein gewisses Spielgeschick darüber, wer gewinnt und wer verliert. Welch hohen Stellenwert solche Spiele für das Kind haben, kann man leicht aus dem Spielverlauf entnehmen. Gewinn und Verlust, Siegen und Verlieren gehen beim Kind mit manchmal raschem Wandel von Freude und Leid, Fröhlichkeit und Schmerz einher. Himmelhoch jauchzend, zu Tode betrübt – solche raschen Stimmungswechsel kann man häufig beobachten. Wie wunderbar für das Kind, auch einmal als Sieger über den sonst ewig überlegenen Erwachsenen zu stehen, und wie schrecklich, gerade in einer Situation gegen sie zu verlieren, in der man sie eigentlich hätte besiegen können.

Die emotionale Dynamik des Spielverlaufs ist schon ein wichtiger Beweis für die psychologische Bedeutung der Geschehnisse im Spiel. Kaum jemand wird ernsthaft behaupten wollen, dass ein bitterlich weinendes Kind, das beim „Mensch-ärgere-Dich-nicht" gegen die Eltern verloren hat, keinen Schmerz erlebt. Es erlebt Schmerz, und es leidet wirklich. Die ganze aufmerksame Anspannung und aktive Beteiligung am Spiel weisen auf die hohe Bedeutung für das Kind hin.

Natürlich gibt es von Kind zu Kind unterschiedliche Reaktionen bei Verlust oder Gewinn. Diese hängen aber nicht nur vom Entwicklungsstand und von der Eigenart des Kindes ab, sondern werden vom Spielverhalten der Eltern direkt beeinflusst. Dieser wichtige Punkt wird unter 2.6 ausführlich behandelt.

Spielen ist für Kinder nicht nur außerordentlich bedeutungsvoll, sondern hat selbst viele Bedeutungen für das spielende Kind. Diese Tatsache erschwert natürlich eine richtige Einschätzung dessen, was welches Spiel in welcher Situation für ein Kind bedeutet und was das Kind eigentlich damit zum Ausdruck bringt. Solcherlei Vielschichtigkeit der Bedeutungen des Spiels mag ein Grund dafür sein, dass es so viele und unterschiedliche wissenschaftliche Sichtweisen des Kinderspiels gibt, von denen jede etwas für sich haben mag. Doch keine dieser theoretischen Ansichten kann für sich allein beanspruchen, das Kinderspiel tatsächlich zu erklären.

1.2.5 Die Bedeutung der Geborgenheit für das kindliche Spiel

Erlebte Geborgenheit ist eine Grundvoraussetzung für das kindliche Spiel. Ungeborgene Kinder können nicht spielen. Dasselbe gilt für das Tierreich, wie Portmann (1973) gezeigt hat. Kein Tier kann seine gegenwärtige Zeit spielerisch gestalten, wenn es sich bedroht oder aus anderen beeinträchtigenden Gründen ungeborgen fühlt. Dies ist eine interessante Tatsache, die zeigt, dass das Geborgenheitsgefühl als Voraussetzung für das Spielen bereits in der Evolution des Lebens verwurzelt ist.

Geborgenheitserleben als Bedingung für das Zustandekommen eines Spiels umfasst eine ganze Reihe von unter anderem psychosomatischen und psychischen Gesichtspunkten, die sich in körperlichem und psychischem Wohlbefinden zeigen. Ein Kind mit Magenschmerzen spielt nicht, ein verängstigtes Kind ebenfalls nicht. Ein Gefühl der Sicherheit und des Vertrauens in die aktuelle Situation sind unabdingbar, wenn eine spielerische Gestaltung der kindlichen Gegenwart möglich sein soll. Sorglosigkeit und Zufriedenheit sind weitere Merkmale des Geborgenheitsgefühls, das Spielen ermöglicht. Dazu gehört auch eine spielfördernde Umgebung, die adäquates Spielzeug enthält, Spielzeug, das sich zur Darstellung und Gestaltung der vom Kind erlebten Wirklichkeit eignet.

Nur bei Bewegungsspielen, wie zum Beispiel beim Fangen und Verstecken sowie bei manchen Symbolspielen bedarf es nicht der Präsenz von Spielzeug. Denn hierbei bringen sich die Personen selbst in ihr Spiel ein, mit ihren Erlebnissen, Erfahrungen und der handelnden Gestaltung ihrer Wirklichkeit. Fangen, Verstecken, Suchen und Finden gehen mit spielerischer Spannung einher, und die Spieltätigkeit selbst steigert den Erlebniswert solcher Spiele bei den Beteiligten. Denn sie erhöht die emotionale Beteiligung der förderlich erlebten Emotionen, wie zum Beispiel Spaß und Freude. Das ganze Spielgeschehen ist mit einer fortschreitenden affektiven Valenz verbunden, was zur weiteren Konsolidierung des Geborgenheitserlebens beiträgt. Voraussetzung für die Entstehung dieser Spiele ist ebenfalls eine ungetrübte, entspannte und gelassene Situation. Auch die in der Entwicklung sich weiter differenzierenden Spielformen setzen erlebte Geborgenheit voraus, damit sie stattfinden können. Ohne Geborgenheitserleben kann es kein Spiel geben. Dies gilt selbst für die differenziertesten Regelspiele beim Menschen.

Eines also ist für alles Spiel bei Tieren und Menschen verbindlich: Es kann nur bei erlebter Geborgenheit zustande kommen und seinen Verlauf nehmen.

Geborgenheit bedeutet Vertrauen in die Gegenwart, Zufriedenheit und ein zuverlässiges Gefühl der Sicherheit im Erleben des Hier und Jetzt. Sind diese Voraussetzungen gegeben, kann ein jedes Spiel jederzeit beginnen, bei Tieren und beim Menschen jeden Alters gleichermaßen. Geborgenheit wird wie Frieden mit der inneren und äußeren Wirklichkeit erlebt. Im kindlichen Spiel manifestiert sie sich aktiv in den Spielhandlungen, die zumeist mit positiven Emotionen ausgeführt werden. Ungeborgenheit kommt aber auch vor: Wenn das Kind z.B. im Konstruktionsspiel wiederholt sein selbst gesetztes Spielziel nicht erreicht und somit Misserfolg erlebt. Sie kann außerdem erlebt werden, wenn das Kind in einem Regelspiel, z.B. mit den Eltern, immer wieder verliert.

1.2.6 Geborgenheit und Ungeborgenheit im Spielverlauf

In der Regel gehen wir davon aus, dass die Spieltätigkeit selbst Geborgenheitserleben hervorbringt und aufrecht erhält. Spielen macht Spaß, es ist vergnüglich und ruft förderliche Emotionen hervor. Es enthält also klar erkennbare psychohygienische Funktionen. Diese lassen sich in allen Spielarten nachweisen, vom einfachen Bewegungsspiel bis hin zum hochkomplexen Regelspiel.

Andererseits wäre das Spiel ein sehr einseitiges *Fundamentales Lebenssystem*, wenn nicht auch die beeinträchtigenden Seiten der Lebenswirklichkeit eine einflussreiche Rolle spielen würden. So kommt es bereits bei der Entwicklung des Konstruktionsspiels zu beeinträchtigenden Emotionen wie Wut, Resignation und zu Misserfolgserlebnissen. Dies geschieht, wenn es dem Kind trotz mehrfacher Versuche nicht gelingt, ein selbst gesetztes Ziel (z.B. den Bau eines Turms, der so hoch wie der Tisch ist) zu erreichen. Die Mimik, Gestik und die gar nicht selten kullernden Tränen verraten dem Beobachter klar das Ungeborgenheitserleben in einem solchen Spiel.

Ungeborgenheitserleben ist die Kehrseite von erlebter Geborgenheit. Wie diese gehört sie zum Lebensvollzug des Menschen dazu. Weshalb sollte das Spiel vom Antagonismus der Emotionen in diesem *Fundamentalen Lebenssystem* ausgenommen sein?!

Bei Symbol- bzw. Rollenspielen kann es zu deutlichen Ungeborgenheitssituationen kommen, wenn sich etwa eine am Spiel beteiligte Person nicht exakt an die zuvor abgesprochene Rollendefinition hält. Gar nicht selten führt das dann zum Spielabbruch und den bekannten ungeborgenen Begleiterscheinungen: Frust, Wut, Zorn, zuweilen Aggression.

Das Regelspiel enthält gleich mehrere Möglichkeiten für das Erleben von Ungeborgenheit. Das Ziel beim Regelspiel ist das Gewinnen, und jeder Spieler muss seine Wege zum Ziel optimieren. Wird eine beteiligte Person beim Mogeln ertappt, ist das Spiel unterbrochen oder sogar zumeist gelaufen. Ähnliches passiert, wenn sich der ein oder andere Spieler erkennbar nicht korrekt an die geregelten Tatsachen des Spielablaufs hält.

Die wohl bekannteste erlebte Beeinträchtigung beim Regelspiel bringt ständiges Verlieren mit sich. Wenigstens diesbezüglich bleiben wir alle ein Leben lang Kinder. Die Älteren können die beeinträchtigenden Folgen ständigen Verlierens allenfalls ein wenig besser verbergen oder kaschieren. Aber auch da gibt es Ausnahmen: Während bei Kindern hin und wieder einmal die Unterlagen des „Mensch-ärgere-Dich-nicht" mitsamt der Männchen durch die Luft fliegen, sobald der Frust des Verlierens zu groß wird, segeln die Spielkarten der 60 bis 90-jährigen Männer am Stammtisch im Wirtshaus durch die Gegend, wenn heftige Emotionen die Überhand gewinnen.

Geborgenheit und Ungeborgenheit sind zwei Seiten des Spiels, insbesondere der elaborierteren Spiele. Sie bleiben aber zumeist zeitlich begrenzt auf die Dauer des Spiels. Geborgenheits- und Ungeborgenheitserleben im Spiel sind ein eindeutiger Indikator dafür, dass eben auch das Spiel ein Teil der Lebenswirklichkeit ist.

1.2.7 Zusammenfassung

- Spielen ist die vielleicht wichtigste Lebensform des Kindes. Der Beginn eines Spiels resultiert aus der kindlichen Bedürfnislage einerseits, dem Anregungsgehalt seiner Umwelt, z.B. durch Vorhandensein adäquaten Spielzeugs, andererseits. Beide Seiten, Kind und Umwelt, beeinflussen sich im Spiel gegenseitig. *Selbst*veränderung und *Umwelt*veränderung sind also im Spielgeschehen miteinander verknüpft. Das Kind und seine Umwelt werden durch die spielerische Gestaltung zu einer *Handlungseinheit*. Die gleichzeitige Selbst- und Umweltgestaltung bedingt letztlich die Dynamik des kindlichen Spielverhaltens. Der rasche dynamische Wandel der kindlichen Spielziele – die Zielfluktuation – hat mit der Flexibilität und Plastizität des kindlichen Erlebens und der Motivation des Spielverhaltens zu tun. Spielmotivation und Selbstentfaltung gehen beim Spielen Hand in Hand und manifestieren sich in der Spielhandlung. Voraussetzung dafür ist, dass *Spielraum* und *Spielzeit* in jeder Hinsicht vorhanden sind. Manche im Spielverlauf durch das Kind selbst bewirkte Überraschungen steigern das persönliche Wohlbefinden weiter.

1.3 Wie sieht die Wissenschaft kindliches Spiel?

Wer sich durch das Lesen wissenschaftlicher Arbeiten ein klares Bild des Kinderspiels verschaffen möchte, wird enttäuscht werden: Viel zu einseitig, viel zu verschiedenartig und manchmal durch Vorurteile belastet erweisen sich eine ganze Reihe der bekannten alten und neuen Spieltheorien. Die Tatsache, dass das Spielen zum Menschsein gehört, dass es auf allen Kontinenten, bei allen Völkern und in allen Kulturen vorkommt, hat dazu geführt, Spiel als eine wichtige Tätigkeit des Menschen wissenschaftlich zu beachten. Es mag mit an der inneren Vielfalt der Spiele und am Spielverhalten selbst liegen, dass die wissenschaftlichen Ansichten sehr bunt, manchmal abenteuerlich aussehen. Fast immer hat man das Gefühl, dass diese Ansichten zwar irgendwie zutreffen. Sobald sie aber auf das Spiel insgesamt verallgemeinert werden, vermitteln sie ein unzutreffendes Bild.

1.3.1 Frühe klassische Ansichten zur Erklärung des Spielens

Seit Aristoteles im Altertum das Spiel und das Theater mit der Seelenreinigung (Katharsis) in Zusammenhang brachte, lebt die Idee, das Spiel müsse eine solche psychohygienische Funktion haben, in vielen Spieltheorien weiter. Abreaktion, Ausgleich, Entspannung und Erholung heißen die Zauberworte der mittelalterlichen und neuzeitlichen Philosophie, die die Denktradition des Aristoteles fortführte. Hingegen beschreiben klassische Schriftsteller, wie zum Beispiel Friedrich Schiller, das Spiel als den Inbegriff des Menschseins, der Freiheit und des ästhetischen Lebens. Das Spiel wird als die menschlichste Daseinsform verabsolutiert. Diese verklärende Sichtweise gipfelt in Schillers bekannter Äußerung, der Mensch spiele nur, wo er in voller Bedeutung des Wortes Mensch sei, und Mensch sei er wiederum nur da, wo er spiele. Allerdings

---

- Kinder führen mit ihrem Spiel aktiv gegenwärtiges Erleben herbei. Und sie gestalten spielerisch ihre eigene Wirklichkeit. All das hat einen besonderen Erlebniswert für das Kind, der die kindliche Selbstentfaltung stimuliert. Dabei gilt immer: Das Kind erlebt sein Spiel als wichtig, wertvoll und vollkommen real. Besonders in Rollenspielen bzw. Symbolspielen zeigt sich, dass vom Kind nachgestaltete typische Verhaltensweisen für es *wirklich* verbindlich sind. Sie haben ihren eigenen verlässlichen Realitätsstatus. Bei Regelspielen sind es die Spielregeln, die Verbindlichkeiten schaffen, wobei das Verlieren und Gewinnen häufig für ein Wechselspiel der Emotionen sorgen.
- Allerdings kommt es zum Beginn eines Spiels überhaupt nur dann, wenn bestimmte Voraussetzungen erfüllt sind. Die wichtigste ist ein erlebtes Gefühl der Geborgenheit. Dies gilt für Tiere und Menschen gleichermaßen. Doch garantiert der Verlauf eines begonnenen Spiels keineswegs beständiges Geborgenheitserleben. Beeinträchtigende Emotionen bei Misslingen eines Konstruktionsspiels, Frust bei Abweichungen von definierten Rollen im Symbolspiel, Streitigkeiten bei Regelabweichungen im Regelspiel – dies sind nur einige Beispiele für Ungeborgenheitserleben im Spiel. Spiel ist eben erlebte Wirklichkeit. Diese enthält erfahrungsgemäß Geborgenheits- und Ungeborgenheitserleben.

hatte Schiller wegen der Gefahr politischer Verfolgung nicht die Freiheit, seine Ansichten und Gedanken offen zu äußern, womit seine Glorifizierung des Spiels zusammenhängen mag.

Für die im Spiel zutage tretende Freiheit hatte der Philosoph und Psychologe Herbert Spencer die Erklärung, dass sich im Spiel angestaute Energien und überschüssige Kräfte entladen. Stanley Hall nahm die individuelle Entwicklungsabfolge der verschiedenen Arten des Spieles beim Kind zum Anlass, Spencers Idee von der Abreaktion überschüssiger Kräfte auf überflüssig gewordene Instinkte beim Menschen zu beziehen. Er „bereicherte" damit die Seelenreinigungstheorie (Aristoteles), die Energie- und Kraftüberschusstheorie (Spencer) und die Freiheitstheorie (Schiller) um seine „Kulturstufentheorie". Danach stellt die Spielentwicklung beim Kind nichts anderes als eine Wiederholung der stammesgeschichtlichen Entwicklung des Menschen im Zeitraffer dar. Diese Denkweise wurde deshalb auch als Rekapitulationstheorie bezeichnet. Sie liefert einfache, vielleicht auch ein wenig einfältige Erklärungen unseres Verhaltens: Welcher Zeitgenosse lässt sein Verhalten, wenn er geht, klettert, springt, wenn er schwimmt und taucht, schon gern einem persönlich verbliebenen Instinktrest seiner tierischen Vorfahren zuschreiben, schließlich bestimmen wir doch selbst, ob wir es den Affen oder den Fischen gleichtun!

Weitere klassische Spieltheorien bringen andere und konträre Gedanken ins Spiel. So betont Lazarus im Gegensatz zu Spencer, dass Kinder durch Spielen wieder Energie und Kraft gewinnen. Spiel diene also nicht der Abreaktion, sondern dem Wiedergewinn von Kraft, es sei aktive Erholung. Die genannten Theorien sind häufig als vorwissenschaftlich bezeichnet worden, stammen sie doch aus der Zeit vor dem 20. Jahrhundert. Eine Trennung vorwissenschaftlicher von wissenschaftlichen Theorien wirkt aber gekünstelt, denn die Theorien der neueren Zeit beziehen die vorwissenschaftlichen Gedanken durchaus ein.

1.3.2 Spiel als „Vorübung" für das Leben (Karl Groos)

Um die Jahrhundertwende brachte Karl Groos ein Buch über *Die Spiele der Menschen* heraus, das einen seinerzeit neuen Gedanken enthielt. Spiel diene der Vorübung für das Leben und stehe im Dienst der Selbsterziehung des Menschen. Durch sein Spiel übe das Kind die motorischen, sensorischen und psychischen Funktionen, die ihm im späteren Leben als „Ernstfunktionen" zugute kämen. Der „Lebenswert" des Spiels ist nach Groos in seiner Vorübungsfunktion begründet. Die Vorübungstheorie verbindet also den Sinn, Nutzen und Zweck des Spiels mit der Zukunft. Das kindliche Spiel wird vor allem aus dem Blickwinkel seiner zukünftig zweckgerichteten Motiviertheit gesehen; die Theorie von Groos wird in der Wissenschaft deswegen als teleologisch-finale Theorie bezeichnet, wodurch ihre Ziel-, Zweck- und Zukunftsbezogenheit bei der Erklärung des Kinderspiels zum Ausdruck kommen soll. Zwar bedeutet diese Theorie einen Fortschritt gegenüber den meisten klassischen Ansichten, tatsächlich hatte sie jedoch einige nachteilige Folgen. In ihr wurzelt nämlich ein tief greifendes Missverständnis der Spieltätigkeit des Kindes. Es besteht im wesentlichen darin, gar nicht das Spielen als eine selbst hervorgebrachte, eigenaktive Tätigkeit des Kindes zu thematisieren; es besteht außerdem darin, zu übersehen, dass das Spielen zumeist als eigene kindliche Verhaltensform funktioniert, die ihren Erlebens- und Verhaltenswert in sich selbst trägt, indem sie die kindliche Gegenwart als solche gestaltet und besonders dadurch gekennzeichnet ist, frei von äußeren Zwecken zu sein. Damit blieb für Groos auch der Blick verstellt, das kindliche Spiel als den Aufbau einer eigenen Wirklichkeit des Kindes zu sehen und zu verstehen.

Auch die Spätfolgen der Theorie von Groos sind unübersehbar. Denn in seiner Theorie, die ja das Spiel als eine gegenwärtige Lebensgestaltung und als Selbstzweck nicht ernst nahm, wurzelt ein schwerwiegender Fehler, der in der viel zu frühen „Pädagogisierung" des Spiels besteht. Bevor man nämlich das Spielverhalten wissenschaftlich-empirisch mit spielenden Kindern zu untersuchen begann, zog man es vor, das Spiel wegen seiner angeblichen Übungsfunktion pädagogisch zu nutzen. Man entwickelte ganze Spielprogramme, um so Fähigkeiten und Fertigkeiten der Kleinen zu beschleunigen. Die Fragestellungen lauteten nicht: Was ist Spielen, wie funktioniert Spielen, wie entwickelt sich Spielen, was bedeutet das Spielen für die spielenden Kinder? Vielmehr orientierte man sich am Nutzen des Spiels für pädagogische und psychologische Zwecke der Frühförderung. Die Anwendung des Spiels, nicht die Erkenntnis der Psychodynamik seiner Entwicklung und seiner psychischen Verankerung im Kind selbst, hatte Vorrang. So manche „Spielprogramme" der Vorschulerziehung sind Beispiele für den misslungenen Versuch, das Spiel pädagogisch zu nutzen!

Groos' Sichtweise beeinflusste auch die weitere Theorieentwicklung. William Stern zum Beispiel übernahm den Vorübungsgedanken, und selbst neuere Arbeiten zum kindlichen Spiel versuchen ihn vollends zu berücksichtigen.

1.3.3 Spiel als „Lust an der Funktion" (Karl Bühler)

Ein anderer Theorieansatz zur Erklärung des Kinderspiels stammt von Karl Bühler. Im Unterschied zu Groos und Stern begründet er die kindliche Spieltätigkeit nicht in äußeren Zwecken; ebenso entfallen von außen an das Kinderspiel herangetragene Ziele. Vielmehr geht Bühler von einem Hauptmerkmal kindlichen Spielens aus: Freude, Lust, Vergnügen am spielerischen Funktionieren der Dinge gelten als zentrale Motive kindlichen Spielverhaltens. Das Kinderspiel wird als eine von Funktionslust getragene Tätigkeit angesehen. Die Theorie heißt daher auch Funktionslusttheorie.

Sicherlich bedeutet diese Sichtweise einen Fortschritt gegenüber den vorangegangenen, bringt sie doch die reine Spielfreude und die Lust am Spielen selbst in einen kindgemäßen Mittelpunkt der Betrachtung. Außerdem korrigiert sie die Annahme, Spiel verfolge äußere Zwecke. Erst seit Bühler konnte die Auffassung vom Kinderspiel als einer zweckfreien, d.h. einer von äußeren Zielen und Zwecken freien Tätigkeit, in der Wissenschaft Fuß fassen. Andererseits muss man kritisch einwenden, dass es viel zu einseitig wäre, die Motivation des kindlichen Spielens nur in der Funktionslust begründen zu wollen.

1.3.4 Spiel als Aktivitätsform der geistigen Entwicklung (Jean Piaget)

Der Genfer Entwicklungspsychologe Jean Piaget sieht im kindlichen Spiel einen Weg zur Erkenntnis der Wirklichkeit. Seine Ansichten zum Spiel sind eingebettet in seine umfassende Theorie zur geistigen Entwicklung des Kindes. Während es sich bei Bühler um eine so genannte hedonistische (am Lustgewinn orientierte) Theorie handelt, kann Piagets Spieltheorie als kognitive Entwicklungstheorie (an der geistigen Entwicklung orientierte Theorie) gelten. Bereits bei der frühkindlichen aktiven Auseinandersetzung mit der Umwelt handelt es sich nach Piaget um so genannte sensomotorische Koordinationsleistungen, die als frühe Formen des Spiels gekennzeichnet werden müssen. Dabei versucht das Kind, die äußere Wirklichkeit gemäß seinen eigenen Wahrnehmungsstrukturen zu erkennen, zum Beispiel führt es die Tatsache, dass eine erwachsene Person groß oder klein ist, darauf zurück, dass sie viel oder wenig Gemüsesuppe gegessen hat. Piaget nennt das frühe Denken „egozentrisch", und die geistige Tätigkeit beim frühen Spielen bezeichnet er als Assimilation. Das bedeutet, dass das Kind seine Spielerfahrungen im wesentlichen den bis dahin entwickelten geistigen Strukturen anpasst.

Das Kind erkennt noch nicht die Notwendigkeit, sich selbst bzw. seine geistigen Strukturen zugunsten der Besonderheit der Spielgegenstände zu verändern (Akkommodation).

Wenn der Versuch, einen Turm in bestimmter Höhe zu bauen, immer wieder scheitert, schreibt das Kind die Ursache für das Umfallen der Klötze den Klötzen zu (z.B.: „Die blöden Klötze wollen nicht halten"), anstatt zu erkennen, dass es seine motorischen Koordinationen zugunsten einer besser balancierten Statik verändern (akkommodieren) müsste. Kinderspiel ist nach Piaget also im wesentlichen eine assimilative Tätigkeit. Genauer: Die Assimilationen überwiegen die Akkommodationen, das heißt, die Kinder üben und perfektionieren ihre Spielleistungen intensiv, bevor sie die Notwendigkeit erkennen, diese Leistungen weiter zu differenzieren, damit auch komplexere Spiele mit anspruchsvollerem Niveau bewältigt werden.

Das kindliche Spiel während der frühen Entwicklung wird später durch mannigfache Symbolspiele des Kindes ergänzt und überlagert: Die Kinder trinken dann aus leeren Gläsern Tee, sie tun so, als ob sie mit Bauklötzen Bonbons essen, bringen ihre Puppen zum Schlafen. Sie benutzen die ihnen verfügbaren Gegenstände als Symbole, um die Wirklichkeit selbst aktiv nachzugestalten, die sie sonst erleben und erfahren. Doktorspiel, Puppenspiel, Verkaufsspiel, Putzen, Autofahren und viele andere spielerisch-symbolischen Tätigkeiten gehören hierzu.

Piaget wurde in der Vergangenheit von führenden Spielforschern (z.B. von Brian Sutton-Smith) der Vorwurf gemacht, er habe nicht das Kinderspiel als eine eigene Aktivitätsform untersucht, sondern es sei ihm nur als ein Aspekt seiner kognitiven Entwicklungstheorie wichtig gewesen. Zu solchen Vorwürfen mag man stehen, wie man will. Als ein großes Verdienst dieses Ansatzes bleibt, dass die Entwicklung des kindlichen Spiels sorgsam untersucht wurde und dies zu wertvollen Erkenntnissen führte, die ein Verständnis der kindlichen Spieltätigkeit eigentlich nur fördern können.

1.3.5 Pychodynamische Aspekte zum Spiel (Freud, Adler, Buytendijk, Zulliger)

Ebenfalls von ihrer eigenen Gedankenwelt gingen die psychodynamischen Theoretiker bei der Betrachtung des kindlichen Spieles aus. Sigmund Freud bringt die Bedeutungen des kindlichen Spielens für die Entwicklung in den Zusammenhang von Triebverzicht und Ersatzbefriedigung. Nach ihm eignet sich das Spielen bestens dazu, diejenigen Erlebnisse abzureagieren, deren Erfahrung mit Unlust verbunden war, und es ist vorzüglich dazu geeignet, diejenigen Wünsche zu befriedigen, die verdrängt werden mussten, weil eine reale Befriedigung im übrigen Leben nicht möglich war: das Spiel als Forum der Ersatzbefriedigung. Spielerisches Autofahren wäre, so gesehen, nur ein Ersatz für das Autofahren als tatsächlicher Verkehrsteilnehmer.

Auch bei Alfred Adler ist das Spiel mehr eine Funktion des theoretischen Denkens und eben *kein* eigenes Verhaltenssystem des Kindes. Dem Spiel spricht er eigentlich nur eine Bewältigungsfunktion zu: Durch Spielen versuche das Kind, seine Kleinheit, sein Gefühl der Minderwertigkeit kompensatorisch zu überwinden.

Die meisten psychodynamischen Theorien sind im Kern so genannte Triebtheorien. So leitet beispielsweise der Spieltheoretiker Buytendijk die Spielmotivation des Kindes von zwei Grundtrieben ab, einem „Befreiungs"- und einem „Vereinigungstrieb".

Interessanterweise war es kein Wissenschaftler, sondern ein nach psychoanalytischen Grundsätzen praktizierender Volksschullehrer und Kindertherapeut, Hans Zulliger, der das Wesen des Spiels im Erlebniswert selbst sah, den die spielerischen Tätigkeiten für das Kind haben. Wohl deswegen gelangen ihm in den dreißiger und vierziger Jahren des letzten Jahrhunderts auch sensationelle Heilungserfolge mit gestörten Kindern, und dies, ohne dass er die psychoanalytische Regel des Deutens der kindlichen Spielinhalte anwenden musste.

1.3 · Wie sieht die Wissenschaft kindliches Spiel?

1.3.6 Motivationspsychologische Sichtweise des Spiels (Heinz Heckhausen)

Abschließend soll auf einige Merkmale des Kinderspiels hingewiesen werden, wie sie Heckhausen (1964) zusammenfassend herausgearbeitet hat. Daran anschließend werden einige wenige der angeführten Beschreibungsmerkmale als Beispiele herausgegriffen. Es wird geprüft, ob sie auf das Kinderspiel so zutreffen.

Heckhausen betonte besonders die motivationale Seite des Spielens und verwies auf den Neuigkeits- und Überraschungsgehalt sowie die Verwickeltheit im Spiel und die Ungewissheit seines Ausgangs – alles Merkmale, die den Spielanreiz steuern. Bekannter als diese sind einige allgemeinere Merkmale des Spiels nach Heckhausen geworden, nämlich 1. die „Zweckfreiheit"; 2. der „Aktivierungszirkel", d.h. das Aufsuchen eines Wechsels von Spannung und Lösung, der in vielen Wiederholungen abrollt; 3. die handelnde Auseinandersetzung mit einem Stück real begegnender Welt; 4. die undifferenzierte Zielstruktur und die unmittelbare Zeitperspektive; 5. die „Quasi-Realität" (zu diesen und den nachfolgenden Zitaten dieses Abschnitts siehe Heckhausen 1964; 1988[5], S. 138-155).

Auf jeden Fall enthalten diese Charakterisierungen des kindlichen Spiels einige Merkmale, die gut geeignet sind, einseitige Ansichten zum Kinderspiel abzulösen. Der Vereinnahmung des Spiels durch äußere Zwecke wird von vornherein ein (nur hinweisender) Riegel vorgeschoben (Zweckfreiheit). Das spielende Kind wird als aktives Individuum („Aktivierungszirkel", handelnde Auseinandersetzung) beschrieben, das eben nicht passiv seinen Trieben und Kompensationen ausgesetzt ist, sondern sich durch sein Spiel der realen Welt stellt.

Beachtenswert bleiben vor allem „die beiden Haupteigenschaften eines Aktivierungszirkels" zur näheren Beschreibung der Psychodynamik des Spiels, dass das Affekterleben ständig um einen mittleren Spannungsgrad herum pendelt, der gleich weit entfernt ist von matter Langeweile einerseits und überwältigendem Affekt andererseits. Die zweite Haupteigenschaft ist „der baldige Spannungsabfall, der Entspannung und Erleichterung bringt". Anregungskonstellationen, welche Aktivierungszirkel auslösen, werden von Heckhausen als Diskrepanzen (z.B. Ungleichheiten, Abweichungen, Unterschiede usw.) beschrieben. Er unterscheidet vier Formen von Diskrepanzen:

- **Neuigkeit (oder Wechsel):** Diese Diskrepanz hat direkt mit dem Neugiermotiv zu tun und mit der Zeitlichkeit der Erfahrungsbildung. Es ist eine Diskrepanz zwischen *gegenwärtigen* Wahrnehmungen und früheren Wahrnehmungen.
- **Überraschungsgehalt:** Dieser bringt einen steilen Spannungsanstieg und einen eher flachen Spannungsabfall mit sich. Der Überraschungsgehalt entsteht aufgrund einer „Diskrepanz zwischen gegenwärtigen Wahrnehmungen und [bestimmten] Erwartungen, die aufgrund früherer Erlebnisse" zustande gekommen sind.
- **Verwickeltheit:** Diese „Diskrepanz zwischen Teilen des gegenwärtigen Wahrnehmungsbzw. Erlebnisfeldes" hat eine aktivierende Funktion. Sie weckt das Interesse am Zusammenhang der Dinge und regt zum Problemlösen an.
- **Ungewissheit bzw. Konflikt:** Hierbei geht es um die „Diskrepanz zwischen verschiedenen Erwartungen". Ungewissheit und Risiko werden geradezu aufgesucht. Heckhausen führt ein nettes Beispiel an: „Es gibt berufsspezifische Spielarten [der Risikosuche]. So soll etwa beim Dozenten – ich verlasse mich hier auf introspektive Erfahrung – ein mittlerer Grad des Unvorbereitetseins eine durchaus angenehm-aktivierende Wirkung auf seinen Vortrag ausüben".

Natürlich gäbe es unzählig viele weitere Beispiele für die Wirksamkeit von Aktivierungszirkeln. Gemeinsam ist ihnen, dass sie „nicht nur für das Spielen, sondern auch für andere zweckfreie [d.h. von äußeren Zwecken unabhängige] Tätigkeiten die Basismotivation" darstellen. Allerdings gibt es spielspezifische Charakteristika von Aktivierungszirkeln. Sie manifestieren sich im Spiel durch die „stets *handelnde* Auseinandersetzung mit einem Ausschnitt der begegnenden Welt. Die Einfachheit der Zielstruktur und die Unmittelbarkeit einer nur kurz vorweg greifenden Zeitperspektive" sind weitere Merkmale. Für Heckhausen ist Quasi-Realität kein allgemeingültiges Merkmal für alle Spielformen. Insoweit stimmt die gedankliche Richtung. Denn für alle Spielformen in der menschlichen Entwicklung lässt sich deren konkreter Realitätsbezug nachweisen, wie unsere eigenen Forschungsergebnisse zeigen.

Insgesamt ist der Denkansatz Heckhausens vor allem für die theoretische Begriffsbildung wichtig, zumal die motivationspsychologische Betrachtung des Spiels bis dahin vernachlässigt worden war. Fraglich bleibt allerdings, inwieweit der nicht auf empirische Forschungsdaten basierte Ansatz sich eignet, die Entwicklung der Spielformen in der Ontogenese des Menschen zu erklären. Außerdem unterstellt Heckhausen, wie leider viele andere Wissenschaftler, dem Kinderspiel eine „undifferenzierte Zielstruktur". Spielwirklichkeit ist für ihn nur „Quasi-Realität". Gerade hinsichtlich dieser beiden kritikwürdigen Merkmale fand der Autor unkritische Zeitgenossen, denn viele Autoren gehen nach wie vor von der Gültigkeit dieser Merkmale aus.

1.3.7 Einige Missverständnisse in der Betrachtung des Kinderspiels

Nach meiner Überzeugung übersehen mehrere Autoren ein Grundmerkmal der psychischen Funktionsweise des Kindes, das darin besteht, dass innere Organisation und Motivation seines Verhaltens noch sehr flexibel sind. Unterschiedlich attraktive Gegenstände der realen Welt können zu einer sofortigen Umorientierung des Verhaltens führen. Nicht nur die Zeitperspektive ist dabei unmittelbar, wie Heckhausen es nannte, auch die äußeren Gegenstände als mögliche Ziele des kindlichen Verhaltens sind es. Ändern sich die in einer Spielsituation für das Kind erreichbaren Gegenstände und sind sie zugleich attraktiv, dann ändern sich natürlich auch die Ziele des kindlichen Spielverhaltens. Es kommt dann zu den bereits erwähnten „Zielfluktuationen", und dementsprechend verändert das Kind sein Spielverhalten: Andere Ziele werden verfolgt und andere Gegenstände für die Zielverwirklichung gewählt. Also bestimmt keine diffuse Zielstruktur den Spielverlauf des Kindes, sondern der manchmal rasche und abrupte Wandel der Spielziele. Auch die Auffassung des Spieltheoretikers Arnulf Rüssel, das Kinderspiel durch seine Ungerichtetheit (1959) näher zu kennzeichnen, ist damit hinfällig. Kindliches Spiel ist immer auf die Spielgegenstände gerichtet, auch wenn die Gegenstände, mit denen Kinder spielen, sehr unterschiedlich sind. Freuds allgemeine Sichtweise des Kinderspiels als halluzinatorische Wunscherfüllung mag hin und wieder einmal zutreffen, aber eben nicht generell. Völlig unzutreffend ist meines Erachtens die Ansicht des bekannten Spieltheoretikers Huizinga (1938), wonach das Spiel des Kindes neben dem Leben stehe. Sie geht ebenso am Wesen und an der Wirklichkeit des Kinderspiels vorbei wie die generelle Annahme einer Quasi-Realität. Ganz im Gegensatz zu diesen Ansichten gilt es festzuhalten:

Nichts von dem, was Kinder tun, ist hinsichtlich seiner Ziele diffus. Dem kindlichen Spiel sogar Ungerichtetheit und somit Ziellosigkeit zu unterstellen, ist praktisch gleichbedeutend damit, es als sinnlos zu betrachten. Selbstverständlich verfolgen Kinder im Spiel bestimmte Ziele. Nur sind diese, wie die Spielhandlungen selbst, unmittelbar auf die Gegenwart bezogen und erfolgen im aktuellen (momentanen) Erleben und Verhalten. Das Spiel lebt aus der Gegenwart heraus, es ist die gelebte Gegenwart des spielenden Kindes. Dabei können durchaus vergangene Erfahrungen des Kindes und zukunftsbezogene Wünsche und Ziele die kindliche Gestaltung des Spielverlaufs mitbestimmen. Es dürfte aber unzutreffend sein, das Spielverhalten deswegen nur als Wunscherfüllung und Ersatzbefriedigung oder als Vorübung fürs Leben zu sehen.

Ein Irrtum dürfte auch darin bestehen, die für die frühe Kindheit vermutlich zutreffende Funktionslusttheorie nun auf alle Altersbereiche und Entwicklungsabschnitte sowie auf alle Spielarten zu übertragen. Sicherlich macht Spielen Spaß, bereitet Vergnügen und kann als lustvolle Tätigkeit beschrieben werden – aber eben nicht immer, nicht bei jedem Spiel und nicht in jedem Entwicklungsabschnitt des Kindes.

Allerdings dürfen die angeführten Missverständnisse der Psychodynamik und des Verlaufs kindlichen Spielens nicht verwundern, denn kaum ein anderer Arbeitsbereich der Psychologie kann mit so grundlegenden Fehlannahmen und bis in die Gegenwart hinein überlebenden Vorurteilen aufwarten wie der des Kinderspiels. Die Psychologie ist damit jedoch nicht allein. Auch die Pädagogik lebt beim Kinderspiel noch weitgehend von Fehlannahmen, Einseitigkeiten und Überzeichnungen. Das zeigte sich immer und immer wieder auf Kongressen zum Kinderspiel (etwa 1987 in Suhl und 1990 in St. Andreasberg). Jedes Mal wurde die unumstößliche Gültigkeit der genannten Fehlannahmen als typische und selbstverständliche Merkmale des Kinderspiels kritiklos vorausgesetzt und erneut festgeschrieben.

Mit guten Argumenten und theoretischen Ideen allein kann man die so selbstverständlich gewordenen Trugschlüsse – sie betreffen vor allem die Spielziele („diffuse Zielstruktur", „Ungerichtetheit") und den Wirklichkeitsstatus („Quasi-Realität") des Kinderspiels – nicht einfach beseitigen. Es gelingt doch eher selten, durch bloßes Argumentieren die Welten der „festgeschriebenen Wahrheiten" zum Einsturz zu bringen, auch wenn sie sich als unzutreffend erweisen!

Gehen wir deshalb einen anderen Weg und versuchen zu zeigen, welche Funktionen das Spiel für die kindliche Entwicklung hat. Beginnen wir am besten mit einem Merkmal des Kinderspiels, das von allen akzeptiert wird und schon deswegen keine Kontroverse auslöst: der Freude am Spiel.

1.3.8 Zusammenfassung

- Spiel wird von der Wissenschaft seit langem als wichtige Tätigkeit des Menschen betrachtet, doch die meisten alten und neuen Spieltheorien erweisen sich als einseitig und vorurteilsbelastet. Zumeist wird dabei das Spiel bestimmten Zwecken zugeordnet. Sie können das Spiel nicht erklären.
- Seit Aristoteles wird das Spiel mit psychohygienischen Funktionen verbunden. Ältere und neuere philosophische Denkansätze verbanden Spiel mit Abreaktion, Ausgleich, Entspannung und Erholung. Friedrich Schiller schließlich verklärte das Spiel zur menschlichsten Daseinsform überhaupt. Für Herbert Spencer entladen sich angestaute Energien im Spiel, Stanley Hall brachte es mit überflüssig gewordenen Instinkten beim Menschen in Zusammenhang. Bei Lazarus dient das Spiel der aktiven Erholung und damit dem Wiedergewinn von Energien.
- Bei Karl Groos ist der Wert des Spiels durch seine Vorübungsfunktion für das Leben gegeben. Diese teleologisch-finalistische Theorie sieht den Sinn des Spiels in einer Zeitperspektive: seiner Ziel-, Zweck- und Zukunftsbezogenheit. Die gegenwärtige Spielwirklichkeit des Kindes als eine eigene Tätigkeit mit spezifischem Erlebniswert wird bei solchen Grundannahmen zwangsläufig übersehen. Sie realisieren das allerwichtigste Kennzeichen eines jeden Spiels nicht: Dass es nämlich eine psychische, erlebens- und handlungsorientierte Gestaltung der Gegenwart – und damit eine eigene Wirklichkeit darstellt.
- Bei Karl Bühler zeigt sich diese frühe Form der spielerischen Wirklichkeit als Funktionslust. Piaget sieht Spiel als besondere Aktivität der geistigen Entwicklung. Freud sieht im Spiel eine Form der Wunschbefriedigung und der Abreaktion von Unlusterfahrungen. Heckhausen akzentuiert die kindliche Aktivität einerseits, Zweckfreiheit und undifferenzierte Zielstruktur andererseits.

1.4 Funktionen des Spiels für die kindliche Entwicklung

Welche Funktionen das Spielen für die psychische Entwicklung des Kindes haben kann, hängt mit der Spieltätigkeit selbst und mit den psychologischen Merkmalen des Spiels zusammen, die dieses als eine Tätigkeit des Kindes kennzeichnen.

1.4.1 Spielfreude – ein generelles Merkmal des Spiels?

Eines der unbestritten zutreffenden Merkmale vieler Spiele ist das der Spielfreude. Die Freude, mit der Kinder spielen, gehört zu den Merkmalen des Spiels, die sich am ehesten nachweisen lassen. Spielen macht Spaß. Die Spieltätigkeit wird vom Kind daher auch positiv erlebt. Dieses positive, förderliche Erleben, die Freude am aktiven Umgang mit der Wirklichkeit, hat zweifellos eine die Entwicklung des Kindes begünstigende Funktion. Sie trägt insgesamt zu einer optimistischen Lebenseinstellung bei. Doch Vorsicht! Denn selbst bei einem so offensichtlichen Kennzeichen des Spiels wie der Spielfreude gerät man in Sackgassen, wenn man unkritisch verallgemeinert. Man erklärt die Funktionen der Spielfreude für die Entwicklung falsch, wenn man Spielfreude bei jeder Spielart und für jede Spielsituation als selbstverständlich voraussetzt. Machen wir uns das an einigen Beispielen klar, so wird sehr bald zu erkennen sein, dass Freude und Leid, Lust und Unlust, Vergnügen und Missvergnügen im Spiel des Kindes verschiedene Erlebensweisen eines und desselben Vorgangs darstellen. Welch große Ambivalenz, welch überwältigende Gegensätzlichkeit der Gefühle kann ein Spiel begleiten!

Probieren sehr junge Kinder etwas aus, zum Beispiel wie das Fallenlassen bestimmter Gegenstände sich auswirkt, haben sie Spaß am Funktionieren ihrer Tätigkeit. Dieser Art des Spiels (Funktions-, Experimentierspiel) entspricht auf der Seite des Erlebens die Funktionslust mit allen dazu gehörenden Emotionen: Spaß, Vergnügen, Freude. Diese aktive Form des emotionalen Erlebens kann auch in anderen Spielarten auftreten, etwa im *Konstruktionsspiel*: Das Kind baut mit verschiedenen Klötzen einen Turm. Es ist glücklich, wenn das Bauvorhaben gelingt. Die aufkommende Freude hängt hier mit zwei Dingen zusammen: erstens dem selbstgesetzten Ziel (Turmbau) und zweitens dem erreichten Ergebnis (Gelingen des Turmbaus).

Das Gefühl des Glücks und der Zufriedenheit setzt bei diesem Spiel eine weitere Form der Selbstbeteiligung voraus. Das Kind muss, wenn es einen Klotz setzt, jedes Mal ausbalancieren, die Statik prüfen. Denn sonst besteht die Gefahr, dass der Turm einstürzt, noch bevor er fertig ist. Während also beim Funktionsspiel des sehr jungen Kindes der selbst erzeugte Lärm kindliche Begeisterung und echte Glücksgefühle auslösen kann, ist es in unserem Beispiel des Konstruktionsspiels gerade umgekehrt. Der selbst erzeugte Lärm beim Einstürzen des Turms ist völlig ungewollt. Er ist ein Anzeichen dafür, dass das selbstgesetzte Ziel (Turmbau) im Ergebnis nicht erreicht wurde (Misslingen des Turmbaus). Das Einstürzen des Turms geht einher mit dem Gefühl der Enttäuschung, der Unzufriedenheit, manchmal aber auch mit dem Ansporn, es noch einmal zu versuchen. Bei wiederholtem Missglücken des Bauvorhabens entsteht schließlich das Gefühl des Unglücklichseins und eine Verbitterung darüber, dass es einfach nicht gelingen will.

Solche Verbitterung zeigt sich darin, dass das Kind verärgert die Spielgegenstände beschimpft, sie umherschmeißt, aus Enttäuschung weint und eine Zeit lang das Gefühl behält, etwas nicht zu können.

Wenn Kinder sich Spielziele setzen, ist dies zu vergleichen mit bestimmten Anspruchsniveaus, an denen sie ihr spielerisches Können messen. Die psychologische Funktion solcher selbstmotivierter Zielsetzungen besteht letztlich im Erleben von Kompetenz bei Gelingen und von Inkompetenz bei Misslingen. Gelingen kann aber auch dazu anspornen, sich schwierigere

1.4 · Funktionen des Spiels für die kindliche Entwicklung

Spielziele zu setzen, Misslingen eine ausdauernde Spielhaltung anregen. Das Kind versucht immer wieder aufs Neue, das Ziel zu erreichen. Bei weiterem Misslingen ist eine Funktion solchen Spielverlaufs für die Entwicklung, dass die beeinträchtigenden Konsequenzen aktiv bewältigt werden. Eine Bewältigungsmöglichkeit kann darin bestehen, sich neue und andere Spielziele zu setzen, die besser erreichbar sind.

Freude und Leid sind im Spiel manchmal viel engere Begleiter, als das im sonstigen Leben der Fall ist. Die verschiedenen Spiele und die an sie gebundenen Erwartungen der Kinder machen das klar. Einerseits bietet das Spiel den Kindern die Möglichkeit, ihre unmittelbare Umgebung und sich selbst miteinander in Einklang zu bringen, ohne die Einmischung außen stehender Personen befürchten zu müssen – es ist die ideale Chance, des eigenen Glückes Schmied zu sein. Andererseits behindern die Eigenarten der vorhandenen Spielgegenstände und die teilweise doch noch zu gering ausgeprägte Spielkompetenz, dass drei Dinge miteinander in Einklang sind, die zusammen die Spielfreude garantieren: 1. Spielmotiv, 2. Spielziel und 3. Spielergebnis. Sie übernehmen für die weitere Entwicklung die Funktion, dass sich das Kind als ein kompetenter Akteur erlebt. Beim einfachen Funktionsspiel mag das noch leicht möglich sein. Im nach Schwierigkeitsgraden variierbaren Konstruktionsspiel kann es Probleme geben bei dem Versuch, Spielmotiv, Spielziel und Spielergebnis in Einklang zu bringen.

❗ Gerade bei selbstgesetzten Spielzielen, die durch den Schwierigkeitsgrad die Spielkompetenz des eifrigen Spielers überfordern, könnten Eltern und Erzieher kooperativ eingreifen. Sie könnten als Spielpartner dem Kind dabei helfen, dass es sein Ziel erreicht. Und sie könnten ihm, wenn es das selbstgesteckte Ziel nicht erreicht, dabei helfen, sein Gefühl des Missgeschicks und das begleitende Unglücklichsein konstruktiv zu überwinden. Auf diesen wichtigen Punkt kommen wir später ausführlich zurück.

Allerdings, das soll jetzt schon betont werden, müssen die Hilfestellungen des erwachsenen Spielpartners zurückhaltend und einfühlsam erfolgen, da sonst das Kind das Gefühl bekommt, der Erwachsene möchte seine Überlegenheit demonstrieren.

Gibt der Erwachsene im Spiel dem Kind das Gefühl der Unterlegenheit, ist das Missbehagen schon programmiert, denn wenigstens in seinem Spiel möchte das Kind ebenbürtig sein, wo es doch sonst unterlegen und von der Gunst der Erwachsenen abhängig ist. Das kindliche Erleben von Ebenbürtigkeit und Gleichrangigkeit erhöht direkt das Selbstwertgefühl. Eine hauptsächliche Funktion dieses Erlebens für die kindliche Entwicklung ist, dass das Kind sich als eigene Person akzeptiert fühlt, was die Selbstachtung steigert.

Die Freude im Spiel und am Spiel ist offensichtlich empfindlich störbar. Rasch kann sie in Leid umschlagen. Es wäre daher unsinnig, Freude als ein allgemein gültiges Merkmal aller Spiele zu proklamieren. Wie unzutreffend eine Übergeneralisierung dieses wichtigen Merkmals sein kann, will ich am Beispiel eines wohl bekannten Regelspiels demonstrieren, dem „Mensch-ärgere-Dich-nicht". Das Spielmotiv gliedert sich, so kann man annehmen, in mehrere Teilmotive, die mit dem Spielziel und den Erwartungen hinsichtlich des Spielergebnisses zusammenhängen. Da es sich um ein typisches Familienspiel handelt, sind die beteiligten Spieler zumeist sehr unterschiedlich, nur vor den Spielregeln werden alle gleich. Diese sind für jedermann verbindlich. Das ältere Kind beherrscht im allgemeinen schon die Spielregeln. Ihm bietet sich bei einer solchen Spielkonstellation die einmalige Chance, mehrere Fliegen mit einer Klappe zu schlagen: *Erstens* freut es sich, dass die anderen mit ihm spielen, denn allzu häufig sind gemeinsame Spielsituationen in Familien leider nicht. *Zweitens* ist die Situation zu Beginn völlig ausgeglichen, jeder hat die gleichen Chancen, alles ist offen. Die Spielregel gewährleistet, dass keiner über dem anderen steht; jeder muss sie einhalten, er würde sonst zum Spielverderber. *Drittens* hat das Kind in diesem Regelspiel eine sehr attraktive Chance, zu gewinnen und bereits während des Spielverlaufs überlegen zu sein. Was das für die Spielfreude des Kindes bedeutet, kann man (als Erwachsener) nicht hoch genug einschätzen. Das Kind ist nämlich durch die Spielregel nicht nur ein ebenbürtiger Spielpartner der Erwachsenen. Es kann für die Dauer des Spiels der gewohnten Unterlegenheit entfliehen und kann bei jedem „Rausschmiss", den es schafft, die Oberhand gewinnen, es kann die sonst überlegenen Erwachsenen völlig legitim attackieren, unterwerfen – und das in einer normalen und von den Betroffenen zu akzeptierenden Weise. *Viertens* schließlich kann es gewinnen, eine Tatsache, die, wenn sie eintritt, Erleichterung, Entspannung, Zufriedenheit, Freude und Glücksgefühl mit sich bringt.

Überlegt man diese vier Gesichtspunkte aus der Perspektive der Kinderpsyche, ist es dann verwunderlich, dass Wut und Zorn toben, Missmut und Verärgerung eintreten, wenn die Dinge einen ganz anderen als den erwarteten Verlauf nehmen, wenn die im Prinzip besiegbaren Erwachsenen dennoch überlegen sind, gar gewinnen? Muss man sich wundern über das manchmal gigantische Ausmaß kindlichen Missbehagens, wenn das Kind wider Erwarten laufend „geschmissen" wird und womöglich die Genugtuung des siegenden Erwachsenen ertragen muss? Ich meine nein. Das Kind wird in solchen Situationen mit der bitteren Wirklichkeit einer Seite des Spiels konfrontiert, dem Verlieren; und was noch schwerer zu verkraften ist, dem Verlieren gegen einen auch sonst überlegenen Gegner. Natürlich bedingen solche und dem vergleichbare Ereignisse beim Kind ein Gefühl der Machtlosigkeit. Die Auswirkungen auf die psychische Entwicklung können unterschiedlich sein, je nachdem, welche Bewältigungsstrategien das Kind verwendet. Es kann etwa versuchen, die Erwachsenen zu einem weiteren Spiel zu bewegen in der Hoffnung, diesmal zu gewinnen. Es kann sein Verlieren auf den Zufall und das Glück zurückführen: „Pech gehabt!" Und es kann das innere Gefühl des Verlierers beibehalten, sich als „Pechvogel" sehen.

1.4.2 Der Wirklichkeitscharakter kindlichen Spielens

Unabhängig davon, dass das Kind natürlich nach und nach lernen muss, auch das Verlieren zu ertragen und seine emotionalen Folgen zu bewältigen, soll das Beispiel verdeutlichen: Kindliches Spiel ist nicht „Quasi-Realität". Es ist vielmehr eine wirkliche und nachprüfbar echte Wirklichkeit. Das zeigt sich nach unserem Beispiel überdeutlich an den kindlichen Emotionen. Spiel ist in all seinen Schattierungen, Variationen und Spielarten nicht nur als ein eigenes Verhaltenssystem wirklich, es ist auch wirksam in seinen Konsequenzen für die Entwicklung. Und die im Spiel gemachten Erfahrungen haben ebenso folgenreiche Funktionen für die weitere Entwicklung wie die Erfahrungen des Kindes außerhalb des Spiels. Denn das Kind trennt eben nicht künstlich zwischen Subjektivität und Objektivität, Quasi-Realität und Wirklichkeit. Wenn es spielt, lässt es sich zwar auf unterschiedliche Ebenen der Wirklichkeit ein. Aber das muss es auch außerhalb des Spiels.

Ein großer Vorteil des Spielens gegenüber den sonstigen Verhaltenssystemen besteht darin, dass die Umwelt dem Spielen eine gewisse Schutzzone gewährt, einen Verhaltensspielraum, innerhalb dessen die individuelle Selbstentfaltung und Selbstgestaltung ungestörter gewährleistet ist, als es im sonstigen Leben der Fall wäre. Was aber die Erfahrungen im Spiel anbelangt, so sind sie allesamt funktional wirksam, d.h. sie beeinflussen den weiteren Gang der kindlichen Persönlichkeitsentwicklung in allen Funktionsbereichen: Emotionen, Kognitionen, Motivationen, Erleben, Verhalten und Handeln, individuelle Verhaltensregulation und Handlungsplanung.

> ❗ Kindern das Spielen zu untersagen, wäre gleichbedeutend damit, individuelle Entwicklungspotentiale schon im Keim zu ersticken. Denn kein anderer Lebensbereich ist besser geeignet, aktiv eigene Erfahrungen zu ermöglichen, von denen die weitere Entwicklung nur profitieren kann.

Das Spielen ist ein Verhaltenssystem, das die kindliche Kreativität besser und gründlicher fördert als jedes andere. Das liegt in der Natur des Spieles und in der des Kindes. Hier hat die Spielfreude einige ihrer wichtigsten Wurzeln. Gleichwohl ist sie verletzlich: Spielen ist offenbar eine leicht störbare Tätigkeit, und die spielenden Kinder sind sensible Akteure. Kindliches Spiel ist eine freudvolle Tätigkeit, die aber, wie unsere Beispiele und die Spielwirklichkeit der Kinder im Alltag zeigen, leicht zu leidvollem Erleben führen kann. Wenn also das Merkmal der Freude weiterhin allgemein gelten soll, dann trifft es nur für die frühen Funktionsspiele ziemlich vollständig zu. Weitergehende Verallgemeinerungen auf andere Entwicklungszeiträume und Spielarten führen zu Fehlannahmen und Vorurteilen und sind in ihrer Einseitigkeit falsch. Es ist aber mit Sicherheit kein Fehler, in der Spielfreude – und damit im Spiel selbst – eine Hauptwurzel der Lebensfreude und einer positiven Lebenseinstellung zu sehen.

1.4.3 Aktivität und Freiwilligkeit des Spielens

Aus der Perspektive der kindlichen Entwicklung sind noch einige weitere Spielmerkmale interessant, zum Beispiel Aktivität, Freiwilligkeit, Spontaneität und Phantasie.

Spielen ist von Natur aus ein *aktives Geschehen*. Damit ein Spiel beginnen, verlaufen und schließlich wieder enden kann, muss der Spieler zugleich Akteur sein. Er kann das Spiel nur in Gang bringen, wenn er die Spielgegenstände bewegt. Ist das erst einmal geschehen, kann er sich auch einmal Pausen gönnen und mehr passiv dem Spielgeschehen zuschauen (Beispiel: Das Kind bringt ein Pendel in Bewegung und sieht nun in aller Gemütlichkeit zu, wie es sich auspendelt). In vielen Spielen wechseln sich Aktivität und Passivität der Spielenden ab und beeinflussen einander. Bei den Regelspielen verurteilen die Spielregeln und der Spielverlauf diejenigen, die gerade „nicht dran" sind, zu scheinbarer Passivität. Ansonsten aber muss jeder aktiv bleiben, da sonst das Spiel abgebrochen werden müsste. Und selbst das Verhalten der Spieler, das nach außen passiv wirkt, ist es nicht. Es verdeckt zuweilen nur die innere Gespanntheit, die Aktivität, das innere Beteiligtsein, die Reflexion, das Speichern, die Lösungsversuche für das Spiel. Die im Spiel gelebte, spielerisch gestaltete Aktivität sorgt für eine Erfahrung, die für die weitere Entwicklung unentbehrlich ist: dass man selbst aktiv handeln und gestalten muss, wenn man Geschehnisse in seinem eigenen Sinne beeinflussen möchte.

Spielen ist ein *freiwilliges Geschehen*. Eltern können zwar ihre Kinder auffordern, spielen zu gehen (etwa um sich selbst vorübergehend zu entlasten), doch kein Kind kann zum Spielen gezwungen werden. Ebenso wie die Spielgegenstände selbst gewählt sind, ist das Spielgeschehen, ist die Spieltätigkeit eine freiwillige und vom Kind selbst bestimmte Tätigkeit. Ausnahmen bestehen nur insofern, als Zeiträume und Orte des Spielens manchmal von außen her festgelegt werden, zum Beispiel das Freispiel im konventionellen Kindergarten oder das Spiel- bzw. Kinderzimmer daheim. Ansonsten aber bestimmen die Kinder von sich aus, ob sie spielen, was sie spielen, wie und wie lange sie spielen und, wenn irgend möglich, mit wem sie spielen. Die Freiwilligkeit des Spielens kann hinsichtlich ihrer Funktion für die psychische Entwicklung nicht hoch genug eingeschätzt werden. Etwas freiwillig, selbständig aus eigenem Antrieb zu tun, ist ein Grundpfeiler der persönlichen, der eigenen, auf eine Sache von sich selbst aus bezogenen (d.h. intrinsischen) Motivation. Wer aus eigenem Antrieb etwas tut, ist ganz anders dabei, als wenn es ihm von außen aufgezwungen würde. Alle totalitären diktatorischen Gesellschaftssysteme, die in der Geschichte der Menschheit gescheitert sind, waren zum Scheitern verurteilt, weil sie diese fundamentale Tatsache des Lebens übersahen und ignorierten. Zwang war schon immer ein miserables Mittel, Menschen „auf Vordermann" zu bringen. Freiwilligkeit hingegen ist ein Königsweg der Lebensgestaltung. Der Ursprung dieses Weges liegt im freien kindlichen Spiel.

1.4.4 Spontaneität und Phantasie durch Spielen

Spielen ist ein *spontanes Geschehen*. Schon der Entschluss zu spielen, entstammt meistens keinen langwierigen Überlegungen, sondern wie die Spiellust tritt er spontan auf. Sieht man einmal von den Regelspielen ab, die ja normiert sind, folgt das freie Kinderspiel keinen von außen gesetzten Normen, auch wenn im Rollenspiel die typischen Handlungen der Rolleninhaber festliegen: Der Doktor gibt dem Patienten die Spritze, der Verkäufer verkauft, der Käufer kauft, die Mutter bringt das Kind ins Bett. Aber wie alles abläuft, wie das Spielgeschehen von den Kindern „aufgezogen" wird, wie die Spielziele und mit ihnen die spielerischen Handlungen sich mehr oder weniger rasch ändern, das ist eine Sache der kindlichen Spontaneität. Das freie, spontane, selbst gestaltete Handeln wurzelt im freien Spiel des Kindes. Kein anderer Verhaltensbereich im kindlichen Leben und kein anderes Verhaltenssystem, über das Kinder verfügen, erlaubt ihnen ein so großes und folgenloses Ausmaß spontanen Verhaltens. Infolgedessen ist der im Kinderspiel vorhandene Verhaltensspielraum die beste Möglichkeit, Spontaneität auszuleben, zu erfahren und der weiteren Entwicklung zugute kommen zu lassen.

Freies Spiel ist eine *phantasievolle* und eine die Phantasie des Kindes fördernde Tätigkeit. Dass phantasievoll gespielt werden kann und wird, hängt natürlich mit den anderen Merkmalen und Funktionen des Kinderspiels zusammen. Phantasievolle Verhaltensweisen können leichter entstehen und ausgeführt werden, wenn der kindlichen Spontaneität nichts im Wege steht, wenn die spielenden Kinder in ihrem Spiel machen können, *was* sie wollen und *wie* sie es wollen.

Enge Verhaltensvorschriften, äußerer Zwang und Druck waren schon immer Hemmnisse der Entwicklung von Phantasie und Kreativität. Sie regten diese Entwicklungspotentiale höchstens insoweit an, als Menschen nach Mitteln und Wegen suchten, sich ihrer wirksam zu entledigen.

Spielen ist die ideale Verhaltensform dafür, Phantasie zur Wirklichkeit werden zu lassen, Träume zu leben, Wünsche wahr zu machen und Dinge zu realisieren, die ansonsten nur den Gedanken und den Träumereien vorbehalten sind. Aber die Entwicklung von Phantasie durch das Spielen hat auch eine weitere sehr nützliche Funktion, sie trägt nämlich dazu bei, in Problemsituationen ein Höchstmaß an geistiger Flexibilität zu mobilisieren. Und wo eingefahrene Lösungswege scheitern, kann die Phantasie den Ideenreichtum hervorbringen, der letztlich zur Problemlösung führt. Der „springende Punkt", die „zündende Idee", die „richtige Lösung" werden meist eher von denjenigen gefunden, die Phantasie haben, Ideen entwickeln und sie kreativ anwenden. Auch hierfür besteht eine grundlegende Entwicklungsfunktion im kindlichen Spiel.

1.4.5 Spontane Verlaufsformen des Spiels

Den spontanen Verlauf eines Spiels kann man am besten an Hand eines Beispiels aufzeigen:

Professionell und selbstbewusst, mit aufrechtem und entschlossenem Gang bewegen sich allabendlich zwei der Kinder von Hammamet durch die Touristenscharen auf den breiten Trottoiren vor den Hotels. Ihr Ziel ist es, ein Jasminsträußchen für zwei oder für einen Dinar an die Frau, vielleicht auch an den Mann zu bringen. „Alles gratis", sagen sie zunächst verschmitzt, und selbst wenn man entschieden abwinkt, lassen sie nicht locker. Erst ein überdeutliches „non" – mit dementsprechend „verärgertem" Gesicht führt zum Erfolg. Mit Spiel scheint all das gar nichts zu tun zu haben. Und dennoch: Plötzlich, nachdem der Eine von unten gegen das Blumenkörbchen des Anderen gestoßen hat, versteckt sich einer der beiden fünf- bis siebenjährigen Jungen hinter der breiten Säule eines Luxushotels und der Andere sucht. Er entdeckt nach kurzem ein Jasminblumensträußchen auf dem beigen Marmorboden. Schon ist die Gewissheit da: Irgendwo hier muss der Andere sein! Ab jetzt ist ein wildes

Fang- und Versteckspiel entfesselt. Die Jungen rennen kreuz und quer durch die touristischen Ökosysteme, immer wieder mit Versteckeinlagen und – bei Auffinden des Verstecks – mit schnellem Verfolgen. Die Jasminblumenkörbchen werden bei allem zwar mitgetragen, aber das Geschäft ist dem Spiel vollkommen untergeordnet. Selbst ein Verlust des einen oder anderen Sträußchens wird dem bewegten Spiel geopfert. Das Geschäft und der Auftrag durch Dritte – häufig die Eltern – scheint völlig vergessen. Erst nachdem das Spiel durch die eine Seite „gewonnen" und durch die andere „verloren" wurde, kommt die Alltagswirklichkeit unausweichlich zurück: Jasminblumensträußchen verkaufen und Geschäfte machen. Besonders die flanierenden Damen sind gefragt; die Blumenverkäuferkinder halten ihnen die Blüten direkt unter die Nase in der Hoffnung und Erwartung, dass sie vom Duft betört sind; sie verleihen dem Spiel noch Nachdruck: Die „Jasminblumensträußchenverkäufer-Kinder" versuchen potentielle Kundinnen wieder und wieder mit einem „Gratis"-Sträußchen zu ködern; daraus soll ein möglichst sicheres Geschäft werden: zwei Sträußchen für 2 Dinar statt eines für zwei Dinar. Das quasi spielerische Verhalten wird somit eingesetzt für einen Zweck – möglichst viel Umsatz zu machen und den um die Ecke wartenden Vater mit dem Erlös zufrieden zu stellen.

Im einen Fall, Versteckspiel und Verfolgen, haben wir es mit einem spontanen kindlichen (Bewegungs-)Regelspiel zu tun. Alle Elemente des Spiels sind realisiert: Spontaneität (Aufforderung zum Spiel vermittels Stoßen gegen das Körbchen des Spielpartners), Spaß, Selbstvergessenheit (das Spielen als solches ist nur noch wichtig) und weitere. Beim Geschäft des Jasminblumensträußchen-Verkaufens ist es anders. Hier werden einige Elemente des Spiels isoliert benutzt, um einen völlig spielexternen Zweck zu erreichen. Im ersten Fall wird die gesamte Wirklichkeit dem Spiel untergeordnet, im zweiten wird eine spielerisch kaschierte/verbrämte Schlitzohrigkeit für den potentiellen geschäftlichen Erfolg eingesetzt.

1.4.6 Zusammenfassung

- Spiel hat ebenso vielfältige Erscheinungsformen wie Funktionen. Spielfreude kann an und für sich als ein generelles Merkmal allen Spielens gelten. Dennoch gibt es auch hier Ausnahmen: Die Nichterreichung eines selbstgesetzten Ziels beim Konstruktionsspiel sowie das ständige Verlieren beim Regelspiel mit Erwachsenen bereiten dem Kind Misserfolgserlebnisse, die sich im Spiel direkt zeigen. Freud und Leid sind – wie im sonstigen Leben – auch hier Partner.
- Spiel ist für Kinder ein total wirkliches Geschehen. Das gilt für jedes Spiel sowie für die mit ihm einhergehende Erfahrungsbildung. Es liegt in der Natur des Spiels, dass es die kindliche Erfahrung fördert.
- Das kindliche Spiel ist ein aktives und freiwilliges Geschehen. Dies ist als fundamentale Tatsache der individuellen Persönlichkeitsentwicklung zu sehen. Freiwilligkeit kann als ein Königsweg der individuellen Lebensgestaltung gelten.
- Spiel ist ein spontanes Geschehen. Es geht häufig auf die kindliche Phantasie zurück und beeinflusst sie wiederum durch die Spieltätigkeit selbst.
- Spiel ist ferner eine insgesamt phantasievolle Tätigkeit, die sich dazu eignet, real erlebte Wirklichkeit des Kindes zu sein. Somit stellt Spiel ein kreatives Potential für die kindliche Persönlichkeitsentwicklung dar.
- Häufig entsteht Spiel spontan und zeigt dann entsprechend unkalkulierbare Verlaufsformen. Die spielexterne Realität verbindlicher Alltagsverpflichtungen wird dem Spielgeschehen untergeordnet. Man ist eben im Spiel, und das gilt als die verbindliche Lebensform. Allerdings werden hin und wieder typische Komponenten des Spiels genutzt, um die Alltagswirklichkeit erfolgreich zu meistern.

2. Spielformen und Gestaltungsmöglichkeiten

2.1 Zur Freiheit kindlichen Handelns im Spiel — 33

2.1.1 Zur Zweckfreiheit des kindlichen Spiels 33
2.1.2 Äußere Zwecke und spielerische Handlungsfreiheit 34
2.1.3 Freies Spielen und freies Handeln 35
2.1.4 Selbstzweck, Selbstbestimmung und Selbstvergessenheit 36
2.1.5 Zusammenfassung 37

2.2 Kulturelle und soziale Beeinflussung des Spiels — 38

2.2.1 Aneignung der Kultur und soziale Anpassung im Spiel 38
2.2.2 Modellierung und Nachahmung von Verhaltensweisen 38
2.2.3 Einschätzung kindlicher Spielhandlungen von außen 39
2.2.4 Spiel als kindlicher Bezug zu Gegenständen der Umwelt 39
2.2.5 Konfliktverarbeitung und spielerischer Umgang mit Normen 40
2.2.6 Einflüsse durch Spielzeug, Spielplätze und Erfahrungen 42
2.2.7 Zusammenfassung 43

2.3 Persönlichkeitsentwicklung und Wandel der Spiele — 43

2.3.1 Allgemeine Bedingungen der kindlichen Entwicklung 43
2.3.2 Entwicklungsbedingter Wandel der Spiele 44
2.3.3 Einflüsse des Spiels auf die Entwicklung 45
2.3.4 Kurzcharakteristik der Spielformenentwicklung 49
2.3.5 Hinweise zu den Forschungsvoraussetzungen und -inhalten 52
2.3.6 Kurzbeschreibung der Laborumgebung 54
2.3.7 Ergebnisse zum Spiel mit Mobiliar und Spielzeug 59
2.3.8 Zusammenfassung 62

2.4 Laborstudie zu Spielzeugpräferenzen — 63

2.4.1 Untersuchungsplan 63
2.4.2 Methodisches Vorgehen 63
2.4.3 Methodisch-technisches Arrangement 64
2.4.4 Technische Laborausstattung VISOR 65
2.4.5 Erfassung von Spielzeugpräferenzen 66
2.4.6 Ergebnisse zu geschlechtsspezifischen Präferenzen 67
2.4.7 Ergebnisse zu geschlechtsspezifischen Besonderheiten 67
2.4.8 Zusammenfassung 68

2.5 Wirklichkeit im Kinderspiel — 69

2.5.1 Zur Erfassbarkeit des Realitätsbezugs beim Menschen 69
2.5.2 Zwei Beispiele des kindlichen Realitätsbezugs im Spiel 69
2.5.3 Die Determination unterschiedlicher Realitätsbezüge im Spiel 70
2.5.4 Entwicklungs- und spielformentypische Realitätsbezüge 71
2.5.5 Erfahrungsabhängigkeit und Gegenwartsgestaltung. 72
2.5.6 Wie Vergangenheit und Zukunft die Spielwirklichkeit determinieren 73
2.5.7 Beachtenswerte Kriterien für die Erforschung des Kinderspiels 73
2.5.8 Zusammenfassung. 74

2.6 Die Bedeutung der Eltern als Spielpartner der Kinder — 75

2.6.1 Umwelteinwirkungen auf das Spiel 75
2.6.2 Die Eltern als Repräsentanten kindlicher Umwelten 75
2.6.3 Direkte und indirekte Partnerschaft der Eltern im Spiel 76
2.6.4 Wie Kinder durch Spielen ihre Erfahrungen bewältigen 78
2.6.5 Die Eltern als echte und ernsthafte Spielpartner 79
2.6.6 Zusammenfassung 81

2.1 Zur Freiheit kindlichen Handelns im Spiel

Wenn wir kindliches Handeln im Wesentlichen dadurch bestimmen, dass es zielbezogen ist (Zielbezug gilt als Hauptmerkmal des Handelns), fragt es sich, inwieweit Kinder beim Spielen die Ziele ihrer Spieltätigkeit frei wählen. Was heißt überhaupt Freiheit kindlichen Handelns? Ist diese Freiheit, wenn es sie gibt, absolut? Oder ist sie nur relativ und unterliegt damit gewissen Beschränkungen? Diese Fragen müssen wir klären, weil wir sonst über das freie Handeln des Kindes im Spiel nichts Zutreffendes sagen können.

Schillers euphorische Bemerkung, nach der der Mensch sein wahres Menschsein und echte Freiheit nur im Spiel erreiche, kann eigentlich nur dann zutreffen, wenn man das Spiel als etwas Paradiesisches ansieht. Zwar mögen sich Kinder angesichts ihrer Spiellust, ihres munteren Vergnügens, ihrer Fröhlichkeit und Freude, die sie bei manchem Spiel erleben, ab und zu „im siebten Himmel" fühlen; aber solche Gefühle gibt es auch außerhalb des Spiels, wenn auch weniger häufig. Sie sind kein Hinweis auf Freiheit an sich, höchstens auf Zweckfreiheit.

2.1.1 Zur Zweckfreiheit des kindlichen Spiels

Zweckfreiheit des kindlichen Spiels bedeutet eigentlich nur, dass das Spielen der Kinder frei von äußeren Zwecken erfolgt, dass es von Zielsetzungen außerhalb des Spieles völlig unabhängig ist. Das Spiel lebt aus sich selbst heraus, es wird vom Kind gemacht. Und was das Kind mit seinen Spielgegenständen gestaltet, das wirkt auf seine weiteren Spielaktivitäten zurück.

In sich selbst enthält das kindliche Spiel also sehr wohl Zwecke und Ziele. Das Kind verfolgt sie manchmal sogar mit großer Akribie und mit äußerster Anstrengung. Manche Zwecke fordern dem Kind solche Anspannung, Ausdauer und Aufmerksamkeit ab, dass nach Erreichen des Zweckes eine völlige Erschöpfung eintritt.

> Beispiel:
> Ein fünfjähriger Junge hatte sich vorgenommen, alle seine quaderförmigen Holzbauklötze (400 an der Zahl) zu verwenden, um eine schöne Burg mit mehreren Nebengebäuden, Straßen und Fallgruben zu bauen. Das Spiel dauerte dreieinhalb Stunden, verlief mit äußerster Konzentration und war durch Außengeräusche nicht zu unterbrechen. Als der selbstgesetzte Zweck ausgeführt und das Ziel erreicht war, erklärte der Junge sein gigantisches Bauwerk dem interessierten Vater, um dann binnen weniger Minuten in Tiefschlaf zu verfallen, der ohne Unterbrechung durch ein Abendessen bis zum nächsten Morgen dauerte.

Die Annahme der Zweckfreiheit kindlichen Spiels ist nur zutreffend, wenn damit äußere Zwecke gemeint sind. Die Zwecke werden in diesem Fall entweder von außerhalb des Spieles befindlichen Personen gesetzt oder sind an außerhalb des Spiels gelegene Ziele gebunden, wie das bei der Arbeit der Fall ist. Man arbeitet, um Geld zu haben, um leben zu können, um sich etwas leisten zu können. Insofern ist das Merkmal der Zweckfreiheit als Freiheit von äußeren Zwecken auch ein wichtiges Kriterium dafür, die kindliche Spieltätigkeit von anderen Tätigkeitsformen des Kindes abzugrenzen und freizuhalten.

Solche Abgrenzungsversuche sollten allerdings mit großer Vorsicht erfolgen, denn Spiel und Nichtspiel des Kindes sind manchmal schwer voneinander zu trennen. Häufig gehen sie ineinander über, und manchmal stehen Spiel und Nichtspiel sogar in direktem Zusammenhang. Dieser Zusammenhang kann dem Kind unbewusst sein, etwa, wenn es verschiedene Ebenen seiner inneren und äußeren Wirklichkeit vermischt. Er kann aber auch sehr bewusst vom Kind hergestellt werden, etwa, wenn es aus seinem eigenen Spiel plötzlich heraustritt, um nunmehr mit dem Spiel zu spielen.

> Beispiel:
> Ein fünfjähriges Mädchen arrangiert in seinem Spiel mit großer Hingabe, wie Klimbambula (ein magisches menschenähnliches Wesen einer Vorlesegeschichte) arme Dorfleute durch allnächtliche Diebstähle schädigt. Voller Genuss und vergnügt ahmt es jede einzelne antisoziale Handlung des bösen Ärgerers nach. Ja, es geht weit darüber hinaus und lässt Klimbambula alles stehlen, was nicht niet- und nagelfest ist. Plötzlich hält es inne. Sein vergnüglich-freudig strahlendes Gesicht wird ernst. Das Mädchen wirkt angespannt. Da nimmt es ein Stück Holz und schlägt minutenlang auf Klimbambula ein, auf seinen Kopf, die Hände, die Füße; dann packt es ihn und schlägt ihn mehrfach auf die Tischkante, indem es ausruft: „Da hast Du es! Jetzt weißt Du es, Du böser Ärgerer!" Dann lässt es ihn achtlos auf den Boden fallen, um ihn sogleich aufzuheben. Es hält ihn mit beiden Händen, blickt ihn liebevoll an, streichelt seinen Bart und stellt ihn sorgfältig in den selbstgebauten Kontext seines Spieles zurück.

Solche Wechsel der Spielrealitätsebenen vollzieht das Kind unbeschwert und mit Leichtigkeit. Sie gehören zu seiner persönlichen Spieldynamik. Diese Veränderungen der Realitätsebenen des kindlichen Spiels sind von außen her schwer zu erkennen. Aber es ist noch schwieriger und führt leicht zu Fehlern bei der Einschätzung der kindlichen Spielhandlungen, wenn man sie als zweckfrei einstuft, nur weil man die eigentliche, sehr wohl zweckgeleitete Spieldynamik nicht versteht.

Wenn also das Kind die Zwecke seiner spielerischen Handlungen selbst setzt und zielbezogen verfolgt, so ist sein Spiel in sich selbst zweckvoll.

2.1.2 Äußere Zwecke und spielerische Handlungsfreiheit

Es gibt aber auch Beispiele für von außen gesetzte Zwecke, die das Kind im Spiel verfolgt: Von seinem gerade vierjährigen Sohn verlangt der ordnungsliebende Vater, endlich einmal das Spielzimmer aufzuräumen. Nach anfänglicher Weigerung gibt das Kind nach und räumt auf: Es fährt zunächst seinen Jeep in die Mitte des Zimmers, umlagert ihn mit sämtlichen MatchBox-Autos, baut mit seinen Bauklötzen einen großen Parkplatz, um alle Fahrzeuge darin unterzubringen. Am Schluss ist die Aufräumungsarbeit ein Aufräumungsspiel geworden. Das Kind hat den von außen gesetzten Zweck verinnerlicht, zum Selbstzweck umfunktioniert. Stolz präsentiert es dem nach längerer Zeit auftauchenden Vater das Ergebnis der Aufräumungsarbeit: ein gigantischer Parkplatz mit einer Unmenge von Fahrzeugen, der den gesamten Fußboden des Kinderzimmers bis in die letzten Winkel hinein ausfüllt. Absolute Freiheit von äußeren Zwecken ist bei diesem Spiel zwar nicht gegeben, doch entwickelt es nach und nach seine eigene Dynamik. Es erobert sich eigenständig seine Freiheit zurück. Das Ergebnis ist ein Produkt der spielerischen Selbstentfaltung des Kindes. Eine kindbezogene neue Ordnung entstand, die dem ursprünglichen äußeren Zweck nicht mehr entspricht.

Manche äußeren Zwecksetzungen haben mit den Spielgegenständen der Kinder zu tun. Über welches Spielzeug Kinder verfügen und was sie damit spielend machen können, das ist direkt abhängig von ihrer personalen Umwelt. Eltern und Erzieher, Industrie und Sozialisationsinstitutionen bestimmen entscheidend darüber, mit welchem Spielzeug unsere Kinder spielen. Schon deswegen ist Zweckfreiheit ein problematisches Kriterium zur näheren Beschreibung des freien Kinderspiels. Aber nicht nur die Auswahl der Spielgegenstände durch Außenstehende, sondern auch die tatsächlich verfügbaren Spielsachen bestimmen darüber mit, was das Kind im Spiel mit ihnen macht. Insofern ist der Spielinhalt nie ganz frei, auch nicht zweckfrei.

2.1 · Zur Freiheit kindlichen Handelns im Spiel

Die Freiheit von äußeren Zwecken im kindlichen Spiel ist darüber hinaus aus folgendem Grund zweifelhaft: Kinder bekommen zuweilen Spielzeug von ihren Bezugspersonen nicht nur deshalb geschenkt, weil diese ihren Kindern eine Freude bereiten möchten. Attraktives Spielzeug entlastet die Erziehungspersonen umso mehr, je eher es das eigenständige Spiel der Kinder ermöglicht! Insoweit kann Spielzeug auch als Ersatz für Aufsichts- und Pflegepersonal dienen.

Die meisten kindlichen Spiele, die einen Zusammenhang mit dem Nichtspiel herstellen, sind keineswegs frei von äußeren Zwecken. So manches Regelspiel verfolgt sehr wohl Zwecke, die ein oder mehrere Spieler von außen her setzen, und bleibt dennoch ein Spiel: Der äußere Zweck einer Familie, „Mensch-ärgere-Dich-nicht" zu spielen, kann mit dem von den Eltern hervorgebrachten Argument begründet sein, dass es irgend etwas geben müsse, was die ganze Familie gemeinsam macht. Dann ist der äußere Zweck, nämlich die Familie gemeinsam an einen Tisch und zu einer Tätigkeit zu bringen, mit dem inneren Zweck des Spiels verknüpft: Spaß zu haben, Gemeinsamkeit in der Spannung des Spiels zu erleben.

2.1.3 Freies Spielen und freies Handeln

Betrachten wir nun einmal näher, was Kinder im Spiel machen, wenn sie aus sich heraus, eben „frei" spielen, wenn sie sich „frei" Ziele setzen und die Handlungen „frei" koordinieren, die zur Zielerreichung führen. Ist das freies Handeln? Ja und Nein: Frei ist dieses Handeln, weil das Kind aus seinem Inneren, seinem Selbst heraus die Handlungsschritte koordiniert. Nur sein eigenes Bezugssystem ist maßgebend dafür, was geschieht. Das Kind selbst ist der freie Akteur, setzt sich seine Ziele, verfolgt sie, ändert sie, erreicht sie oder auch nicht. Obwohl es dies alles aus freien Stücken macht, niemand hineinredet und kommandiert, ist dieses angeblich freie spielerische Handeln dennoch nicht ganz frei, und zwar aus zwei Gründen: Erstens setzt das kindliche Handeln die Objekte, auf die es sich bezieht, voraus, d.h. die Spielgegenstände oder -sachen, das Spielzeug oder sonstige Dinge, mit denen das Kind spielt. Die dingliche Umwelt der Spielgegenstände beeinflusst also, dass das Kind spielt, womit es spielt, ja, sogar wie es spielt. Denn die materielle Eigenart, die physikalischen Eigenschaften der ausgewählten Spielgegenstände legen gewissermaßen fest, was man mit ihnen machen kann.

Ein zweiter Grund, der das Spiel als ein freies Handeln begrenzt, liegt in den Vorerfahrungen des Kindes. Alle vorangegangenen Erlebnisse und Ereignisse, von denen das Kind fördernd oder beeinträchtigend in der eigenen Vergangenheit persönlich betroffen wurde, spielen da eine Rolle. Sie beeinflussen mit, ob ein Spielgegenstand ausgesucht wird, und sie beeinflussen, wie das Kind mit ihm spielt. Auf diesen Punkt kommen wir unter 3.1 ausführlich zurück.

Wie frei ein Kind in seinem Spiel tatsächlich handelt, ist also abhängig von seinem Vergangenheitsbezug, der von persönlichen Erfahrungen geprägt wird. Die Freiheit des kindlichen Handelns im Spiel hängt ebenso von seinem Zukunftsbezug ab, von den Zielen, die es sich setzt und die es erreichen möchte, und schließlich davon, ob die Umwelt überhaupt freies Spielen ermöglicht, indem sie Spielzeiten, -räume, -gegenstände und -plätze bereitstellt und es als etwas Positives betrachtet, wenn Kinder spielen.

Die Freiheit kindlichen Handelns im Spiel ist offenbar eine vielschichtige Angelegenheit. Sie ist ebenso vielschichtig wie die individuelle Selbstentfaltung überhaupt.

2.1.4 Selbstzweck, Selbstbestimmung und Selbstvergessenheit

Es gibt jedoch spontane Spiele jüngerer Kinder, die den Eindruck erwecken, tatsächlich frei zu sein. Bisher konnte ich das bei einfacheren Funktionsspielen beobachten, bei denen neugieriges Probieren, Üben sensomotorischer Koordinationsleistungen und gezieltes Experimentieren einander ergänzen:

- Ein noch nicht einmal eineinhalbjähriges Mädchen verlässt schnurstracks das gemeinsame Abendessen im Lokal, geht in die Mitte des Raumes und dreht sich immer wieder so lange um sich selbst, bis es auf dem Boden landet.
- Ein vierjähriges Mädchen versucht mit viel Ausdauer, auf einem Bein von einer quadratischen Fußbodenplatte auf die nächste zu springen, ohne die Fugen zu berühren.

Beiden Kindern ist gemeinsam, dass sie sich überhaupt nicht darum kümmern, was um sie herum geschieht. Ihre Spieltätigkeit ist frei, *Selbstzweck*, selbst bestimmt. Sie handeln selbstvergessen, unbekümmert.

Vielleicht sollte man die Freiheit kindlichen Handelns im Spiel auf all die Tätigkeiten eingeschränkt sehen, die *vom Kind selbst bestimmt* werden. Das spontane kreative Handeln im Spiel würde unter einen solchen Begriff der Freiheit fallen. Die spielerische Verwandlung eines von außen auferlegten Zweckes in einen eigenen dürfte ein Grenzfall sein: Baut der zum Aufräumen seines Zimmers aufgeforderte vierjährige Junge unseres Beispiels den großen Parkplatz freiwillig? Oder ist der Parkplatz letztlich nur ein kindliches Produkt der väterlichen Ordnungsliebe? Jedenfalls wäre er ohne die äußere Zwecksetzung (zu diesem Zeitpunkt, in diesem Raum) wohl nicht entstanden. Anderseits hat der Junge den äußeren Zweck in einen Selbstzweck umfunktioniert, ein freies Spiel daraus gemacht, das durch die Merkmale der Selbstbestimmung und der Selbstvergessenheit gekennzeichnet ist.

Dieses Kapitel sollte zeigen, inwieweit kindliches Handeln im Spiel als frei aufgefasst werden kann. Wir haben gesehen, dass absolute, echte Freiheit weder im Spiel noch überhaupt möglich ist. Insoweit unterscheidet sich die Wirklichkeit des kindlichen Spiels nur geringfügig von der übrigen. Lediglich die im Spiel mögliche Spontaneität, der selbst herbeigeführte, manchmal in rasantem Tempo vollzogene Wandel der kindlichen Spielziele und die Konsequenzlosigkeit der spielerischen Tätigkeiten, das meint das Freisein von Sanktionen durch eine kontrollierende Umwelt, sind Merkmale, die die kindlichen Handlungen im Spiel als relativ frei erscheinen lassen. Doch genau besehen ist das kindliche Spiel nicht im eigentlichen Sinne frei. Es ist nicht frei hinsichtlich seiner Voraussetzungen (Spielraum, Spielzeit, Spielzeug etc.), hinsichtlich seines Ablaufs (Einfluss der Erfahrung, der aktuellen Umwelt und der Ereignisse) und damit hinsichtlich seiner Ergebnisse. Hinzu kommt, dass die meisten Spiele von der Kultur und der Gesellschaft beeinflusst sind, unter deren Einwirkungen sie sich entwickelt haben.

2.1.5 Zusammenfassung

- Die Freiheit des kindlichen Handelns im Spiel ist nicht an und für sich gegeben, sondern im Rahmen bestimmter Merkmale des Spiels zu erörtern. Das kindliche Spiel lebt aus sich selbst heraus und ist somit frei von äußeren Zwecken. In sich und vom Kind aus enthält es aber sehr wohl Zwecke und Ziele.
- Das Kind kann während seines Spiels die Ziele spontan verändern und dabei sogar unterschiedliche Realitätsebenen kombinieren. Das bedeutet: Es setzt die Zwecke seiner spielerischen Handlungen frei aus sich selbst und verfolgt sie zielbezogen. Die Zwecke und Ziele sind somit „frei" und selbst bestimmt.
- Auch von außen gesetzte Zwecke und Ziele können ein Spiel anregen. Das Spiel entwickelt dann aber sogleich seine eigene Dynamik. Dennoch kann man hier nicht behaupten, das Spiel sei frei von äußeren Zwecken. Die Besonderheiten der Spielzeuge und manche zwischen Eltern und Kindern gespielten Regelspiele können durch spielexterne Zwecke zustande kommen und ihren Verlauf nehmen: zum Beispiel die Familie gemeinsam an einen Tisch zu bringen und den Spielverlauf zusammen zu erleben.
- Die Freiheit kindlichen Handelns im Spiel ist also einmal durch die Besonderheit seiner Spielgegenstände und teilweise durch personalen Umwelten kodeterminiert, zum anderen durch den Entwicklungsstand seines psychischen Bezugssystems. Dieses enthält auch den kindlichen Vergangenheits- und Zukunftsbezug, den Zeitbezug also, der den gegenwärtigen Spielverlauf beeinflusst. Ferner setzen Spielzeiten, Spielräume, Spielgegenstände und Spielplätze verbindliche Rahmenbedingungen für die tatsächliche Freiheit kindlichen Spiels.
- Geht man davon aus, dass die Freiheit des kindlichen Spiels mit Selbstbestimmtheit und Selbstzweck zu tun hat, dann erwecken manche spontanen Spiele wie das Funktionsspiel oder auch verschiedene Bewegungsspiele, die selbstvergessen verlaufen, den Eindruck frei zu sein.
- Schließlich kann ein Hauptmerkmal des freien Spiels, von äußeren Konsequenzen frei zu sein, als ein Aspekt seiner prinzipiellen Freiheit gesehen werden.
- Genau genommen ist das Spiel jedoch nicht frei. Es ist in seinen Voraussetzungen, dem Verlauf und den Ergebnissen in die Einwirkungen der Kultur und Gesellschaft eingebunden, die es umgeben und beeinflussen.

2.2 Kulturelle und soziale Beeinflussung des Spiels

Die Entwicklung des Kinderspiels ist, wie die Persönlichkeitsentwicklung insgesamt, von Anfang an eingebunden in soziale Kontexte. Diese wirken auf das Kind ein und formen seine Entwicklung entsprechend den kulturellen Gepflogenheiten einer Gesellschaft während eines langen Zeitraums mit. Eltern, Geschwister, Großeltern, Verwandte, Freunde und sonstige Umgebungspersonen werden nach und nach ein gewohnter Bestandteil der kindlichen sozialen Interaktionen. Diese „Sozialpartner" des Kindes vermitteln als Repräsentanten ihrer eigenen Kultur dem Kind unablässig die kulturellen Spielregeln sozialen Verhaltens. Was manche Sozialwissenschaftler als Sozialisation des Kindes kennzeichnen, ist also nichts anderes als eine kulturelle und soziale Einbindung und Beeinflussung der kindlichen Lebensweise. Das Spiel bildet dabei eine hauptsächliche Form der Gestaltung des kindlichen Lebens. Obwohl es eigentlich „frei", „zweckfrei" und „quasi-real" sein soll, wenn man konventionellen Theorievorstellungen folgt, wird es von Beginn an durch die kulturelle wie soziale Umwelt mitgeformt. Von vornherein beeinflusst eine seit langem gewachsene Kultur die Ontogenese des kindlichen Spiels. Mit seiner Weiterentwicklung gehört der soziale Einfluss einer äußeren Umgebung immer mehr zur Realität der kindlichen Spieltätigkeit.

2.2.1 Aneignung der Kultur und soziale Anpassung im Spiel

Das Spiel als vorrangiges kindliches Verhaltenssystem muss schließlich auf die nachhaltigen kulturellen und sozialen Einflüsse eingehen, wenn es sich selbst erhalten und weiterentwickeln möchte. Diese Anpassungsleistung vollbringt es selbst spielerisch, indem es die kulturellen und sozialen Positionen, Rollen und Verhaltensmuster in sich aufnimmt und sich aneignet. Zugleich verändert das Kind die eigenen Spielaktivitäten und -formen zugunsten seiner Anpassung an die kulturelle und soziale Wirklichkeit: Es passt seine eigenen Mechanismen und Prozesse an Kultur und Gesellschaft an, unter deren ständigem Einfluss seine Entwicklung stattfindet.

Die wohl ausgereifteste Form dieses Aneignungs- und Anpassungsvorgangs sehen wir im Rollenspiel. Der spielerische Umgang mit (meist typischen) gesellschaftlichen Rollen (z.B. Mutter, Vater, Kaufmann, Arzt) und den zugehörigen Handlungsmustern, die gegenseitigen Rollenzuweisungen der Kinder im Spiel („Du bist der Kaufmann, und ich kaufe ein") und der manchmal rasche Rollenwechsel geben Zeugnis von der Flexibilität und Leichtigkeit, in der Kinder spielerisch in die sozial-kulturelle Wirklichkeit hineinschlüpfen.

Aber auch viele andere Spiele sind ihrer Natur nach sozial. Man denke nur einmal an den großen Spaß, die Freude und das Vergnügen des frühkindlichen „Guck-guck-da"-Spiels. Die positiv wechselseitige Emotionalität dieses Spiels ist von Grund auf sozialen Ursprungs, und die wechselseitige Aktivität kann nur als freudvolle soziale Interaktion beschrieben werden. Ganz ähnlich ist es beim „Hoppe-hoppe-Reiter"-Spiel. Auch die mannigfaltigen Regelspiele der späteren Kindheit, die Kinder unter sich oder auch mit Erwachsenen als Spielpartnern spielen, sind meist „kultivierte" Spiele, deren Gelingen die soziale Interaktion der Beteiligten voraussetzt.

2.2.2 Modellierung und Nachahmung von Verhaltensweisen

Eine weitere Tatsache, die dem kindlichen Spiel schon früh eine soziokulturelle Prägung gibt, gründet in der Modellierung und der Nachahmung von Verhaltensweisen. Praktisch von Anfang an bilden die näheren Bezugspersonen des Kindes jene Modelle, die sich dazu eignen, Verhaltensweisen abzuschauen, nachzuahmen und nachzugestalten. Folgt man den videographischen

2.2 · Kulturelle und soziale Beeinflussung des Spiels

Studien einiger amerikanischer Wissenschaftler, sind einfache Nachahmungen, wie das Öffnen und Schließen des Mundes oder das Runzeln der Stirn, schon dem sehr jungen Säugling möglich. Die Nachahmung komplexerer Verhaltensweisen wie z.B. „die Wohnung sauber machen" oder „Arzt und Patient spielen" setzt natürlich voraus, dass die Entwicklung der kindlichen Spielkompetenzen schon sehr weit fortgeschritten ist.

Vielfach verläuft der Vorgang des Modellierens und Nachahmens auch umgekehrt: Eltern junger Kinder greifen häufig deren Verhaltensweisen sowie Bewegungen auf und ahmen sie nach, indem sie sie zugleich in einen sozialen Kontext einbetten (z.B. das Nachahmen stimmlicher Äußerungen, des einfachen Mienenspiels, des Bewegens eines Gegenstandes, etwas später dann auch des Gebens eines Gegenstandes). Auf diese Art und Weise geben sie den manchmal noch unbeholfenen und nicht eindeutig zuzuordnenden Bewegungen und motorischen Äußerungen des Kindes einen sozialen Sinn. Das kindliche Verhalten wird dadurch zu einem Sozialverhalten im Sinne der Eltern, die ihr Kind nachahmen und zugleich Sinnzuweisungen treffen. Geht man hier einen Schritt weiter, kann man feststellen: Als sinnvoll wird das kindliche Verhalten durch seine Einbettung in sozial-kulturelle Sinnkontexte erachtet, soweit die Außenwelt von Personen es beurteilt.

leben und dem Außenstehenden als paradox, sinnlos und „verrückt" erscheinen mögen, ist die Gefahr groß, dem Geschehen selbst und seinem inneren Sinn nicht gerecht zu werden. Man stempelt es dann schlicht zu einem „narrenfreien Geschehen", dessen scheinbare Sinnlosigkeit allzu leicht in das Fahrwasser des „Blödsinns" gedrängt wird.

Vielleicht hängt es mit solchen inkompetenten äußeren Einschätzungen ihres Spielverhaltens zusammen, dass Kinder ihr Verhalten als Spiel bezeichnen, wenn sie sich einmal den Normen, Regeln und vorgegebenen Verhaltensformen der Gesellschaft entziehen, sich befreien möchten. Der nicht seltene Satz von Kindern „Es ist (oder war) doch nur ein Spiel" scheint hiermit eng zusammenzuhängen. Inhalt und Sinn des kindlichen Spiels von außen her zutreffend einzuschätzen, erfordert viel Sensibilität.

❗ Man muss sich in die Welt des kindlichen Spiels hineinversetzen, um den Sinn der Spieltätigkeit zu erkennen. Günstig ist, wenn man das spielende Kind selbst gut kennt, um seine Erfahrungen, Wünsche und Ziele weiß und auch darüber informiert ist, wie das Spiel in die sonstigen kindlichen Lebensverhältnisse eingebunden ist. Fundiertes Wissen ist also ein Schutz gegen Fehlinterpretationen.

2.2.3 Einschätzung kindlicher Spielhandlungen von außen

Man kann natürlich fragen, welche Einschätzungen kindliche Handlungen im Spiel erfahren, wenn es den beobachtenden Außenstehenden nicht gelingt, den Sinn des Spiels zu erkennen oder ihm einen Sinn zu geben.

Hier liegt wohl ein Ursprung für so manche Fehleinschätzung kindlichen Spielens. Denn das Kinderspiel ist zuweilen so flexibel und unkonventionell, dass es sich mühelos über kulturelle und soziale Maßstäbe hinwegsetzen kann. Wenn Spiele auf diese Weise aus sich selbst heraus

2.2.4 Spiel als kindlicher Bezug zu Gegenständen der Umwelt

Seine enge Verflochtenheit mit Kultur und Gesellschaft verdankt das Kinderspiel aber noch einem allgemeinen Merkmal. Dieses Merkmal ist nicht nur für das Spiel typisch, sondern für die kindliche Aktivität überhaupt. Ich meine den prinzipiellen Gegenstandsbezug allen Erlebens und Verhaltens: Jedes Mal, wenn das Kind aktiv wird, ist seine Aktivität gerichtet auf ein Etwas, ein Ding, auf bestimmtes „Zeug". Dieses Zeug wird durch den kindlichen Umgang mit ihm zum Bezugsgegenstand des kindlichen

Verhaltens. Das Kind macht etwas damit. Es spielt und macht dadurch das „Zeug" zu seinem Spiel*zeug*.

Nun sind die allermeisten Gegenstände in der Umwelt des Kindes nicht von sich aus einfach da, sondern dahin gekommen als Produkte einer kulturellen und sozialen Welt, der sie angehören. Damit zeugen die kindlichen Spielgegenstände von einem gesellschaftlichen Einfluss, der auf die kulturelle und soziale, aber auch auf die technische und zivilisatorische Entwicklung der Gesellschaft zurückgeht. Erkennt das Kind allmählich durch seine wiederholten spielerischen Auseinandersetzungen mit verschiedenen Gegenständen bestimmte Zusammenhänge, so ist seine Erkenntnis nicht nur kognitiver (geistiger) Natur, sondern auch ein Ergebnis kultureller Einflüsse. Allein schon dadurch, dass kulturell hervorgebrachte Gegenstände dem Kind verfügbar und „greifbar" sind, besteht eine Voraussetzung dafür, sie zu begreifen und ihnen damit einen Sinn zu geben. Diese kindliche Sinngebung ist durch die kulturelle Eigenart, durch die besondere Beschaffenheit und Bedeutung der Spielgegenstände – des Spielzeugs – zumeist vorprogrammiert.

Aber auch das gegenstandsbezogene Spielverhalten selbst, also das, was das Kind mit seinem Spielzeug tatsächlich machen kann, hängt von der Besonderheit der ihm verfügbaren Spielgegenstände ab.

! Wirklich kreatives Spielen in dem Sinne, dass das Kind seine Spielhandlungen vollständig aus sich selbst heraus erzeugt, ist eigentlich nur mit Materialien möglich, denen von der Gesellschaft noch kein kultureller Sinn zugewiesen ist.

Beispielsweise eignen sich Knete, Plastilin und Fingerfarben, leicht bearbeitbares Holz, leere Zeichenblöcke usw. dazu, dass Kinder verschiedenen Alters spielerisch eigene Produkte herstellen können. Interessanterweise stellen sie damit aber meist Dinge her, deren Konstruktion und Fertigung ihrer sozial-kulturellen Erfahrung entspringt oder zumindest mit kulturellen Erfahrungen zu tun hat. Das kindliche Spiel bedeutet dann eine individuelle Reproduktion, eine eigene aktive Nachgestaltung gesellschaftlicher Erfahrung, die das Kind sich durch sein Spiel praktisch aneignet.

Die soziale und kulturelle Überformung des kindlichen Spiels äußert sich im Spielverhalten aber noch in einer weiteren Weise. Gar nicht selten kann man beobachten, dass Kinder mit bestimmten Spielgegenständen, z.B. mit Puppen, Klötzen, Stöcken oder sonstigem, bestimmte Auseinandersetzungen spielen. An der erregten und aufgebrachten Beteiligung, mit der sie spielen, kann man erkennen, dass es sich um konfliktträchtige Interaktionen von zwei oder mehreren Bezugspersonen handelt. Da wir auf diesen Gesichtspunkt in Kapitel 5 ausführlich eingehen, soll hier nur seine sozial-kulturelle Seite beleuchtet werden, die für ein ausgewogenes Verständnis der psychischen Prozesse, die kindliches Spielverhalten steuern, notwendig ist.

2.2.5 Konfliktverarbeitung und spielerischer Umgang mit Normen

In zahlreichen Untersuchungen mit vier- bis sechsjährigen Kindergartenkindern habe ich herausgefunden (Mogel 1990 a), dass Kinder spielend nicht nur Konflikte verarbeiten und vielleicht bewältigen; auch die Art und Weise, in der sie spielerisch Konflikte arrangieren, ist abhängig von der vorangegangenen sozialen Erfahrung, vom kulturell verbindlichen Normen- und Wertesystem und darüber hinaus vom Ausmaß der eigenen emotionalen Beteiligung am konflikthaften Geschehen. Die Kultur spielt jedes Mal mit. Und wenn Kinder es wagen, die kulturellen Spielregeln zu übergehen, setzen sie sich spielend darüber hinweg, weil sie genau wissen, dass ihr Spiel frei von äußeren Sanktionen bleibt. Damit ist das Spiel eben nicht nur ein ideales Verhaltenssystem zur Vermittlung kultureller Normen, Werte und Gepflogenheiten („Das macht man so, jenes macht man so!"), es eignet sich ebenfalls bestens, sich über sie hinwegzusetzen, die sonst verbindlichen Ketten des normierten Verhaltens zu sprengen, und, ohne anzuecken, „schöpferisch" mit den Normen umzugehen.

! Jede Person, die Verantwortung für ein Kind oder mehrere Kinder trägt, sollte diesen zweifachen Blickwinkel bei der Betrachtung kindlichen Spielens im Auge behalten: Spiel einerseits zur Aneignung kultureller Normen- und Wertvorstellungen sowie sozialer Regeln und Spiel andererseits zur vorübergehenden selbstbefreienden Sprengung der durch sie auferlegten Beschränkungen des Verhaltens.

Nur im Spiel ist dem Kind eine solche Grenzüberschreitung möglich, ohne beeinträchtigende Folgen einkalkulieren zu müssen. Im Spiel darf es durchaus „ungezogen", „aufmüpfig", „böse", „unangepasst", „einfältig", „tolldreist" und vieles mehr sein. Dies ist ein weiterer Aspekt der Freiheit kindlichen Spielverhaltens, deren verschiedene Seiten wir unter 2.1 angesprochen haben: Echtes Spielverhalten ist eben nach allen Seiten offen, nicht nur nach der kulturellen und der sozial erwünschten. Aus dieser Perspektive ist das kindliche Spiel und das spielende Kind gleichermaßen frei. Das Kind ist frei darin, seinem Verhalten selbst Grenzen zu setzen, ebenso wie es frei ist, diese Grenzen wieder aufzuheben und die äußeren, durch die Kultur und die Gesellschaft gesetzten Grenzen vorübergehend hinwegzufegen.

Ansonsten ist das Spiel ein Verhaltenssystem, das zwar aus sich selbst heraus lebt, dabei aber nach außen offen ist. Die Grenzen und Übergänge zwischen Spiel und Nichtspiel sind manchmal derart fließend, dass es sinnlos erscheint zu entscheiden, ob nun „noch" oder „nicht mehr" Spiel vorliegt. Gerade in seiner Offenheit für Neues und Altes, Bekanntes und Unbekanntes, Aneignung von Kultur und zeitweilige Missachtung kultureller Verhaltensregeln liegt eine eigentümliche Verlockung des Spiels. Von ihr profitieren die Vielseitigkeit, die Plastizität und die Flexibilität spielerischer Verhaltensweisen.

Hat das Kind erst einmal die Grenzen zwischen Spiel und Nichtspiel erkannt (und das ist recht früh der Fall, wie wir in Abschnitt 2.3 sehen werden), kann es rasch wechseln: Es kann aus dem Spiel heraustreten in ein anderes Verhaltenssystem und ebenso rasch auch wieder ins Spiel zurückkehren.

> Beispiel:
Ein kleines Mädchen einer mehrköpfigen Familie nimmt spielerisch Kontakt zu einer fremden Person am gleichen Tisch auf. Augenzwinkern, Lächeln, Wegschauen, Wieder-Herschauen wechseln einander immer wieder ab. Nach einiger Zeit unterbricht die Mutter durch Anweisungen an das Kind die spielerische „Interaktion ohne Worte". Das Mädchen soll essen, weigert sich aber, das Drängen der Mutter nimmt zu, bis sich schließlich das Mädchen wütend und weinend gegen die Anweisungen seiner Mutter aufbäumt. Dann nimmt es plötzlich wieder lachend zum außerhalb des Geschehens sitzenden Interaktionspartner Kontakt auf, den es zuvor (zum Zwecke des Aufbäumens) unterbrochen hatte; es kokettiert eine Weile, um sich wieder zornig weinend der Mutter zuzuwenden, die es bändigen will; plötzlich wischt das weinende Kind mit dem Unterarm das Essen der Mutter vom Teller, lacht freudig auf, bekommt von der Mutter einen Klaps auf die Finger, um in ohrenbetäubendes Geschrei auszubrechen. Der Vater nimmt das Mädchen auf den Arm, schnappt spielerisch mit dem Mund nach seiner Hand, und kindliche Freude, Spaß und Vergnügen lösen den ohrenbetäubenden Machtkampf ab; es ist, als ob nichts gewesen wäre. Das Mädchen nimmt wieder Kontakt zur fremden Person auf und strahlt sie stolz an.

2.2.6 Einflüsse durch Spielzeug, Spielplätze und Erfahrungen

Natürlich ist auch der Stellenwert, den das Kinderspiel in einer Kultur und Gesellschaft hat, durch den Stand der kulturellen und sozialen Entwicklung sowie die gesellschaftlichen Einstellungen zum Entfaltungsspielraum des Kindes bestimmt. Sieht man sich die manchmal klägliche Einfallslosigkeit bei der Konzipierung „moderner" Spielplätze an, könnte man leicht meinen, dass das kindliche Spielen wohl keine kulturelle Tradition habe. Betrachtet man sich moderne Spielzeuge, Produkte der Spielzeugindustrie hoch zivilisierter Staaten, kann man den Eindruck gewinnen, dass es wohl eher um ein „Gewinnspiel" der Herstellerfirmen und Spielzeugkonzerne geht, die ihre Spielzeugproduktion an dem gewohnten Fernsehkonsum der Kinder orientieren. Die Darstellung von Einzelheiten kann ich mir hier sparen: Die Richtigkeit der Feststellung lässt sich auf den Regalen eines jeden größeren Spielwarengeschäftes nachweisen. Es bleibt aber festzuhalten, dass auch Konsumspielzeug zu den kulturellen und sozialen „Errungenschaften" einer Gesellschaft gehört, das, wenn es verfügbar ist, durchaus das kindliche Verhalten beeinflussen kann, wenn auch nicht gerade kreatives Spielverhalten. Denn je mehr die Spielzeuge auf das Aktionssystem ganz bestimmter Ereigniskontexte zugeschnitten sind (zum Beispiel „Rambo"), desto mehr verengen sie auch die spielerische Selbstentfaltung. Das Kinderspiel wird in solchen Fällen meist auf die simple Nachahmung von in Filmen gesehenen Aktionen und Aktionsmustern reduziert.

Doch sonst lernt das Kind durch die spielende Wiederholung kulturell geprägter Verhaltensmuster, durch die spielerische Nachgestaltung sozialer Interaktionsformen, sich durch den spielerischen Bezug zu seinen Spielgegenständen (zum Spiel„zeug") und schließlich durch die spielerische Gestaltung und Variation sozialer Verhaltensweisen der Kultur und Gesellschaft anzupassen, unter deren Einfluss es sich entwickelt. Dieser langwierige Lernprozess wird als ein wesentlicher Faktor der kindlichen Persönlichkeitsentwicklung von den Erfahrungen beeinflusst, die das Kind im Spiel und außerhalb des Spiels macht. Die Erfahrungen beeinflussen die Individualentwicklung des Kindes mit. Sie beeinflussen ebenfalls den entwicklungsbedingten Wandel der Spiele des Kindes.

Das kindliche Spiel ist aber keineswegs nur ein Produkt von Kultur, Gesellschaft und Erfahrung. Durch aktives spielerisches Gestalten erzeugt das Kind selbst Ereignisse, die in seine Erfahrung eingehen und für seine Umgebung erfahrbar sind. Insofern beeinflusst das Kinderspiel selbst seine Kultur und die Gesellschaft, in der es stattfindet. Das Spiel hat damit als eigenes kindliches Verhaltenssystem einen enormen Einfluss auf die kindliche Erfahrungsbildung und die Entwicklung in einer sozial-kulturellen Umwelt, deren Konturen es mitbestimmt. So gesehen ist die kulturelle und soziale Überformung des Spiels kein einseitiger Vorgang, der von außen das Spiel beeinflusst, sie ist vielmehr wechselseitig und entspricht damit geradezu der Natur kindlichen Spielens. Manche Spieltheoretiker, etwa Huizinga und Sutton-Smith, sehen deshalb im Spiel eine der Quellen der Kultur, die, insgesamt gesehen, auf den spielerischen Gegenstandsbezügen des Kindes beruhen. Was einen Gegenstand des kindlichen Verhaltens zum Spielzeug werden lässt, liegt eben nicht allein im Gegenstand selbst begründet. Auch die Tatsache, dass eine Kultur und eine Gesellschaft den Spielgegenstand hervorgebracht haben, ist keineswegs allein hinreichend. Erst die spielerische Aktivität, die gerichtete Bezugnahme zum Spielgegenstand lässt ihn als Spielzeug des Kindes wirksam werden.

Diese Wechselseitigkeit in allen möglichen spielerischen Variationen trägt entscheidend zur kulturellen und sozialen Überformung des Spiels bei. Innerhalb dieses unauflöslichen Vorganges ist das Kind zugleich Akteur und Betroffener. Sein Spiel ist ebenso kultur- und gesellschaftserzeugend, wie es seinerseits ein Ergebnis kultureller und sozialer Einflüsse ist. Nur vor dem Hintergrund der wechselseitigen Determination von Kultur und Spiel können wir den Zusammenhang der kindlichen Persönlichkeitsentwicklung mit dem Wandel der Spiele verstehen.

2.2.7 Zusammenfassung

- Das Spiel steht im Schnittpunkt der kulturellen Entwicklung einer Gesellschaft. Es bildet eine hauptsächliche Form des kindlichen Lebens.
- Kindliches Spiel verwirklicht kulturelle und soziale Positionen. Unabhängig von Rollen- und Verhaltensmustern passt es sich selbst individuell an. Viele Spiele stehen im Kontext sozialer Anpassung, so die Symbol- / Rollen- sowie Regelspiele.
- Modellierung und Nachgestaltung bilden zwei wichtige Funktions- und Aktionsformen kindlichen Spiels für die Symbol-/Rollenspiele. Sie sind aber auch aktive spielerische Handlungsgrundlage für eine Einbettung der Spielinhalte in sozial-kulturelle Sinnvorstellungen.
- Von außen her sind freie Kinderspiele hinsichtlich ihres Sinngehaltes allgemein schwer zu beurteilen. Es mangelt meistens an der Sensibilität und dem Wissen über den Sinngehalt der Spielhandlungen. Letzteres würde Bezugssysteminformationen über jedes spielende Individuum voraussetzen.
- Spiel lebt im Gegenstandsbezug. Dieser ist eingebunden in die kulturelle, soziale, technische und zivilisatorische Entwicklung einer Gesellschaft.
- Einerseits erfolgt im Spiel die Aneignung kultureller Normen und Wertevorstellungen, andererseits befreit es sich selbst von ihnen.
- Offenbar ist echtes Spielverhalten nach allen Seiten offen, nach innen wie nach außen. Doch spielen Spielzeugumgebungen dabei eine Rolle: Spielzeuge sind häufig auf das Aktionssystem ganz bestimmter Ereigniskontexte zugeschnitten. Dann resultiert zumeist die simple Nachahmung von bestimmten Aktionsmustern. Andererseits erzeugt das Kind selbst spielerisch Ereignisse, die in seine Erfahrung eingehen und für seine Umgebung erfahrbar sind. Das Kind ist in seinem Spiel immer zugleich Akteur und Rekonstrukteur der Ereignisse, die es selbst hervorbringt und von denen es betroffen ist.

2.3 Persönlichkeitsentwicklung und Wandel der Spiele

2.3.1 Allgemeine Bedingungen der kindlichen Entwicklung

Betrachtet man die kindliche Entwicklung von der psychologischen Seite her, stellt sie sich als ein vielschichtiger Veränderungsprozess dar. Neben den körperlichen, wachstumsbedingten Veränderungen vollziehen sich beim Kind mannigfaltige Differenzierungen. Sie betreffen die psychische Organisation insgesamt. Das bedeutet, dass sie die psychosomatischen Wechselwirkungen ebenso einschließen wie die Interaktionen des Kindes mit seiner materiellen, personalen, sozialen und kulturellen Umwelt. Diese komplexen, vielfach beeinflussten Prozesse sind in die individuellen kindlichen Lebensverhältnisse eingebettet, von denen sie abhängen. Die Lebensverhältnisse betreffen das familiäre Umfeld des Kindes, die räumliche und zeitliche Organisation der alltäglichen Abläufe und den vor allem emotionalen Gehalt des Umgangs, den die Pflegepersonen als erstrangige Bezugspersonen mit dem Kind haben. Das emotionale Klima zwischen Kind und umgebenden Bezugspersonen kann nach allem, was wir bis heute wissen, als eine entscheidende Einflussgröße auf die kindliche Persönlichkeitsentwicklung gelten. Dabei setze ich einmal voraus, dass die Befriedigung von Grundbedürfnissen, wie Hunger, Durst, Hautkontakt, Zuwendung, Aktivitätsspielraum usw., gegeben ist.

Das emotionale Klima und die übrigen genannten Entwicklungsbedingungen beeinflussen die Persönlichkeitsentwicklung sowie alle mit ihr verbundenen Veränderungen. Die psychischen Veränderungen zeigen sich im kindlichen Gefühlsleben (Emotionen) ebenso wie in den geistigen Aktivitäten (Kognitionen), sie zeigen sich in der kindlichen Orientierung auf Ziele hin (Motivation) und in den Handlungen, durch die das Kind seine Ziele erreichen will (Handlungsregulation). Diese Veränderungen erfolgen durch eine innere Organisation bisheriger Erfahrungen und durch eine innere Bewertung der gegenwärtigen Umwelt. Beide Prozesse, Organisation und Bewertung, bilden zusammen ein inneres System aus, das die psychischen Beziehungen des Kindes zu seiner Wirklichkeit steuert. Dieses System heißt *Bezugssystem*.

Alle relevanten Einflüsse hinsichtlich einer optimalen Entwicklung tragen dazu bei, das kindliche Bezugssystem auf einem immer besser angepassten, wirklichkeitsgerechteren Niveau zu stabilisieren. Aber die bestehenden Entwicklungsmöglichkeiten sind nur dann realisierbar, wenn das Kind sie aktiv nutzt, selbst gestaltet, wenn es selbst Einflüsse ausübt, die Veränderungen seiner Umwelt und seiner selbst nach sich ziehen. Der kindlichen Eigenaktivität kommt bei alledem entscheidende Bedeutung zu. Die Umwelt übt hier häufig fördernde oder beeinträchtigende Einflüsse aus. Eine einengende Umwelt von Erwachsenen beispielsweise neigt dazu, die kindlichen Selbstgestaltungsaktivitäten einzuschränken. Sind solche Einschränkungen überdauernd, können sie die Persönlichkeitsentwicklung tatsächlich beeinträchtigen, zu Aktivitätshemmungen, neurotischer Selbsteinschränkung oder/und aggressiven Ausbrüchen beim Kind führen. Ganz im Gegensatz dazu bewegt eine prospektive, an der Weiterentwicklung des Kindes orientierte Einstellung der umgebenden Erwachsenen das Kind dazu, dass dieses eigenaktiv seinen Verhaltensspielraum erweitern kann und durch Selbstgestaltung seiner Aktivitäten zur Förderung der eigenen Entwicklung beiträgt. Diese Form der Selbstaktualisierung, die eine wohlgesonnene, förderliche Umgebung voraussetzt, findet das Kind im Spiel.

2.3.2 Entwicklungsbedingter Wandel der Spiele

Jedes erreichte Niveau der Differenzierung, Organisation und Integration von psychischen Funktionen während der Entwicklung des kindlichen Bezugssystems scheint seine eigenen (typischen) Spiele zu haben. So sind etwa Funktionsspiele für die frühe Kindheit typisch, später die Konstruktionsspiele und noch später Regelspiele. Das bedeutet nicht, dass sich die Spielqualitäten entwicklungsabhängig einfach abwechseln; in Wirklichkeit überlappen sie sich nämlich vielfach. Das ist der Grund dafür, weshalb Klassifikationen der Spiele, etwa nach dem Lebensalter, irreführend sein können. Dennoch bringt die kindliche Persönlichkeitsentwicklung einen Wandel der Spiele mit sich. Und was nicht weniger wichtig ist: Auf jedem erreichten Niveau der Entwicklung beeinflusst die kindliche Spieltätigkeit den weiteren Gang der Entwicklung. Sie bringt Ereigniskonstellationen hervor, die das Kind nicht einfach nur herstellt, sondern die es erlebt und erfährt. Jede Erfahrung hinterlässt, wenn sie erlebnismäßig wichtig war, ihre Spuren.

Aber zu Beginn der kindlichen Entwicklung sind es nicht einmal so sehr die Aspekte der Erfahrungsbildung, die das kindliche Spiel besonders kennzeichnen, vielmehr steht das Erlernen und Üben sensomotorischer Koordinationsleistungen im Vordergrund. Es ist ein nicht umkehrbares Entwicklungsprinzip, wonach die einfacheren Errungenschaften der Entwicklung den komplexeren ontogenetisch und zeitlich vorausgehen. Um es einfach zu sagen: Die Fähigkeit des Greifens entwickelt sich vor der des Begreifens. In der Denkentwicklung des Kindes gehen die sensomotorischen Koordinationsleistungen der Fähigkeit zu anschaulichem und symbolischem Denken zeitlich voraus; diese Form des Denkens ist wiederum erst eine Grundlage der sich zu Beginn des Schulalters entwickelnden konkreten Denkoperationen. Erst die formalen Denkoperationen der späteren Kindheit ermöglichen jene Erkenntnisse, die mit dem Einsatz formallogischer Regeln erreicht werden können.

Auch die Entwicklung des Kinderspiels ist an die Abfolge der natürlicherweise in bestimmten Sequenzen verlaufenden Persönlichkeitsentwicklung geknüpft. Es gilt nun zu zeigen, wie sich das Spiel auf die qualitative Differenzierung eines jeden Entwicklungsabschnittes vorteilhaft auswirkt.

2.3 · Persönlichkeitsentwicklung und Wandel der Spiele

Da die verschiedenen Spielarten, nämlich Funktions-, Experimentier-, Konstruktions-, Rollen- und Regelspiel, unter 3.3 hinsichtlich ihrer Qualitäten und Bedeutungen behandelt werden, können wir uns in diesem Kapitel auf ihre entwicklungsfördernden Funktionen beschränken und ihren eigenen Wandel betrachten.

Das so genannte Funktionsspiel steht am Anfang der kindlichen Entwicklung und bestimmt den frühen Entwicklungsverlauf entscheidend mit. Funktionsspiele umfassen jene Tätigkeiten des jungen Kindes, die entweder auf den eigenen Körper oder eigene Körperteile oder auf Gegenstände der näheren (greifbaren) Umwelt gerichtet sind. Der kindliche Gegenstandsbezug ist dabei noch nicht an den Besonderheiten des jeweiligen Gegenstands orientiert. In diesem Sinne ist er noch unspezifisch, dem beobachtenden Erwachsenen häufig auch unverständlich. Körperbezogene Funktionsspiele, wie vergnügliches Daumenlutschen, Hand in den Mund nehmen usw., können stundenlang gespielt werden. Ebenso ist es mit gegenstandsbezogenen Funktionsspielen, wenn das junge Kind jeden in Reichweite befindlichen Gegenstand in Bewegung bringen möchte, an sich heranzieht und wieder wegstößt.

Beliebt und ebenso vergnüglich ist auch eine Kombination von Körper- und Gegenstandsbezug. Eine solche Kombination vollbringt das Kind beispielsweise immer dann, wenn es Gegenstände der Außenwelt erreicht, greift und in den Mund führt. Das beliebte Platschen mit Wasser, das Zerknüllen und Zerreißen von Papier, das Klappern mit Topfdeckeln, das laute Nachahmen selbst hervorgebrachter Laute, das Wiederholen bestimmter Klangkombinationen, das neugierige Erkunden und Probieren aller Dinge, mit denen das Kind irgendwelche Effekte erzeugen kann – all das sind Variationen des frühkindlichen Funktionsspiels, denen ein hervorstechendes Merkmal gemeinsam ist: Sie bereiten dem Kind sichtlich großes Vergnügen. Es hat größten Spaß am eigenen Agieren, am Sich-selbst-dabei-Fühlen und an den selbsterzeugten Effekten, obwohl man keineswegs behaupten könnte, diese Effekte seien ein Ergebnis zielgerichteter Handlungen des Kindes. Vielmehr ist es der Spaß an der Funktion, am Tun und an den damit verbundenen Effekten, der das Kind dabei zu Wiederholungen drängt. Daher hat Karl Bühlers Begriff der Funktionslust hier auch seine Berechtigung.

2.3.3 Einflüsse des Spiels auf die Entwicklung

Gerade aber Variation und Wiederholung der Funktionsspiele bewirken Differenzierungen in verschiedenen Entwicklungsbereichen, die eine Förderung verschiedener Verhaltenskompetenzen mit sich bringen. Durch die vielfältigen sensomotorischen Koordinationsleistungen während der zeitlich manchmal sehr ausgedehnten Körper- und Gegenstandsbezüge sowie der Kombination beider Bezugsqualitäten entwickelt sich die simultane Kombination sensorischer und motorischer Fertigkeiten auf ein differenziertes und auch stabiles Niveau. Zugleich sammelt das Kind experimentierend lebenswichtige Erfahrungen über die besonderen Qualitäten der Gegenstandswelt: Wasser ist „nass", es „spritzt"; Papier ist „verformbar", man kann es „zerreißen"! Topfdeckel sind „hart", sie „klappern"; Laute sind „da" und dann „weg", man kann durch Nachahmen dafür sorgen, dass sie wieder „da" sind.

> ❗ Man sieht: Funktionsspiele entwickeln sich zu Experimentierspielen und führen zu grundlegenden Erfahrungen der Gegenstandswelt. Das macht ihre hohe Bedeutung für die weitere Entwicklung aus.

Durch den kombinierbaren Körper- und Gegenstandsbezug bilden diese Spiele in der Ontogenese des Kinderspiels eine fruchtbare Wurzel für alle späteren Spielformen, die mit der Bewegung des eigenen Körpers zu tun haben. Ferner sind sie die eigentliche Erfahrungsgrundlage für die allmähliche Entwicklung einer weiteren Spielform, der Konstruktionsspiele. Diese lösen aber die kindlichen Funktions-/Experimentierspiele nicht auf, sondern integrieren die aus ihnen gewonnenen Erfahrungen auf einem differenzierteren Entwicklungsniveau der psychischen Organisation des Kindes.

Kann man von den Funktions-/Experimentierspielen behaupten, dass sie sich selbst genügen, dass sie also noch nicht in einen größeren Handlungskontext eingewoben sind, der bestimmte Ziele anstrebt und Ergebnisse sucht, ist gerade das letztere für die *Konstruktionsspiele* typisch: Sie haben eine zielbezogene Handlungsstruktur, die daraus motiviert ist, dass das Kind ein besonderes Gegenstandsgefüge herstellen möchte. Die Gegenstände seines Spiels sind also nicht mehr an sich interessant und belustigend, sondern stehen im Dienst der Konstruktion und der durch sie gestellten Anforderungen.

Das Konstruktionsspiel übt sehr weitreichende Einflüsse auf die Differenzierung der psychischen Funktionen und auf die Handlungskompetenzen sowie die Erwartungen an den eigenen Handlungserfolg aus. Durch das Konstruktionsspiel entwickeln sich lebenswichtige Kompetenzen, derer es in komplexen Gesellschaften unbedingt bedarf. Angenommen, das Kind möchte sein Konstruktionsziel tatsächlich erreichen, z.B. Bau und Fertigstellung einer bestimmten Burg, setzt das Konstruktionsspiel voraus, dass das Kind Ziele bildet und plant, wie es sie erreichen kann. Die Ergebniserwartung motiviert also die Handlungsabfolge, deren Einzelschritte das Kind selbst bestimmt. Es muss in die Zukunft denken, seine sonstigen Bedürfnisse dem Handlungsziel unterordnen und die notwendige Ausdauer aufbringen, es zu erreichen. Seine gesamte Spielaktivität ist final gerichtet, das heißt auf ein in der Zukunft liegendes Ziel und Ergebnis.

> ❗ Diese Art der Gestaltung kindlicher Wirklichkeit hat einen ganzheitlichen Einfluss auf die Entwicklung der psychischen Funktionen; das Planen, Strukturieren, Kalkulieren beeinflusst die kognitiven Funktionen; Anspannung, Ausdauer, Erwartung wirken auf die motivationalen Funktionen ein.

Wie aber steht es um die Emotionen? Die Konstruktionstätigkeit des Kindes kann langwierig sein, Barrieren überwinden müssen, sie kann schließlich gelingen, und sie kann misslingen. Das Gefühl der eigenen Kompetenz ist am Konstruktionsspiel beteiligt. Macht das Kind die Erfahrung des Gelingens, wird sein Spielerleben emotional positiv gefärbt sein. Die umgekehrte Erfahrung des Misslingens bedingt negatives Spielerleben und die entsprechenden Emotionen der Wut, Verärgerung, vielleicht auch Resignation. Das kindliche Selbstwertgefühl spielt in jedem Falle mit, und es entwickelt sich in Interaktion mit den Spielerfahrungen.

In jedem Falle trägt das Konstruktionsspiel ganz entscheidend zur vielfachen Differenzierung und Festigung der psychischen Prozesse des Organisierens, Bewertens und der inneren Regulation des Handelns bei (Differenzierung des kindlichen Bezugssystems). Das Kind lernt dadurch ja nicht nur, auf die Besonderheiten seiner Spielgegenstände zu achten, damit die Konstruktion gelingen kann, es lernt auch, sich ausdauernd mit einem Inhalt zu beschäftigen, schöpferisch aus eigenem Antrieb etwas herzustellen; es lernt, Barrieren zu überwinden und – sollte das nicht gelingen – damit fertig zu werden, dass nicht alles „glatt" und „auf Anhieb" geht. Gerade das Misslingen von Konstruktionsspielen konfrontiert Kinder frühzeitig mit der an sich bitteren Lebenserfahrung, an etwas zu scheitern. Es verschafft ihnen aber die für eine gesunde Persönlichkeitsentwicklung wichtige Chance zu erkennen, dass das Misslingen ebenfalls zum Leben gehört. Darüber hinaus führt es zu Differenzierungen und Erweiterungen des kindlichen Motivationssystems, die sich in der Entwicklung und Aktivierung von Bewältigungsstrategien manifestieren. Günstig ist, dass das Scheitern eines Konstruktionsspiels mit dem vom Kind selbst inszenierten Gegenstandsbezug zu tun hat. Zur Bewältigung sind daher vor allem seine eigenen Aktivitäten gefordert; ebenso kann es das Gelingen seines Konstruktionsspiels auf sich selbst als Urheber und Konstrukteur zurückführen.

2.3 · Persönlichkeitsentwicklung und Wandel der Spiele

Das Konstruktionsspiel hat zwar mit Kultur und Gesellschaft zu tun, da meist die Spielmaterialien und manchmal die Konstruktionsideen auf sie zurückgehen, aber die entwicklungsfördernden Qualitäten bezieht es aus seinem insgesamten Verlauf, aus der Interaktion des spielenden Kindes mit den (überwiegend materiellen) Spielgegenständen. Das ist ein generelles Merkmal, das das Konstruktionsspiel auch in seiner entwicklungspsychologischen Funktion von anderen Spielen, etwa vom Rollenspiel, unterscheidet.

Der Begriff *Rollenspiel* ist eine konventionelle Bezeichnung für Spielaktivitäten, die eine Nachahmung oder Nachgestaltung typischer Handlungen der Erwachsenenwelt enthalten. Andere Autoren kennzeichnen diese Form des Spiels auch als Illusionsspiel oder Fiktionsspiel. Mit diesen Bezeichnungen wollen sie die eigentliche „Unechtheit", das „So-tun-als-ob", den nur „quasi-realen" Charakter der spielerischen Verhaltensweisen des Kindes kennzeichnen. Ich halte diese Begriffe für irreführend, suggerieren sie doch, dass das kindliche Rollenspiel nichts mit der wirklichen Wirklichkeit zu tun habe – und das ist falsch. Vielmehr ist es die alltäglich erlebte Wirklichkeit des Lebensvollzugs der Erwachsenen, die das kindliche Rollenspiel motiviert. Durch ihr Rollenspiel schaffen sich die Kinder eine eigene Realität des Erwachsenseins; sie erfüllen sich damit spielerisch all die Wünsche, die ansonsten unerfüllt bleiben würden: „Arzt spielen", „Polizei spielen", „Lehrer spielen", „Verkäufer spielen" und vieles mehr – das ist die Umsetzung kulturell und sozial exponierter Positionen mit den zugehörigen Handlungsmustern im Spiel, die sonst nur den Erwachsenen vorbehalten bleibt.

Am kindlichen Engagement, an der Exaktheit und an der Vehemenz des aktiven Rollenspiels der Kinder kann man die persönliche Wichtigkeit dieser Spielart in all ihren Erscheinungsformen erkennen.

❗ Das Rollenspiel ist deshalb für die Entwicklung so wichtig, weil es die einzige realisierbare Verhaltensmöglichkeit darstellt, durch die das Kind die nachteilige Diskrepanz seines Kindseins gegenüber der sich im Vorteil befindlichen Erwachsenenwelt symbolisch und elegant auflösen kann. Im Rollenspiel ist das Kind den Erwachsenen durch das Spielen der Rolle erlebnis- und verhaltensmäßig gleichgestellt. Daher ist der aktuelle Erlebens- und Verhaltenswert der Rollenspiele hoch.

Vielfach haben Autoren die fördernde Wirkung des Rollenspiels auf die kognitiven, emotionalen und motorischen Funktionen und Fertigkeiten hervorgehoben. Sie haben betont, dass auch die kommunikativen Fertigkeiten des Kindes vom Rollenspiel besonders profitierten. Ich meine aber, dass der Schwerpunkt der Entwicklungsförderung beim Rollenspiel ganz wesentlich im psychodynamischen Bereich liegt, insbesondere in der aktiv-vergnüglichen Kompensation der (für das Kind) ewigen Diskrepanz zum Erwachsenen.

Die aktive Kompensation von Unterlegenheit allein wäre aber eine einseitige Bedingung für die differenzierende Wirkung des Rollenspiels auf die Entwicklung. Hinzu kommt, dass durch das Rollenspielen als aktives Verhalten automatisch die sozial verbindlichen Verhaltensregeln vom Kind angeeignet werden, Normen, Werte, Interaktionsregeln – ohne dass etwa die Erwachsenen erzieherisch tätig werden müssten. Im Gegenteil, ihre Einmischung in kindliche Rollenspiele würde diese unversehens zerstören. Das Rollenspiel ist eine tatsächlich unverfängliche, eigenaktive Form der Kinder, in die Kultur und Struktur der Gesellschaft hineinzuwachsen.

Während beim Rollenspiel das kindliche Spielverhalten durch die ausgewählte Rolle „geregelt" wird, bestimmt beim *Regelspiel* die Spielregel, welche Spielverhaltensweisen gefragt sind, was zulässig und was verboten ist. Insofern ist das Rollenspiel ein sehr günstiger Vorläufer des Regelspiels, da das Kind durch die aktive Nachbildung des Rollenverhaltens gelernt hat, dass Rollen durch bestimmte geregelte Verhaltensweisen *festgelegt* sind. Wenn Kinder „Arzt und Patient" spielen, würde ihr Spiel glatt misslingen, indem sie etwa die typischen Tätigkeiten des Arztes durch diejenigen des Polizisten ersetzten. Und interessanterweise kommen Kinder auch nicht auf solche abwegigen Ideen, die selbstgewählte Rolle zu unterlaufen.

Beim *Regelspiel* sind die äußeren Umstände in einer offensichtlichen Weise klar: Die Regel bildet das Fundament eines jeden Regelspiels. Wird sie verletzt, bricht das Spiel in sich zusammen. Auf die vielen Gruppen der Regelspiele und ihre Bedeutung können wir erst unter 3.3 näher eingehen. Im jetzigen Zusammenhang interessiert vor allem ihr Einfluss auf die kindliche Persönlichkeitsentwicklung. Und dieser Einfluss ist enorm.

Regelspiele, die besonders die kindliche Bewegungsfähigkeit fordern, wie zum Beispiel Fangen, Verstecken, Völkerball usw., fördern die gesamte körperliche Elastizität und Flexibilität. Regelspiele, die Denkleistungen abfordern, wie zum Beispiel einige Kartenspiele oder Dame und Schach, fördern die kognitive Kombinationsfähigkeit und die Strukturierung der Handlungsplanung. Regelspiele, die vor allem auf das Gewinnen angelegt, sonst aber einfach sind, zum Beispiel „Mensch-ärgere-Dich-nicht", fördern das Erleben positiver und negativer Emotionen und deren Bewältigung. Dem Kind verschaffen sie die einzigartig günstige Gelegenheit, den Erwachsenen zu besiegen. Ebenso lernen Kinder bei dieser Art der Gewinnspiele, ihr emotional beeinträchtigendes Erleben, wenn sie das Spiel verlieren, aktiv zu überwinden und zu bewältigen.

> ❗ Regelspiele sind bestens geeignet (und deswegen ebenfalls entwicklungsfördernd), zu lernen und zu erfahren, dass soziale Situationen mit relativ festliegenden Interaktionen nur aufrechterhalten werden können, wenn man sich genau an die Spielregeln hält.

Durch die Persönlichkeitsentwicklung des Kindes wandeln sich, wie wir gesehen haben, auch die kindlichen Spiele. Sie werden komplizierter, erhalten andere Qualitäten und Inhalte und beeinflussen – jedes Spiel auf seine Weise – die gesamte Entwicklung des Kindes über einen doch recht langen Zeitraum. Wandel der Spiele bedeutet aber nicht, dass die jeweils früheren Spielformen aufgegeben werden, sie werden vielmehr integriert in die höher entwickelten Spiele, ohne dass das immer erkennbar wäre. So kann es durchaus Qualitäten des Funktionsspiels haben, wenn ein älteres Kind es beim Regelspiel „darauf ankommen lässt", Zufall, Glück und Ungewissheit des Ausgangs aus Spaß am Geschehen herausfordert. Und die Erwartung, was nun tatsächlich geschehen wird, ist wohl nicht frei von Funktionslust. Auch lässt sich am Verlauf mancher Konstruktionsspiele zeigen, wie das objektbezogene Funktionsspiel übergeht in das Experimentierspiel mit materiellen Gegenständen. Ferner kann ein gemeinsames Konstruktionsspiel auf der Verteilung verschiedener Rollen basieren, die die Beteiligten kooperativ spielen, usw. Es wäre allerdings abwegig, nur deshalb die besonderen Merkmale einer Spielart auf andere Spiele und deren Einflüsse auf die kindliche Persönlichkeitsentwicklung zu generalisieren. Ebenso differenziert, wie die Ontogenese des Spielens selbst stattfindet, und ebenso vielschichtig, wie das Spiel die Entwicklung in unterschiedlichen Zeiträumen der Kindheit beeinflusst, sollte die wissenschaftliche Untersuchung des kindlichen Spielens durchgeführt werden. Sie muss etwa auch der Tatsache gerecht werden, dass nicht nur Kinder mit Spielzeug oder Kinder mit anderen Kindern spielen. Gar nicht selten sind wir Eltern die Spielpartner unserer Kinder. Dabei haben wir eine Menge von Feinheiten zu beachten, wenn sich unsere Spielpartnerschaft vorteilhaft auf die Kindesentwicklung auswirken soll. Grundkenntnisse zur Spielformenentwicklung begünstigen dies.

Abb. 2.1 Der kleine, dreimonatige Silas in der Situation des Funktionsspiels. (Foto: Cornelia Helmbrecht)

2.3.4 Kurzcharakteristik der Spielformenentwicklung

(1) **Funktionsspiel:** In der frühesten Spielform, dem *Funktionsspiel*, beziehen sich die Tätigkeiten des erst einige Monate jungen Kindes auf den eigenen Körper beziehungsweise auf eigene Körperteile. Oder diese Tätigkeiten sind auf Gegenstände der näheren greifbaren Umwelt gerichtet und führen einen zunächst unbeabsichtigten Effekt herbei, der mit Lusterleben beim Kind einhergeht.

Der Spaß an der Funktion, an der Tätigkeit selbst und an den damit verbundenen Effekten, der das Kind zu Wiederholungen der Tätigkeit motiviert, ist charakteristisch für das Funktionsspiel. Er ist zugleich ein sicherer Hinweis für die damit einhergehende Erlebniserweiterung im psychischen Geschehen des sehr jungen Kindes. Karl Bühler bezeichnete diesen psychischen Vorgang als Funktionslust, womit er ein lustvolles Erleben der spielerischen Effektherstellung durch das Kind meinte.

> Beispiel:
> Das Kind stößt mit der Hand, zunächst ohne jede Absicht, an einen Lichtschalter mit dem Effekt: „Licht an". Es stößt wieder dagegen mit dem Effekt: „Licht aus". An der Wiederherstellung dieser Effektabfolge hat es seinen Spaß. Dies bewirkt bei ihm die so lustvollen *Erlebniserweiterungen*, also lustvolle neuartige Erfahrungen, die mit eigenem aktivem Handeln einhergehen und zu besonderen neuartigen Spielereignissen führen. Sobald das Kind den Effekt wiederholen möchte, werden seine Handlungen intentional und zielbezogen. Motivation und rudimentäre Kognitionen gehen beim Funktionsspiel miteinander einher.

Das Funktionsspiel wurde auf Grund des jungen Alters der Kinder im häuslichen Milieu durch elterliche Mediatoren erfasst, das heißt: Eltern filmten ihre noch sehr jungen Kinder mit einer Videokamera immer dann, wenn diese mit einem Funktionsspiel begannen. — Zuvor gab es einen gemeinsamen Instruktionstermin über die Merkmale des Funktionsspiels.

(2) Experimentierspiel: Gegen Ende der sensomotorischen Intelligenzentwicklung (mit ca. 1 1/2 Jahren) entsteht als zweite Spielform das *Experimentierspiel*. Das Kind sucht jetzt nach Regelhaftigkeiten und Gesetzmäßigkeiten von Effekten beim Manipulieren mit Gegenständen. Das Erleben im Spiel ist hierbei mit spezifischem Erkenntnisgewinn, aber häufig auch mit einer beachtenswerten Veränderung der Spielgegenstände verbunden.

Experimentierspiele führen beim Kind nach und nach zur Erkenntnis der physikalischen Materialbeschaffenheit von Gegenständen. Sie erweitern somit seinen Erfahrungshorizont im Umgang mit den Dingen: Ein Holzklotz ist „schwer", „eckig" usw. Ein Luftballon ist „leicht", „rundlich" usw. Manche Dinge zerbrechen, wenn man sie fallen lässt, andere zerbrechen nicht.

Durch Experimentierspiele lernen Kinder eigenaktiv die physikalischen Eigenschaften der ihnen zugänglichen Gegenstände kennen. Der kleine Goethe soll bei der spielerisch experimentellen Erkundung des Fallgesetzes die Suppenschüsseln und ein wertvolles Service seiner Mutter zu Bruch gebracht haben. Aber auch Merkmalsdifferenzen zwischen physikalisch unterschiedlichen Gegenständen werden vom Kind spielerisch experimentell erprobt, was ebenfalls am Beispiel des Fallenlassens deutlich wird. Ein Ball springt, wenn man ihn fallen lässt, ein Glas dagegen zerspringt.

(3) Frühes Symbolspiel: Diese dritte Spielform ist eng verknüpft mit Nachahmungsaktivitäten. Sie setzen eine rudimentäre mentale Repräsentation erfahrener Ereignisse voraus. Das bedeutet: Das Kind muss schon ein Wissen über die Regelhaftigkeit bestimmter Ereignisse in der es umgebenden Welt in seinem Gedächtnis gespeichert haben. Außerdem muss das betreffende Ereignis für das Kind interessant und bedeutsam gewesen sein. Im Spiel möchte das Kind diese Ereignisse aktiv wieder erleben, sie eventuell sogar bewältigen. Das Kind kann bereits eine Bedeutung von dem bedeutungstragenden Gegenstand separieren. Es kann schon hervorstechende Merkmale des interessierenden Ereignisses darstellen.

> Beispiel:
> Das Kind nimmt ein länglich geformtes Stück Holz in die Hand und artikuliert „Brumm, Brumm", womit es das Motorengeräusch eines fahrenden Autos nachahmt.

Auf diese Weise reaktualisiert es das erfahrene Ereignis spielerisch und fährt *erlebnismäßig wirklich* Auto. Das Kind selbst also fühlt sich in seinem Spiel als Fahrer eines Autos: Es erlebt sich selbst wirklich in einer aktuellen Situation als Autofahrer. Es handelt sich für das Kind um ein gegenwärtig real erlebtes Ereignis. Die erlebnismäßige Wirklichkeit des ganzen Vorganges ist hier also das entscheidende erlebniserweiternde Moment für das Kind.

(4) Konstruktionsspiel: Die entwicklungspsychologisch vierte Spielform ist das *Konstruktionsspiel*. Hier setzt sich das Kind intrinsisch, das heißt, ausschließlich von sich selbst aus motiviert, eine eigene Anforderungsstruktur beim Bauen oder Fertigen eines Gegenstandes aus Einzelteilen beziehungsweise verschiedenen Materialien. Mit seinem Spiel möchte es also ein eigenes, ein selbst gesetztes Ziel erreichen. Dieses Ziel wird dabei zugleich zum Gütemassstab für das Erleben von Erfolg oder Misserfolg. Gelingt die Konstruktion, erlebt das Kind Erfolg, misslingt sie, erlebt es Misserfolg.

Das Konstruktionsspiel ist die ontogenetisch, das heißt innerhalb der menschlichen Entwicklung und des Lebenslaufs eines Menschen, erste Spielform, innerhalb derer, je nach Handlungsausgang eines vom Kind selbst gestalteten Prozesses, positive oder negative Emotionen erlebt werden. Das Konstruktionsspiel ist somit diejenige Spielform, welche direkt das kindliche Selbstwertgefühl berührt. Gelingt es, das selbst gesetzte Konstruktionsziel zu erreichen, erlebt das Kind positive Emotionen und einen förderlichen Einfluss auf sein Selbstwertgefühl. Misslingt es, das selbst gesetzte Spielziel zu erreichen, erlebt das Kind negative Emotionen und eine Beeinträchtigung seines Selbstwertgefühls.

2.3 · Persönlichkeitsentwicklung und Wandel der Spiele

Abb. 2.2 Vierjähriger Junge beim Konstruktionsspiel: Bau eines Turms aus Bauklötzen. (Foto: Christoph Fischer)

> Beispiel:
> Das Kind möchte einen Turm aus Klötzen bauen, der so hoch ist wie der elterliche Küchentisch. Im Falle des Gelingens erlebt es Freude und ist stolz, im Falle des Misslingens erlebt es Ärger, ist vielleicht wütend oder niedergeschlagen und beendet das Spiel in einer Stimmung der Resignation.

Bei alledem ist noch relevant, wie hoch die Anforderungsstruktur ist, die sich ein Kind im Verhältnis zu seiner Konstruktionskompetenz setzt.

(5) **Ausdifferenziertes Symbol- und Rollenspiel:** In den *Ausdifferenzierten Symbol- und Rollenspielen*, der innerhalb der ontogenetischen Entwicklung fünften Spielform, haben Symbolisierungen die Funktion, im Dienst der Repräsentation und Reaktualisierung erlebter und erfahrener Wirklichkeiten zu stehen. Die Kinder benutzen Ereignisschemata und dramaturgische Verlaufsgestalten, um erfahrene Ereignisse nachzugestalten, neu zu modellieren und in der Ausführung die Spielaktionen überzuakzentuieren. All das dient der *Erlebniserweiterung* und sehr häufig auch der *Erfahrungsbewältigung*. Beispiele sind: Prinzessin spielen, Doktor-Patient spielen, Mutter-Vater-Kind spielen, Autofahren spielen, Cowboy-Indianer spielen usw. Letztlich besteht die Funktion des Rollenspiels beziehungsweise Symbolspiels für das Kind in einer Kompensation seiner erlebten und erfahrenen „Kleinheit" gegenüber der Erwachsenenwelt, und das heißt allgemein: Es dient der Erfahrungsverarbeitung beziehungsweise Erfahrungsbewältigung.

Ausdifferenzierte Symbol- und Rollenspiele haben vor diesem Hintergrund einen beträchtlichen psychohygienischen Wert. Sie sind als ein ausbalancierendes Regulativ zur Förderung der psychischen Gesundheit wirksam, indem sie eine symbolische Realisierung erlebnismäßig wichtiger Verhaltensweisen der Erwachsenenwelt ermöglichen und zugleich zu deren Bewältigung dienen.

Da Ausdifferenzierte Symbol- und Rollenspiele häufig von kleineren Kindergruppen gespielt werden, fördern sie automatisch die Sozialität des Spiels und die Kommunikation zwischen den Kindern. Konfliktreduktion findet ebenfalls statt, da sich die Beteiligten über die jeweilige Rolle, die zu spielen ist, einigen müssen. An die vereinbarte Rollendefinition müssen sie sich im Spielverlauf auch halten, wenn ihr Ausdifferenziertes Symbol- und Rollenspiel gelingen soll.

(6) Regelspiel: Das *Regelspiel* ist die umfassende Spielform älterer Kinder, Jugendlicher und Erwachsener. Spielregeln ordnen bei Regelspielen den Spielablauf und definieren das Spielende. Wichtigstes Spielziel ist das Gewinnen, wobei die Spieler Pläne, Strategien, Taktiken und Tricks, zuweilen auch Heuristiken benutzen, um das Spielziel zu erreichen.

Sowohl der Spielverlauf als auch das Spielende rufen bei Regelspielen meist breit gefächerte Emotionen hervor. Sie können als Anzeichen dafür gelten, dass auch die Regelspiele der Erlebniserweiterung dienen und eine insgesamt vergnügliche Form der Erfahrungsbildung darstellen. Das gilt vom „Mensch-ärgere-Dich-nicht" bis hin zu den modernen elektronischen Spielen, den Computerspielen. Simulationsspiele, Abenteuerspiele, Rollenspiele und Strategiespiele sowie die verschiedenen Kampfspiele und Sportspiele rufen durch ihre hohe Wirklichkeitsadaptation und durch vielseitige Handlungsmöglichkeiten die erlebniserweiternde Faszination von Kindern, Jugendlichen und Erwachsenen hervor.

Regelspiele umfassen eine riesige Bandbreite von Spielarten. Von einfachen Bewegungsspielen wie zum Beispiel Versteckspielen über einfache Brettspiele wie „Fang-den-Hut" oder „Mühle" bis hin zu hochkomplexen Computer-Strategiespielen – all das sind Regelspiele. Gemeinsam ist ihnen trotz aller sonstigen Unterschiede, dass die Spielteilnehmer gewinnen möchten. Das Verlieren im Regelspiel kann beeinträchtigende Emotionen der Verärgerung und Wut hervorrufen und mit Frustration einhergehen. Beim Gewinnen ist es in der Regel umgekehrt.

2.3.5 Hinweise zu den Forschungsvoraussetzungen und -inhalten

Vor der Schilderung von Untersuchungsergebnissen zum Einbezug von Polstern und Möbeln in das kindliche Spiel sind noch einige forschungstechnische Hinweise notwendig, die den *Untersuchungsablauf* und die *Untersuchungsinhalte* unseres Forschungsprojekts „Die Entwicklung der Spielformen beim Kind" betreffen: Während der Studien zum *Frühen Symbolspiel* und zum *Konstruktionsspiel* war das Forschungslabor repräsentativ mit Polstern und Möbeln bestückt. Deswegen wurden diese beiden Spielformen zur näheren Untersuchung des Einbezugs von Polstern und Möbeln herangezogen und analysiert.

Die folgenden Grafiken zeigen die Ergebnisse. Ihre Betrachtung und ihre Bewertung sollte vor dem Hintergrund der Tatsache erfolgen, dass – bedenkt man alle unsere Forschungserfahrungen der letzten zwanzig Jahre – eigentlich so gut wie nie Kindermöbel von Kindern in ihr Spiel einbezogen oder gar zu Spielzeugen umfunktioniert werden. Deshalb sind die vorliegenden Ergebnisse außergewöhnlich.

Das *Funktionsspiel* wurde, wie erwähnt, im häuslichen Milieu der noch sehr jungen Kinder untersucht. Das *Frühe Symbolspiel* untersuchten wir quasiexperimentell im Labor. Die Untersuchung des Konstruktionsspiels fand separat im Forschungslabor statt.

Das *Ausdifferenzierte Symbolspiel* untersuchten wir mit einer Längsschnittstudie im Forschungslabor und als Feldstudie im Kindergarten. Zusätzlich führten wir eine spezielle Studie zu kindlichen Spielzeugpräferenzen und geschlechtstypischem Spielverhalten durch. Experimente zum Computerspiel zur Klärung aktueller Diskussionen um dieses beliebte Regelspiel schlossen die empirischen Untersuchungen ab.

Bevor wir einige Ergebnisse zum Einbezug des Mobiliars anhand des Frühen Symbolspiels und des Konstruktionsspiels darstellen, um anschließend auf Spielzeugpräferenzen sowie Ergebnisse der Computerspielexperimente einzugehen, sollen theoretische Voraussetzungen und inhaltliche Forschungsaspekte zusammenfassend dargestellt werden.

Wir vertreten die Theorie, dass alle Spielformen Ergebnisse synergetischer, das heißt zusammenwirkender, integrativer psychischer Prozesse sind. Deshalb stehen die Übergänge zwischen den Spielformen sowie deren innere Besonderheiten, ihre Binnendifferenzierung,

2.3 · Persönlichkeitsentwicklung und Wandel der Spiele

als entwicklungsbedingte, sich differenzierende (d.h. emergente) Prozesse und Strukturen im Kern der empirischen Untersuchungen. Dies betrifft besonders die Entwicklung der Spielformen beim Kind, welche wir bereits skizziert haben.

Zur Erklärung der Entwicklung der Spielformen beim Kind benutzten wir systematisch die folgenden empirisch zu erfassenden Forschungsinhalte und -methoden: Das erstmalige Auftreten des Funktionsspiels, seinen Übergang zum Experimentierspiel und die Entstehung der Frühen Symbolspiele wurden im Rahmen einer Feldstudie mit Hilfe elterlicher Mediatoren videodokumentiert. Die Entwicklung der Repräsentationsfunktion des *Frühen Symbolspiels* wurde im Labor quasiexperimentell überprüft. In einer weiteren Laborstudie erfassten wir die emotionalen, motivationalen und kognitiven Funktionen des *Konstruktionsspiels*. Eine mehrmonatige Längsschnittstudie sollte über Strukturveränderungen im *Ausdifferenzierten Symbolspiel/Rollenspiel* sowie über die stattfindende Stabilisierung von Geschlechtsrollentypisierungen Aufschluss geben. Als *Regelspiel* untersuchten wir verschiedene Typen des Computerspiels.

Bei den Computerspielen prüfte Peter Ohler beispielsweise für die Theoriebildung unsere Hypothese, ob die Handlungsregulation und emotionale Dynamik der Spieler zielbezogen verläuft, während die Darstellungen aggressiver Inhalte wirkungslos bleiben. All das untersuchten wir empirisch und repräsentativ, wobei die Spielzeugpräferenzen der spielenden Kinder automatisch nonreaktiv erfasst wurden. Alle Laboruntersuchungen erfolgten mit VISOR (von lat. „viso": *ich betrachte genau, ich untersuche"*), d.h. VISuelles ORtungssystem des Forschungslabors am Lehrstuhl für Psychologie.

Im Rahmen der Forschungsarbeiten fanden regelmäßig Forschungskolloquien zu Spielforschung und Spieltheorie „Neue Aspekte der Theoriebildung zum Kinderspiel" statt. Leitung: Prof. Dr. Hans Mogel, Prof. Dr. Peter Ohler.

Die Datenerhebungen sind abgeschlossen, die Ergebnisse liegen in Form von Ergebnisberichten zu folgenden Studien vor:

- Feldstudie zum Funktionsspiel
- Entwicklung des Frühen Symbolspiels
- Studie zum Konstruktionsspiel
- Längsschnittstudie zum Ausdifferenzierten Symbol- und Rollenspiel
- Studie zu Spielzeugpräferenzen
- Experimente zum Computerspiel

Im Rahmen des DFG-Projekts „Die Entwicklung der Spielformen beim Kind" haben wir in den Jahren von 1998 bis 2002 die unterschiedlichen Spielformen von Kindern und Jugendlichen von den ersten Funktionsspielen des Säuglings bis zu den Video- und Computerspielen Jugendlicher empirisch erforscht.

Bereits das Funktionsspiel, das mit 3-4 Monaten beginnt, wenn Kinder aus purer Funktionslust Bewegungen wiederholen, entfaltet sich in wenigen Entwicklungsmonaten von zuerst einfachen, rein körper- und objektbezogenen Funktionsspielen über Kombinationen von Objekt- und Körpermanipulationen mit mehreren motorischen Ausführungsorganen (z.B. Hände, Füße und Kehlkopf) hin zu ersten echten kombinatorischen Handlungen. Die erste Spielform des menschlichen Kindes entwickelt sich also zu einem größeren Formenreichtum mit funktionalem Wert für die emotionale und motivationale sowie kognitive Kompetenz. Diese generelle Tendenz gilt auch für alle späteren Spielformen.

Das Frühe Symbolspiel, wenn ein Kind z.B. krabbelt und „Wau Wau" artikuliert, also so tut, als ob es ein Hund wäre, setzt mit elf bis zwölf Monaten ein, also früher, als bisher angenommen. Erstmalig gelingt dem Kind mit dieser Spielform eine geistige Vorstellung (im Beispiel: die Vorstellung des nicht anwesenden Hundes). Es kann sein Handeln also von der Welt der wahrnehmbaren Objekte entkoppeln. Bis zum dritten Lebensjahr werden die Frühen Symbolspiele komplexer, vor allem wenn viele spezifische Spielgegenstände (Autos, Puppen etc.) zur Verfügung stehen. Die Kinder steigern zwar auch ihre Fähigkeit zur Objektsubstitution (z.B. „So tun als ob die Banane ein Telefon wäre"), aber dies geht zu Lasten der Komplexität der Spielhandlungen, was ein kritisches Licht auf spielpädagogische Irrwege wie „Spielzeugfreier Kindergarten" wirft. Kinder vermögen im Symbolspiel ein syntaktisch komplexeres kognitives Sprachniveau zu aktualisieren, gleichzeitig bleibt eine emotionsgebundene Sprachfunktion erhalten. Für Kinder im Alter von etwas über zwei Jahren ist das Frühe Symbolspiel ein erfahrungswirksamer Handlungskontext, der für die Kommunikationsentwicklung, insbesondere den Spracherwerb, förderlich ist.

Das Konstruktionsspiel stellt eine eigenständige Spielform dar, jedoch kann man nicht die speziell für diese Spielform unterstellten Geschlechtsunterschiede feststellen. Generell fanden wir überraschend wenige Geschlechtsunterschiede im eigentlichen Spielverhalten. Jungen und Mädchen unterscheiden sich in ihrer Präferenz für bestimmte Spielszenarien, aber nicht in ihrem Spielverhalten.

Wenn Kinder in unserem Spiellabor frei spielen können, zeigen sie, sobald sie über eine Spielform verfügen, diese Spielform im Zusammenspiel mit anderen, bereits beherrschten Spielformen. Dieser Befund spricht gegen die methodische Anwendung üblicher einfacher eindimensionaler Verhaltensbeurteilungsprozeduren bei der Erforschung des kindlichen Spiels. Das im Rahmen des Projekts entwickelte Verfahren einer zeitsynchronen komplexen Online-Beurteilung über viele spielbezogene Verhaltens- und Erlebensdimensionen hinweg erforderte allerdings ausgiebige Beurteilertrainings, die begleitend durchzuführen waren.

Jugendliche Computerspieler, die gewalthaltige Computerspiele (z.B. Ego-Shooter) in der Form eines Regelspiels benutzen, also durch Anwendung von Strategien und Taktiken versuchen, möglichst effizient das Spielziel zu erreichen, wiesen nur sporadisch aggressives Spielverhalten auf. Es liegt nahe, dass diese jugendlichen Spieler kein Gefährdungspotential im Sinne eines Transfers von Gewalt in den Alltag besitzen. Auf der anderen Seite zeigte sich in einem Einzelfall, dass Computerspieler mit einer höheren Prädisposition zu Aggression sich bereits beim Computerspielen von anderen Spielern unterscheiden können. Eine Computerspieldiagnostik kann von enormer praktischer Bedeutung sein, wenn sie im Präventionsbereich eingesetzt und mit anderen entwicklungs- und persönlichkeitsdiagnostischen Verfahren kombiniert, diagnostische Breitbandinformationen liefert.

Unabhängig von dem durch die Deutsche Forschungsgemeinschaft geförderten Projekt zur Spielformenentwicklung beim Kind haben wir zusätzliche Spielstudien durchgeführt: Die Spielformenentwicklung wurde vom Autor interkulturell in einer nichtwestlichen Kultur in Südostasien erforscht (siehe Kapitel 4.4), und Prof. Dr. Peter Ohler hat den Einfluss von Symbolspielen auf den Erwerb sozialer Kognitionen (theory of mind) experimentell überprüft. Er ging außerdem der Frage nach, ob sich sogar beim Menschenaffen Spielakte identifizieren lassen, die man den Frühen Symbolspielen zurechnen kann.

2.3.6 Kurzbeschreibung der Laborumgebung

Für die Spielforschung war eine Laborumgebung zu entwickeln, die eine repräsentative Erfassung und objektive Auswertung sehr rascher, teilweise komplexer Bewegungsabläufe und unterschiedlicher sprachlicher Interaktionen ermöglichte. Die Erfassung musste aus drei verschiedenen Raumperspektiven simultan möglich sein und sich auch sehr schnellen Bewegungen der Probanden anpassen können.

Ferner musste die Raumausstattung des Forschungslabors allen Anforderungen an ein möglichst natürlich und attraktiv wirkendes Spielökosystem genügen. Die freiwillige Entscheidung der Kinder zum Spielen sollte mit einem Gefühl der Geborgenheit einhergehen.

Abb. 2.3 Das Forschungslabor in einer Situation nach dem freien Spiel der Kinder. Die mit Teppichen unterlegten Bereiche sind verschiedenen Spielkonfigurationen zugeordnet. (Foto: Peter Geins, Fotografenmeister, Passau)

(1) Technische Grundlagen:
Das Forschungsgroßgerät AUDIOVISNOBERS (**Audio**-**Vis**ual & Numeric **OB**servation & Evaluation of Reference Systems; deutsche Bezeichnung: Audio-visuelle computervernetzte Erfassungsanlage zur Erforschung psychischer Bezugssysteme; kurz: **VISOR**) ist vernetzt über vier Räume verteilt. Zu den technischen Details verweise ich auf Kapitel 2.4.4. In dem ca. 100 qm großen Forschungsraum sind, variabel an drei von vier Ecken hinter Einwegscheiben aus Panzerglas, Kameras zur Verhaltensbeobachtung positioniert. Außerdem ist dieser Raum von beiden Anschlussräumen aus durch großflächige Panzerglas-Einwegscheiben einsehbar. Die Probanden werden so nicht durch die Anwesenheit eines Beobachters gestört.

Alle Untersuchungen fanden unter Verwendung der angeführten Technik im Forschungslabor statt. Zur sichtbaren, im Forschungsraum befindlichen Laborumgebung gehörte das Eibelino-Möbel-System für Kinder. Es handelt sich dabei um eine innovative Kindermöbelproduktion. Je nach der speziellen Fragestellung waren Eibelino-Möbel zahlreich oder weniger zahlreich im Forschungslabor positioniert. Gleiches gilt für das gesamte Sortiment von unterschiedlich geformten farbigen Spielpolstern. Das Mobiliar hatte ganz bestimmten Anforderungen zu genügen.

Die vorliegenden Ergebnisse basieren auf einer vollständigen Analyse derjenigen Videoprotokolle von Spieluntersuchungen mit Kindern zwischen zwei und sieben Jahren, bei denen Eibelino-Möbel und Spielpolster Bestandteile der Raumausstattung waren.

Die folgenden Gesichtspunkte sind für einen adäquaten Einsatz von Kindermöbeln in der Spielforschung mit Kindern besonders wichtig:

(2) Anforderungen an das Mobiliar:
(A) Ergonomie: Die Ergonomie beschäftigt sich mit der Anpassung und Optimierung von Arbeitsbedingungen bei der Arbeitsplatzgestaltung für den Menschen. Es gibt aber auch eine Ergonomie der räumlichen Gestaltung als Voraussetzung für kindliches Spiel: Eckige und kantige Tische, Regale und Stühle in nicht kind- und altersgerechter Höhe wären ergonomisch nachteilig, weil sie das Spielambiente einschränken und einen geringen Erlebniswert haben. Verletzungsgefahren sind hier zu bedenken. Dagegen haben runde, wellenförmige und sanft geschwungene Formen von Tischen, Regalen und Stühlen in kind- und altersgerechter Höhe ergonomische und psychologische Vorteile: Sie erhöhen durch ihr weiches Design die Spiellust, fördern die Spielmotivation. Sie aktivieren außerdem Handlungspotenziale beim Kind, die mit der individuellen und kreativen Gestaltung seiner eigenen Erlebniswelt zusammenhängen. — Solche anregenden und aktivitätsfördernden Formen waren bei unseren Labormöbeln vollständig realisiert. Wie anziehend, erholsam und zugleich aktivitätsfördernd ihre sowohl passive wie aktive Einbeziehung in die kindlichen Aktivitäten einwirkte, konnte in jeder Untersuchung kindlichen Spiels nachgewiesen werden. Passive Einbeziehung meint, dass das ins Spiel einbezogene Möbel nur Mittel zum Zweck ist. Zum Beispiel: Ein Kind spielt auf einem Tisch mit Spielsachen und sitzt dabei auf einem Stuhl. Aktive Einbeziehung meint, dass ein Möbel selbst als Spielzeug dient; z.B.: Ein Kind schiebt einen Stuhl durch den Raum und produziert dabei die Geräusche eines fahrenden Autos.

Insgesamt ist die Ergonomie unserer Labormöbel als adäquat zu beurteilen, weil sie den Bewegungsabläufen von Kindern vollkommen entspricht, den kindlichen Handlungen maximale Entfaltungschancen gibt, dem Körperbau optimal angepasst ist und somit – zum Beispiel bei sehr ausdauernden Spielen im Sitzen – Fehlhaltungen und Erkrankungsmöglichkeiten des Bewegungsapparates vorbeugt.

(B) Ästhetik und Ambiente: Kinder entwickeln ein subtiles Gespür dafür, ob ihre Umgebung für sie schön ist oder nicht, ob sie sich gerne darin aufhalten oder weniger gerne. Insoweit unterscheiden sie feinfühlig nach eigenen Empfindungen und Vorstellungen hinsichtlich der Attraktivität von Räumen und Raumgegenständen für ihr Spiel.

Die Kinder unserer Spiellabor-Untersuchungen waren in der Regel zwischen zwei und sieben Jahren alt. Unsere größte Befürchtung bezüglich des Gelingens oder Misslingens der Untersuchungen bestand darin, dass das ein oder andere Kind beim erstmaligen Betreten des Labors sein Spiel nicht beginnen („verweigern") würde. Denn Spiel ist ein freiwilliges Geschehen, das man von außen überhaupt nicht erzwingen kann. Es ist allenfalls möglich, eine spielfördernde Atmosphäre herzustellen. Sodann bilden die Kinder aber selbst das Kriterium dafür, ob dies gelungen ist oder nicht. Unsere Befürchtungen erwiesen sich als überflüssig: Es gab keinen einzigen Fall von Spielunlust oder gar Spielverweigerung. Wir führen dies vor allem auf die kindgemäße Ästhetik und das einladende Ambiente unseres Forschungslabors und seine Ausstattung zurück.

Dazu kam der besondere Aufforderungscharakter durch die je nach Fragestellung zusammengestellte Anordnung von Spielgegenständen. Sie weckten natürlicherweise die kindliche Neugier.

Insbesondere die anfängliche Fremdheit der Situation bereitet Kindern manchmal beträchtliche Schwierigkeiten. Sie befinden sich an einem fremden Ort, sind umgeben von fremden Personen, fremden Räumen und erleben auf diese Weise Verunsicherung. All das konnte durch das kindgemäße Ambiente unserer Laborumgebung ausgeräumt werden. Die wellenförmige Ästhetik des Mobiliars hatte hieran den entscheidenden Anteil. Außerdem wurde die Laborsituation durch ein Warming-up-Spiel im Multifunktionsraum des Autors „angebahnt", während ein Anfangsgespräch mit den Eltern stattfand. Danach durfte jedes Kind mit einem Bobbycar oder Kettcar durch den langen Flur des Lehrstuhls zum Spiellabor fahren.

(C) Geborgenheitsmerkmale: Geborgenheit gilt als ein *Fundamentales Lebenssystem* des Menschen. Seit 1990 erforschen wir Merkmale und Situationen der Geborgenheit im deutschen Sprachraum. Ab 1996 haben wir diese Forschung ausgedehnt und untersuchen das Geborgenheitsphänomen seither weltweit kulturvergleichend. Wir haben festgestellt, dass kein kindliches Spiel zustande kommen kann, wenn Kinder sich nicht geborgen fühlen.

Geborgenheitserleben ist also eine Grundvoraussetzung eines jeden freien kindlichen Spiels. Deshalb spielt Geborgenheit auch eine große Rolle für die Umgebungen des kindlichen Spiels. Wir mussten Geborgenheitsvoraussetzungen realisieren, wenn wir erwarteten, dass Kinder tatsächlich ein Spiel beginnen und sich in dieses vertiefen.

In unserem Forschungslabor haben wir festgestellt, dass sanfte Möbel durch ihre Gestaltung und Ausstrahlung etliche Geborgenheitsmerkmale realisieren und somit Ausgangssituationen hervorrufen, die Kinder zum Spiel anregen. Sie enthalten offensichtlich die wichtigsten Geborgenheitsmerkmale, die wir auch in den kulturvergleichenden repräsentativen Studien zum Geborgenheitserleben des Menschen herausgefunden haben. So vermitteln sie Sicherheit, strahlen Wärme aus und tragen zu einer Atmosphäre des Wohlbefindens beim Kind bei. Ein echtes Indiz dafür ist, dass kein auch noch so junges und kein einziges älteres Kind beim erstmaligen Betreten unseres Labors sein Spiel verweigerte, ganz im Gegenteil: Nach einer kurzen Erkundungsphase begann ein jedes Kind mit seinem Spiel!

Das Geborgenheitserleben ist grundsätzlich von eminenter Wichtigkeit, wenn es darum geht, dass Kinder von sich aus in irgendeiner Art und Weise aktiv werden.

(D) Sicherheit: Kindermöbel haben allen nur erdenklichen Sicherheitsanforderungen zu genügen. Deswegen sind die Sicherheitskriterien hoch. Bei unseren Forschungsmöbeln wurden hier höchste Maßstäbe gesetzt. Sie vermitteln durch die Anordnung der Formen und durch die Stabilität des Materials (mehrfach verleimtes Holz, massiv) objektiv Sicherheit und ein beständiges Sicherheitsgefühl. Man merkt das auch an dem Vertrauen, das unsere Untersuchungskinder in die Stabilität und offensichtliche Unverwüstlichkeit dieser Möbel hatten. Immer wieder konnten wir feststellen, dass Kinder die Möbel keineswegs schonen, ganz im Gegenteil: Einigen Jungen bereitete es sichtlich großes Vergnügen, zum Beispiel die Stühle mit erheblicher Beschleunigung gegen die Einweg-Panzerglasscheiben des Labors zu stoßen.

Einer der Sicherheitsfaktoren ist in der Konstruktion des Systems selbst begründet: Die Schwerpunkte auch höherer Regale liegen so tief, dass es bei aller Beanspruchung durch die Kinder während der zahlreichen Untersuchungen nicht einen einzigen Fall gab, bei dem man ein Kippen hätte befürchten müssen. Hierfür ein Beispiel: Wenn Kinder massiv an Tüchern zogen, die am oberen Ende eines Regals befestigt waren, blieb das Regal entweder stehen oder bewegte sich in Zugrichtung, ohne dass eines der vier Regalbeine die Bodenhaftung verlor. Es gibt beim ganzen Mobilar weder Ecken noch Kanten. Alle Rundungen und Kurvenformen sind in sich noch einmal abgerundet. Die Verletzungsgefahr geht praktisch gegen null.

Dieser hohe Sicherheitsstandard ist nach unseren Erfahrungen nicht zu überbieten. Mit anderen Worten: Er setzt Maßstäbe. Dabei kommen die unverwüstliche Materialbeschaffenheit und die präzise, solide Verarbeitung auch der vermutlich außergewöhnlich langen Lebensdauer, die man erwarten kann, zu Gute. Wir erlebten intensivste Beanspruchung des Mobiliars während der zahlreichen Untersuchungen im Zeitraum von über drei Jahren.

(E) Funktionalität: Die Funktionalität von Möbeln für Kinder betrifft die Frage danach, was Kinder mit ihnen machen können, das heißt, inwieweit die Möbel für die kindliche Selbstentfaltung und die Spielaktivitäten tauglich sind. Hinsichtlich des kindlichen Spiels kann man zusätzlich aktive und passive Funktionen unterscheiden. Beispiel: Wenn ein Kind längere Zeit

auf einem Stuhl vor einem Tisch sitzt, sich aus einem Regal immer wieder Klötze holt, um auf dem Tisch ein bestimmtes Gebäude zu errichten, dann dienen Stuhl, Regal und Tisch nur indirekt der Realisierung seiner Spielhandlungen. In diesem Sinne ist ihre Funktion eine passive. Schiebt das Kind jedoch einen Tisch zum Regal und stellt einen Stuhl auf den Tisch, um die oberste Regalfläche besteigen zu können, zum Beispiel mit den Worten: „Jetzt bin ich der Palastkönig", dann haben die beteiligten Möbel eine direkte Funktion in einem aktiv realisierten Symbolspiel. Die Funktion der Möbel ist hier also eine aktive.

Ein anderer wichtiger Funktionalitätsaspekt betrifft die räumliche Anordnung beziehungsweise Lokalisierung und die Mobilität von Kindermöbeln im Raum. Konventionellerweise stehen Möbel – und häufig auch Kindermöbel in Kindergärten – an der Wand. Dort üben sie allenfalls sehr beiläufige Funktionen aus. Sie dienen der Aufbewahrung von Gegenständen, als Behältnisse für Spielzeug. Ansonsten haben sie keine besonderen Funktionen. Unsere Labormöbel dagegen sind so konzipiert, dass man sie an allen nur erdenklichen Raumpositionen platzieren kann. Man kann sie von allen Seiten ansehen und einsehen. Jedes Mal behalten sie ihre spezifische Ästhetik und ihre vielseitigen Funktionen. Ihr Vorteil ist, dass der Raum dadurch eine eigene, ganz flexible Dynamik erhält, die jederzeit spielend auch wieder zu verändern ist. Das fördert die Kreativität der Kinder. Es ist vorteilhaft für die Gruppendynamik und wirkt zudem auflockernd sowie entkrampfend auf den zwischenmenschlichen Kontakt. Einerseits wird also die kommunikative Aktivität der Kinder gefördert, andererseits können sie sich auch einmal zurückziehen, wenn ihnen danach ist. Sie können sich zum Beispiel hinter einem Möbel in Ruhe „verbergen". Bei alledem übt die Wellenform in den Möbeln selbst eine günstige Wirkung auf das kindliche Wohlbefinden aus.

(F) Maße und Proportionen: Die Maße und die Proportionen unserer Labormöbel sind für Kinder von zwei bis sieben Jahren ideal. Organische, natürliche Formen, wellen- und kurvenförmige Schwingungen bestimmen das gesamte Design. Dieses erweist sich als zeitlos, von modischen Trends unabhängig. Es integriert natürliche Formen des Lebens, eine natürlich „fließende" Ökologie der Lebensvorgänge.

Wir haben während unserer bisherigen Forschungen auch sehr junge Kinder im Labor beobachtet, einjährige, die gerade gelernt hatten, sich selbstständig fortzubewegen beziehungsweise zu gehen. Selbst diese jungen Kinder bewegten sich auf die Möbel zu, versuchten beispielsweise die Stühle zu besteigen, was hin und wieder gelang. Auf der anderen Seite gehen größere Kinder mit vier, fünf, sechs und sieben Jahren perfekt mit dem Mobiliar um. Sie nutzen die Proportionen, um sonstige Dinge zu gestalten. Die koordinierte Anbringung der Wellenformen erwies sich hierbei als besonders förderlich.

Obwohl „Wellenmöbel" physikalisch Festkörper mit stationären Standorten sind, vermitteln sie den Eindruck, in Bewegung zu sein oder zumindest zu Bewegungen aufzufordern. Dieser eigenartige Bewegungscharakter manifestiert sich auch in dem hohen Spielwert und in dem großen Erlebniswert unseres Mobiliars im Labor.

(G) Spielwert und Erlebniswert: Unter *Spielwert* versteht man den persönlichen Sinn und den subjektiven Wert von Spielzeug für die individuelle Spieltätigkeit des Kindes. Diese Spieltätigkeit ist eng verknüpft mit dem Erlebniswert von Ereignissen. Der *Erlebniswert* meint die Art und Weise, in der Ereignisse und Einflüsse vom Kind als persönlich bedeutsam erlebt und erfahren werden. Es handelt sich also um den persönlichen Wert dieser Ereignisse und Einflüsse für die Regulation des kindlichen Handelns und für das damit verbundene Erleben.

Normalerweise würde man in der Kinderpsychologie und in entwicklungspsychologischen Untersuchungen des Spiels nicht einmal auf die Idee kommen, dem Mobiliar eines Spielraums einen Spielwert und einen Erlebniswert zuzuschreiben. Bezüglich unserer Labormöbel für Kinder ist das anders. Wie deutlich ausgeprägt der Spiel- und der Erlebniswert für die Kinder unserer Untersuchungen diesbezüglich sind, zeigen einige Auswertungen von Spieluntersuchungen. Wenn man bedenkt, dass sich ebenfalls attraktive *Spielgegenstände* im Raum befanden, sind diesbezügliche Ergebnisse umso erstaunlicher. Besonders deutlich wird das bei stark spielzeugreduzierten Untersuchungen. Hier offenbart sich eine interessante Angelegenheit. Kinder machen die Möbel selbst zu ihrem bevorzugten Spielzeug, ein Vorgang, den man aber auch bei umfangreicher Spielzeugbestückung des Labors immer wieder beobachten konnte. Das Mobiliar regt also dazu an, mit ihm selbst zu spielen, obwohl es ursprünglich in unserem Labor nur dafür gedacht war, dem Spiel ein Zuhause zu geben.

Die Tatsache, dass ein Kindermöbel während eines Spiels selbst zum Spielzeug wird, ist nach unseren Erfahrungen der vergangenen zwanzig Jahre in der Forschung mit Kindern äußerst selten. Die beiden folgenden Graphiken zeigen durch statistische Auswertungstechniken erhaltene Ergebnisse nach vollständiger Durchsicht unserer Videodokumentationen kindlichen Spiels innerhalb des Forschungsprojekts „Die Entwicklung der Spielformen beim Kind", für das Frühe Symbolspiel und das Konstruktionsspiel.

2.3.7 Ergebnisse zum Spiel mit Mobiliar und Spielzeug

Es war für jede Fragestellung im Forschungslabor entscheidend, ob unsere Untersuchungskinder von sich aus ein Spiel begannen und zu Ende führten. Dafür spielte die Ausstattung des Labors mit Mobiliar und Spielzeug eine zentrale Rolle.

Für die beiden Versuchsserien zur Entwicklung und zum Wandel des Frühen Symbolspiels und des Konstruktionsspiels erfassten wir die kindlichen spielerischen Gegenstandsbezüge sowohl zu den Spielsachen als auch zum Spielmobiliar Eibelino sowie zu den farbigen Spielpolstern. Der kindliche Bezug zu den Spielsachen war durchgängig als aktiver Bezug zu kennzeichnen, während derjenige zu den Eibelino-Möbeln und zu den Spielpolstern sowohl aktiv als auch passiv erfolgen konnte. Passiv bedeutet einen nur indirekten Einbezug des Spielmobiliars.

Da es in diesem Zusammenhang nur um die grundsätzliche Frage geht, ob, inwieweit und gegebenenfalls in welcher Weise (aktiv/passiv) auch das Mobiliar spieldienliche Funktionen im Vergleich zum Spiel mit Spielsachen ausübt, begrenzen wir die Darstellung auf die Gesamtwerte der beiden Spielformen Frühes Symbolspiel und Konstruktionsspiel.

Betrachtet man den insgesamten Gegenstandsbezug des *Frühen Symbolspiels*, halten sich der passive Einbezug des Mobiliars (43,53%) und der Spielpolster (3,95%), (Gesamt*passiv*: 47,48%) und der aktive Einbezug des Mobiliars (3,23%) und der Spielsachen (42,53%), (Gesamt*aktiv*: 49,28%) nahezu die Waage. Das bedeutet: Die Ökosystemanteile des Spiellabors in Form von Mobiliar werden, verglichen zu den Spielsachen, fast gleichwertig in das Spiel einbezogen. Der Unterschied liegt nur in der Aktivitätsform: Das Mobiliar dient als Grundlage für die aktive Entfaltung des Spiels mit Spielsachen.

Ein völlig anderes Bild zeigt sich beim *Konstruktionsspiel*. Das Mobiliar wird passiv nicht mehr genutzt, auch der passive Einbezug der farbigen Spielpolster ist mit 5,10 % geringfügig ausgeprägt. Die hohe Ausprägung der aktiven Auseinandersetzung mit den Spielpolstern (51,05%) ist auffallend. Sie haben offensichtlich einen sehr hohen Aufforderungscharakter, als Bauelemente für kindliche Konstruktionen zu dienen und werden im Konstruktionsspiel deshalb bevorzugt benutzt. Auch Spielsachen (38,25%) werden vorrangig genutzt, allerdings nur solche, die sich für Konstruktionen eignen, also auch einen dem Konstruktionsspiel entsprechenden Aufforderungscharakter haben.

Die Ergebnisse beider Untersuchungsserien zum Frühen Symbolspiel und zum Konstruktionsspiel bezüglich des aktiven/passiven Einbezugs von Eibelino-Möbeln und Spielpolstern im Verhältnis zum Spiel mit Spielsachen kann man in der folgenden Graphik vergleichend betrachten. Auch hier werden die genannten Ergebnisse wieder deutlich:

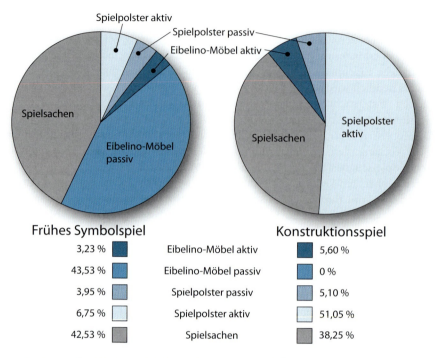

Abb. 2.4 Der Einbezug der Eibelino-Möbel, der Spielpolster und der Spielsachen im Vergleich. Es handelt sich in dieser Darstellung um gewichtete Werte, das heißt: Die Anzahl von Spielsachen, Eibelino-Möbeln und Spielpolstern wurde als Berechnungsgrundlage miteinander in das tatsächliche Verhältnis gesetzt.

Diese Abbildung zeigt die Ergebnisse für alle Gegenstandsbezüge in den Untersuchungen zum Frühen Symbolspiel und zum Konstruktionsspiel während der Gesamtspielzeit: Der Einbezug von Spielsachen ist beim Symbolspiel höher als beim Konstruktionsspiel. Der passive Einbezug der Spielpolster und der aktive Einbezug der Eibelino-Möbel fallen für beide Spielformen gering aus, zeigen aber einen fast analogen leichten Anstieg vom Frühen Symbolspiel zum Konstruktionsspiel. Das auffallendste Ergebnis zeigt sich beim aktiven Einbezug der Spielpolster: Während die Kinder beim Frühen Symbolspiel die Spielpolster nur wenig aktiv verwenden (6,75 %), ist der Aktivitätsanteil der Spielpolster mit 51,05 % im Konstruktionsspiel extrem hoch: Dieses Ergebnis kann als ein klares Anzeichen dafür gelten, dass die emergenten Entwicklungen aus dem Funktions-, Experimentier- und Frühen Symbolspiel eine neue Spielqualität hervorgebracht haben, das Konstruktionsspiel. In ihm werden die emergenten Strukturen der bisherigen Spielformen synergetisch zu einem neuen Ganzen zusammengeführt. Die Integrationsleistungen der dynamischen Entwicklungssynergie manifestieren sich in den besonderen Spielhandlungen des Konstruktionsspiels. In der Abbildung werden sie durch einen geradezu sprunghaften Anstieg der aktiven Benutzung der Spielpolster bei der kindlichen Gestaltung spielerischer Konstruktionen deutlich.

Offenbar bestimmt die jeweilige Spielform sehr stark mit, inwieweit zunächst als Inventar eines Kinderspiellabors angeordnete Mobiliare direkt aktiv in ein Spielgeschehen einbezogen werden. Das zeigt sich hier beim Konstruktionsspiel. Dabei geht der aktive Anteil des Umgangs mit Spielsachen zurück. Umgekehrt kommt dem Mobiliar beim Frühen Symbolspiel eine vergleichsweise geringfügige aktive Rolle zu.

2.3 · Persönlichkeitsentwicklung und Wandel der Spiele

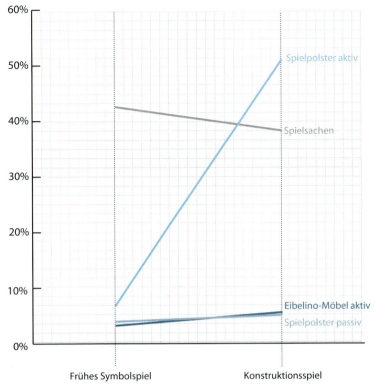

Abb. 2.5 Der Einbezug der Eibelino-Möbel, der Spielpolster (aktiv und passiv) und der Spielsachen im Vergleich vom Frühen Symbolspiel zum Konstruktionsspiel. Die Spielpolster werden, und das ist ein markanter Unterschied, in das Konstruktionsspiel viel häufiger einbezogen als in das Frühe Symbolspiel.

Besonders beachtenswert und für manchen Leser vielleicht erstaunlich ist die in diesen Ergebnissen deutliche Tatsache, dass nicht nur das Spielzeug selbst, sondern auch die wohnliche, die „mobiliare" Umgebung von Schränken, Regalen, Tischen, Stühlen, Polstern usw. in ihrer Erscheinung eine so herausragende Rolle spielen. Sie wirken als aktive und passive Spielzeugumgebung auf sehr junge Kinder bereits nachhaltig. Bei der Wahrnehmung von Umgebungsmerkmalen merkt das Kind offensichtlich schon früh, ob ihm etwas gefällt oder nicht, ob es etwas in sein Verhalten und Handeln einbezieht oder nicht, ob etwas attraktiv ist oder nicht. Bei allem spielt für das Kind eine Rolle, ob es mit den Dingen etwas machen kann. — Diese und weitere ganz ähnliche Punkte waren für das Gelingen aller unserer Untersuchungen zum Kinderspiel entscheidend. — In einem unattraktiven Spiellabor hätte wohl kaum ein Kind sein Spiel begonnen und fortgeführt.

Die Ergebnisse dieser, zwischen zwei frühen Spielformen vergleichenden Untersuchungen zeigen mehrere wichtige Aspekte: Erstens spielt der kindliche Entwicklungsstand eine Rolle dafür, welche Spielform aufgesucht wird. Zweitens ist das Angebot an Spielsachen wichtig. Drittens bestimmt die Spielform selbst darüber, was das Kind konkret in seinem Spiel tut. Und viertens hängt es von den Umgebungseinflüssen des vorhandenen Spielökosystems ab, inwieweit die Spielumgebung für das Spiel selbst einflussreich ist. Diese Umgebung bewirkt zusammen mit dem kindlichen Spielvorhaben, was in ein Spiel mehr aktiv oder „nur" passiv, also mehr indirekt einbezogen wird.

2.3.8 Zusammenfassung

- Die kindliche Entwicklung ist von organischen, also körperlichen und wachstumsbedingten Einflüssen ebenso betroffen wie von Interaktionen der Kinder mit der materiellen, personalen, sozialen und kulturellen Umwelt. Fast immer haben die kindlichen Lebensverhältnisse mit denen der Herkunftsfamilie zu tun. Bei allen Möglichkeiten kindlicher Selbstverwirklichung hat im Vergleich zu förderlichen und beeinträchtigenden Umgebungsbedingungen die kindliche Eigenaktivität eine entscheidende Bedeutung.
- Alle Spielformen folgen einem entwicklungsbedingten Wandel. Er hängt eng mit der kindlichen Persönlichkeitsentwicklung zusammen. Für das Spiel bedeutet dies *natürlich* abfolgende Sequenzen der Entstehung verschiedener Spielformen. Sie gehen vom Frühen Funktionsspiel bis zu allen Variationen des Regelspiels.
- Ein jedes Spiel trägt über emergente Prozesse und synergetische Integrationen zur Etablierung qualitativ anderer Spielformen bei. Dabei spielt die Individuum-Umwelt-Interaktion bei der Entwicklung einer jeden Spielform eine eigene Rolle. Insoweit haben Eltern für die Kindesentwicklung und die Entwicklung des Fundamentalen Lebenssystems Spiel eine Schlüsselfunktion.
- Die kurze Charakteristik der Spielformenentwicklung vom Funktionsspiel, Experimentierspiel, Frühen Symbolspiel, Konstruktionsspiel, Ausdifferenzierten Symbol- und Rollenspiel bis hin zum Regelspiel und seinen zahlreichen Diversifikationen zeigt ein generelles Entwicklungsgeschehen: Die Dynamik der Etablierung von emergenten Strukturen, deren qualitative Differenzierung und ihre Integration durch synergetische Prozesse. Das Ergebnis ist jedes Mal eine neue Spielform – dynamische Basis für die Emergenz und Synergie weiterer Formen. Exakt die Übergänge zwischen den Spielformen sowie die Binnendifferenzierungen dieser Übergänge stehen als entwicklungsbedingte, sich weiter differenzierende (d.h. emergente) Prozesse und Strukturen im Kern der Spielforschung zur Spielformenentwicklung. Auf solcher erkenntnistheoretischer Grundlage zur Natur des psychischen Entwicklungsgeschehens untersuchten wir die Spielformen des Kindes im Einzelnen.
- Für diese Art naturwissenschaftlicher Forschung, das heißt, an der *natürlichen Entwicklung der Spielformen* beim Kind orientierter Forschung war die aufzubauende Laborumgebung zu orientieren. Unser so genanntes Forschungsgroßgerät VISOR hatte allen erdenklichen Anforderungen einer total verdeckten Erfassung (und objektiven Auswertung) jeder möglichen Spielverhaltensweise von Kindern zu genügen. Dieser Punkt betraf insbesondere die *technischen Grundlagen*. Ein ebenso wichtiger Punkt betraf die *Anforderungen an das Mobiliar* im Forschungslabor, dem Spielraum der Kinder. Ergonomie, Ästhetik und Ambiente, Geborgenheitsmerkmale, Sicherheit, Funktionalität, Maße und Proportionen sowie schließlich Spielwert und Erlebniswert hatten den in jeder Hinsicht höchsten Ansprüchen an das Mobiliar für ein Laborökosystem des Kinderspiels zu genügen.
- Wir überprüften die kindliche Akzeptanz von Mobiliar und Spielzeug durch unsere kindlichen Versuchspersonen in jeweils drei Erhebungen sequenziell beim Frühen Symbolspiel und beim Konstruktionsspiel. Wir erfassten sowohl den passiven (indirekten) wie auch den aktiven (direkten) Einbezug von Mobiliar und von Spielpolstern in das jeweilige Spiel. Wir konnten zeigen, dass Mobiliar auch bei passivem Einbezug spieldienliche Funktionen ausübt. Und es kommt durchaus vor, dass das Mobiliar aktiv als Spielzeug benutzt wird. Das setzt allerdings voraus, dass das Mobiliar selbst Qualitäten aufweist, die dazu auffordern, mit ihm zu spielen. Vor allem wird der Einbezug spezifischer Gegenstände in ein Spiel durch die gespielte Spielform entscheidend bestimmt, was sich im Konstruktionsspiel sehr deutlich zeigt.

2.4 Laborstudie zu Spielzeugpräferenzen

In unseren verschiedenen Untersuchungen zeigte sich, dass Kinder manche Spielzeuge besonders bevorzugen, andere unbeachtet lassen. Ferner stellte sich heraus, dass die immer und immer wieder behaupteten geschlechtsspezifischen Unterschiede im kindlichen Spielverhalten über mehrere Untersuchungen hinweg nur kaum erkennbar waren. Sie traten in viel geringerem Ausmaß auf, als das in der Alltagspsychologie und in der Literatur zuweilen behauptet wird. Deshalb kombinierten wir die Laborstudie zu den kindlichen Spielzeugpräferenzen mit der Fragestellung nach geschlechtsspezifischen Unterschieden in der Bevorzugung von Spielzeugen bei weiblichen und männlichen Kindern.

Nach allen Erfahrungen im Verlauf des gesamten Forschungsprojekts kamen wir zu der Auffassung, dass sich geschlechtsspezifische Differenzen zumindest in der Selektion und Präferenz von diversen Spielzeugen zeigen müssten. Diese so genannte Post-hoc-Hypothese wollten wir mit dem folgenden Untersuchungsplan (Design) überprüfen.

2.4.1 Untersuchungsplan

Die empirische Erforschung kindlicher Spielzeugpräferenzen und geschlechtsspezifischer Akzentuierungen der Selektion und Präferenz von Spielzeugen sollte – auch aus Gründen der Repräsentativität – nach dem folgenden Design erfolgen.

Die ursprünglich geplanten Zweier-Spielgruppen konnten wir aus Mangel an kindlichen Versuchspersonen nicht realisieren. Gegen Ende des Forschungsprojekts war es nicht mehr gelungen, in der Region Passau die erforderliche Anzahl von kindlichen Versuchspersonen zu bekommen. Schließlich bestand unsere Stichprobe aus N = 25 Kindern (Probanden) – und zwar zwölf Jungen und dreizehn Mädchen in einem Alterszeitraum zwischen zwei Jahren und sieben Jahren.

Tab. 2.1 Design zur Untersuchung der Spielzeugpräferenzen

Jungen	3-6 Jahre	Einzelspieler	N = 6
	7-10 Jahre	2er Gruppen	N = 6 (12)
Mädchen	3-6 Jahre	Einzelspieler	N = 7
	7-10 Jahre	2er Gruppen	N = 6 (13)

2.4.2 Methodisches Vorgehen

Die kindlichen Spielzeugpräferenzen waren verdeckt beziehungsweise nonreaktiv zu erfassen. Jede andere Methode hätte zu Datenverfälschungen geführt. Insoweit war die verdeckte dynamische Videographie durch die drei unterschiedlichen Perspektiven unserer Videokameras hinter einwegverspiegelten Panzergläsern in schallgedämmten Boxen eine methodische Voraussetzung zur Datenerfassung, -speicherung und -auswertung.

In der Laborstudie zur nonreaktiven Erfassung von Spielzeugpräferenzen durften die kindlichen Probanden unter zwölf verschiedenen Spielzeugbestückungen auswählen. Diese wurden jeweils in einem bestimmten abgegrenzten Bereich des etwa 100qm großen Forschungsraums in besonderer Anordnung positioniert. Jede Versuchsdurchführung machte es erforderlich, die abgegrenzten Bereiche auf der Basis versteckter Raummarkierungen erneut zu arrangieren. Hierfür waren die Ecken der verwendeten Spielteppiche auf dem darunter befindlichen Parkettboden exakt markiert. Auch die genaue Anordnung der in den Bereichen befindlichen Spielgegenstände musste für jede weitere Untersuchung wiederhergestellt werden. Dieses Rearrangement der Binnenstruktur des jeweiligen Spielzeugsettings regulierten wir anhand

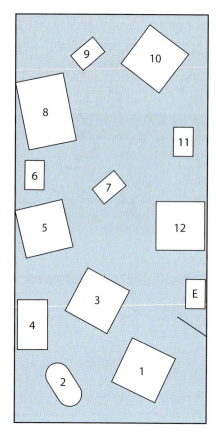

Abb. 2.6 Forschungsraum (ca. 100 qm) mit den 12 Spielbereichen (maßstabsgetreu). Die obigen Spielszenarien waren im Forschungsraum realisiert (Legende):

1. Große farbige Schaumstoffbausteine (größer als 50 cm pro Teil)
2. Garage mit Spielzeugautos
3. Lego, Duplo, Holzklötze
4. Knetmasse und Naturmaterialen (Steine, Blätter)
5. Ecke mit Barbie, Ken und Barbieutensilien
6. Musikecke (Spielzeugmusikinstrumente)
7. Plüschtiere
8. Sandspielsachen (Sandkasten, Kipplaster, Sieb, Eimer etc.)
9. Schminkecke (mit Schminktisch und Schminkutensilien)
10. Küchenecke (Kinderküche mit Kochutensilien)
11. Martialische Verkleidungsecke (diverse Bekleidungsstücke, Spielzeugpistolen, -gewehre, -schwerter etc.)
12. Puppenecke (mit Puppen, Windeln und Pflegeutensilien)

von Standfotos der Ausgangssituation. Auf solche Weise wurden alle kindlichen Probanden unserer Untersuchungen mit der exakt gleichen Anordnung von Spielbereichen und Spielgegenständen konfrontiert.

2.4.3 Methodisch-technisches Arrangement

Thematisch zusammengehörende Spielgegenstände ordneten wir entweder auf einem Spielteppich oder auf einem Spielregal an. Diese Abbildung zeigt die zwölf Spielorte maßstabsgetreu in ihrer Raumposition, ferner ein Tischchen (E) für Eltern. Darunter ist die Tür eingezeichnet.

Die kindlichen Probanden wurden mit einem Ultraschallsender ausgestattet. Er war größer als eine Streichholz-, jedoch kleiner als eine Zigarettenschachtel. Wie auch bei anderen Studien diente der Sender zur automatischen Ansteuerung der kindlichen Probanden und ihren Bewegungen durch drei auf Hochleistungs-Schwenkneigeköpfen hinter Einwegspiegeln befindliche Kameras, sodass das Spiel der Probanden automatisch aus der besten Perspektive viedeodokumentiert werden konnte. Über den Sender und über 32 Ultraschallmikrosensoren, die in der Decke des Raumes angebracht und verteilt waren, konnten die Bewegungskoordinaten eines jeden spielenden Kindes für alle drei Dimensionen eruiert werden. Das videographisch erhobene audiovisuelle Dokumentationsmaterial konnte mit dem durch die Ultraschallmikrosensoren erhaltenen Datenmaterial zu den Bewegungsabläufen koordiniert werden.

Eine technisch so komplexe Art der Datenerfassung ist notwendig, wenn es gelingen soll, alle Lokomotionen von Kindern in ihrem Spiel objektiv zu dokumentieren und die Videodokumentationen, wie in der empirischen Forschung gefordert, objektiv auszuwerten.

Diese Art der Datenkombination sollte auch Aussagen über Spielkontexte ermöglichen. Spielorte können sich im Spiel erweitern, wenn das Spielzeug zu besonderer Mobilität anregt, zum

2.4 · Laborstudie zu Spielzeugpräferenzen

Beispiel ein Parkhaus für Matchboxautos, die zu spezifischen Bewegungen anregen (zum Beispiel Spielort 2 in Abbildung 2.6). Spielorte können aber auch unverändert bleiben in Abhängigkeit von der Spielform und vom Spielmaterial, zum Beispiel Legomaterialen und Bausteine auf Teppich 3 in der Abbildung 2.6.

2.4.4 Technische Laborausstattung VISOR

Wie unter 2.3.6 angeführt, ist das Großgerät VISOR vernetzt über vier Räume verteilt. Im großen *Forschungsraum* sind an drei von vier Ecken hinter Einwegscheiben Kameras zur Verhaltensbeobachtung positioniert. Drei Kameras, mit Autofokus und Zoom ausgerüstet und mit Hochleistungs-Schwenk- und -Neigeköpfen versehen, gewährleisten, dass die Kinder (Probanden) in jeder Raumposition und beliebiger Körperhaltung beobachtbar sind. Sechs Richtmikrophone stellen die Aufzeichnung der verbalen Kommunikation und der Geräuschkulisse im Raum sicher. Über sechs Lautsprecher kann der Raum akustisch beschallt werden (Dolby-Surround). Ein PC (z.B. für Computerspiele) und ein auf die Raumdimensionen ausgelegter TV-Receiver mit Großbildschirm sind variabel im Raum positionierbar. Für Forschungsfragestellungen, bei denen die Reaktivität der Messung unproblematisch ist, ermöglichen zusätzliche Handkameras variable Aufnahmen.

Im *Forschungsraum* befinden sich 8 plus 8 einzeln steuerbare Stromkreise, die je 4 dimmbare Neonlampen und jeweils eine dimmbare Strahlerschiene ansteuern. Jede Strahlerschiene ist variabel mit verstellbaren Halogenspots bestückt. Dies gewährleistet ausreichende Helligkeit für Filmaufnahmen und eine selektive wie stromsparende Ausleuchtung des Raumes. 32 Regelkreise dienen zur Schaltung der Kameras und weiterer Stromverbraucher wie zum Beispiel Rollladen, PCs, TV-Receiver und Mikrophone im Raum. Alle Regelkreise sind über den Steuerungs-PC im *Steuerraum* online steuerbar.

Abb. 2.7 Kamera des Forschungsgroßgeräts VISOR am Lehrstuhl für Psychologie der Universität Passau. Sie ist mit Autofokus und Zoom ausgerüstet und verfügt über Hochleistungs-Schwenk- und -Neigetechnik. (Foto: Hans-Herbert v. Morgenstern)

Im *Steuerraum* befinden sich der Steuerungs-PC, drei Überwachungsmonitore für die Kameras, zwei S-VHS-Rekorder, einer davon als Schnittrekorder, ein Tonmischpult und eine Verstärkeranlage. Die Bilder der Überwachungsmonitore werden durch drei ScreenMachines zu einem variablen dreigeteilten Bild auf dem Forschungs-PC erzeugt. Ein weiteres Bildfenster ist für graphische Darstellungen reserviert. Das Monitorbild wird mittels eines SCAN-Konverters in Echtzeit auf einem der beiden Videorekorder mitgeschnitten. Die auditiven Aktivitäten im Forschungsraum werden über das Tonmischpult bearbeitet und zeitsynchron auf die Tonspuren der Videokassetten aufgezeichnet. Zwei zusätzliche Rekorder stehen zur Nachbearbeitung von Filmen, zum Beispiel für geschnittene Versionen, die einem Rating zugeführt werden, und zur Erstellung audiovisueller Stimulusmaterialien zur Verfügung.

Im *Auswerteraum* befinden sich neun spezielle Auswertungspulte, die für Ratings mit unterschiedlichen Antwortskalen ausgelegt sind. Jedem Auswertungspult wird über einen Monitor (TV-Receiver) das gleiche Videosignal zur Verfügung gestellt. Die Tonsignale werden über Kopfhöreranschlüsse der Ratingpulte eingespielt. Die jeweiligen Werte der einzelnen Pulte werden dem Steuerrechner zurückgemeldet und können direkt statistisch verrechnet werden. Die Ergebnisse werden auf dem Bildschrim des Steuerungs-PCs zeitsynchron mit den Bildern der Kameras dargestellt und auf dem Videorekorder abgespeichert. Die Bewertung durch Rater kann online während des Verlaufes von Versuchen oder, vor allem bei Feldversuchen, nachträglich geschehen.

2.4.5 Erfassung von Spielzeugpräferenzen

Das Labor wurde mit unterschiedlichen Spielgegenständen bestückt. Dazu stand eine repräsentative Auswahl von Spielzeugen unserer Kultur für Jungen/Mädchen verschiedener Altersgruppen zur Verfügung. Das Spielzeug wurde von zahlreichen Firmen der deutschen und europäischen Spielzeugindustrie für Grundlagenforschung zum Spiel gespendet.

Spielzeugpräferenzen sollen anhand der Orts-/Zeitfunktion des Kindes im Hinblick auf die Positionierung der Spielgegenstände erhoben werden. Dazu werden die numerischen Ortsdaten mit Ratingdaten zusammengeführt. Folgende Daten werden erhoben:

- Aufenthaltsorte in x-y-Koordinaten des Raumes; davon abgeleitet: Aufenthaltsdauer und -fluktuation sowie Bewegungsrichtungen und -dauer.
- Online-Ratings, welche *Spielgegenstände* wie lange manipuliert werden bzw. im Fokus des Interesses des Kindes stehen (drei Rater).
- Online-Ratings der *Gegenstandsbezugsqualität* (explorativ vs. spielerisch) und *-intensität* (hoch vs. niedrig) (drei Rater).
- Online-Ratings der *Emotionsqualität* und *-intensität* beim Gegenstandsbezug (drei Rater).

Bei dem Rating der das Kind interessierenden *Spielgegenstände* gibt jeder Rater eine Kodierung des Spielgegenstandes ein und prüft, ob der Gegenstand bei einem Ortswechsel von dem Spieler mitgenommen wird oder nicht. Zudem wird die erneute Platzierung des Spielgegenstandes im Raum von jedem Rater angegeben, wodurch der Gegenstand über das Kamerasteuerungsprotokoll automatisch eine neue Ortskoordinate erhält.

Hinsichtlich der Aufenthaltsorte gehen wir davon aus, dass sich unterschiedliche Bewegungs-Fluktuationsmuster ergeben, je nachdem, ob die Spielzeugbestückung des Raumes für ein Kind zum Beispiel eine Auswahl mit hoch präferierten und wenig präferierten Gegenständen darstellt, oder eher eine Bestückung mit durchgängig mittlerer Präferenz. Die Verweildauer bei einem Gegenstand ist ein einfacher Indikator für die Präferenz und Attraktivität des Gegenstandes.

Während der kindlichen Spielzeit erfolgt eine Befragung der Eltern. Anhand von Bildvorlagen der Spielgegenstände sollen die Eltern die Spielzeugpräferenzen ihrer Kinder einschätzen. Nach der eigentlichen Spieluntersuchung werden die Kinder hinsichtlich ihrer Spielzeugpräferenzen und der Attraktivität des im Labor vorgefundenen Spielzeugs befragt. Die online erhobenen Bewegungsdaten und Ratings werden herangezogen, um die Urteilsdaten von Eltern und Kindern bestmöglich vorherzusagen. Sobald eine hinreichende Varianzaufklärung erzielt ist, wird bei späteren Versuchen auf die Befragung verzichtet, und die Präferenzen werden dann allein vermittels der anderen Maße bestimmt. Im Idealfall lassen sich ausschließlich anhand der automatisch erhobenen Ortsdaten Präferenzen und Präferenzhierarchien bestimmen.

Die entwickelte Methode zur automatischen Erfassung von Orts- und Lokomotionsparametern hat den Vorteil, dass sie objektive Daten liefert. Sie erwies sich als sehr erfolgreich bei der automatischen Bestimmung von Spielzeugpräferenzen. Sie erlaubt zum Beispiel auch eine objektive Bestimmung der Bewegungskomplexität.

2.4.6 Ergebnisse zu geschlechtsspezifischen Präferenzen

Jungen und Mädchen unterscheiden sich in ihrer Präferenz für bestimmte Spielzeuge und Spielereignisse. Dies ist der Hauptunterschied zwischen den Geschlechtern, der sich in allen unseren empirischen Studien innerhalb des Projekts finden ließ. Jungen und Mädchen unterscheiden sich also nicht so sehr in den Ausprägungen ihres Spielverhaltens und den damit zusammenhängenden kognitiven, motivationalen und emotionalen Faktoren, sondern in ihrer unterschiedlichen Präferenz für Spielgegenstände. Viele dieser Unterschiede zwischen den Geschlechtern folgen dem Muster von spielzeugspezifischen Geschlechtsstereotypen (bei Jungen: Präferenz für Autogarage, Kiesgrube, Ritter-, Cowboy & Indianer-Verkleidung; Mädchen: Präferenz für Schminkecke, Barbie-Szenario), jedoch finden sich bei den Spielzeugpräferenzen auch überraschende Muster. Es gibt beispielsweise keine Unterschiede bei der Puppenecke. Zudem finden sich bei den Spielanordnungen mit deutlichem Aufforderungscharakter zum Konstruktionsspiel ebenfalls keine Geschlechtsunterschiede.

Bedeutsame Zusammenhänge zwischen Geschlecht und Alter lassen sich eventuell durch sozialisationstheoretische Überlegungen zu Geschlechtseffekten beim kindlichen Spiel erklären. Während bei den jüngeren Jungen zunächst durchaus noch eine Präferenz für das Ausdifferenzierte Symbolspiel mit mädchentypischen Spielmaterialien vorliegt, haben die älteren Jungen bereits gelernt, dass dies „Mädchenspielzeug" ist und dass Jungen damit nicht spielen. Umgekehrt verhält es sich mit Spielzeugpräferenzen, die einen Aufforderungscharakter zum Konstruktionsspiel besitzen. Anfänglich finden Mädchen solche Materialien durchaus noch attraktiv, ältere Mädchen überlassen dann jedoch den Jungen das Spielfeld, weil sie Konstruktionsspielmaterialien mit „Jungenspielen" assoziieren.

2.4.7 Ergebnisse zu geschlechtsspezifischen Besonderheiten

Wie vorsichtig man mit Generalisierungen zur geschlechtsspezifischen Spielzeugpräferenz beim Kind sein sollte, zeigen folgende Beispiele für die Spielzeuganordnungen 8 bis 12 (siehe Abb. 2.6). Mit Sandspielsachen (Anordnung 8) spielen alle kindlichen Probanden gerne. Während jedoch Mädchen mehr Sieb, Eimer und Kuchenform benutzen, um etwas aus Sand zu produzieren, beschäftigen sich Jungen in diesem Setting gerne mit Bagger und Kipplaster. Diese Präferenzen im spielerischen Gegenstandsbezug entsprechen unseren alltagspsychologischen Erwartungen. Doch Vorsicht: Das ein oder andere Mädchen spielt zuweilen ausgiebig mit Bagger oder/und Kipplaster, um zum Beispiel Sand („Mehl") für sein Spielziel „Kuchenbacken" zu transportieren, während mancher Junge sukzessive einen Sandkuchen nach dem anderen herstellt.

Auch die Schminkecke mit Schminktisch, beweglichem Spiegel und Schminkutensilien (Anordnung 9) zeigt geschlechtstypische Auffälligkeiten. Sie wird nämlich von Mädchen und Jungen gleichermaßen präferiert, mit einem allerdings markanten geschlechtstypischen Unterschied: Während Mädchen sich mit Lippenstiften, Fingernagelfarben, Rouge und Lidschatten zu perfekten Damen stilisieren, um alsdann in den ebenfalls verfügbaren, mit hohen Pfennigabsätzen versehenen Damenschuhen durch den Forschungsraum zu stolzieren, verhalten sich Jungen ein wenig anders. Bis auf die Damenschuhe benutzen sie ausgiebig die gleichen Utensilien, allerdings, um sich als Indianer mit Kriegsbemalung zu versehen und dementsprechende Verhaltensweisen zu inszenieren.

Die Verkleidungsecke mit Spielzeugpistolen, -gewehren, -schwertern etc. (Anordnung 11) regte beide Geschlechter zu diversen Selbstverkleidungen an. Allerdings wurden die Spielzeuggewehre und dergleichen von Jungen wie Mädchen kaum beachtet. Offenbar hatten sie damit wenig bis gar keine – auch mediale – Alltagserfahrungen. Manche Gegenstände schienen hinsichtlich ihrer Funktionalität sogar völlig unbekannt zu sein. So benutzte ein fast fünfjähriger Junge eines der Spielzeuggewehre symbolisch als Spazierstock.

Interessanterweise erwies sich die Puppenecke mit Puppen, Windeln und Pflegeutensilien (Anordnung 12) für Mädchen wie Jungen gleichermaßen attraktiv, was auch an der Verweildauer zu sehen war. Während aber die Mädchen mit den Puppen und den übrigen Utensilien vorwiegend spielerisch „mütterliche" Pflegehandlungen durchführen, die mit „emotionaler Zuwendung" verbunden werden, beschränken sich Jungen ausführlich auf Körperexplorationen des weiblichen Geschlechts der Puppen sowie auf deren technische Funktionalität, zum Beispiel die Beweglichkeit ihrer Gliedmaßen, die Drehbarkeit des Kopfes und weitere Funktionsaspekte.

Mädchen wie Jungen ließen die Spielzeuganordnung „Plüschtiere" vollkommen unbeachtet. Dieses zunächst vielleicht erstaunlich wirkende Ergebnis hängt vermutlich damit zusammen, dass jedes Kind privat zuhause sein speziell eigenes, eben persönliches Lieblingsutensil hat: die Puppe „Josi", den Teddybär „Schlumi", den Affen „Charly" etc. Nur sie sind mit einer persönlichen Bindung als Kuschel- und Schmusespielzeuge jeweils versehen. Demgegenüber muss eine Menge angehäufter Plüschtiere in einem von zwölf verschiedenen Spielangeboten als uninteressant verblassen.

2.4.8 Zusammenfassung

- Im kindlichen Spielverhalten lassen sich kaum geschlechtsspezifische Unterschiede beobachten. Wenn es sie gibt, müssten sich diese Unterschiede in der Selektion und Präferenz diverser Spielzeuge zeigen. 25 kindliche Probanden (12 Jungen, 13 Mädchen) konnten zwischen 12 verschiedenen Spielzeugen wählen. Ihr Spielverhalten wurde durch nonreaktive (verdeckte) videographische Erfassung dokumentiert. Ihre Bewegungen sowie ihre Verweildauer bei bestimmten Spielzeugen wurden durch einen kleinen mobilen Ultraschallsender und ein Netz von Mikrosensoren erfasst. Durch diese technische Methodenkombination wurden objektive Aussagen über Spielkontexte möglich. Ergänzend wurden die Eltern nach den Spielzeugpräferenzen ihrer Kinder im Alltag befragt.
- Unsere Ergebnisse zeigen, dass es geschlechtsspezifische Präferenzen gibt, sich Jungen und Mädchen also in ihrer Präferenz für bestimmte Spielzeuge und Spielereignisse unterscheiden. Neben erwarteten Präferenzen, zum Beispiel bei Jungen für die Autogarage, bei Mädchen für die Schminkecke, gibt es aber auch überraschende Muster bei Spielzeugpräferenzen, nämlich keine Unterschiede bei der Puppenecke und keine Geschlechtsunterschiede bei Spielzeuganordnungen mit einem Aufforderungscharakter zum Konstruktionsspiel.
- Wir stellten auch einige geschlechtsspezifische Besonderheiten fest: Mädchen benutzten den Kipplaster der Sandspiel-Anordnung zum Transport von Sand („Mehl") fürs Kuchenbacken, Jungen die Schminkecke zur „Kriegsbemalung" als Indianer. Mädchen führten in der Puppenecke „mütterliche" Pflegehandlungen durch, während Jungen die Puppen nur hinsichtlich ihrer technischen Funktionalität untersuchten. Die Anordnung „Plüschtiere" wurde von beiden Geschlechtern ignoriert.

2.5 Wirklichkeit im Kinderspiel

2.5.1 Zur Erfassbarkeit des Realitätsbezugs beim Menschen

Wer sich psychologisch mit Realität auseinandersetzt, wird manchmal von dem Gefühl geplagt, vor etwas letztlich Unergründlichem zu stehen. Wieder und wieder kommen dieselben Fragen auf: Was ist Realität? Wie zeigt sie sich? Welche Formen, Inhalte, Dynamiken der Realität gibt es? Welche Realitätseinflüsse werden wie wirksam? Oder zusammengefasst: Wie wird psychisches Geschehen durch Realität beeinflusst, und welche Auswirkungen hat es selbst auf die Wirkungsweise von Realität?

Übertragen wir diese Fragen auf das Spiel, wird das Problem (der Unergründlichkeit) vielschichtiger. Der Realitätsstatus des Spiels ist vielen noch immer weitgehend unklar. Das Spiel mit seinen vielseitigen Dynamiken, Prozessen, Strukturen und Erscheinungsformen erschwert es, die heterogenen Facetten seiner Wirklichkeit zu erkennen. Liegt das nur am Spiel?

2.5.2 Zwei Beispiele des kindlichen Realitätsbezugs im Spiel

> Beispiel I:
> Ein fünfjähriges Mädchen spielt, an einem Tisch sitzend, mit verschiedenen Gegenständen. Zunächst ordnet es einige Holzbauklötze von verschiedener Form und Farbe in bestimmter Weise an. Nach und nach legt es weitere Spielgegenstände hinzu: zwei Schweine, einige Hühner, eine Kuh, etwas entfernt drei Gänse; hinter sie stellt es Bäume und dahinter, etwas versteckt, einen Fuchs. In seiner Nähe platziert es eine bärtige Holzfigur, die einen roten Mantel, Sackhosen und blaue Stiefel trägt. Dazu stellt es ein Krokodil, vor diesem stapelt es mehrere Kuchen und Torten aus Holz auf. Etwas abseits deponiert es eine ganze Reihe kleinerer Puppen, die es in Sitzstellung kreisförmig anzuordnen versucht. Abrupt hält es inne, betrachtet alles aufmerksam. Sein Gesichtsausdruck wirkt gespannt – doch es geschieht nichts Besonderes. Das Mädchen rückt einige Spielgegenstände in eine andere Position, um sich alles erneut zu betrachten. Ein tiefer Seufzer unterbricht die seltsame Ruhe, die weiter anhält. Plötzlich geht alles blitzschnell: Es greift mit der Linken das Krokodil, mit der Rechten einzeln die Torten, äußert die Worte „ham, ham" und „guten Appetit", wobei es mit seinem Mund Essbewegungen macht. Nach der Krokodilfütterung schnappt es den Fuchs, mit dem es auf und ab spaziert. Der Spaziergang endet fast „zufällig" bei der Gans, die es dann zusammen mit dem Fuchs hinter den Bäumen verschwinden lässt. Nun schnappt es die etwas größere Holzfigur mit Bart, rotem Mantel, Sackhosen und blauen Stiefeln; es tut so, als ob diese Figur durch die Lüfte fliegen würde, indem es Schwingungen ausführt, die dem Vogelflug gleichen. Dann vollführt es mit derselben Spielfigur einige Handlungen, die sich in einem Merkmal gleichen; jedes Mal wird etwas weggetragen und am Rande der Szenerie hinter den Bäumen deponiert: zuerst Hühner, dann Schweine, dann die Gänse; dem folgen zwei übrig gebliebene Torten. Schließlich erscheint die rote Holzfigur noch einmal mit einem Sack, in den das Kind Holzstücke und das zuvor deponierte Geld einfüllt. Den Sack bindet es am Krokodil fest, das zusammen mit der Holzfigur und dem Fuchs hinter den Bäumen verschwindet. Abrupt hält das Mädchen inne. Sein bis da vergnüglich-freudig strahlendes Gesicht wird ernst, sein Blick finster, es runzelt die Stirn, seine Augen beginnen „böse" suchend über die Spielszene zu gleiten. Es wirkt äußerst angespannt. Da ergreift es ein Stück Holz, schlägt über eine Minute lang auf die Holzfigur ein, auf Kopf, Hände, Füße. Dann packt es die Figur, schlägt sie

Realitätsbezug im Spiel

mehrfach gegen die Tischkante, indem es, sichtlich erbost, ausruft: „Da hast Du es! Jetzt weißt Du es, Du böser Ärgerer!" Schließlich lässt es die Figur achtlos auf den Boden fallen, um sie sogleich aufzuheben: Es hält sie mit beiden Händen, blickt sie liebevoll an, streichelt behutsam ihren Bart und stellt sie vorsichtig in den selbst gestalteten Kontext seines Spieles zurück.

> Beispiel II:
Ein fünfeinhalbjähriger Junge spielt am gleichen Tisch mit denselben Spielgegenständen. Zuerst schaut er sie etwas länger an, dann beginnt er sein Spiel damit, einige Bauklötze nebeneinander aufzureihen. Er stellt einige Bäume auf den Tisch, um sogleich Fuchs und Krokodil dazuzulegen. Ein wenig entfernt davon reiht er einige kleine Puppen auf. Schließlich stellt er die bärtige Holzfigur mit dem roten Mantel, den Sackhosen und den blauen Stiefeln dazu und – beendet sein Spiel.

2.5.3 Die Determination unterschiedlicher Realitätsbezüge im Spiel

Die beiden Beispiele zeigen jeweils völlig unterschiedliche Spielkontexte. Von außen betrachtet und ohne Kenntnis der Determination beider Kontexte würden wir vielleicht vermuten, es handle sich um quasi-reale Handlungen zur Abreaktion von Aggressionen im ersten Spielbeispiel und um die Darstellung einer Wunschwelt im zweiten. Da es zu beiden Vermutungen tradierte Hypothesen, sogenannte „Spieltheorien" gibt, die als klassische gelten, könnten wir sogar ein gutes Gewissen haben. Denn die Spieldeutung wäre ja „theoretisch fundiert".

Bevor wir weiter überlegen, wie die spielerischen Realitätsbezüge beider Kinder determiniert sein könnten, wollen wir feststellen, in welchen Merkmalen ihres spielenden Handelns sie sich unterscheiden.

Es lassen sich Unterschiede feststellen in Bezug auf ...

- den Aktivitätsgrad ihrer Spielhandlungen,
- persönliche Beteiligung, Involviertheit, individuelles Engagement,
- die Dauer der Spielhandlungen,
- die Bedeutung der gespielten Inhalte sowie
- die individuellen Erfahrungen, aufgrund derer sie so spielen, wie sie spielen.

Gerade der letzte Punkt ist nach unseren Überlegungen besonders wichtig für eine zutreffende Einschätzung sowie adäquate Erkenntnis der kindlichen Realitätsbezüge im Spiel, nämlich ...

- der Erkenntnis, dass es sich dabei tatsächlich um Realitätsbezüge und nicht etwa um eine illusionäre, phantastische, fiktive Als-ob-Beziehung zur Realität handelt;
- der Erkenntnis, dass diese Spielhandlungen sowohl mit der bis dahin gewordenen Erfahrungsorganisation des Kindes als auch mit der weiteren Erfahrungsgenese zu tun haben;
- der Erkenntnis, dass die psychischen Kräfte und Funktionen (Emotion, Motivation, Bewertung u.a.) sowie Verhaltensstrategien (Bewältigung u.a.) dabei mehr oder weniger intensiv ausgeprägt sind.

Es ist zur besseren Erkenntnis dieser vorwiegend inneren Determinanten der kindlichen Spielwirklichkeit überlegenswert, inwieweit die persönliche kindliche Erfahrungsorganisation auch in zwei zeitlichen Richtungen „mitspielt", nämlich:

- *retrospektiv*, also die in der Vergangenheit gemachten Erfahrungen betreffend; denn diese kann das Kind in seinem Spiel per figurativer und symbolischer Repräsentation reaktivieren und durch einen Nachgestaltungsprozess in seinen Spielhandlungen aktiv präsentieren, d.h. es kann seine in der Vergangenheit gemachten Erfahrungen in der aktuellen Gegenwart verwirklichen;

2.5 · Wirklichkeit im Kinderspiel

- *prospektiv*, die zukünftigen zielbezogenen Handlungen betreffend; hier kann man überlegen, inwieweit die bis zum aktuellen Spiel gewordene Erfahrungsorganisation des Kindes der aktiven Erlebnisgestaltung und Erlebniserweiterung in der Spielgegenwart dient, zugleich aber auch einem psychohygienischen Ausgleich widersprüchlicher Erlebnisse – und damit sowohl der aktiven Erlebnisbewältigung als auch der Erfahrungsverarbeitung durch sein aktuelles Spiel.

Diese beiden, sowohl retro- wie prospektiven zeitlichen Dimensionen der Spielrealität werden inklusive ihrer Erfahrungs- und Bewältigungsorientierung längst auch spieltherapeutisch genutzt (z.B. Schmidtchen, Zulliger u.a.).

Bei allen Überlegungen muss man berücksichtigen, inwieweit die Spielumwelt durch entsprechende Gegenstände bestimmtes Spielverhalten zulässt und/oder herausfordert. Diese Realitätsdimension ist ja häufig der externe Auslöser und „indirekte Mitgestalter" des Kinderspiels, was, so gesehen, eine komplette Innen-Außen-Relation durch die Spielhandlungen des Kindes realisiert.

2.5.4 Entwicklungs- und spielformentypische Realitätsbezüge

Schon die Entwicklungsabfolge der Spielformen in der Entwicklung des Menschen zeigt, dass die dem Kind möglichen spielerischen Realitätsbezüge zunächst begrenzt sind, um sich dann zunehmend zu differenzieren. Auch wenn sich nach und nach eine Vielfalt von Spielformen und Spielinhalten herausbildet, ist der Entwicklungsgang dennoch regelhaft und nicht umkehrbar. Kein Säugling wird mit dem Regelspiel beginnen, um sich dann als Erwachsener nur an Funktionsspielen zu erfreuen! Entsprechend der Entwicklung der psychischen Funktionen und Strukturen sowie Dynamiken und Prozesse steht nach wie vor das Funktionsspiel am Anfang.

Darauf folgen das Experimentierspiel und Frühe Symbolspiel, Konstruktionsspiel, Ausdifferenzierte Rollenspiel bzw. Symbolspiel und schließlich das Regelspiel, wobei mit zunehmender Differenzierung „Mischungen" der Anteile einzelner Spielformen auftreten können. Die spielerischen Realitätsbezüge enthalten also auch eine Dimension, die man als „entwicklungsspezifische" bezeichnen und durch die besonderen Merkmale sowohl der psychischen Bezugsform (z.B. Funktionslust; Gelingen/Misslingen; Nachgestaltung; Gewinnen usw.) als auch der typischen Spielform (z.B. Funktionsspiel; Experimentierspiel; Frühes Symbolspiel; Konstruktionsspiel; Ausdifferenziertes Symbol-/Rollenspiel; Regelspiel) näher kennzeichnen könnte.

Es gibt also tatsächlich eine zwingend verbindliche *Sequenzregel*, was die ontogenetische Abfolge der Spielformenentwicklung anbelangt. Beide Aspekte (Entwicklungsspezifik; Spielformentypik) wären noch zu ergänzen durch die Gegenstandsmerkmale des jeweiligen Spielzeugs, also dessen objektivierbare, reale Kennzeichen, durch Feststellung von Verfügbarkeit, Aufforderungscharakter, Neuigkeitsgehalt sowie Gewohnheit, ferner nach dem Erlebniswert und Spielwert, also durch verschiedene relevante Eignungsaspekte. Wenn man also „spielformentypische" Realitätsbezüge erarbeiten möchte, gilt es all diese vielseitigen Aspekte zu gewichten. Beispiel Regelspiel: Spielregeln, Zufall und Gewinnabsicht der Beteiligten spielen auf Basis des jeweiligen Spiels und seiner prinzipiellen Rahmenbedingungen zusammen (siehe besesonders Riemann 1990 u.a.). Darum herum wirken aber auch ökopsychologische Einflüsse von Raum und Zeit (s. Mogel 1984; 1990b), sowie Erlebniswert, Spielwert, die individuelle Besonderheit von Mitspielern und vieles mehr. All diese Einflussgrößen sorgen dafür, dass selbst bei häufig gespielten Spielen ein gewisses Ausmaß an Unbestimmtheit und Überraschungsgehalten die Spielwirklichkeit mitbestimmen.

❗ Wenn wir immer wieder betonen, dass Spiele um ihrer selbst willen gespielt werden und in diesem Sinne zweckfrei sind, bedeutet das noch lange nicht, dass sie ziellos wären. Inzwischen können wir guten Gewissens behaupten, dass es ein zielloses Spiel überhaupt nicht gibt, dass sich der Zielbezug auf jedem Entwicklungsniveau nachweisen lässt, dass er bei einer jeden Spielform und in einem jeden Spiel vorhanden ist.

Das Problem ist vielmehr, die Art und Weise der Realisierung des Zielbezugs jeweils zu erkennen, denn bei zunehmender Spieldifferenzierung in der Entwicklung ist dennoch die Zielfluktuation innerhalb der spielerischen Realitätsbezüge häufig erstaunlich hoch. Das gilt sogar dann, wenn man spielrelevante Erfahrungen gezielt experimentell induziert und ihre Realisierung in Spielsituationen überprüft. Offenbar kann das spielende Kind eben auch mit seinen Spielzielen spielen! Auch das gehört zum Realitätsstatus seines Spiels.

2.5.5 Erfahrungsabhängigkeit und Gegenwartsgestaltung

Da empirische Untersuchungen zur Erfahrungsabhängigkeit und Gegenwartsgestaltung im Spiel veröffentlicht sind (Mogel 1990a; 1991; 1994[2]), können wir uns in diesem Zusammenhang auf die beiden Beispiele beschränken. Beide Kinderspielbeispiele sind nicht nur Einzelfälle, sondern Repräsentanten zweier Feldexperimentalgruppen aus Untersuchungen, die wir zur Psychologie kindlicher Bezugssysteme und zur Determination der internen Erfahrungsorganisation bei Kindern durchgeführt haben. Deshalb wissen wir ziemlich genau, welche Ereignisse und Erlebnisse die Erfahrungswelt dieser Kinder in Bezug auf die für ihr Spiel verfügbaren Gegenstände strukturiert haben und wie ihr psychischer Wirklichkeitsbezug beschaffen ist. Da wir über die notwendige *Bezugssysteminformation* hinsichtlich der Erfahrungen verfügen, die beide Kinder mit den Gegenständen ihres Spiels gemacht haben, können wir feststellen: Das Spiel beider Kinder ist real (und nicht etwa nur fiktiv), die ihm zugrunde liegenden Erfahrungen sind es ebenfalls: Beide Spielkontexte sind durch reale Erfahrung determiniert! Beide Kinder hatten im Rahmen unserer feldexperimentellen Untersuchungen in Kindergärten unterschiedliche Versionen der *Geschichte von Klimbambula* gehört und gesehen. Das Kind in Beispiel I war konfrontiert mit Klimbambula, dem bösen Ärgerer, der allnächtlich zusammen mit seinen beiden Gesinnungsgenossen, Fuchs und Krokodil, arme Dorfleute schädigt, indem er sie in Tiefschlaf verzaubert und ihnen dann ihr letztes Hab und Gut entwendet. Das Kind in Beispiel II hingegen erlebte Klimbambula als guten Helfer, der allnächtlich zusammen mit Fuchs und Krokodil die in Tiefschlaf verzauberten Dorfleute beschenkt.

Für unseren Zusammenhang ist von Interesse, dass die Kinder dieser Untersuchungen allesamt ihr Spiel aufgrund von gemachter Erfahrung so realisieren, wie sie es realisieren, dass ferner diese Erfahrung nicht nur vergangenheitsbezogen im aktuellen, respektive gegenwärtigen Spiel umgesetzt wird, sondern auch prospektiv.

❗ Alle Spielgestaltungen dieser Feldexperimente legen es nahe, die Spielgegenwart des Kindes als ein Geschehen zu beschreiben, das sowohl aus der Vergangenheit individueller Erfahrungen als auch der Antizipation und Gestaltung des unmittelbar zukünftigen Erlebens im Spiel determiniert wird. Spiel wäre, so gesehen, eine aktuelle, gegenwärtige Verhaltensform, innerhalb derer es zumindest subjektiv gelingt, beide Dimensionen der Zeit (Vergangenheit, Zukunft) *erlebnismäßig real* zu vergegenwärtigen, spielerisch zu synthetisieren und auf diese Weise zu realisieren.

Auch unsere nach einem jeden Spiel durchgeführten Befragungen gaben wichtige Hinweise für diese theoretisch und empirisch gewonnene Sichtweise des spielerischen Realitätsbezugs. Darüber hinaus haben wir durch die genannten Feldexperimente auch feststellen können, dass man die kindlicherseits gestaltete Spielgegenwart als *eine persönlich motivierte ganzheitliche Realitätsform* individuellen Erlebens und Verhaltens ansehen muss. Darin bedeuten die in der Spielliteratur häufig als Quasi-Realität, „So-tun-als-ob", Illusion usw. bezeichneten Vorgänge lediglich *unterschiedliche Ebenen* des meist komplexen, aber immer auch faktischen kindlichen Realitätsbezugs im Spiel.

2.5.6 Wie Vergangenheit und Zukunft die Spielwirklichkeit determinieren

Dass Vergangenheits- und Zukunftsbezug psychisch determinierend für die Realitätsgestaltung wirksam werden, lässt sich vielfach belegen (z.B. Mogel 1990a). Zumindest für die Frage nach den Dimensionen der Realität im Kinderspiel erübrigt sich der Streit darüber, ob wir psychisch eher aus der Vergangenheit heraus kausal oder mehr zukunftsbezogen final determiniert sind; für beide Argumentationsrichtungen findet man im kindlichen Spiel reichhaltig empirische Belege. Allerdings könnte es individualspezifische Präferenzen des Zeitbezugs geben, eine Frage, deren entwicklungspsychologische Seite nicht repräsentativ untersucht ist.

Gehen wir aber davon aus, dass Kinder vor allem aufgrund des hohen Erlebniswerts und der diversen Erweiterungsmöglichkeiten des eigenen Erlebens spielen, kommen Vergangenheits- und Zukunftsbezug gleichermaßen in Betracht, sobald sie subjektiv gewährleisten, in der Spielgegenwart erlebniserweiternd wirksam zu werden. Damit sind vielleicht nicht so sehr erkenntnistheoretische und philosophische Gedanken zur Zeitregulation im Spiel des Kindes relevant, sondern wichtiger ist die Frage, inwieweit das Kind die Dimension Zeit für eine psychisch reale Erlebnissteigerung in seinem gegenwärtig gestalteten Spiel nutzen kann.

Die Frage der Zeitlichkeit dürfte künftig ohnehin verstärkt gestellt werden müssen, wenn auch die psychologische Spielforschung mit der Zeit gehen möchte. Denn die professionellen, in den Kinder- und Jugendlichenzimmern vorhandenen Computerspiele sorgen für Erlebnis-, Kommunikations- und Zeitregulationsformen im Leben gegenwärtig Heranwachsender in einem bislang ungekannten Ausmaß (siehe dazu Kapitel 5).

2.5.7 Beachtenswerte Kriterien für die Erforschung des Kinderspiels

Die häufig heterogenen Facetten der kindlichen Spielwirklichkeit erschweren deren Erkenntnis von außen her. Dies zeigen die zwei Beispiele des kindlichen Realitätsbezugs im Spiel (siehe unter 2.5.2). Wollen wir das Kinderspiel grundlegend und umfassend erforschen, müssen wir dabei ...

1. vom individuellen Bezugssystem des spielenden Kindes ausgehen, das heißt, seinen Lebensverhältnissen, seiner Erfahrungsorganisation, seinen Verhaltensorientierungen, seiner Individualität und damit seiner subjektiven Realität;
2. empirische Untersuchungen so anlegen, dass Spielinhalte, Spielformen und Spielverläufe zweifelsfrei auf ihre Determinanten zurückgeführt und hinsichtlich ihrer Ziele erkannt werden können;
3. den vom Kind ausgehenden Spielsinn und Spielwert und damit den kindlichen Realitätsbezug im Spiel beschreiben, analysieren und auf Grundlage einer integrativen Spieltheorie explizieren;
4. die bisherigen geistes-, human- und naturwissenschaftlichen Erkenntnisse zum Spiel einbeziehen, ohne allerdings die Vielzahl von bestehenden Hypothesen zum Spiel mit „Theorien" über es zu verwechseln;
5. gespielte Spiele möglichst durch videoprotokollierende „Deskriptionsverfahren" wiederholbar machen, so dass eine Optimierung der Analyse- und Auswertungsmöglichkeiten jederzeit gegeben ist.

6. den spielerischen Realitätsbezug nicht als eine Sonderform des menschlichen Lebensvollzugs verabsolutieren, sondern ihn als eine eigene Weise der Realitätsgestaltung innerhalb des gesamten menschlichen Realitätsbezugs einordnen;
7. Abschied von kriteriendogmatischem Denken in der Methodenentwicklung nehmen.

Alle psychischen Vorgänge der Handlungsregulation im Alltagsleben spielen auch im Spiel eine Rolle, aber eben nicht in jedem Spiel auf gleiche Weise und auch nicht jedes Mal in einer unverwechselbar identischen *Realitätsform*. Das schuf in der Vergangenheit Probleme bezüglich einer zutreffenden Einschätzung des Realitätsgehalts im Spiel; sie erscheint ebenso unsicher wie die Einschätzung des Zielbezugs bei bisherigen Analysen des Spielgeschehens (z.B. Heckhausen, Rüssel u.a.).

Noch vielfach ist die individuelle Realität des Erlebens und Verhaltens spielender Kinder bei weitem zu wenig im Fokus des Erkenntnisinteresses der Wissenschaften vom Menschen. Diese Realität lässt aufgrund der Komplexität, wegen der Ganzheitlichkeit der sie konstituierenden psychischen Prozesse und wegen der entwicklungsrelevanten Vielgestaltigkeit hiermit verknüpfter Umweltrelationen (Mogel, 1990b) keinen verfrühten Reduktionismus zu.

Vielmehr ist das Kinderspiel eine überaus wertvolle empirische Erfahrungsbasis für die psychologische Erforschung aller übrigen Bereiche der kindlichen Realität in der Persönlichkeitsentwicklung. Von diesen Gedanken sind wir selbst ausgegangen, als wir von 1997 bis 2002 in einer umfassenden Studie die Entwicklung der Spielformen beim Kind untersuchten; Forschungsprojekt: *Die Entwicklung der Spielformen beim Kind*, unterstützt von der Deutschen Forschungsgemeinschaft DFG.

2.5.8 Zusammenfassung

- Zwei Beispiele aus unserer experimentellen Spielforschung haben wir dargestellt, um die erfahrungsabhängigen Besonderheiten und Charakteristika des kindlichen Realitätsbezugs im Spiel aufzuzeigen. Es wurde dargelegt, wie die Determinanten unterschiedlicher Realitätsbezüge im Spiel konfiguriert sind, nämlich durch die individuellen Erfahrungen, die Bedeutung und Dauer der Spielhandlungen sowie die persönlich aufgebrachte Aktivität und Beteiligung am/im Spielgeschehen.
- Grundsätzlich lassen sich entwicklungsspezifische und spielformentypische Realitätsbezüge nachweisen. Sie differenzieren sich in der kindlichen/jugendlichen Ontogenese. Darüber hinaus beeinflussen Raum und Zeit objektiv das Spielgeschehen, während Erlebniswert, Spielwert und die individuelle Besonderheit von Mitspielern die subjektive Seite des spielerischen Realitätsbezuges prägen. Unbestimmtheit und Überraschungsgehalt determinieren außerdem die motivationale Seite der die Spielwirklichkeit erzeugenden Handlungen des Spielenden. Zum Realitätsstatus des Spiels gehört auch, dass das Kind selbst mit seinen Spielzielen spielen kann.
- Spiel ist einerseits erfahrungsabhängig, andererseits dient es der Gegenwartsgestaltung. Kennt man die persönlichen Bezugssysteminformationen eines Kindes, kann man seine individuellen spielerischen Handlungen erklären und deren Sinn erkennen. Das Kinderspiel ist also offenbar zum Großteil durch die kindlichen Erfahrungen determiniert. Ein gegenwärtiges Spielgeschehen kann aber auch durch die Antizipation und Gestaltung eines zukünftigen Erlebens hervorgerufen werden. Zeit wird vom Kind grundsätzlich erlebnismäßig real vergegenwärtigt.
- Der kindliche Vergangenheits- und Zukunftsbezug kann zwar jeweils bestimmte Realitätsformen der Spielgegenwart determinieren, jedoch ist das Kinderspiel selbst erlebte, dargestellte und gestaltete Gegenwart.

2.6 Die Bedeutung der Eltern als Spielpartner der Kinder

Eltern sind wohl die einflussreichsten Umwelten des Kindes. Je jünger und hilfloser Kinder sind, desto größer ist ihre Abhängigkeit von den Kontakten zu den Eltern sowie den elterlichen Pflege- und Sorgehandlungen. Mit zunehmender Selbständigkeitsentwicklung des Kindes lockert sich im Allgemeinen die zuvor in nahezu jeder Hinsicht bestehende Abhängigkeit zugunsten eigener Aktivitäten, die das Kind, wenn irgend möglich, gern selbst gestaltet. Der Vorgang individueller Gestaltung der eigenen Wirklichkeit und ihrer vielfältigen Beziehungen zum Leben hat im kindlichen Spiel, wie wir gesehen haben, optimale Entfaltungschancen.

2.6.1 Umwelteinwirkungen auf das Spiel

Das kindliche Spiel ist, wie alle kindlichen Aktivitäten, niemals ganz frei von Umwelteinflüssen. Es bestehen – und das ist ein grundsätzlich zu beachtendes Faktum der Spielentwicklung – zahlreiche und vielgestaltige Umwelteinwirkungen darauf:

1. a) *dass* gespielt wird – oder aber
   b) *dass nicht* gespielt wird (Ermöglichung oder Verhinderung des Spielens);
2. *was* gespielt wird (Inhalte des Spielens);
3. *womit* gespielt wird (Spielgegenstände, -materialien; Spielzeug);
4. *wie* gespielt wird (psychische Regulation des Spielens, das heißt des spielerischen Gegenstandsbezugs);
5. *wo* gespielt wird (Spielorte, Spielräume);
6. *wie lange* gespielt wird (Zeitraum, Dauer des Spiels);
7. *mit wem* gespielt wird (Personen, Spielpartner).

Alle sieben Aspekte stellen Umwelteinwirkungen auf das Spiel dar, ökopsychische Komponenten der kindlichen Spieltätigkeit. Vereinfacht könnte man feststellen: Die Umwelt spielt immer mit! Mehr noch, sie ist die Grundvoraussetzung der Möglichkeit kindlichen Spielens. Es kann sogar sein, dass das Kind selbst zur Umwelt seines eigenen Spiels wird – wenn es nämlich aus seinem Spiel heraustritt, um von einer spielexternen Perspektive, sozusagen von der äußeren Realität des Spiels das Spiel selbst beziehungsweise einen aktuellen Ist-Zustand des Spiels zu betrachten, zu beobachten oder einzuschätzen. Ein Wechsel der Realitätsebenen ist dem Kind ab der Etablierung der Objektkonstanz wegen des dann vorhandenen Grenzbewusstseins grundsätzlich möglich.

2.6.2 Die Eltern als Repräsentanten kindlicher Umwelten

Da die Eltern über einen recht langen Entwicklungszeitraum die Pflege und Erziehung des Kindes übernehmen und damit sein Erleben und Verhalten tagtäglich beeinflussen, ist es nur folgerichtig, sie als hauptsächliche Vertreter der kindlichen Umwelten in den allermeisten Lebensbereichen anzusehen.

Durch die lange Abhängigkeit des Kindes sind die Eltern einflussreich und mächtig zugleich. Die individuelle Entwicklung, die das Kind noch vor sich hat, haben sie schon weitgehend hinter sich. Sie verfügen infolgedessen nicht nur über die Kenntnis kultureller Normen und Werte sowie der gesellschaftlichen Verpflichtungen, sie haben auch bei weitem mehr Lebenserfahrung als das Kind. Darum sind sie dem Kind fast immer ein Stück weit voraus und überlegen. Diese Überlegenheit und die Macht der Eltern, jederzeit für das Kind verbindliche Entscheidungen treffen zu können, bekommt das Kind unentwegt zu spüren. Wenn es darauf ankommt, ist es unterlegen, die Eltern sind überlegen. Aus dieser Grundposition heraus sind Eltern und Kinder ungleiche Lebenspartner. Wie wirkt sich diese besondere Form der Partnerschaft auf die Entwicklung kindlichen Spielens aus? Was geschieht psychologisch, wenn Eltern zu Spielpartnern ihres Kindes oder ihrer Kinder werden? Was müssen sie besonders beachten? Wie wirkt ihr Einfluss als Spielpartner des Kindes gegenüber ihren sonstigen Einflussnahmen im täglichen Leben? Welche Spiele ermöglichen und begünstigen, dass Eltern als Spielpartner des Kindes mitspielen können und „dürfen"? Das sind nur einige der vordringlichen Fragen, auf die wir in diesem Kapitel näher eingehen, um einige *Anwendungsmöglichkeiten* aufzuzeigen und praktische Hinweise zu geben. Denn Theorien sind nur dann wirklich gut fundiert, wenn man sie in der Anwendung, das heißt für unseren Zusammenhang, in der Alltagspraxis des Spielens umsetzen kann.

2.6.3 Direkte und indirekte Partnerschaft der Eltern im Spiel

Beginnen wir mit der Behauptung, dass Eltern zumeist entweder indirekte oder direkte Spielpartner des Kindes sind; manchmal sind sie auch beides zugleich. Was bedeutet das im einzelnen? Am besten verdeutlichen wir uns die indirekte oder/und direkte Partnerschaft der Eltern im kindlichen Spiel zunächst an den sieben Umwelteinwirkungen auf das Spiel. Dass Kinder spielen oder dass sie nicht spielen, liegt nur teilweise im kindlichen Spielbedürfnis begründet. Eltern können ihren Kindern das Spielen erlauben oder verbieten, sie also spielen lassen oder das Spiel untersagen. Dasselbe können sie durch indirekt wirksame Maßnahmen erreichen, etwa dadurch, dass sie dem Kind Spielzeug zur Verfügung stellen oder nicht zur Verfügung stellen. Eltern können also *direkt* oder *indirekt* beeinflussen, ob ihre Kinder spielen. Zweitens haben sie Einfluss darauf, was Kinder spielen, indem sie etwa die Zugänglichkeit zu Spielzeug kontrollieren. Dabei beeinflusst die besondere Beschaffenheit der Spielgegenstände, was Kinder spielen können, welches also die Inhalte ihrer spielerischen Aktionen sind. Die Zugänglichkeit der Spielgegenstände bestimmt drittens darüber, womit Kinder spielen. Es sind vor allem die Eltern, welche den Besitz und die Zugänglichkeit von Spielzeug (zumindest über einen langen frühkindlichen Zeitraum hinweg) bestimmen können.

Die Frage, wie Kinder spielen – viertens – verlangt eine komplexere Antwort, weil Art und Weise eines Spielverlaufs von mehreren qualitativ unterschiedlichen Faktoren beeinflusst werden, nämlich

a) vom kindlichen Spielbedürfnis,
b) der Motivation und den Spielzielen,
c) vom Spielinhalt und den zugehörigen Spielgegenständen,
d) von der Spielart (Funktionsspiel, Experimentierspiel, Frühes Symbolspiel, Konstruktionsspiel, Ausdifferenziertes Symbol- und Rollenspiel, Regelspiel) und
e) von den kindlichen Vorerfahrungen sowie
f) den aktuellen Ereignissen des kindlichen Erlebens in der Spielgegenwart.

Alles in allem ist das Wie des kindlichen Spielens durch die psychische Regulation des kindlichen Bezugssystems bestimmt, das die Spielhandlungen selbst beeinflusst. Gerade diese innere psychische Regulation von psychischen Kräften wie Emotionen und Motivationen auf der einen Seite und von psychischen Funktionen wie Kognitionen und Bewertungen auf der anderen Seite, gründet in der kindlichen Verarbeitung von Umwelterfahrungen, an denen die Eltern einen „Löwenanteil" haben. Die Spielorte und die Spielräume sind ebenfalls durch die elterliche Präsenz lange Zeit vorgezeichnet, wenn Eltern und Kinder unter dem gemeinsamen Dach leben. Diese Orte und Räume werden nach konkreten ökopsychischen Gegebenheiten bestimmt, also etwa danach, ob es ein Spielzimmer, einen Garten, einen Spielplatz und dergleichen gibt und ob all das vom Kind spielerisch genutzt werden darf. Damit findet Frage fünf – wo gespielt wird – eine konkrete Antwort in den Gegebenheiten der kindlichen Lebensverhältnisse und den dem

2.6 · Die Bedeutung der Eltern als Spielpartner der Kinder

Kind für das Spielen zugänglichen Lebensbereichen. Auch die Antwort auf Frage sechs nach dem Zeitraum kindlichen Spiels enthält mehrere Komponenten. Eine subjektive Komponente ist, dass das Kind so lange spielt, wie es Lust hat. Eine objektive Komponente ist, dass die Eltern (später der Kindergarten, die Schule) die Spieldauer begrenzen, entweder weil gewohnte Abläufe (Mittagessen, Abendessen, Schlafengehen) das erfordern, oder weil sie aus einem sonstigen Grund das weitere kindliche Spiel unterbinden. Manche Spiele regeln durch den Verlauf (etwa wenn ein Regelspiel seine Gewinner und Verlierer gefunden hat) die Spieldauer; manchmal sind es Konflikte zwischen den Spielpartnern, die das vorzeitige Ende eines Spiels bedingen können.

Punkt sieben – mit welchen Personen als Spielpartnern gespielt wird – ist ebenso kompliziert wie interessant, insbesondere dann, wenn Eltern die Spielpartner ihrer Kinder sind. Kinder entwickeln ein natürliches Gespür dafür, ob die Eltern „gute" oder ob sie „schlechte" Spielpartner sind. Diesen Punkt wollen wir genauer unter die Lupe nehmen, ist er doch das Thema dieses Kapitels – und in mancherlei Hinsicht – auch der übrigen, wenn es um die konkrete Spielpraxis geht.

Indirekte Spielpartner des Kindes sind die Eltern von vornherein. Schon die frühesten kindlichen Funktionsspiele werden durch die Eltern beeinflusst, da sie ja bestimmen, welche Spielgegenstände dem Kind zugänglich sind. Das Üben von Koordinationsleistungen während der Entwicklung der Sensomotorik (das heißt die aktive Koordination der Sensorik, etwa der Wahrnehmungen mit der Motorik, zum Beispiel bei Greifbewegungen) ist ebenso an eine aktuelle Präsenz der Gegenstände gebunden wie das allmählich aufkommende aktive und neugierige Experimentieren mit Gegenständen. Experimentierspiele dienen dem kindlichen Informationsgewinn über die eigentlichen Funktionen und Eigenschaften der zugänglichen Gegenstände. Sie gehen vom Kind selbst aus und vollziehen sich nach dem Motto „Mal sehen, was passiert!". Das junge Kind möchte hierbei die Beschaffenheit der Gegenstände hinsichtlich ihrer Funktionalität erkunden und prüft Regelhaftigkeiten beim Umgang mit Materialien sowie Gesetzmäßigkeiten, die sich unter Umständen beim spielerischen Umgang mit ihnen zeigen. Es handelt sich bei diesem Spiel um eine aktive, handelnde Erfahrungsbildung gegenüber Gegenständen und Gegenstandsmerkmalen der physikalischen Umwelt.

Neugier und Erkunden, Üben und Experimentieren des jungen Kindes haben mindestens zwei äußere Voraussetzungen: Erstens setzen sie die Präsenz der Gegenstände, auf die sich die spielerisch neugierigen Explorationen des Kindes beziehen können, voraus. Zweitens benötigt das Kind einen Freiraum, der sein neugierig-spannendes Spielverhalten gestattet. Beide Voraussetzungen werden durch die Eltern geschaffen.

Aber die Eltern sind auch öfters *direkte* Spielpartner. Die anfängliche motorische Ungeschicklichkeit des Kindes bei dem Versuch, gelingende Koordinationen zwischen seinen noch plumpen Bewegungen und den äußeren Gegenständen zustande zu bringen, erfordert, dass die Eltern helfend eingreifen. Sie sind als aktive Partner gefordert, das Gelingen der ersten Koordinationsversuche mit herbeizuführen. So können die Eltern den Spielgegenstand in die Reichweite des Kindes bringen, wenn er ansonsten nicht erreichbar wäre. Ferner können sie dem Kind unterschiedliche Gegenstände anbieten (etwa Rassel, Pendel, Ball usw.), deren Effekte sich unterscheiden, wenn das Kind sie bewegt. Das Kind erfährt somit nach und nach, dass den verschiedenen Gegenständen unterschiedliche Merkmale und Funktionen eigen sind. Das Kind macht die Erfahrung, dass es in einer vielfältig reizvollen Welt lebt. Es erlebt sie überraschungsreich und durch seine eigenen Spielaktivitäten veränderbar.

Die gegenstandsbezogenen und partnerschaftlichen Interaktionen der Eltern mit dem Kind haben noch viel weiter reichenden Einfluss als den, dem jungen Kind den Umgang mit Spielzeug zu erleichtern. Sie formen auch den frühkindlichen Sozialkontakt zwischen den Eltern und dem Kind. Die Eltern werden auf diese Weise Spielpartner, Kind und Eltern beziehen sich wechselseitig in das Spiel ein, das sie gemeinsam herbeiführen. Diese frühen Formen gemeinschaftlichen Gestaltens erzeugen auf beiden Seiten des Spielgeschehens äußerst positive Emotionen: Das Erleben von Freude, Spaß, spannender Erwartung und vergnüglichem Auflachen, wenn sich die Erwartung erfüllt, kennzeichnen diesen Spielvorgang. Das „Guckguck-da-Spiel" ist ein treffendes Beispiel für den gemeinsamen Spaß an den frühen partnerschaftlichen Interaktionsspielen.

2.6.4 Wie Kinder durch Spielen ihre Erfahrungen bewältigen

Die ausdauernde und aufmerksame Beobachtung der elterlichen Verhaltensweisen vermittelt dem Kind zugleich Erfahrungen, über die es selbst noch nicht verfügt. Diese Verhaltensweisen imponieren aufgrund ihres Neuigkeitsgehalts, sie machen Eindruck auf das Kind, es möchte sie ebenfalls beherrschen.

Hinzu kommt, dass das Kind nicht nur bemerkt, dass es noch keine eigenen Kompetenzen für die Ausführung bestimmter elterlicherseits vorgemachter Verhaltensweisen hat, es macht mit der Zeit auch die gravierende Erfahrung, dass es eine ganze Reihe der attraktivsten dieser Verhaltensweisen selbst gar *nicht ausführen darf oder kann*. Beispielsweise darf es nicht selbst Auto fahren, und es kann nicht ein eigenes Kind ins Bett bringen! Während es also bestimmte Verhaltensweisen der Eltern problemlos übernehmen kann, sind ihm andere – aufgrund seines Kindseins – verwehrt. Diese Erfahrung muss dem Kind zunächst einmal unverständlich sein, enthält sie doch einen offensichtlichen Widerspruch! Es stellt sich also die Frage, ob das Kind diesen Widerspruch lösen kann oder nicht. Außerdem ist zu fragen, welche Lösungsmöglichkeiten das Kind eigentlich hat, seinen Wunsch und die beiden widersprüchlichen Wirklichkeiten („Verhalten A kann ich machen, Verhalten B nicht") unter einen Hut zu bringen.

Durch die frühkindliche Entwicklung und die vielfältigen Kontakte zur Umwelt beginnt sich beim ein- bis eineinhalbjährigen Kind allmählich eine psychische Kompetenz herauszubilden, die das zuvor Unmögliche, Wunsch und Wirklichkeit zur eigenen Realität werden zu lassen, möglich macht. Es ist die Symbolfunktion, die Fähigkeit, durch symbolisches Denken und die symbolische Repräsentation den ursprünglichen und tatsächlichen Gegenstand mitsamt den für ihn typischen Verhaltensweisen durch einen symbolischen Gegenstand zu ersetzen. Dieser steht von nun an *psychisch gleichwertig und ebenso real* für den sonst unerreichbaren Gegenstand und seine typischen Verhaltensweisen. Das Symbol ersetzt also den Gegenstand und die für ihn typischen Ereignisse, indem es gleichrangig an dessen Stelle tritt: Ein kleiner Junge, der mit einem Bauklötzchen aus einer (leeren) Schale genüsslich Suppe löffelt; ein junges Mädchen, das einen Schuhkarton als Spülbecken, diverse Pappstücke als Geschirr und ein Holzstück als Spülbürste benutzt, um gründlich sein Geschirr zu spülen; zwei dreijährige Mädchen, die ihre Puppenstube in ein Schlafzimmer verwandeln, indem sie aus Holzklötzen drei Betten machen, um ihre drei Kinder schlafen zu legen – das sind wenige Beispiele kindlicher Verhaltensweisen, die nur aufgrund der Symbolfunktion realisierbar geworden sind. Das Verhaltenssystem, das die Realisierung ermöglichte, war jedes Mal das Spiel. Denn eines wissen Kinder bereits sehr früh: Nur im Spiel können sie die sonst unerfüllbaren Wünsche Wirklichkeit werden lassen. Hier ist es uneingeschränkt möglich, die Realitätsform dieser Wirklichkeit nach der eigenen Vorstellung und Phantasie festzulegen und entsprechende Erfahrungen zu machen und zu bewältigen.

Eine solche Erlebens- und Aktivitätserweiterung durch das Spiel gegenüber den übrigen Verhaltensbereichen des Nichtspiels eröffnet dem Kind ungeahnte Verhaltensmöglichkeiten. Es *darf* und *kann* Auto fahren, *darf* und *kann* eigene Kinder haben, es *darf* und *kann* alles haben und machen, was sonst der Welt der Erwachsenen vorbehalten ist.

Wie bei den Entwicklungsaspekten des Ausdifferenzierten Symbol- und Rollenspiels bereits angedeutet, haben viele der Sozialwissenschaften, die sich in der Vergangenheit mit dem kindlichen Spiel befassten, die symbolisch-spielerische Nachgestaltung der ansonsten unerreichbaren und nicht realisierbaren Handlungen der Erwachsenen durch das Kind häufig als „Illusionsspiel", als „Fiktionsspiel", als „So-tun-als-ob" der kindlichen Phantasie dargestellt. Ich möchte wiederholt betonen, dass diese Bezeichnungen erstens unzutreffend und zweitens irreführend sind. Unzutreffend sind sie, weil es sich beim Kind jedes Mal um Realspiele handelt: Ein dreijähriges Mädchen, das seine Kinder zu Bett bringt, tut das psychisch *erlebnismäßig* ebenso real wie ein zweieinhalbjähriger Junge wirklich Auto fährt, wenn er auf einem Stuhl sitzend die entsprechenden Motorengeräusche von sich gibt und die typischen Fahrbewegungen macht. Die symbolische Darstellung und Gestaltung von Ereignissen, die Nachgestaltung von sozialen Rollen aus den Erfahrungen des Alltagslebens widerspiegeln nichts anderes als die psychische Wirklichkeit des kindlichen Erlebens und Handelns im Spiel. Rollenspiele stellen die psychische Wirklichkeit des spielenden Kindes dar, auch wenn es sich für die Nachgestaltung von Handlungen Erwachsener nur der ihm zugänglichen Symbole bedient. Irreführend sind die genannten Bezeichnungen, weil sie den Erziehern, Eltern, Kindergärtnerinnen, Lehrern suggerieren, dass diese Spiele phantastische Verhaltensweisen und illusionäre Handlungen darstellen, die man jederzeit unterbrechen könne. Deshalb bergen diese Bezeichnungen auch ein Risiko für das Erziehungsverhalten. In Symbol- und Rollenspiele der Kinder dürfen Erwachsene niemals eingreifen, sie weder beeinflussen, noch unterbrechen, denn diese Spiele sind praktizierte kindliche Privatheit und Erfahrungsbewältigung. Äußere Eingriffe und Unterbrechungen kindlicher Symbolspiele verletzen unzulässig die kindliche Intimsphäre – mit beeinträchtigenden Folgen für die Persönlichkeitsentwicklung.

2.6.5 Die Eltern als echte und ernsthafte Spielpartner

Kindliche Symbol- und Rollenspiele zu unterbrechen ist gleichbedeutend damit, individuelle Entwicklungs- und Fähigkeitspotentiale der Kinder praktisch im Keim zu ersticken. Hier sind die Eltern als echte Spielpartner gefragt, die ihre spielenden Kinder vor Abwertungen ihres Spielverhaltens und vor Eingriffen seitens Außenstehender in die kindliche Spieltätigkeit schützen. Sie sollten sich selbst als Eltern richtig verhalten, das heißt:

> ❗ Eltern müssen beachten, dass der Symbolgehalt des kindlichen Spiels für das Kind selbst sowohl erlebnismäßig wertvoll als auch psychisch real ist. Das Symbol- und Rollenspiel ist gelebte Wirklichkeit des Kindes, schützenswert und unantastbar!

Auch die Deutung der vom Kind benutzten aktiven Symbolisierungen ist eine subtile Angelegenheit, erfordert Einfühlung und Fingerspitzengefühl.

> **Beispiel:**
> Ein fünfjähriges Mädchen bringt drei kleinere Zettel an den Tisch, an dem u.a. einige seiner näheren Bezugspersonen sitzen. Seine Zettel hatte es zuvor jeweils dicht vollgekritzelt. Nun zeigt sie ihr Werk stolz vor: „Das habe ich geschrieben!", äußert es ein wenig stolz und doch etwas erwartungsvoll verlegen, die Einschätzung der Erwachsenen abwartend. Als ihm dann eine erwachsene Person von einem Zettel einige Ereignisse und Verhaltensweisen vorliest, die für dieses Mädchen typisch sind, hört es aufmerksam, erwartungsvoll, neugierig und wie gebannt zu, springt sodann vergnügt und freudestrahlend durch den Raum, stolz und überzeugt, eine wahrlich gekonnte Schreibleistung vollbracht zu haben.

Die erwachsene Person war auf der emotional-kognitiven Ebene des symbolisch-anschaulichen Spielprodukts zum glaubwürdigen Spielpartner dieses Kindes geworden. Einen völlig anderen Ausgang hätte dieses Geschehen genommen, wenn die erwachsene Person auf den kindlich erwünschten Wirklichkeitsgehalt seines Schreibprodukts nicht eingegangen wäre, es etwa als Phantasie und Illusion („Das Gekritzel kann ich nicht lesen") abgestempelt hätte.

Während Eltern im sonstigen Leben ihrer Kinder doch häufig die Erziehungsaufgabe zukommt, den Kindern beizubringen, wie „man" es richtig macht, haben sie als Spielpartner der Kinder eine andere Aufgabe: das kindliche Spiel vor normativen Verzerrungen, vor Fehleinschätzungen und vor Störungen durch die Außenwelt zu schützen.

Die Benutzung von Symbolen ist entwicklungspsychologisch nur ein sehr wichtiges Zwischenstadium der Spielentwicklung, auf dessen Funktionieren das Kind später immer wieder zurückgreifen wird, beispielsweise im Rollenspiel. Symbol- und Rollenspiele sind ein geradezu ideales Medium für Kinder, spielerisch die Welt der Erwachsenen nachzugestalten. Eltern können dabei als indirekte Spielpartner gewählt werden, indem die Kinder bestimmen, was geschieht und elterlicherseits vorgelebte Verhaltenskontexte nachmachen. Als direkte Spielpartner im kindlichen Symbol- und Rollenspiel können Eltern sehr gefragt sein, wenn es dem Kind zum Beispiel um den Austausch von Rollen geht. Denn Rollentausch stellt eine einmalige Möglichkeit dar, das hierarchische Gefälle zwischen Eltern und Kind umzukehren: Ein fünfjähriger Junge ist der Zahnarzt, sein Vater der Patient. Da die meisten väterlichen Zähne „kariös" sind, muss der Junge (beim hilflos im Zahnarztstuhl liegenden Vater) gründlich und lange bohren.

Da aber Kinder in sehr vielen Rollenspielen selbst aktiv die elterliche Rolle einnehmen, sind Eltern als Spielpartner dabei wenig gefragt, denn sie werden ja mühelos vom Kind selbst ersetzt! Das mag ein Grund mit dafür sein, dass Erwachsene mit Kindern im Grundschulalter nach Forschungsergebnissen von Otto u. Riemann (1990) „sich [...] immer seltener an Rollenspielen beteiligen". Hingegen „stellen [...] Regelspiele [...] offenbar das dominierende Begegnungsfeld zwischen Erwachsenen und Kindern dar." (Otto u. Riemann, 1990, S. 4). Nach den Ausführungen dieser Autoren gibt es dafür auch plausible Gründe. Denn dadurch, dass viele Regelspiele erhöhte Anforderungen an die emotionalen, kognitiven, motivationalen und sozialen Funktionen und Fertigkeiten der Kinder stellen, bedarf es besonders am Anfang, oder wenn die Kinder zu selbständigem Regelverständnis zu jung sind, der Unterstützung durch Erwachsene. Insofern sind Eltern zu Beginn gemeinsamer Regelspiele häufig zunächst mehr Spielpartner, die indirekt Unterstützung gewähren. Doch das Blatt wendet sich, wenn Kinder und Eltern durch die Spielregeln und den immer mitspielenden Zufall als gleichwertige Spielpartner definiert werden. Gerade das ist es, was Eltern als Spielpartner für Kinder besonders interessant macht. Denn Gleichwertigkeit bedeutet ja zugleich „echte Chancengleichheit, was das Gewinnen betrifft" (Otto u. Riemann 1990, S. 5).

! Hier sind die Eltern als einfühlsame Erzieher und echte Spielpartner des Kindes zugleich gefordert. Denn es muss für das Kind nicht leicht zu verkraften sein, wenn es bei einer doch so seltenen Gelegenheit, einmal die Oberhand über die sonst dominierenden Eltern zu gewinnen, den Kürzeren zieht. Kinder erhoffen sich natürlich, aus dem Regelspiel den mitspielenden Eltern gegenüber als Sieger hervorzugehen. Die Freude ist besonders groß, wenn das gelingt; Ärger, Betrübnis, Wut und Zorn überkommen das Kind leicht dann, wenn es verliert — und schlimmer noch, wenn es öfter hintereinander verliert.

In einer solchen Situation wäre elterliche Schadenfreude schädlich und würde nur eine Eskalation von Wut und Zorn begünstigen. Es wäre aber auch verfehlt, wenn Eltern in einer solchen Situation den Weg des geringsten Widerstandes gingen und das Kind einfach gewinnen ließen. Man nützt einer wirklichkeitsgerechten Entwicklung des Kindes nicht, wenn man ihm Situationen des Verlierens und Misslingens künstlich zu ersparen versucht. Wie sollte es denn sonst lernen, Rückschlägen durch Eigenaktivität zu begegnen und sie konstruktiv zu bewältigen?!

Auch bei kindlichen Konstruktionsspielen sind Rückschläge, Misslingen und Scheitern keine Seltenheit. Aber hier ist es für die Eltern einfacher, sich als Hilfestellung gebende Partner kindlichen Spielens einzubringen. Denn sie sind ja keine aktiv Beteiligten, gegen die das Kind gewinnen oder verlieren kann.

Allerdings müssen solche Hilfestellungen sehr sensibel und zurückhaltend erfolgen. Sie dürfen dem Kind nicht suggerieren, dass man ihm als Erwachsener als „Helfershelfer" überlegen ist. Das Kind versteht sich nämlich selbst als aktiver Konstrukteur, als Architekt, Bauleiter und Handwerker zugleich. Es lässt sich seine Handlungskompetenzen auch dann nicht gerne aus der Hand nehmen, wenn die Durchführung und Fertigstellung des Vorhabens Schwierigkeiten bereiten. Deswegen wird es Hilfestellungen seitens der Eltern nur beanspruchen, wenn es sie benötigt und wenn es trotz der Hilfen der „Chef" des Spielgeschehens bleibt.

An dieser Stelle des Spielgeschehens sollten Erwachsene in sensibler Weise Bereitschaft andeuten, dem Kind in seinen Konstruktionsaktivitäten „ein Wenig zur Hand zu gehen". Günstig für die erwachsenen Spielpartner scheint hier also die Möglichkeit zu sein, dass sie sich vom Kind eine untergeordnete Rolle zuweisen lassen. So kann das Kind das Kommando behalten und – ohne sein Gesicht zu verlieren – die Hilfe des erwachsenen Spielpartners annehmen.

2.6.6 Zusammenfassung

- Eltern können als einflussreichste personale Umwelten des Kindes und seiner Persönlichkeitsentwicklung gelten. Darüber hinaus wirken Umwelten generell darauf, dass oder dass nicht, was und womit, wie und wo, wie lange und mit wem gespielt wird. — Die Umwelt spielt also immer mit.
- Die Eltern können als dominante Repräsentanten der kindlichen Umwelten gelten. Im kindlichen Spiel können sie sowohl direkte als auch indirekte Partner sein. Letztlich sind sie von Anfang an beteiligt, indem sie sowohl den frühen Sozialkontakt mit dem Kind pflegen als auch den kindlichen Umgang mit Spielzeug ermöglichen. Konstant lässt sich beobachten, wie Kinder durch ihre Spieltätigkeit verschiedene Erfahrungen machen. Außerdem bewähren sich Objektpermanenz und Symbolfunktion für die weitere Entwicklung als entscheidende Schlüsselkompetenzen.
- Die höchste Einflussmöglichkeit kommt fast immer den Eltern als echten und ernsthaften Spielpartnern ihrer Kinder zu. Sie bilden die eigentliche Schutzhülle der Spielentwicklung. Ihnen obliegt es zum Beispiel, den Symbolgehalt der Spieltätigkeit ihres Kindes zu erkennen. Sie haben das kindliche Spiel vor normativen Verzerrungen, Fehleinschätzungen und Störungen durch die Außenwelt zu schützen. Dieses Postulat gilt ebenfalls für alle elterlichen Interaktionen in den verschiedensten Spielen ihres Kindes.

3. Erleben und Erfahren im Spiel

3.1 Das Erleben und die Wirkung der Spielinhalte auf die Erfahrung   85

3.1.1 Das kindliche Bezugssystem und die Erfahrungsbildung 85
3.1.2 Experimente im gewohnten Lebensfeld von Kindern 86
3.1.3 Experimentelle Variationen der „Geschichte von Klimbambula". 87
3.1.4 Befragung nach dem Spiel zur Erkundung der kindlichen Einstellungen 88
3.1.5 Klimbambula: Vom „bösen Ärgerer" zum „guten Helfer" 89
3.1.6 Ergebnisse zur Gestaltung von Erfahrungen bei Kindern 90
3.1.7 Gut - böse - gut: Ergebnisse zur kindlichen Gestaltung abwechselnder Erfahrungen . . . 92
3.1.8 Folgerungen aus den Ergebnissen für das kindliche Spiel 94
3.1.9 Zusammenfassung. 94

3.2 Psychohygienische Funktionen des Spielens   95

3.2.1 Erlebniswert – psychohygienisches Regulativ des Spiels 95
3.2.2 Erlebniserweiterung – zentrale Funktion des Spielens 95
3.2.3 Erfahrung und psychohygienische Funktionen des Spielens 96
3.2.4 Zur psychohygienischen Funktion des „Guten" und des „Bösen" im Spiel 98
3.2.5 Individualität der Verarbeitung von Erfahrung 101
3.2.6 Entwicklungspsychologische Natur der psychohygienischen Funktionen des Spielens . . 102
3.2.7 Zusammenfassung 103

3.3 Die verschiedenen Spielformen in der kindlichen Entwicklung   104

3.3.1 Entwicklungspsychologische Erforschung des Spiels 104
3.3.2 Entwicklungsdynamik der Spielarten 104
3.3.3 Entwicklung der Objektpermanenz (Objektkonstanz) 106
3.3.4 Die Symbolfunktion als Entwicklungsgrundlage differenzierter Spielarten 107
3.3.5 Möglichkeit des Gelingens und Misslingens im Spiel 108
3.3.6 Der Sinn sozialer Aktivitäten im Spiel 109
3.3.7 Die Orientierung an der sozialen Wirklichkeit beim Nachgestalten im Spiel 109
3.3.8 Entwicklungspotentiale durch Regeln im Spiel 111
3.3.9 Die Ernsthaftigkeit des Spiels: Streit im Regelspiel 111
3.3.10 Zusammenfassung. 113

3.4 Der Einfluss von Spielzeug, Spielplätzen, Spielräumen, Spielzeiten 113

3.4.1	„Gutes" und „schlechtes" Spielzeug	113
3.4.2	Spielzeug und kindlicher Wirklichkeitsbezug	114
3.4.3	Spielzeuggebrauch: der Spielwert als Kriterium	114
3.4.4	Der Gemeinschaftscharakter von Spielplätzen	115
3.4.5	„Vollständige", „perfekte" und „sterile" Spielplätze	116
3.4.6	Kindgerechte Merkmale von Spielplätzen	116
3.4.7	Spielräume für kindliches Spiel	117
3.4.8	Spiel als Raum der alltäglichen Selbstentfaltung	118
3.4.9	Spielzeit – sinnerfüllte Zeit, wertvolle Zeit	119
3.4.10	Der Umgang Erwachsener mit Spielräumen und Spielzeiten	119
3.4.11	Zusammenfassung	121

3.5 Spiel im sozialen Netzwerk am Beispiel „Pokémon" 122

Von: Josef Gregurek

3.5.1	Das soziale Netzwerk als Spielpartner	122
3.5.2	Klassisches Spielzeug und Trend-Spielzeug	123
3.5.3	„Pokémon" als Trend-Spielzeug	124
3.5.4	„Pokémon" als Spiel für das soziale Netzwerk	124
3.5.5	Effekte des Spiels mit „Pokémon"	125
3.5.6	Zusammenfassung	127

3.1 Das Erleben und die Wirkung der Spielinhalte auf die Erfahrung

Das individuelle Leben ist eng verknüpft mit dem Erleben von Gegenständen und Ereignissen. Dasselbe gilt auf spezifische Weise für die Erfahrungen, die Kinder machen. *Was* Kinder erleben und vor allem, *wie* sie etwas erleben, ist entscheidend dafür, ob positive persönliche Erfahrungen resultieren oder ob diese Erfahrungen negativ gefärbt sind. Erleben und Erfahren sind also zwei Seiten des kindlichen Lebensvollzugs, die man nicht trennen kann. Das gilt unabhängig davon, ob Kinder die Gegenstände oder erfahrungswirksamen Ereignisse selbst in Gang bringen oder ob sie bestimmte Ereignisse in ihrer Umwelt aufsuchen. Der psychische Zusammenhang des Erlebens und Erfahrens ist auch dann vorhanden, wenn Gegenstände, Personen und Ereignisse von außen auf das Kind einwirken, ohne dass das Kind aktiv dazu beiträgt.

3.1.1 Das kindliche Bezugssystem und die Erfahrungsbildung

Wie Kinder Erfahrungen machen, hängt mit ihren bisherigen Erfahrungen zusammen, wie sie im psychischen Bezugssystem organisiert sind. Die weitere kindliche Erfahrung wird dadurch beeinflusst, wie das Kind die erlebten Ereignisse und die Einflüsse seiner näheren Umwelt persönlich bewertet. Die inneren Bewertungsprozesse des kindlichen Bezugssystems bestimmen also erstens, *dass* Erlebnisse zu bleibenden Erfahrungen werden, zweitens, *wie* die Erlebnisse in eigene Erfahrungen transformiert, und drittens, ob sie mehr als *positive* oder mehr als *negative Erfahrungen* „abgebucht" werden. Die Bewertungsprozesse und ihre Ergebnisse hängen zudem vom Erlebniswert ab, das heißt davon, inwieweit die Ereignisse und Einflüsse vom Kind als persönlich bedeutsam erlebt und erfahren werden, und davon, was sie ihm gegenwärtig „bringen".

Abb. 3.1 Dreijähriger Junge arbeitet mit Kippbagger und Lastwagen an einem Sandhaufen des elterlichen Bauernhofs. (Foto: Hans F. Herbert Abendroth)

Zwischen dem kindlichen Bezugssystem, das das psychische Geschehen beim Kind reguliert, und den einwirkenden Erfahrungen einer aktuell erlebten Außenwelt besteht also ein besonderes Verhältnis. Dieses Verhältnis stellt das Kind in jedem von sich aus gespielten Spiel auf eigene Faust her. Und jedes Mal bewirkt dieses Verhältnis, wenn es aktuell ist, eine bestimmte persönliche Erfahrung des Kindes. Aber auch Erfahrungen, die es außerhalb seiner Spiele macht, sind wirksam, wenn sich das Kind erlebnismäßig betroffen fühlt. Sie kann das Kind mühelos in sein Spiel einbeziehen.

Während nun das kindliche Erleben im Spiel ein gegenwärtiges psychisches Geschehen darstellt, das für das Kind aktuell bedeutsam und wertvoll ist, verhält es sich mit der kindlichen Erfahrung etwas anders und ein wenig komplizierter. Als psychische Verarbeitung des Erlebten bleibt die Erfahrung dem kindlichen Bezugssystem erhalten, sie geht ein in die persönliche Historie des Kindes. Dasselbe gilt für Erfahrungen, die das Kind außerhalb seiner Spieltätigkeit macht, und es gilt natürlich für das Spiel. Hier sind es die Spielinhalte selbst, die kindlichen Spielthemen, die Arrangements der Spielhandlungen, -ereignisse und -ziele, die über das aktuelle Spielerleben hinaus erfahrungswirksam werden.

Abb. 3.2 Der größere Dominik auf dem großen Traktor und der kleinere Patrick auf dem Spieltraktor mit Hänger führen eine für den Bauernhof typische Tätigkeit aus: Traktor fahren. (Foto: Hans F. Herbert Abendroth)

> ❗ Man sieht: Die Erfahrungen, die ein Kind bereits gemacht hat, bestimmen die Inhalte des kindlichen Spielens ebenso mit, wie die gespielten Inhalte je nach ihrem erlebten Wert in die weitere Erfahrung des Kindes eingehen und so seinen Erfahrungshorizont erweitern.

Das bedeutet, dass sich die Inhalte der kindlichen Spieltätigkeit sowie die kindliche Erfahrungswelt außerhalb des Spiels wechselseitig beeinflussen. Man müsste also diese Erfahrungsinhalte des kindlichen Bezugssystems ziemlich gut kennen, um von außen her feststellen zu können, ob in einer Spielsituation die bereits gemachten kindlichen Erfahrungen mehr das Spielerleben und die Spielinhalte beeinflussen oder ob das aktuelle Spielerleben und die Spielinhalte mehr auf die Erfahrungs*bildung* einwirken. Nicht selten ist beides gleichermaßen der Fall.

Weil diese und viele weitere Fragen der Entwicklung persönlicher Erfahrungen bei Kindern und der Wirkung dieser Erfahrungen auf die weitere Entwicklung nicht ganz einfach zu beantworten und schon gar nicht am Schreibtisch zu lösen sind, habe ich sie mit Hilfe von Feldexperimenten (Experimenten im gewohnten Lebensfeld der Kinder, das durch die Experimente selbst nicht in seiner Eigenart verändert wird) in Kindergärten untersucht.

3.1.2 Experimente im gewohnten Lebensfeld von Kindern

Die Experimente wurden während der 80er Jahre in vier konventionellen deutschen Kindergärten durchgeführt, allerdings in jedem Kindergarten mit einer verschiedenen Reihenfolge (prosozial/antisozial) von Erfahrungen eines bestimmten Themas (prosoziales/antisoziales Geschehen). Die Experimente sind in dem Buch *Bezugssystem und Erfahrungsorganisation* (Mogel, 1990a) ausführlich beschrieben. Deshalb kann ich mich hier auf eine knappe Darstellung einiger Punkte beschränken, die im Zusammenhang dieses und des folgenden Abschnitts wichtig sind.

In jedem der vier Kindergärten bekamen die Kinder während des Freispiels über die Zeit von

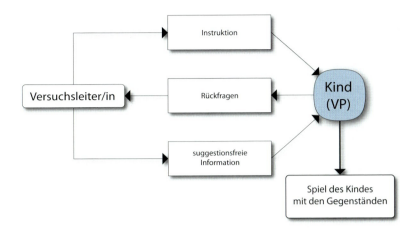

Abb. 3.3 Standard-Untersuchungssituation bei den Feldexperimenten in Kindergärten.

etwa zwei Wochen hinweg eine Geschichte vorgelesen, deren Handlungsfiguren „Klimbambula" und seine beiden Gesinnungsgenossen, „Fuchs und Krokodil", waren. Die Kinder entschieden jedes Mal selbst, ob sie dem Geschichten-Vorlesen zuhörten oder nicht. Denn im Freispiel ist es Kindergartenkindern gestattet, frei zu wählen, womit sie sich beschäftigen. Um es vorwegzunehmen: In allen Kindergärten hörten sich alle Kinder der untersuchten Gruppe jedes Mal den Fortgang der Geschichte an. War ein Geschichtenteil abgeschlossen, sahen alle Kinder einen Videotrickfilm, der die Handlungen der Hauptakteure mit den dafür hergestellten Spielfiguren und Spielgegenständen zeigte, die dann später jedem Kind in einer standardisiert angeordneten, aber hinsichtlich der kindlichen Spielhandlungen freien Spielsituation im Einzelspiel zur Verfügung standen. Um das Spielverhalten eines jeden Kindes mit diesen Gegenständen optimal zu erfassen, wurden alle Spielsituationen vollständig und verdeckt videographiert (das heißt, kein Kind konnte etwas davon bemerken, dass es selbst und sein Spiel mit einer Videokamera aufgenommen wurde). Ein solches Vorgehen war notwendig, um unverfälschte und gültige Daten des kindlichen Spielverhaltens zu bekommen, die dann auch hinsichtlich verschiedener psychischer Aktivitäten und Funktionen eines jeden kindlichen Spiels ausgewertet werden konnten.

3.1.3 Experimentelle Variationen der „Geschichte von Klimbambula"

Die feldexperimentellen Variationen der Geschichte von Klimbambula erfolgten in den Kindergärten A, B, C und D.

Die *Kindergartengruppe A* wurde in einer ersten Vorlesephase *A1* damit konfrontiert, wie sich Klimbambula, ein magisches, menschenähnliches Wesen, sehr antisozial, das heißt böse, verhält: Zusammen mit seinen Gesinnungsgenossen, Fuchs und Krokodil, macht er sich Nacht für Nacht im tiefwinterlichen Schnee der hohen Berge auf, um die armen Dorfleute im Tal zu schädigen. Diese verzaubert er in Tiefschlaf, so dass sie sich nicht wehren können. Er stiehlt Früchte, Torten, Hühner, Schweine – einfach alles, was den Dorfleuten lieb und wert ist. Dadurch entzieht er ihnen wichtige Lebensgrundlagen. Das Diebesgut verstecken er, der Fuchs und das Krokodil hoch oben auf den Bergen in einer Schneehütte. Fuchs und Krokodil bewachen die Sachen über den Winter hinweg, während Klimbambula zur Südsee wandert, um sich in einem längeren „Südseesommerurlaub" von seinen Ärgertaten zu erholen.

Nachdem die Kinder diesen *antisozialen* Teil der Geschichte von Klimbambula vollständig vorgelesen bekommen hatten, durften sie den

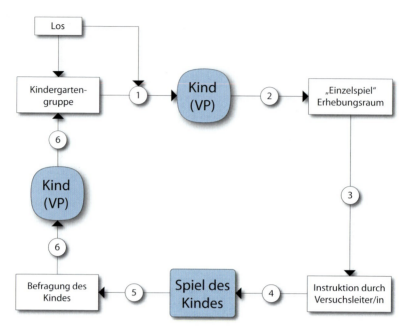

Abb. 3.4 Untersuchungsablauf der Feldexperimente in Kindergärten.

Videotrickfilm anschauen, der alle Handlungsfiguren und Ereignisse der Geschichte zeigte. Wenige Tage später konnte jedes Kind mit diesen Gegenständen im Einzelspiel in einem besonderen Spielraum des Kindergartens spielen; die Spielgegenstände waren eigens aus Holz hergestellt und bemalt worden; die Figuren wurden gemäß ihrer Darstellung in der Geschichte eingekleidet. Während des Spiels stand eine Erzieherin (Versuchsleiterin) für Rückfragen zur Verfügung. Etwaige Fragen der Kinder hatte sie allerdings suggestionsfrei zu beantworten, das heißt, die Informationen durften keine Wertungen zum Hergang der Handlungen in der Geschichte enthalten. Die Reihenfolge, in der mit dem Klimbambulaspiel gespielt werden durfte, wurde durch ein Losverfahren bestimmt. Abb. 3.3 und Abb. 3.4 zeigen schematisch die Art des Vorgehens.

Die Videoprotokolle des Spielverhaltens sollten Auskunft über die kindlichen Globalbeziehungen (Einstellungen) zu den Hauptakteuren der Geschichte geben. Ferner sollten sie über das Nachahmungsverhalten, die Emotionen, die Bewertungsprozesse und über die angewandten Bewältigungsstrategien dem ganzen Geschehen gegenüber informieren. Zudem war von Interesse, ob diese verschiedenen, durch das Spielverhalten zu erkennenden psychischen Funktionen ein gemeinsames Funktionsmuster bildeten (Funktionsmuster sind erfahrungsbeeinflusste, zusammenhängend organisierte Emotionen, Kognitionen und Motivationen des kindlichen Bezugssystems) oder ob die vorangegangenen Erfahrungen aus dem Inhalt der Geschichte in verschiedenen psychischen Funktionsbereichen unterschiedliche Wirkungen erzeugten.

3.1.4 Befragung nach dem Spiel zur Erkundung der kindlichen Einstellungen

Nachdem das jeweilige Kind sein Spiel beendet hatte, wurden ihm einige Fragen gestellt, deren Beantwortung die kindlichen Bewertungen des antisozialen Geschehens sowie die kindlichen Einstellungen zu Klimbambula, Fuchs und Krokodil und auch zu den Dorfleuten erkennbar machen sollte. Ebenso wie die kindliche Spieltätigkeit wurde auch die Befragung des Kindes nach dem Spiel vollständig videographisch erfasst. Das war notwendig, um herauszufinden, ob die Spielaktivitäten und -inhalte sich mit dem kindlichen Bezugssystem im Einklang befanden oder nicht.

Die Befragungen nach einem jeden Spiel sollten also einen Vergleich darüber ermöglichen, inwieweit das psychische Geschehen bei den Kindern *während* des Spiels mit ihren Bewertungen der Handlungen Klimbambulas und der davon betroffenen Dorfleute *außerhalb* des Spiels (Nichtspiel) übereinstimmte. Die Fragen, welche die Erzieherin nach einem Spiel stellte, lauteten beispielsweise:

1. „Wie findest Du die Geschichte von Klimbambula?"
2. „Wie findest Du das, was der Klimbambula macht?"
3. „Warum findest Du das so?"
4. „Was, meinst Du, sollen die Dorfleute machen?"
5. „Was würdest Du machen, wenn Du einer/eine von den Dorfleuten wärst?"
6. „Was soll Klimbambula machen, wenn er von seinem „Südseesommerurlaub" zurückkommt?"
7. „Was würdest Du machen, wenn Du selbst der Klimbambula wärst?"

Diese und ähnliche Fragen wurden einem jeden Kind in jedem Untersuchungskindergarten je nach vorangegangenem Geschichtenteil gestellt und von den Kindern – mehr oder weniger ergiebig – beantwortet.

3.1.5 Klimbambula: Vom „bösen Ärgerer" zum „guten Helfer"

Bevor wir uns einige Ergebnisse betrachten, soll kurz die zweite *Experimentalphase A2* der Kindergartengruppe A dargestellt werden, denn darin wandelt sich das antisoziale „Ärgerergeschehen" von A1 in ein *prosoziales*: Klimbambula wird ein guter Helfer (A2). Während der Vorlesephase des Geschichtenteils A2 erfahren die Kinder, wie Klimbambula an der Südsee zunehmend Gewissensbisse plagen. Er macht sich Gedanken darüber, welch großen Schaden er, der Fuchs und das Krokodil den Dorfleuten zugefügt haben. Es wird ihm klar, dass sie durch ihre Diebstähle den Dorfleuten nichts als Armut gebracht haben. So beschließt er eines Tages, in die hohen Berge über dem Dorf zurückzukehren, sich bei Fuchs und Krokodil über das Befinden der Dorfleute zu erkundigen und diesen zu helfen. Mit Geschenken bepackt, rutschen Klimbambula und der Fuchs auf dem Rücken des Krokodils allnächtlich über den Schnee ins Tal. Sie überhäufen die in Tiefschlaf verzauberten Dorfleute mit Geschenken: Früchte für den

Tab. 3.1: Feldexperimente in Kindergärten.

Gruppe	Experimentelle Bedingung	Ereignisabfolgen
A	A1	Antisoziale Ereignisse
	A2	Prosoziale Ereignisse
B	B1	Prosoziale Ereignisse
	B2	Antisoziale Ereignisse
	B3	Prosoziale Ereignisse
C	C1	Prosoziale Ereignisse
	C2	Prosoziale Ereignisse
D	D1	Antisoziale Ereignisse
	D2	Antisoziale Ereignisse
	D3	Prosoziale Ereignisse

verarmten kranken Gutsbesitzer, massenweise Spielzeug für die zwölf Kinder der armen Bäckersfamilie, Hühner, Schweine und Holz für die übrigen Dorfleute. Die Dorfleute vermuten Klimbambula hinter den Helfertaten, verzeihen ihm sein übles Spiel, das er den Winter zuvor mit ihnen getrieben hat und wollen ihn schließlich gar zum Dorfkönig machen.

Nach Abschluss der Vorlesegeschichte sahen die Kinder der Gruppe A wieder einen Videotrickfilm, diesmal mit dem Inhalt des Helfergeschehens der *Experimentalphase A2*. Erneut durften sie einzeln mit dem Klimbambulaspiel spielen und wurden nach Beendigung ihres (zeitlich nicht begrenzten) Spiels von der anwesenden Erzieherin (Versuchsleiterin) befragt. Spiel- und Befragungsphase wurden videographiert und, wie schon nach Untersuchungsphase A1, ebenfalls getrennt von acht Einschätzern auf einem komplizierten Auswertungssystem beurteilt.

Was ich bis dahin geschildert habe, ist das grundsätzliche Vorgehen bei allen vier Feldexperimenten in den Kindergärten A, B, C und D. Allerdings wurden pro Kindergarten und Feldexperiment unterschiedliche Ereignisabfolgen gewählt. So war einmal die Abfolge des Geschehens, wie zum Beispiel in Gruppe A, zuerst *antisozial (A1)*, dann *prosozial (A2)*. In den Gruppen B, C und D wurden die Abfolgen anders variiert, manchmal aber auch beibehalten. Ein exaktes Bild der durchgeführten feldexperimentellen Variationen gibt Tabelle 1.

Durch dieses experimentelle Vorgehen, das vollständig in das Lebensfeld des Kindergartenalltags eingefügt wurde, wollte ich einige Fragen zur Entwicklung von Erfahrungen bei Kindern klären, zum Beispiel: Welche Unterschiede in der psychischen Organisation des kindlichen Bezugssystems macht es, wenn prosoziale bzw. antisoziale Erfahrungen mit sonst gleichen Bezugsgegenständen von den Kindern im Spiel (Freispiel, Vorlesephase, Videotrickfilm) gemacht, im Spiel (Einzelspiel) umgesetzt und nach Befragung (Nichtspiel) bewertet werden? Außerdem sollte im einzelnen geprüft werden, wie Kinder ihre persönlichen Erfahrungen eines erlebten (prosozialen und antisozialen) Geschehens in ihrem Spiel umsetzen, wie sie Erfahrungen aktiv nachgestalten und wie sie Erfahrungen bewältigen.

Die folgenden Abbildungen zeigen einige Ergebnisse des kindlichen Spielverhaltens für alle vier Gruppen und experimentellen Variationen im Vergleich, wobei die Darstellung auf die kindlichen Beziehungen zur zentralen Spielfigur Klimbambula beschränkt ist.

3.1.6 Ergebnisse zur Gestaltung von Erfahrungen bei Kindern

Abbildung 3.5 zeigt die psychischen Funktionsmuster, wie sie sich aus dem Spielverhalten nach Bedingung A1 (Klimbambula antisozial, also „Ärgerer") sowie die Veränderungen dieser Funktionsmuster, wie sie sich aus dem Spielverhalten nach Bedingung A2 (Klimbambula prosozial, also „Helfer") erkennen ließen.

In dieser (und auch in den Abb. 3.6-3.8) sind die vier erfassten psychischen Funktionsbereiche positiv ausgeprägt: Sie reichen von 0 bis +7. Ebenso gibt es negative Ausprägungen, die von 0 bis -7 reichen. Dadurch ist es möglich, die Diskrepanzen zwischen der Ausprägung einer jeden Funktion für jede experimentelle Bedingung anschaulich darzustellen. Auffallend ist beispielsweise, dass die positiven Ausprägungen der vier psychischen Funktionen unter der *antisozialen Bedingung A1* alle im negativen Bereich sind, und dass sich die negativen Ausprägungen unter der *antisozialen Bedingung A1* im positiven Bereich finden. Genau umgekehrt ist das Muster der Ausprägungen aller vier Funktionen nach der *prosozialen Bedingung A2*.

Das bedeutet, dass die Erfahrung von Klimbambula als bösem Ärgerer (antisoziale Bedingung A1) deutlich auch im kindlichen Spielverhalten durchschlägt – und zwar in allen vier erfassten Funktionsbereichen, nämlich Globalbeziehung (kindliche Einstellung zu Klimbambula), Nachahmungen, Emotionen, Bewertungen. Allerdings ist das, wie man sieht, in unterschiedlichem Ausmaß der Fall. So fällt

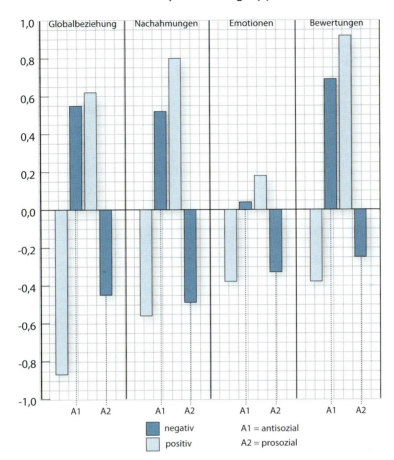

Abb. 3.5 Positive und negative Beziehungen zur Spielfigur „Klimbambula" im Spiel der Kinder, nachdem Klimbambula in der Experimentalbedingung A1 antisozial, in der Experimentalbedingung A2 prosozial erfahren wurde.

zum Beispiel die negative Ausprägung der gegen Klimbambula gerichteten Emotionen nach der Ärgererphase A1 nur sehr geringfügig aus. Ebenfalls finden wir die positiven Emotionen nach der Helferphase A2 im Vergleich zu den Einstellungen (Globalbeziehung), zu den Nachahmungen und den sehr positiven Bewertungen am schwächsten ausgeprägt. Warum ist das so? Meines Erachtens gibt es einige triftige Gründe für dieses Ergebnis: Als Ärgerer realisiert Klimbambula Verhaltensweisen (Diebstähle), die die Kinder zwar moralisch negativ bewerten, dennoch sind die Handlungen Klimbambulas spannungsreich, voller Überraschungen und wecken schon dadurch die kindliche Neugier. Klimbambula ist jedenfalls ein attraktiver spielerischer Bezugsgegenstand, dessen antisoziale Handlungen im Spiel ausführlich nachgeahmt werden. Auch wenn seine Handlungen mit den Normen des kindlichen Bewertungssystems kollidieren und die Kinder deswegen eine insgesamt negative Einstellung ihm gegenüber hegen, können sie die gefühlsmäßige Attraktivität nicht ganz verbergen – ein Grund dafür, weshalb die ablehnenden Emotionen nach der Ärgererphase nicht so recht sichtbar werden. Andererseits zeigen die Kinder zwar nach der Helferphase A2 deutlich positivere Emotionen gegenüber Klimbambula. Hier aber ist es, so kann man vermuten, gerade die negative Vorerfahrung seiner antisozialen Handlungen, die die Kinder zur Vorsicht bei der positiven emotionalen Bezugnahme zu Klimbambula mahnt. Diese Begründung der in der *Gruppe A* erhaltenen Ergebnisse lässt sich weiter stützen, wenn man sich die von den Kindern nach den beiden Bedingungen A1 und A2 im Spiel umgesetzten Bewältigungsstrategien ansieht, wie sie Tabelle 3.2 zeigt.

Tab. 3.2: Prozentuale Verteilung der Bewältigungsstrategien nach den experimentellen Bedingungen A1 und A2.

Bewältigungsstrategien	A1 (prosozial)	A2 (antisozial)
Vom Kind direkt gezeigtes Vermeidungsverhalten	76,4 %	44,4 %
Direktes räumliches Distanzieren von Klimbambula	51,4 %	11,1 %
Aus dem Felde gehen	38,9 %	20,8 %

Man sieht, dass die Kinder nach der Bedingung A1 die Hauptfigur Klimbambula in 76,4 % der Fälle vermeiden, das heißt, ihr aus dem Weg gehen, indem sie nur wenige Kontakte zu ihr aufnehmen, sich in 51,4 % direkt von Klimbambula räumlich distanzieren, und in 38,9 % der Fälle verlassen sie das Spiel vorzeitig, ohne dass ein Abschluss der Spielhandlung erkennbar wäre. Interessant ist, dass die gleichen Bewältigungsstrategien ebenfalls nach der Helferbedingung A2 auftauchen, wenn auch in wesentlich weniger Fällen. Dies kann als Anzeichen dafür gewertet werden, dass durch die Vorerfahrung Klimbambulas als Ärgerer doch ein gewisses Misstrauen zu ihm geblieben ist, obwohl sich Klimbambula längst zum prosozialen Akteur, zum guten Helfer der Dorfleute gewandelt hatte. Die psychische Funktion der Emotionen scheint ein empfindlich störbares Moment der kindlichen Erfahrungsbildung zu sein. Das zeigt sich besonders deutlich im Spielverhalten der Kinder.

3.1.7 Gut - böse - gut: Ergebnisse zur kindlichen Gestaltung abwechselnder Erfahrungen

Nicht weniger eindrucksvoll sind die kindlichen Spiele der Gruppe B, die die umgekehrte Abfolge der Geschichte von Klimbambula erfuhr. Nach der prosozialen Erfahrung des Klimbambula unter Bedingung B1 sind alle vier Funktionen im kindlichen Spiel mehr oder weniger positiv ausgeprägt. Als aber Klimbambula zum bösen Ärgerer geworden ist, der die armen Dorfleute schädigt (B2), sind die antisozialen Nachahmungen und auch die gegen Klimbambula gerichteten Emotionen besonders hoch, während negative Bewertungen seiner Handlungen praktisch keine Rolle spielen. Wie kann man sich das erklären?

Die vielleicht zuverlässigste Erklärung bekommt man, wenn man die Ausprägung der antisozialen Nachahmungen mit denjenigen der positiven Emotionen vergleicht: Die Kinder dieser Gruppe ahmen nach der *antisozialen Bedingung B2* Klimbambulas Ärgererhandlungen vehement nach, obwohl sie gerade dieses Verhalten emotional stark ablehnen. Zugleich bleiben aber die positiven Emotionen aus der *Helferphase B1* im wesentlichen erhalten, und dies, obwohl die unter B1 positive Einstellung (= Globalbeziehung) nach der antisozialen Wendung Klimbambulas unter B2 eindeutig negativ wird. Diese Diskrepanz zwischen den emotionalen und kognitiven Funktionen im Verhältnis zu Klimbambula treibt die Kinder vermutlich dazu, das negative Erleben seiner antisozialen Handlungen durch deren aktives Nachahmen spielerisch zu bewältigen. Das bedeutet, dass das Nachahmen der antisozialen

3.1 · Das Erleben und die Wirkung der Spielinhalte auf die Erfahrung

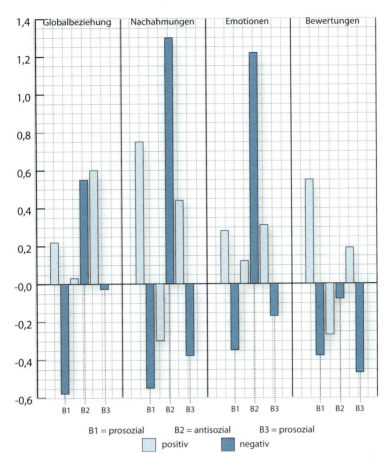

Abb. 3.6 Positive und negative Beziehungen zur Spielfigur „Klimbambula" im Spiel der Kinder, nachdem Klimbambula in der Experimentalbedingung B1 prosozial, in der Bedingung B2 antisozial und in der Bedingung B3 wieder prosozial erfahren wurde.

Handlungen Klimbambulas sehr wahrscheinlich zugleich einer emotionalen Bewältigung der damit verbundenen emotionalen Ablehnung dieser Handlungen dient. Wie sollen nun die Kinder etwas, was sie emotional zwar ablehnen, zugleich aber exzessiv nachahmen, bewerten, wenn außerdem ihre Einstellung zwar negativ ist, sie aber dennoch zugleich positive Emotionen für Klimbambula hegen? Nun: Sie bewerten weder positiv noch negativ; beide Bewertungsrichtungen liegen unter Null. Würden die Kinder Klimbambula im Spiel positiv bewerten, würden sie der emotionalen Ablehnung seiner Handlungen widersprechen. Würden sie Klimbambula negativ bewerten, würden sie den eigenen antisozialen Nachahmungen seiner Diebstahlshandlungen widersprechen. Den aus dieser diskrepanten Konstellation psychischer Funktionen im Spielverhalten nach den Bedingungen B1/B2 entstandenen Konflikt, was die Bewertungen des zentralen Akteurs anbelangt, lösen die Kinder durch Nichtbewertung – und ziehen sich so aus der Affäre, die durch unterschiedliche Erfahrungen eines ansonsten attraktiven Spielgegenstandes entstanden war. Kein Wunder, dass nach der Bedingung B3 (Klimbambula ist endgültig gut und wird Dorfkönig) die Verhältnisse in allen vier Funktionsbereichen ausgeglichen sind und zusammen ein sehr ausgewogenes Funktionsmuster bilden.

3.1.8 Folgerungen aus den Ergebnissen für das kindliche Spiel

Neben vielen Einzelheiten zur psychischen Verarbeitung persönlicher Erfahrungen im Spiel zeigen diese Forschungsergebnisse etwas Generelles: Stellt man Kindern diejenigen Spielsachen zur Verfügung, die in den Ereigniskontexten des kindlichen Alltags und dem alltäglichen Erleben eine besondere Bedeutung haben, zeigt ihr Spiel die psychische Relevanz dieser Ereignisse für das kindliche Bezugssystem. Kinder nutzen die Möglichkeiten des Spielens aus, um ihre gegenstandsbezogenen Erfahrungen zu verarbeiten und die aufregenderen der erlebten Ereignisse zu bewältigen. Das Spiel dient gewissermaßen dazu, die (innere) motivationale Lage, die aktuellen Muster psychischer Funktionen nach außen zu kehren und in den Spielhandlungen wirksam werden zu lassen. Diese Tatsache prädestiniert das kindliche Spiel dazu, die psychohygienischen Funktionen der Spieltätigkeit aufzudecken und zu erkennen, welche heilsamen Funktionen das Kinderspiel beinhalten kann.

3.1.9 Zusammenfassung

- Kindliches Erleben und Erfahren sind eins. Interne Bewertungsprozesse bestimmen, wie Erlebnisse zu eigenen Erfahrungen werden. Erfahrungen der Umwelt bezieht das Kind mühelos in sein Spiel ein.
- Feldexperimente in Kindergärten haben gezeigt, dass unterschiedliche Abfolgen pro- und antisozialer Erfahrungen spezifische Auswirkungen auf das psychische Bezugssystem von jungen Kindern haben. Dabei spielen die kindlichen Einstellungen eine ausschlaggebende Rolle.
- Die spielerische Gestaltung persönlicher Erfahrungen bei Kindern zeigt, dass bei antisozialen Erfahrungen erhöhter aktiver Bewältigungsbedarf besteht, andererseits scheinen prosoziale Erlebnisse mit keinem hohen Erlebniswert verbunden zu sein. Interessanterweise trägt die Bewältigung antisozialer beziehungsweise aggressiver Inhalte zur Erlebniserweiterung sowie zur psychohygienischen Balance des kindlichen Bezugssystems bei.
- Die wechselseitige Dynamik von „Gut" und „Böse" aktualisiert psychohygienische Funktionen des Spielens. Dabei erweist sich das reine Erleben von Prosozialität psychisch als Langeweile.
- Die feldexperimentellen Untersuchungen zeigen auch, dass die Individualität eines Kindes bei der Verarbeitung von Erfahrungen eine große Rolle spielt.

3.2 Psychohygienische Funktionen des Spielens

Bisher wurde das Kinderspiel als ein für die individuelle Persönlichkeitsentwicklung wichtiges Verhaltenssystem dargestellt, das es dem Kind ermöglicht, vergangene Erfahrungen zu verarbeiten und gegenwärtige, auf die unmittelbare Zukunft bezogene Erfahrungen zu machen. Dieses Verhaltenssystem enthält einige wichtige psychohygienische Funktionen, die in einer emotionalen, kognitiven und motivationalen Balance des kindlichen Wohlbefindens bestehen, welches durch die Spieltätigkeit als solche erzeugt wird. Entscheidend für das Zustandekommen dieser Balance scheint das kindliche Spielerleben selbst zu sein.

3.2.1 Erlebniswert – psychohygienisches Regulativ des Spiels

Wie ein roter Faden zieht sich durch die vielfältigen Variationen kindlichen Spielverhaltens die *hohe Bedeutung des individuellen Spielerlebens*: Spielen geht mit einem beträchtlichen Erlebniswert für das Kind einher, und häufig trägt die eigenaktive Spieltätigkeit sogar zu einer *Erlebniserweiterung* bei (Otto 1979). Was bedeutet das, und welchen persönlichen Sinn hat die Erweiterung des Erlebens im Spiel für das Kind?

Bisher habe ich den *Erlebniswert* auf die persönliche Bedeutsamkeit der vom Kind erfahrenen Ereignisse und Einflüsse zurückgeführt. Aber das, was bestimmte Ereignisse und Einflüsse dem Kind persönlich „bringen", ist nur eine Seite ihres Erlebniswertes. Eine weitere, mindestens genauso wichtige Seite ist durch die spielerische Gestaltbarkeit der erlebten Einflüsse (Erfahrungen) in der Spielgegenwart gegeben. Der Erlebniswert erschöpft sich also keineswegs in den Erfahrungen bestimmter Ereignisse und Einflüsse. Diese bilden höchstens Voraussetzungen dafür, das Erlebte spielerisch zu gestalten, d.h. im Spiel konstruktiv auszuleben. Am Beispiel der Feldexperimente in den Kindergärten A und B war zu sehen, dass sich der persönliche Sinn von Erfahrungen vor allem daraus ergibt, was man mit ihnen machen kann. Das bedeutet auch, wie man sie bewältigen, durch aktives Spielverhalten „umsetzen" kann. Es bedeutet: Umsetzung von Erfahrung in Aktion, in Handlung, in Ereignisse, in Selbstgestaltung des weiteren Erlebens und damit – Erlebniserweiterung!

3.2.2 Erlebniserweiterung – zentrale Funktion des Spielens

In der kindlichen Fähigkeit, den Erlebniswert der gemachten Erfahrungen selbstgestaltend in Spielhandlungen zu transformieren, so dass sie individuell erzeugte Spielereignisse darstellen – darin besteht die Erlebniserweiterung im Spiel. In ihr zeigt sich zugleich eine entscheidende psychohygienische Funktion des Spiels, die durch die Aktivität des kindlichen Bezugssystems hergestellt wird, durch die aktive Kombination seiner psychischen Funktionen zur Bewältigung von Erfahrung, was nun aber heißt: Selbstgestaltung der weiteren Erfahrung durch Spielen, Selbstherstellung von Ereignissen, Selbstinszenierung von Erlebnissen. In dem Maße, in dem das Kind sein eigenes Selbst in sein Spiel einbringt, werden das weitere Erleben, die weiteren Erfahrungen und der Sinn des Spielgeschehens zu einer Sache des kindlichen Individuums.

Das Kind stellt sich auf seine eigene Wirklichkeit ein, indem es sie selbst herstellt. Seine persönlichen Einstellungen zu den erfahrenen Ereignissen und den Bezugsgegenständen seiner Erfahrungen erhalten ihren wirklichen Stellenwert im kindlichen Bezugssystem durch die aktuell erlebte eigene Spieltätigkeit. Vor diesem Hintergrund der individuellen Spieltätigkeit als eines selbstaktivierten Vorgangs werden die persönlichen Einstellungen zu den erfahrenen Bezugsgegenständen (z.B. Klimbambula, Fuchs, Krokodil auf der einen, Dorfleute auf der anderen Seite) ein situationsbezogener, aktueller

Prozess, hervorgerufen durch Erfahrung und gegenwärtiges, auf die Spielgegenstände bezogenes Handeln. Die Nachahmung von Modellen wird zur individuellen Nachgestaltung ihrer Handlungen. Die Emotionen werden zum aktuellen Barometer der Zuneigung oder Abneigung, und die Bewertungen resultieren als ein innerer Kompromiss zwischen den Spielhandlungen (Erlebniserweiterung), den persönlich verbindlichen Normen und Werten („Gewissen"), der persönlichen Betroffenheit („Affiziertheit") durch die Erfahrung und die Spielhandlungen. Die Bewältigungsstrategien schließlich fungieren hier im Zusammenspiel der psychischen Kräfte und Funktionen psychohygienisch regulierend. Diese aktiviert das Kind, um seine emotionale und motivationale Lage in einem ausgewogenen Zustand zu halten oder diesen Zustand herbeizuführen. Insgesamt gesehen, kann man die spielerisch herbeigeführte Erlebniserweiterung als eine aktive, vom kindlichen Bezugssystem ausgehende Tätigkeit ansehen, die dem Spielen selbst einen individuellen Sinn, eine psychohygienische Funktion verleiht. Exakt das ist es, was *Heilende Kräfte im kindlichen Spiel* (so der Titel von Zulligers Buch, 1952) ausmacht. Gelingt es dem Kind, durch seine aktive Spieltätigkeit zuvor bestehende affektive bzw. emotionale Beeinträchtigungen abzubauen und sein psychisches Wohlbefinden zu steigern, hat es (ohne dies zu „wissen") die selbstheilende Funktion des Spiels psychohygienisch genutzt. Anders ausgedrückt: Durch die kindlichen Spielhandlungen konnten gemachte Erfahrungen erlebniserweiternd nachgestaltet und bewältigt werden. Alles, was sich in der Gegenwart des Spiels somit abspielt, ist ein selbstregulativer Vorgang zur Verbesserung des psychischen Wohlbefindens beim Kind.

> ❗ Der Einfluss der Außenwelt ist dabei darauf beschränkt, dem Kind die zur Verarbeitung seiner Erfahrungen erforderlichen Spielgegenstände zur Verfügung zu stellen, das individuelle Spielen mit ihnen zu ermöglichen und auf keinen Fall zu stören oder zu unterbrechen. Denn das Kind benötigt seine gegenwärtige Zeit vollständig.

3.2.3 Erfahrung und psychohygienische Funktionen des Spielens

Die Erfahrungen des Kindes bilden eigentlich nur den inneren Anlass dafür, sie durch Spielen zu verarbeiten. Allerdings hängt es schon von der Qualität der Erfahrungen ab, wie sie das Kind in seinem Spiel aktualisiert. Außerdem spielt es eine Rolle, wie intensiv die Erfahrung gemacht wurde, ob das Kind beispielsweise durch die Erfahrung persönlich stark oder nur geringfügig betroffen ist. Qualität (etwa „gut", „böse") und Intensität von persönlich gemachten Erfahrungen haben also einen Einfluss darauf, wie sie vom Kind erlebt und bewältigt werden. Natürlich spielen auch die persönlichen psychischen Voraussetzungen beim individuellen Kind eine Rolle dafür, wie es durch bestimmte Ereignisse betroffen wird und welche Bewältigungsstrategien es in seinem Spiel aktiviert.

Aber unsere Feldexperimente zeigen noch eine weitere Bedingung für kindliches Spielverhalten, das ja bei den persönlichen Erfahrungen der Kinder beginnt. Die Erfahrungs*abfolge* (die Reihenfolge, in der positive oder negative Erfahrungen gemacht werden) spielt eine einflussreiche Rolle: Es macht schon einen bedeutsamen Unterschied, ob ein für das Kind attraktiver Bezugsgegenstand zuerst „böse" (antisozial) und dann „gut" (prosozial) erlebt wird, oder ob ein zunächst „guter" sich zum „bösen" Bezugsgegenstand wandelt. Für beide Fälle individueller Erfahrungsbildung sahen wir in den Kindergärten A und B der Feldexperimente mit der magischen Figur des Klimbambula einige Beispiele.

Wie aber steht es eigentlich mit den kindlichen Erfahrungen und dem darauf bezogenen Spielverhalten, wenn sich der zentrale Bezugsgegenstand nicht wandelt, wenn er im Gegenteil seine gewohnten Verhaltensweisen noch verstärkt, intensiviert? Dieser Frage bin ich in den Kindergärten C und D nachgegangen. Wie ich darauf gekommen bin? Nun, durch das Leben selbst! Es gibt ja auch, man mag es glauben oder nicht, Menschen, die immer gut sind und

3.2 · Psychohygienische Funktionen des Spielens

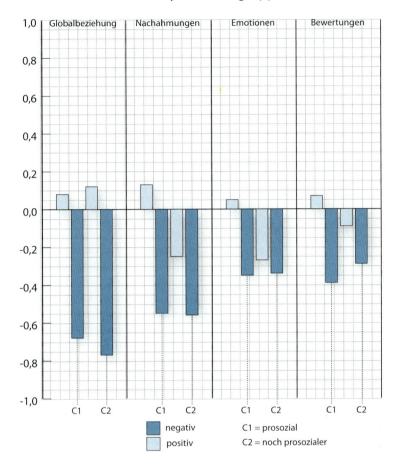

Abb. 3.7 Positive und stagnierende positive Beziehungen zur Spielfigur „Klimbambula" im Spiel der Kinder, nachdem Klimbambula in Experimentalbedingung C1 prosozial und in Bedingung C2 noch prosozialer erfahren wurde.

immer noch besser werden. Und es gibt, habe ich mir sagen lassen, auch solche, die furchtbar schlecht sind, immer noch schlechter werden und bleiben oder aber sich irgendwann bessern. Mag sein oder auch nicht. In der Geschichte von Klimbambula, und zwar in der Fassung für die Gruppen C und D, ist es so.

Kindergartengruppe C erfuhr in der ersten *Untersuchungsphase C1* Klimbambula als guten Helfer, der mit seinen Helfershelfern, Fuchs und Krokodil, Nacht für Nacht die armen Dorfleute im Tal beschenkt. Damit aber nicht genug. In einer zweiten prosozialen *Untersuchungsphase C2* steigern Klimbambula, der Fuchs und das Krokodil ihre Helferhandlungen noch erheblich weiter. Auf diese Weise gelingt es ihnen, die Dorfleute überglücklich zu machen. Abbildung 3.7 zeigt die Effekte, die diese Erfahrungen auf die kindlichen Bezugssysteme im jeweiligen Spielverhalten hatten.

3.2.4 Zur psychohygienischen Funktion des „Guten" und des „Bösen" im Spiel

Die Ergebnisse der feldexperimentellen Untersuchungen C1/C2 sind eindeutig und etwas verwunderlich zugleich. Eindeutig sind sie, weil nach der ersten prosozialen Erfahrung des Helfergespanns Klimbambula, Fuchs und Krokodil (C1) in den vier Funktionsbereichen, nämlich der Globalbeziehung (Einstellung), den Nachahmungen, Emotionen und Bewertungen, die Ergebnisse positiv sind. Das war zu erwarten. Verwunderlich ist allerdings die recht geringe Ausprägung des Positiven in den kindlichen Spielhandlungen. Was aber noch viel mehr verwundern mag, ist die Tatsache, dass nach der zweiten Untersuchungsphase (C2), nachdem das Helfertrio seine prosozialen Taten noch gesteigert hatte, fast sämtliche positiven Ausprägungen der Funktionswerte (nämlich bei den Nachahmungen, Emotionen und Bewertungen) sogar unter Null zurückfallen. Nur die als Globalbeziehung erfasste Einstellung der Kinder zu den Helfern wird noch etwas positiver.

Wie kann man sich nach so positiven Erfahrungsinduktionen diesen Rückgang der positiven funktionalen Beziehungen in der zweiten Spielsituation erklären? Und warum eigentlich sind diese Beziehungen schon nach der ersten prosozialen Bedingung (C1) im Spielverhalten der Kinder nur schwach ausgeprägt? Wie funktionierte die psychohygienische Regulation des Erlebniswerts?

Beide Ergebnisse haben wohl sehr mit dem Erlebniswert der prosozialen Erfahrung (C1) und ihrer Steigerung (C2) zu tun. Dass Klimbambula, Fuchs und Krokodil den Dorfleuten helfen, empfinden die Kinder als schön, vermutlich ganz übereinstimmend mit den eigenen gelernten Vorstellungen, dass es eben gut sei, anderen zu helfen. Aber sehr spannend und aufregend ist es für die Kinder offenbar nicht. Sie sind durch die Helferhandlungen nicht besonders persönlich betroffen. Der Erlebniswert des prosozialen Geschehens scheint sehr gering zu sein, wenn man sich die Videoprotokolle des Spielverhaltens der Kinder dieser Gruppe ansieht. Es sieht ganz danach aus, dass die Erfahrung des guten Helfers keine Erlebniserweiterung hervorgerufen hat. Hingegen weisen die Ergebnisse der Gruppe A und B nach der antisozialen Erfahrung des bösen Ärgerers auf eine beträchtliche Erlebniserweiterung bei den Kindern hin – ganz im Gegensatz zur Gruppe C nach der prosozialen Erfahrung C1.

Wenn dann die Prosozialität der helfenden Akteure in einer zweiten Untersuchungsphase C2 auch noch gesteigert wird, spielt sich in den Spielsituationen buchstäblich nichts mehr ab. Bei den Kinder führt so viel Positives nur zum Zustand der Langeweile. Die fortdauernde und sich steigernde Helfererfahrung hat zu einer Senkung ihres Erlebniswertes geführt. Offenbar scheinen die antisozialen Aktivitäten attraktiver Bezugsgegenstände viel ereignisreicher und intensiver, eben spannender, erlebt zu werden als prosoziale Aktivitäten. Damit wird eine weitere wesentliche psychohygienische Funktion des Spielens offenbar, die mit der normativen Kontrolle des kindlichen Verhaltens im Alltag zusammenhängt. Im Alltag wird von den Kindern erwartet, gut zu sein und das Gute positiv einzuschätzen. Das Böse dürfen sie gewöhnlich nicht realisieren, ohne nachteilige Folgen ihres Verhaltens befürchten zu müssen. Im Klimbambulaspiel dürfen sie das; und nur, wenn Klimbambula als „böser Ärgerer" antisozial agiert, gibt er ein nachahmenswertes Modell ab, das eine Erlebniserweiterung durch die Nachgestaltung seiner antisozialen Handlungen gewährleistet. Dementsprechend gestaltet sich auch die spielerische Verarbeitung der mit dem Erleben verbundenen Erfahrungen. Und die spielerische Bewältigung durch Nachgestaltung des Bösen ist mit intensiver aktiver Spielgestaltung verbunden. Das Spiel wird zum erlebniserweiternden Aktivitätsszenario.

Mit diesen deutlichen Ergebnissen bestätigen die untersuchten Kindergartenkinder einen Sachverhalt, den Drehbuchautoren, Filmregisseure, Hersteller von Computerspielen und die allermeisten Theaterinszenierungen längst mit Erfolg in ihre Filme und Bühnenstücke integrieren:

3.2 · Psychohygienische Funktionen des Spielens

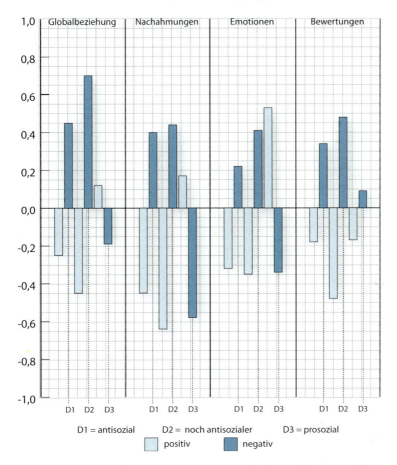

Abb. 3.8 Negative und positive Beziehungen zur Spielfigur „Klimbambula" im Spiel der Kinder, nachdem Klimbambula in Experimentalbedingung D1 antisozial, in Bedingung D2 noch antisozialer und in Bedingung D3 schließlich prosozial erfahren wurde.

jene Spannung, die aus der Ungewissheit der Erwartungen darüber entsteht, welche Untat den vorangegangenen im weiteren Geschehen folgen wird und welche Verwicklungen dadurch entstehen. Offenbar erfüllen antisoziale Ereignisse eher die Kriterien der Unbestimmtheit, neugierigen Erwartung, Spannung und einer gewissen Offenheit des Ausgangs, die allesamt geeignet sind, den Erlebniswert eines Geschehens zu steigern. Wer gut ist, besser wird und bleibt, erregt zwar wohlwollende Aufmerksamkeit, ruft aber kaum Aufregung, sondern eher Langeweile hervor. Die Spielverhaltensweisen der Kinder des Kindergartens C jedenfalls bestätigen diese Einschätzung durchgängig. Dieser Befund stimmt überein mit einem Hauptergebnis der Münchner Medienfachtagung im Spätherbst 1990: „Action- und Zeichentrickfilme [...] stehen dabei an der Spitze der Beliebtheitsskala. Zwar werden auch ‚Die Sendung mit der Maus' oder die ‚Sesamstraße' von den kleinen Zuschauern gerne gesehen, doch die Faszination von Action, Gewalt und Zeichentrick scheinen größer zu sein." (Fränkischer Tag, Bamberg, 17.11.1990, S.3).

Dementsprechend steht es um den Erlebniswert und die Erfahrungen sowie Konsequenzen im kindlichen Spielverhalten, wenn attraktive Bezugsgegenstände fortdauernd antisozial handeln (D1), ihre Antisozialität wesentlich steigern (D2), um letztendlich doch noch „die Kurve zu kriegen" und prosozial werden (D3). Die Feldexperimentalgruppe der Kinder des Kindergartens D erlebten, wie Klimbambula, Fuchs und Krokodil arme Dorfleute ärgern (D1), ihre Ärgereien zum Leidwesen der Dorfleute steigern (D2), um sich schließlich doch noch zu besinnen und zuletzt alles wieder gutzumachen, indem sie nur noch helfen (D3).

Wie Abbildung 3.8 zeigt, ist der Erlebniswert der antisozialen Erfahrungen nach der ersten Phase (D1) in allen vier Funktionsbereichen hoch, wird nach der darauf folgenden antisozialen Erfahrungsphase (D2) geradezu turbulent, das heißt: Das negativ ausgeprägte Funktionsmuster nimmt in allen vier Bereichen deutlich zu. Und nach der prosozialen Wende zum Guten (D3) kippt das Funktionsmuster mit gewissen „Unregelmäßigkeiten" um, sieht man einmal von den Bewertungen ab, wo es in abgeschwächter Form erhalten bleibt.

Hinsichtlich seiner psychohygienischen Funktionen ist das kindliche Spielverhalten in dieser Gruppe aussagekräftig und vielsagend zugleich. Dass das sehr einheitliche Grundmuster der negativen kindlichen Beziehungen zu den zentralen Akteuren nach Phase D1 entstehen und sich nach der Steigerungsphase D2 ausweiten würde, war schon vor Beginn der Feldexperimente in dieser Gruppe vermutet und vorhergesagt worden. Ich nahm an, dass sich bei steigender Antisozialität der zentralen Akteure der ohnehin spannungsreiche Erlebniswert mit all seinen negativen Färbungen in den psychischen Funktionen im Spielverhalten der Kinder nach der Phase D2 ebenfalls steigern wurde. Das traf auch zu. Was aber dann nach der prosozialen Wende des Ärgerertrios Klimbambula, Fuchs und Krokodil (D3) geschah, hatte ich nur dem Trend nach erwartet. Von den einzelnen Ergebnissen war ich teilweise überrascht. Zwar war mir klar, dass die zweimaligen antisozialen Erfahrungsabfolgen niemals spurlos an den Kindern vorbeigegangen sein konnten, dass also nach der prosozialen Phase D3 durchaus mit Nachwirkungen der beiden antisozialen Erfahrungsphasen D1 und D2 zu rechnen war. Ich vermutete deshalb nach D3 ein insgesamt stark abgeschwächtes positives Funktionsmuster über alle vier Funktionsbereiche hinweg. Doch die tatsächlichen Ergebnisse der psychohygienischen Erfahrungsverarbeitung der Kinder im Spiel sollten mich eines Anderen belehren: Die Kinder entwickelten während ihres Spiels zwar mäßig positive Einstellungen, auch ahmten sie die prosozialen Handlungen Klimbambulas nach, wenn auch nicht mit der Vehemenz, in der sie zuvor dessen Antisozialität nachgeahmt hatten.

Überraschend waren die Ergebnisse im *Funktionsbereich der Emotionen*, und nicht minder stark waren die Überraschungen beim kindlichen *Bewertungsverhalten*. Während die Emotionen unerwartet stark positiv ausfielen, blieben die Bewertungen, wenn auch sehr deutlich abgeschwächt, negativ. Die stark positiven Emotionen nach der prosozialen Wendung der Hauptakteure können als ein Anhaltspunkt für die innere Erleichterung der Kinder darüber gewertet werden, dass nunmehr der eigentlich attraktive Bezugsgegenstand Klimbambula endlich zu den sozialen Gepflogenheiten des Lebens zurückfindet und dabei ausschließlich begrüßenswerte Aktivitäten zeigt. Die äußeren Merkmale seines Verhaltens sind nunmehr im Einklang mit seiner magischen Anziehungskraft. Die nach wie vor negativen Bewertungen des zentralen Akteurs kennzeichnen, auch wenn sie stark gemildert sind, einen bleibenden Rest von Misstrauen. Sie stehen für das aus der Erfahrung (D1, D2) verbleibende Wissen, dass Klimbambula lange und ausgiebig keinem anderen Ziel nachjagte, als arme Dorfleute zu schädigen. Es passt nicht zur psychohygienischen Organisation des kindlichen Bewertungssystems, diese negativen Erfahrungen aufgrund der prosozialen Wendung des Hauptakteurs einfach zu vergessen oder ungeschehen zu machen. Eine gewisse Ambivalenz bleibt. Wahrscheinlich tut die Tatsache, dass Klimbambula als solcher eigentlich anziehend wirkt, aber seine fortdauernden Schädigungen der Dorfleute damit überhaupt nicht vereinbar sind, ein übriges: Die Zeit, sein schädigendes Verhalten durch eine Folge prosozialer Handlungen wieder vollständig gutzumachen, ist für die meisten Kinder einfach zu knapp. Oder anders ausgedrückt: Klimbambulas Antisozialität dauerte zu lange und wurde zu intensiv erlebt, als dass seine prosozialen Handlungen nun bei jedem Kind alles hätten „ausbügeln" können.

3.2.5 Individualität der Verarbeitung von Erfahrung

Das Beispiel eines Kindes dieser Gruppe mag die Schlussfolgerung, dass Erfahrungsverarbeitung durch Spiel ein sehr individuelles Geschehen ist, zusätzlich stützen.

> Beispiel:
> Ein fünfjähriger Junge zeigte sich zwar während der Vorlesephasen hellauf begeistert davon, dass Klimbambula nun zum guten Helfer wurde. Auch der Videotrickfilm seiner prosozialen Handlungen beeindruckte diesen Jungen sichtlich. Als er dann aber per Losentscheid endlich mit dem guten Helfer und seinen Helfershelfern, Fuchs und Krokodil, spielen durfte, schaute er sich die Spielfiguren lange intensiv an, sein Gesicht wurde rot und röter, bis er ausrief: „Nein!" und aus dem Spielzimmer rannte. Durch nichts in der Welt wäre er dazu zu bewegen gewesen, mit Klimbambula zu spielen. Die vorausgegangenen antisozialen Erfahrungen standen bei diesem Jungen einer positiven Konfliktlösung durch Spielen entgegen.

Die Erfahrungen Klimbambulas in der Kindergartengruppe D zeigten nach der prosozialen Veränderung des gesamten Geschehens, dass zwar positive Erfahrungen die vorangegangenen negativen kompensieren können. Dies scheint aber mit Schwierigkeiten verbunden zu sein, wenn die antisozial agierenden Bezugsgegenstände zuvor „hochwertig" erlebt wurden und ihre Handlungen zugleich im Widerspruch zu den normativen Verbindlichkeiten des eigenen Bezugsystems standen. Bei einer solchen Konstellation von Erfahrungen kann das Kind zwar emotional recht leicht „umschalten", um jedoch kognitiv umzu*werten*, ist bedeutend mehr Zeit erforderlich. Diese Schwierigkeit zeigt sich sehr deutlich im Spielverhalten der Kindergartengruppe D. Offenbar können durch Erfahrung hervorgerufene „Wunden" mehr oder weniger gut geheilt werden, wenn mit den gleichen Bezugsgegenständen später bessere Erfahrungen gemacht werden. Es bleiben aber in jedem Falle „Narben" zurück, die ein Kind noch schmerzhaft empfinden mag, auch wenn die Heilung fortgeschritten ist, ein anderes dagegen nicht. Dies gehört zur Individualität psychohygienischer Erfahrungsverarbeitung, die sich nirgendwo klarer zeigt als im kindlichen Spiel. Denn im Spiel beziehen die Kinder ihre persönlichen Erfahrungen auf das aktuelle Erlebnis dessen, was sie erfahrungsabhängig gestalten. Ihre spielerisch freie Selbstentfaltung ist hinsichtlich der von ihnen gestalteten Wirklichkeit im Spiel durch die persönlichen Erfahrungen beeinflusst. Spiel ist damit zugleich zukunftsbezogene Verarbeitung von in der Vergangenheit gemachten Erfahrungen des Kindes. Die psychohygienischen Funktionen des Spielens sind so immer mit beiden zeitlichen Richtungen des kindlichen Lebensvollzugs verbunden: der Vergangenheit ebenso wie der Zukunft, vor allem aber mit der Gegenwart des Spielens selbst, aufgrund derer sie erst wirksam werden können.

❗ Die Vergangenheit spielt bei der spielerischen Bildung von Zielen, der Motivation und Aktualisierung zielbezogener Spielhandlungen und damit bei jeder aktuellen Verarbeitung und Gestaltung spielerischer Kontexte eine Rolle. Diese Kontexte bilden die Gegenwart des kindlichen Erlebens und Verhaltens. Trotz Einbezug vergangener Erfahrungen ist das kindliche Spiel ein gegenwärtiges Geschehen. Aus ihm bezieht es seine heilenden Kräfte.

3.2.6 Entwicklungspsychologische Natur der psychohygienischen Funktionen des Spielens

Das Spielen gestattet dem Kind, alle Realitätsebenen seiner Erfahrungen spielend zu gestalten. Nirgendwo sonst im kindlichen Leben sind die psychischen Funktionen des kindlichen Bezugssystems optimaler psychohygienisch wirksam. Und nirgendwo sonst ist der eigentliche Spielraum der kindlichen Selbstgestaltung von Ereigniskontexten größer. Denn neben vielen sonstigen Aktivitätsmöglichkeiten beinhaltet das Spiel eine weitere unvergleichlich wichtige und unersetzliche: Erfahrungen mit hohem Erlebniswert aktiv spielerisch handelnd verarbeiten und neue Erfahrungen durch spielerische Erlebniserweiterung in einer aktuellen Spielsituation machen zu können. Vor diesem Hintergrund sind die psychohygienischen Funktionen des kindlichen Spielens von Natur aus entwicklungspsychologische, denn sie bringen die vergangenen Erfahrungen mit Bezug auf die individuelle kindliche Zukunft in der aktuellen Gegenwart des Spielens auf einen gemeinsamen Nenner von Spielaktionen. Damit sorgen sie für einen Rückgang des Erlebens von Beeinträchtigung und für eine Steigerung des Wohlbefindens. Spiel ist, insbesondere was den Praxisbezug unserer Erkenntnisse betrifft, ein Naturheilmittel.

Durch ihr Spiel bewältigen Kinder aber keineswegs nur zurückliegende Erlebnisse. Spiel dient also nicht ausschließlich der psychohygienischen Verarbeitung von Erfahrung, vielmehr gestalten Kinder spielend ihre Gegenwart. Und fragt man nach der Hauptfunktion, die das Spielen des Kindes für die psychische Hygiene seines Bezugssystems hat, dann gilt mit Bezug auf Zeit und Sinn folgendes:

> ❗ Spielen ist Gegenwart und dient der Gegenwart, dem Hier und Jetzt der kindlichen Existenz. Es lebt aktuell aus sich selbst heraus, und es ist zugleich Selbstzweck, das heißt, der Zweck des Spiels liegt im Spiel selbst, das die kindliche Form der Aneignung und Gestaltung von Wirklichkeit ist. Es ist die kindliche Weise der Gestaltung des Lebens, die ihren Sinn und Zweck in sich selbst sucht und findet. Damit ist es ein ureigenes Fundamentales Lebenssystem, das seine Lebensvorgänge, Lebensstile und -gestaltungen selbst hervorbringt.

Jedes Mal, wenn Kinder spielend Wirklichkeit erzeugen, spielen sie ihre eigenen „Daseinsthemen" (Thomae, 1968) aus sich selbst heraus. Sie entwickeln aktuelle „Daseinstechniken" der spielerischen Wirklichkeitsgestaltung. Diese Techniken äußern sich in einer aktuellen und immer individuellen Variation der Spielthemen. Damit hat jedes Spiel seinen aktuellen Sinn, der zwar in die Vergangenheit oder Zukunft weisen kann, auf keinen Fall aber muss. Denn das Spiel lebt nicht nur aus sich selbst, es genügt sich auch selbst. Es lebt aus der Innenwelt des Kindes heraus, und die Spielhandlungen bleiben, während sie stattfinden, auf die kindliche Innenwelt bezogen. Diese Beziehung nach innen bleibt auch dann erhalten, wenn die sichtbaren Spielinhalte dem Beobachter als etwas Äußerliches erscheinen mögen.

> ❗ Spiel ist, wenn es stattfindet, Aktualisierung des kindlichen Selbst. Selbst, Sinn, Individualität und Aktualität sind Systemkomponenten des Kinderspiels. Das Zusammenwirken dieser Komponenten im Spiel weist das Kinderspiel als ein eigenes förderliches Erlebens- und Verhaltenssystem aus.

Zwar verändert das Spiel während der kindlichen Entwicklung seine Inhalte und Strukturen, seine Prozesse und Themen, seine Qualitäten und Äußerungsformen, aber als ein psychisches Geschehen ist es grundsätzlich zielbezogen, sinnvoll und aktuell. In seiner immer wiederkehrenden Aktualität drückt es die eigentliche Lebensweise der kindlichen Existenz aus. Trotz seiner schier unendlichen Vielfalt, trotz seiner unzähligen Besonderheiten und trotz der so heterogenen Spielformen, wie sie sich während der kindlichen Persönlichkeitsentwicklung etablieren, gilt:

> Spielen ist der psychische Ausdruck des kindlichen Daseins, Spielen ist die aktive Hygiene des psychischen Geschehens in der kindlichen Lebensgestaltung oder mit Zulliger: „Das frei erfundene Spiel ist die eigentliche Sprache des Kindes" (1952; 1972, S. 2). Diese „Erfindung" – so können wir hinzufügen – gründet jedes Mal im kindlichen Selbst. Besonders in dieser Hinsicht hat das Kinderspiel mit dem kindlichen Inneren zu tun, sein Erlebniswert mit dem Selbstwert und die Erlebniserweiterung mit der Selbsterweiterung des kindlichen Bezugssystems.

Die verschiedenen Spielformen, die im Laufe der kindlichen Entwicklung zutage treten, haben natürlicherweise eine jeweils unterschiedliche Bedeutung im Prozess des Spielens selbst. Aber eine Bedeutung ist ihnen allen gemeinsam. Sie haben einen bestimmten Erlebniswert, und manche der Spielarten tragen zu einer starken aktuellen Erlebniserweiterung bei. Auch das ist, wie wir gesehen haben, eine ihrer psychohygienischen Funktionen. Besonders Erwachsene, Eltern und Erzieher sollten dies im Auge haben, wenn sie mit Kindern und deren Spiel umgehen.

3.2.7 Zusammenfassung

- Der aktuelle Erlebniswert bildet das wesentliche psychohygienische Regulativ im kindlichen Spiel. Dabei kommt den durch die kindlichen Spielhandlungen herbeigeführten Erlebniserweiterungen eine herausragende Rolle für die motivationale Handlungsregulation allen weiteren Spielens zu.
- Kindliche Erfahrungen aus der biographischen Vergangenheit moderieren die weitere Erfahrungsbildung im Spiel. — Bei allem hat die Erfahrung von „Gut" und „Böse" einen mächtigen Einfluss auf die psychohygienische Regulation und die Aktivierung individueller Bewältigungsstrategien.
- Antisozialität erzeugt offenbar mehr Spannung, während modellierte Prosozialität eher zu Geruhsamkeit im Spielgeschehen beiträgt. Grundsätzlich gilt: Die Verarbeitung jeder Erfahrung erfolgt individuell.
- Die psychohygienischen Funktionen des Spielens sind entwicklungspsychologischer Natur. Zu jeder Zeit kann das Kind alle Realitätsebenen seiner Erfahrungen spielend gestalten.
- Mit ihrem Spiel bewältigen Kinder ihre zurückliegenden Erlebnisse. Wichtiger aber noch: Kindliches Spiel ist in der Zeitperspektive reine Gegenwart, es dient der Gegenwart, dem Hier und Jetzt der kindlichen Existenz.

3.3 Die verschiedenen Spielformen in der kindlichen Entwicklung

Pädagogik und Psychologie kennen zahlreiche Versuche, die verschiedenen Spielarten zu beschreiben, zu klassifizieren, in ein überschaubares Ordnungssystem zu integrieren. Allgemeingültig und verbindlich könnte eine solche Klassifikation allerdings nur sein, wenn sie auf einer zutreffenden Theorie des Spiels beruht. Doch verfügen wir bis jetzt nur über Teiltheorien. Eine geschlossene Theorie des Kinderspiels liegt nicht vor, sie kann auch nicht gelingen, solange der Wirklichkeitsstatus des kindlichen Spiels ungeklärt bleibt (Mogel, 1988). Außerdem setzt eine solche Theorie voraus, die so mannigfaltigen kindlichen Spieltätigkeiten zusammen mit dem kindlichen Individuum und mit seiner Persönlichkeitsentwicklung zu untersuchen, wobei die Lebensverhältnisse als Entwicklungsbedingungen des Kindes und seines Spiels einzubeziehen sind.

3.3.1 Entwicklungspsychologische Erforschung des Spiels

Die generellen Aspekte des Spiels müssen also um die individuellen Besonderheiten seiner Entwicklung ergänzt werden. Das setzt voraus, dass man nicht nur die Qualitäten der einzelnen Spielarten bei möglichst vielen Kindern untersucht, sondern auch sorgsam überprüft, wie sie sich im Einzelfall entwickeln. Aus diesem Grund untersuchen wir seit einiger Zeit die Ontogenese des kindlichen Spiels bei nur einem einzigen Kind. Fast täglich wird die Spieltätigkeit dieses Kindes im Milieu seiner natürlichen Umgebung videographiert, wobei die Eltern diesen Langzeitaufwand in den eigenen Lebensverlauf und seine Gestaltungen integrieren. Nur auf diese Weise sind nachprüfbare, repräsentative Daten zu erhalten, die den entwicklungspsychologischen Wandel und die Differenzierung der Spielqualitäten über die Zeit abbilden. Zum Zeitpunkt, da dieses Buch erscheint, liegen Ergebnisse noch nicht vor. Aber auch unabhängig von dieser Langzeituntersuchung ist eine entwicklungspsychologische Betrachtung die beste Grundlage dafür, die Spielarten und ihre Bedeutung genauer zu analysieren.

Bereits unter 2.3 hatten wir den Wandel der Spiele mit der Persönlichkeitsentwicklung des Kindes in Zusammenhang gebracht. Tatsächlich lässt sich zeigen, dass die Persönlichkeits- und die Spielentwicklung des Kindes letztlich den gleichen psychologischen Gesetzlichkeiten folgt. Es käme daher auch zu Einseitigkeiten, wollte man die Spielentwicklung ohne die Entwicklung des Kindes untersuchen. Umgekehrt würde es zu kurzsichtigen Betrachtungen führen, wollte man die kindliche Entwicklung ohne die Entwicklung des Kinderspiels thematisieren. Kind und Spiel gehören eben zusammen, und das gilt auch für die *Entwicklung* beider.

3.3.2 Entwicklungsdynamik der Spielarten

Von Geburt an ist der Säugling ein aktives Lebewesen, das im Wachzustand unablässig Bewegungstätigkeiten vollführt, auch wenn diese Tätigkeiten zunächst in noch nicht koordinierter Form verlaufen, sondern unspezifisch auf den kindlichen Körper oder auf die Gegenstände gerichtet sind. Man kann sie als Reflexe des Saugens, Greifens usw. beschreiben. Doch schon nach einigen Wochen beginnt der Säugling, seine Reflexe zu koordinieren. Hand und Mund bilden eine gemeinsame Bewegungskoordination aus. Während diese sich allmählich entwickelt, orientiert sich der Säugling visuell und auditiv (sensorisch) aufmerksam an den Reizen der ihn umgebenden Umwelt. Als Ergebnis dieser Entwicklungsdynamik differenziert sich ein grundlegendes Handlungsschema, das man als Integration von Hand-Mund-Bewegungskoordinationen beschreiben

3.3 · Die verschiedenen Spielformen in der kindlichen Entwicklung

Funktionsspiel

kann. Zusammen mit seiner audiovisuellen Kontrolle der aktiven Bewegungstätigkeit ermöglicht dieses Schema dem Säugling die ersten sensomotorischen Koordinationen (Piaget) mit Gegenständen seiner nächsten Umgebung.

> Dieses Entwicklungsniveau bildet die psychomotorische Grundlage der ersten *Funktionsspiele* des Kindes. Es basiert auf einer bereits beim Säugling frühzeitig entstehenden Aktivitätsform, die nicht nur auf den eigenen Körperzustand, sondern auch auf die Reize der Umwelt bezogen ist: das aktive Erkunden und Explorieren.

Solche Aktivität mündet emotional in eine Lust am Funktionieren der Dinge, in ein Vergnügen an der Funktion – etwa Freude und Spaß an selbst herbeigeführten Geräuschen – weshalb Karl Bühler sie treffend als *Funktionslust* bezeichnet hat. Diese Lust motiviert die früheste der bekannten Spieltätigkeiten während der kindlichen Entwicklung vom Säugling bis zum Kleinkind: das *Funktionsspiel.*

Kennzeichnend für die frühkindlichen Funktionsspiele ist, dass das Kind, hat es einen Lust erzeugenden Effekt erst einmal entdeckt, nun versucht, ihn immer wieder erneut herbeizuführen. Es wiederholt ständig seine sensomotorischen Koordinationen und vervollkommnet sie dadurch, dass es die dabei auftretenden Umweltreize möglichst exakt erlebt und erfährt. Dieser Vorgang des exakten Erlebens setzt voraus, dass das Kind jedes Mal bemerkt, ob die erzeugten Effekte einander gleichen oder nicht. Die kognitive Aktivität des Kindes dabei ist es, diese frühe Erfahrung sich selbst anzueignen, sie zu assimilieren.

Aufgrund ihres Wiederholungscharakters hat Piaget die frühen Formen des Funktionsspiels als sensomotorische Übungsspiele bezeichnet. Motivation und Emotion verschmelzen bei diesen Spielen in der Funktionslust; das ist die Lust am Effekt einerseits und andererseits die Freude darüber, Urheber des Effekts zu sein. Ergänzt wird das noch durch die (mehr kognitive) Erfahrung, die Effekte durch das eigene Hantieren erneut herbeiführen zu können. Beispiele für diesen Vorgang kann man bei jedem Säugling beobachten: Das Bewegen einer Rassel, eines Hampelmanns oder eines über dem Bettchen angebrachten Mobiles sind ebenso beispielhaft wie das Erzeugen bestimmter Laute und Geräusche, sei es, dass der Säugling sie mit der eigenen Stimme erzeugt und wiederholt oder durch das Bewegen eines am Bett angebrachten Spielgegenstandes, der dann mit bestimmten Geräuschen „reagiert".

Verfügt der Säugling erst einmal sicher über die sensomotorischen Schemata der für seine Funktionsspiele ausgebildeten Koordinationen, begnügt er sich auf die Dauer nicht mehr mit dem erreichten Niveau seiner Spielkompetenz. Seine neugierige Aktivität des Erkundens, Explorierens und Wiederholens wird mehr und mehr ergänzt durch ein aktives Experimentieren. Aktives Spielen bedeutet dabei, dass die sensomotorischen Koordinationen seiner Handlungen mehr und mehr dadurch motiviert werden, die Umwelt aktiv explorierend zu durchdringen. Das Kind variiert seine Spieltätigkeit nach dem Motto „Mal sehen, was passiert!". Es ist „Bewirker" und Beobachter seiner Wirkungen zugleich. Während bei den frühen Funktionsspielen noch die Freude am Tun als solchem das Spielgeschehen bestimmte, entstehen nun allmählich zielorientierte Spielhandlungen: herauszubekommen, was passiert und wie es vor sich geht. Spielen wird zum Experimentieren. Dabei werden die erreichbaren Gegenstände der näheren Umwelt aktiv manipuliert, auf ihre Funktionsweise hin erprobt (etwa das Fallenlassen eines Gegenstandes). Dasselbe geschieht in Bezug auf den eigenen Körper. Er wird ebenfalls erkundet und „erprobt". Die Entwicklung des Gefühls eines „Körperselbst" wurzelt in diesen selbstbezogenen Aktivitäten, die die umweltbezogenen Spieltätigkeiten ergänzen.

Die frühe Entwicklung des Spiels insgesamt geht mit psychischen Differenzierungen der Aktivitätsmöglichkeiten des Kindes einher. Erkunden, Entdecken, Bewegen, Wiederholen, Experimentieren sind Aktivitäten, die den Erlebniswert der Umwelt des Säuglings bedingen und mit fortschreitender Entwicklung eine zunehmende

Erlebniserweiterung mit sich bringen. Diesen raschen Entwicklungsfortschritten entspricht eine Differenzierung der emotionalen, motivationalen und kognitiven Funktionen des Kleinkindes. Das zeigt sich deutlich auch in der Organisation seiner Erfahrungen und ihrer Anwendung. So wird mit dem Übergang des einfachen Funktionsspiels zum aktiven Experimentieren zugleich die einfache Nachahmung wahrgenommener Ereignisse der gegenständlichen und personalen Umwelt zur Nachgestaltung: Das Kind macht nicht mehr nur nach, was es sieht und hört, sondern gestaltet die Erlebnisse und Erfahrungen der äußeren Umwelt nach eigenem Gutdünken nach. Dieser Entwicklungsprozess vom Nachahmen zum Nachgestalten kann als eine frühkindliche Wurzel für die Entwicklung der Individualität angesehen werden. Er erwächst aus der spielerischen Interaktion zwischen dem Kind und der Umwelt seiner Spielhandlungen.

3.3.3 Entwicklung der Objektpermanenz (Objektkonstanz)

Der Übergang auf ein höheres Niveau der psychischen Differenzierung geschieht durch folgenden Entwicklungsfortschritt: Das Kind glaubt lange Zeit, dass ein Gegenstand nur so lange da ist, wie es ihn sehen kann. Wenn es ihn nicht mehr sehen kann, ist es überzeugt, der Gegenstand sei weg. Erst wenn es ihm gelingt, diesen Irrtum zu überwinden, ist der Fortschritt da. Er besteht in der Fähigkeit des Kindes, einen Gegenstand sich auch dann als gegenwärtigen Gegenstand zu erhalten, wenn er durch irgendwelche Einflüsse aus dem Blickfeld gerät (Objektpermanenz). Ein Säugling im Alter von vier oder fünf Monaten kann inzwischen das Sehen und Greifen koordinieren und in seinen einfachen Funktionsspielen ebenso einfache zielbezogene Handlungen ausführen, indem er etwa nach dem Gegenstand (zum Beispiel eine Flasche, ein Klotz) seines spielerischen Interesses greift. Verdeckt man aber den Gegenstand (etwa durch ein Tuch, einen Pappkarton oder ähnliches), nimmt der Säugling an, dass der Gegenstand tatsächlich „nicht mehr da" ist, dass er ganz einfach „weg" ist. Obwohl er faktisch da ist, existiert der Gegenstand nicht mehr, sobald er aus dem Blickfeld des Säuglings gerät. Warum?

Nun, der Säugling verfügt in dieser frühen Zeit noch nicht über den Begriff des permanenten Objekts (die so genannte Objektkonstanz). Es dauert noch bis weit in die zweite Hälfte des ersten Lebensjahres hinein, bis das Kind allmählich den Begriff der Objektkonstanz entwickelt. Die bahnbrechenden theoretischen Forschungsarbeiten und Experimente auf diesem komplexen Gebiet der geistigen Entwicklung hat Jean Piaget geleistet. Hier ein Beispiel seiner Beschreibungen:

„In einer zweiten Phase wird das Kind das Tuch abnehmen, um den darunter verborgenen Gegenstand zu finden. Folgende Gegenprobe zeigt jedoch, dass nicht alles mit einem Mal erlernt wird. Sie legen den Gegenstand rechts vom Kind (ein 9 bis 10 Monate alter Säugling) hin und verstecken ihn. Es wird ihn suchen. Dann nehmen Sie ihm den Gegenstand wieder ab und schieben ihn vor seinen Augen sehr langsam auf die linke Seite. Obgleich der Säugling den Gegenstand nach links verschwinden sah, wird er sofort auf seiner Rechten suchen, nämlich dort, wo er ihn zum ersten Mal fand. Es handelt sich um eine unvollständige Permanenz [des Objekts] ohne Lokalisierung [ohne genaue Bestimmung des Ortes]. Das Kind sucht dort, wo seine Suche bereits Erfolg gehabt hat, ungeachtet einer möglichen Platzveränderung des Gegenstandes" (Piaget, 1972).

Während das Kind seine spielerischen Nachahmungsleistungen zuvor mehr imitierend vollzog, ist es nun in der Lage, selbst gestalterisch auf seine Nachahmungen der Wirklichkeit einzuwirken. Es weiß, dass es die Gegenstände seiner Umwelt auch dann in seine Spielhandlungen einbeziehen kann, wenn sie nicht mehr oder noch nicht in seinem Blickfeld sind. Es kann sie zeitlich koordinieren („Ding ist noch da", „noch nicht da", „nicht mehr da...").

3.3.4 Die Symbolfunktion als Entwicklungsgrundlage differenzierter Spielarten

Der Begriff des konstanten Gegenstandes (Objektkonstanz) ist die zentrale psychische Grundlage für die Entwicklung aller weiteren Spiele. Er ist nicht weniger wichtig als die schon erwähnte *Symbolfunktion*, jene mit etwa eineinhalb Jahren sich bildende Fähigkeit des Kindes, einen Gegenstand oder ein Ereignis durch einen anderen Gegenstand oder durch ein anderes Ereignis zu ersetzen.

Mit der Entwicklung der Symbolfunktion gelingt es dem Kind, die Wirklichkeitsebenen seines Spiels – ganz nach Bedarf – zu vertauschen. Seine Nachgestaltungen werden kreativ darin, verschiedensten Gegenständen sowie sich selbst gerade die Eigenschaften und Verhaltensweisen zuzusprechen, die zur Gestaltung des Spiels und zur Umsetzung seiner Ziele notwendig sind.

Auch die fortgeschrittene sprachliche Kompetenz nutzt das Kind dazu nun spielerisch: Bauklötze werden als Tassen benutzt, um den in ihnen befindlichen Tee zu trinken. Ein Schuh dient als Omnibus, in den die Kinder, symbolisiert durch verschiedene Holzstücke, einsteigen usw. Alle möglichen Gegenstände werden spielerisch transformiert – vollwertiger symbolischer Ersatz für das, was sie darstellen sollen. Das Erleben der Spielhandlung ist wirklich, das kindliche Denken dabei transduktiv, das heißt: Die Kinder schließen vom Besonderen auf das Allgemeine bzw. verwenden Analogien. Diesen Vorgang hat William Stern (1952) mit dem Begriff der Transduktion beschrieben, d.h.: Das Kind führt eine generalisierende Assimilation aus.

> Beispiel:
> „Peter ist groß, er isst seine Suppe, aber Andi bleibt klein, weil er seine Suppe nicht isst". Bei „Peter" handelt es sich um den zweieinviertel jährigen, bei „Andi" um den viereinhalbjährigen Jungen einer Familie, und die Transduktion in diesem Beispiel stammt von Peter.

Es verallgemeinert eine als allgemeines Gesetz gültige persönliche Bewertung, der es alle von ihm betroffenen Vorgänge unterordnet.

Auch wenn man die auf der Symbolfunktion basierenden Transduktionsschlüsse als sachlich unzutreffend kennzeichnen mag, sind die Kinder von ihrem Wahrheitsgehalt überzeugt. Mit dem Übergang vom wiederholenden zum experimentierenden Funktionsspiel sowie von der Nachahmung zur Nachgestaltung, mit der Entwicklung der Objektkonstanz und der sich nach und nach differenzierenden Symbolfunktion haben wir zunächst in aller Kürze die entscheidenden frühkindlichen Entwicklungsgrundlagen des Spiels beschrieben. Sie ermöglichen dem Kind, jetzt sicher zwischen Spiel und Nichtspiel zu unterscheiden, in ein Spiel ein- oder aus einem Spiel herauszutreten. Sie bilden die kognitive Basis für das kindliche *Grenzbewusstsein* darüber, ob es spielt oder ob es nicht spielt. Und offenbar ist dieses Grenzbewusstsein wichtig. Denn ein Kind, das all seine Tätigkeiten als sein Spiel ansieht, wird sich ebenso unangepasst verhalten wie eines, das überhaupt nicht spielt.

Die *Konstruktionsspiele* des Kindes differenzieren sich aus seinen auf den eigenen Körper (zum Beispiel Hand-Mund-Integration) und aus den auf die Gegenstände der Umwelt (sensomotorisch koordinierter Gegenstandsbezug) bezogenen Aktivitäten sowie aus deren Weiterentwicklung. Die *Rollenspiele* differenzieren sich aus der Symbolfunktion, deren hauptsächlicher Vorläufer die Entwicklung der Objektkonstanz ist. Die *Regelspiele* schließlich differenzieren sich aus allen drei Hauptgruppen und aus der vom Kind erfahrenen Tatsache, dass alle Spiele bestimmten Ordnungen folgen und an eine gewisse Regelhaftigkeit von Ereignissen gebunden sind.

Betrachten wir zunächst die *Konstruktionsspiele*. Während die Funktionsspiele sich noch weitgehend dadurch beschreiben lassen, dass das Kind sich an der Funktion der Dinge erfreut (Funktionslust) und die Motivation seiner Spieltätigkeit mit dem Vergnügen am eigenen Tun und den selbst hergestellten Effekten verbunden ist, stellt das aktive Experimentieren schon fast eine Form ihrer (entwicklungsbedingten)

Weiterentwicklung hin zum Konstruktionsspiel dar. Beim aktiven Experimentieren ist der Ausgang des Spielgeschehens noch mit der neugierig gespannten Erwartung verknüpft, was wohl passieren wird. Der ungewisse Ausgang macht die Angelegenheit spannungsreich. Ganz anders beim Konstruktionsspiel: Hier möchte das Kind ein Ziel erreichen, das es sich zuvor selbst gesetzt hat, seine Spielhandlungen sind insgesamt darauf gerichtet, den durch das Spielziel gegebenen Anforderungen zu genügen.

3.3.5 Möglichkeit des Gelingens und Misslingens im Spiel

Die Anforderungsstruktur für die zur Zielerreichung notwendigen Spielhandlungen kann von „gering" bis „hoch" variieren. Dementsprechend kann ein Konstruktionsspiel leicht gelingen oder auch misslingen. Es kann Erfolg, und es kann Misserfolg haben, und das mit allen psychischen Begleiterscheinungen.

Im Fall der erfolgreichen Durchführung und Beendigung seines Konstruktionsspiels mögen Glücksgefühl und Zufriedenheit die Erfahrung des Kindes begleiten, dass es selbst etwas zustande gebracht, etwas geschaffen hat, worauf es zu Recht stolz sein kann.

Setzt das Kind sein Spielziel im Konstruktionsspiel aber zu hoch an und ist den Anforderungen, es auch wirklich zu erreichen, nicht gewachsen, kann das Erleben von Misserfolg, Unzufriedenheit, Verärgerung, Zorn, Deprimiertheit resultieren. Dies alles sind beeinträchtigende emotionale Begleiterscheinungen der Erfahrung, etwas (noch) nicht zu können. Jetzt wird das Kind erstmals damit konfrontiert, dass es am eigenen und selbstgesetzten Leistungsstandard gescheitert ist. Solche Erfahrungen können für das Kind überaus schmerzlich sein, insbesondere dann, wenn es sich wieder und wieder angestrengt hat, ohne dass aus der geplanten Konstruktion etwas wird. Hier besteht grundsätzlich die Möglichkeit, dem Kind zur Zielerreichung behilflich zu sein.

Dennoch ist das Erleben des Misslingens und die Erfahrung, ein Ziel nicht ohne weiteres zu erreichen, entwicklungspsychologisch wertvoll. Denn die selbst erzeugte Wirklichkeit (Misslingen eines Konstruktionsspiels) verlangt dem Kind Wege und Mittel ab, die beeinträchtigend erlebte Erfahrung zu bewältigen, das heißt Bewältigungsstrategien gegenüber den negativen Folgen des Misslingens zu entwickeln. Sie können darin bestehen, die eigenen Anforderungen zu senken, die Wiederholung des Konstruktionsversuchs erst einmal zu verschieben usw. Jedenfalls bleibt die an sich wichtige Erfahrung, dass nicht von vornherein alles wunschgemäß verläuft, obwohl man es sich zunächst erhofft hatte.

Konstruktionsspiele hängen nach ihrer Auswahl, ihrem Verlauf und ihrem Ergebnis natürlich davon ab, welche Spielmaterialien dem Kind zur Verfügung stehen. Dann aber ist es im wesentlichen eine Sache des Kindes, welche Ziele es bildet und welche Anforderungen es an sich stellt.

Grundsätzlich verlangen Konstruktionsspiele vom Kind, dass es planend vorausschaut, die Materialien den Anforderungen gemäß erkennt, anordnet und gestaltet und darüber hinaus die notwendige Geduld aufbringt, so lange ausdauernd zu spielen, bis das Spielziel praktisch in greifbare Nähe rückt. Damit gilt für Konstruktionsspiele, dass sie geeignet sind, beim Kind die inneren Voraussetzungen für eine konstruktive, kreative und ausdauernde Arbeitseinstellung zu fördern, und zwar um so mehr, als die Konstruktionsideen, die Vorstellungen ihrer Umsetzung und die Gestaltung des Konstruktionsspiels vom Kind selbst ausgehen.

Rollenspiele gründen, so hatten wir angedeutet, in der Symbolfunktion, und das Kind benutzt die verschiedensten Symbole, um die erlebten und erfahrenen Rollen der sozialen Wirklichkeit nachzugestalten. Deshalb haben manche Autoren vorgeschlagen, diese Spiele als Symbolspiele zu bezeichnen. Dennoch ist meines Erachtens der Begriff des Symbolspiels als Oberbegriff zur Einordnung dieser Spiele nicht so gut geeignet wie der des Rollenspiels. Denn das Kind benutzt Symbole (etwa einen Bauklotz als Pfeife, um die

Abfahrt des Zuges zu signalisieren), aber es spielt den Schaffner und die für ihn typischen Tätigkeiten. Die Nachgestaltung der Rolle ist der eigentliche Spielinhalt, das Symbol (Bauklotz = Pfeife) wird lediglich als Mittel zum Zweck benutzt.

3.3.6 Der Sinn sozialer Aktivitäten im Spiel

Fast alle Rollenspiele sind von Grund auf sozialer Natur. Ihr generelles Motiv hat mit einer Tatsache zu tun, die Kinder durch die Kindheit hindurch permanent erfahren, vielleicht auch ertragen müssen. Und dennoch ist diese Tatsache überaus interessant. Es handelt sich dabei um jene Tätigkeiten der Erwachsenen, die Kinder noch nicht ausführen können oder dürfen: Autofahren, Traktorfahren, Kinder haben und pflegen, Arzt sein, Schaffner sein, Verkäufer sein – und vieles mehr. Zwar erleben Kinder täglich, wie Erwachsene diese Tätigkeiten selbstverständlich ausüben, für sie selbst dagegen sind sie tabu. Diese recht widersprüchliche Erfahrung wird noch kompliziert durch das schon erwähnte, für Kinder verbindliche Machtgefälle: Erwachsene fordern, dass Kinder sich genauso den sozialen Normen und Regeln einordnen wie sie selbst, und das, obwohl den Kindern die Teilhabe am *ganzen* sozialen Geschehen verwehrt bleibt. Hier führt Erziehung zu einem gleichermaßen notwendigen wie natürlichen Konflikt, den Kinder auf irgend eine sozial akzeptierte Weise bewältigen müssen. Die einzige Möglichkeit, die das uneingeschränkt gestattet, besteht im Rollenspiel und all seinen Variationen. Im Rollenspiel ist öffentliches Zigarettenrauchen symbolisch möglich, außerhalb des Rollenspiels wären bei öffentlichem Rauchen negative Sanktionen (eventuell zudem Übelkeit) zu erwarten. Rollenspiele haben ihren motivationalen Sinn darin, das soziale Zusammenleben und die hervorstechenden Formen dieses Zusammenlebens aktiv nachzugestalten mit dem Ziel, sich selbst als Erwachsener in dieser oder jener typischen Rolle wenigstens vorübergehend zu erleben. Der Erlebniswert der Rolle ist außerordentlich hoch, und meist ist damit eine beträchtliche Erlebniserweiterung verbunden (die ja außerhalb des Rollenspiels nicht möglich wäre).

> ! An Rollenspielen sind nach Forschungsergebnissen von Otto u. Riemann (1991), die in Untersuchungen mit Grundschulkindern gewonnen wurden, Erwachsene vergleichsweise wenig beteiligt. Werden Erwachsene aber vom Kind einbezogen, müssen sie untergeordnete Rollen spielen.

3.3.7 Die Orientierung an der sozialen Wirklichkeit beim Nachgestalten im Spiel

Im Rollenspiel ist das Kind *erlebnismäßig wirklich „erwachsen"*. Wie ernst es Kinder damit meinen, kann man am verbindlichen Ablauf eines jeden Rollenspiels erkennen. Die Kinder dulden keinerlei Abweichungen des typischen Verlaufs ihres Rollenspiels von der im Alltag erfahrenen Form der Tätigkeit, die sie im Rollenspiel aktiv nachgestalten.

> ! Der Wirklichkeitsstatus der allermeisten Tätigkeiten in den kindlichen Rollenspielen, gleichgültig, ob sie allein oder mit anderen gespielt werden, ist absolut verbindlich. Wer seine Rolle nicht einhält, beeinträchtigt oder zerstört das Spiel.

Aufgrund dieser Motivations-, Tätigkeits- und Zielstruktur des Rollenspiels kann es nur verwundern, dass an Stelle des Begriffs Rollenspiel bei der wissenschaftlichen Beschäftigung mit den kindlichen Rollenspielen immer noch die Begriffe Fiktionsspiel oder Illusionsspiel völlig unkritisch benutzt werden. Die Literatur ist voll davon, obwohl gerade diese Begriffe den kindlichen Erlebnis- und Erfahrungsgehalt bei Rollenspielen entstellen. Für die Kinder ist die Rolle weder Fiktion noch Illusion, sondern Wirklichkeit. Das lässt sich daran feststellen, dass sie

Abb. 3.9 Eine Gruppe Kindergartenkinder beim Regelspiel, dem Kartenspiel „Uno". Während der Eine noch überlegt, welche Karte als nächstes auszuspielen ist, verschafft sich der Andere einen Überblick über die Karten seines Gegners. (Foto: Christoph Fischer)

während des Rollenspiels immer wieder aus dem eigentlichen Spielgeschehen heraustreten, um zu überprüfen, zu beraten und zu entscheiden, ob eine gespielte Rolle tatsächlich dem wirklichen Geschehen entspricht, das die Kinder nachgestalten. Ihre Rollendefinitionen orientieren sich also tatsächlich am Realitätsgehalt der zu spielenden Rolle.

Ebenso merkwürdig ist in diesem Zusammenhang das Festhalten am Begriff der Quasi-Realität, legt er doch nahe, die Kinder täten im Rollenspiel nur so, als ob sie jemand anders wären. Zutreffend ist vielmehr, dass Kinder zwar auch beim Rollenspiel sich der Grenzen zwischen Spiel und Nichtspiel bewusst sind. Aber gerade im Rollenspiel fallen die sonst unüberwindlichen Grenzen zwischen dem Kindsein und dem Erwachsensein. Die Kinder erleben sich in ihrer Rolle real, und wir sollten jene Begriffe, die davon ablenken und Irrtümer begünstigen, kritisch überdenken, vielleicht ad acta legen. Denn die gespielte Rolle ist für das im Symbol- und Rollenspiel involvierte Kind nichts anderes als gelebte und erlebte Wirklichkeit zugleich. Man kann das daran erkennen, dass das Kind in seiner Rolle vollständig aufgeht.

! Jedes Rollenspiel folgt seinen inneren Regeln, nach denen bestimmte Verhaltensweisen möglich, andere ausgeschlossen sind. Diese inneren Regeln sind durch ihre Orientierung an der Realität eines nachzugestaltenden Geschehens verbindlich.

Regelspiele gehören zu jenen Spielen der Kinder, die meist im fortgeschrittenen Kindesalter zwischen Kindern und Kindern oder Kindern und Erwachsenen gespielt werden. Und wenn eine der unterschiedlichen Spielarten auch im Erwachsenenalter gespielt wird, dann handelt es sich dabei meist um Regelspiele. Wie Rollenspiele folgen Regelspiele bestimmten verbindlichen Regeln. Während die Regel im Rollenspiel aber durch die Art der nachzugestaltenden Rolle festgelegt ist, legt die Spielregel eines Regelspiels für alle Beteiligten gleichermaßen fest, wie der Spielverlauf vor sich zu gehen hat. Die Regeln ordnen also verbindlich den Spielverlauf, vor der Regel sind alle gleich. Zwar können die Mitspieler innerhalb der durch die Spielregel verbindlichen Grenzen frei agieren, doch dann bestimmen der Zufall und die Spielzüge der anderen den weiteren Verlauf.

Beim Regelspiel spielen die Spieler auf ein Ziel hin. Jeder möchte gewinnen. Die Spielinhalte sind durch das Spiel und die Spielmaterialien selbst festgelegt. Das Spielziel zu erreichen, ist an den wechselseitigen Einfluss von drei Größen geknüpft: Spielaktivität, Regeln, Zufall. Innerhalb dieser das Spielgeschehen regulierenden Größen versucht jeder Spieler, seine eigenen Strategien und Techniken aufzubauen, von denen er glaubt, dass sie am ehesten zum Gewinnen des Spiels führen. Das Regelspiel ist ein regelrechter „Zufallsgenerator". Was das bedeutet und welche Folgen daraus für das Spiel entstehen, beschreiben Sabine Riemann und Karlheinz Otto in ihrer Arbeit *Zur psychologischen Analyse des Regelspiels im frühen Schulalter*:

> „Das Besondere der Bedingungen des Regelspiels besteht darin, dass sie durch den aktuellen regelabhängigen Handlungsvollzug im Vergleich mit nichtspielerischen Tätigkeiten einen bedeutend höheren Anteil an Zufall ,produzieren'. Im Spielverlauf kommt es deshalb zu ständig wechselnden und unvorhersehbaren Situationen. Der Zufall kann direkte und/oder indirekte Vor- und Nachteile für die Zielrealisierung mit sich bringen. Das erfordert sowohl in kognitiver als auch in emotionaler Hinsicht ein adäquates Reagieren, und zwar im Sinne eines Maximierens der Vorteile und des Minimierens der Nachteile" (Riemann & Otto, 1990, S. 349-350).

❗ Jedes Regelspiel stellt typische Anforderungen an die Spieler. Eine übergeordnete Anforderung ist, dass man sich exakt an die Regeln zu halten hat. Wer mogelt, stört oder zerstört den Spielablauf, wenn er dabei ertappt wird. Ansonsten gehört das Mogeln selbstverständlich zu den „verdeckteren" und immer spannungsfördernden Strategien. Sie werden bei Gelingen als wohltuend erlebt – bis hin zur Schadenfreude.

Eine weitere Anforderung ist, dass die Spieltätigkeit jedes Beteiligten sich am Ziel, zu gewinnen, orientiert.

3.3.8 Entwicklungspotentiale durch Regeln im Spiel

Anpassung an die Spielregeln kann entwicklungspsychologisch für das Kind nur günstig sein und ist ideal, um zu lernen, wie man sich einem gemeinschaftlichen Geschehen auch dann einordnen können muss, wenn man (wie die anderen) gewinnen möchte. Gerade die Möglichkeit von Gewinnen oder Verlieren ist es aber, die ebenfalls kindliche Entwicklungspotentiale berührt. Gewinnen weckt die wohlbekannten Emotionen der Freude. Verlieren bewirkt häufig alle Variationen des Missmuts, von der Niedergeschlagenheit bis zum tobenden Zorn.

Das Verlieren aktiv zu bewältigen, stellt eine aktuelle Aufgabe an das betroffene Kind, damit „fertig" zu werden. Und verlorene Regelspiele sind dazu weitaus günstiger als Verluste im sonstigen Alltag. Denn sie enthalten das Verlieren ja als möglichen Ausgang. Ansonsten fördern Regelspiele die Entwicklung sämtlicher psychischer Funktionen – jedes Regelspielgeschehen auf seine Art. Dabei sind Regelspiele so vielfältig, dass es ein langatmiges Unternehmen wäre, sie alle aufzulisten.

3.3.9 Die Ernsthaftigkeit des Spiels: Streit im Regelspiel

Dass das Spiel bei aller Vergnüglichkeit etwas Ernsthaftes ist, kann man in den meisten Spielformen beobachten: im frühen Symbolspiel beim Versuch, besondere Auffälligkeiten der erlebten Wirklichkeit nachzuahmen oder nachzugestalten; im Experimentierspiel bei der Erkundung physikalischer Gesetzmäßigkeiten; im Konstruktionsspiel bei dem Versuch, selbstgesetzte Konstruktionsziele zu erreichen; im Symbol- und Rollenspiel bei der möglichst realitätsgerechten Nachgestaltung verschiedener Ausschnitte der erfahrenen Wirklichkeit; schließlich beim Regelspiel mit dem Versuch, möglichst effektiv das generelle Spielziel zu erreichen: zu gewinnen.

Dies gilt für alle Regelspiele und Altersgruppen von Spielern, also auch bei erwachsenen und älteren Spielern. Die Spiele sind durchsetzt von Gefühlsausbrüchen, von Freude, Triumph und Siegesgefühl auf der einen, von Zorn, Ärger und Verdruss auf der anderen Seite.

Hier zeigt sich das ganze Kaleidoskop der menschlichen Emotionen, von heller und lauter Freude bis zur glühenden Wut, Verärgerung und tobendem Zorn – und dies manchmal extrem.

In vielen Ländern, insbesondere aber in Bayern, gehört es zur Lebenskultur der vorwiegend älteren Männer, zuweilen vereinzelt auch Frauen, dass man sich täglich – meist am späteren Nachmittag – im Stammwirtshaus zum Kartenspielen trifft. Spiele wie Schafkopf oder Watten gehören beispielsweise in Niederbayern zur diesbezüglichen Spieltradition. Nur ein kleiner Ausschnitt aus einem Spielverlauf soll zeigen, wie nahe Freud und Streit in solch einem Regelspiel beieinander sein können.

> Beispiel:
Das Kartenspiel begann friedlich und fröhlich. Der 70-jährige Wirt und drei (männliche) Gäste spielten „Watten", so genannte Profis inszenierten ihr gewohntes Spiel unter sich.
Der Wirt war dran und sagte, „dass der Ober sticht". Während des weiteren Spielverlaufs behauptete sein Gegenspieler, der Wirt hätte geäußert, dass „der Unter sticht". Daraufhin entbrannte ein wilder und lauter Streit: Der Wirt zeigte sich persönlich schwer beleidigt. Er rechtfertigte sich mit den folgenden Sätzen in seinem niederbayerischen Heimatdialekt: „I hob gsogt, dass da Ober sticht. I bin doch ned narrisch, i woas doch no genau, was i gsogt hob!" Sein Gegenspieler ließ nicht nach und behauptete weiterhin, der Wirt hätte gesagt, dass der Unter sticht. Die Wut des Wirts wurde immer größer, und er äußerte sich daraufhin so: „Itz host ma s'Kraut ausgschitt! Wenn Du no amoi sogst, i häd gsogt, dass da Unta sticht, dann glang i umi und hau da oane eini! Herrgottsakrament no amoi, i woas doch genau, wos i gsogt hob!" – Der andere: „I sog da no amoi, Du host gsogt, dass da Unta sticht, i woas' ganz genau." Die Äußerung wird von einem herausfordernden Grinsen begleitet, woraufhin der Wirt wutentbrannt reagiert: „Kraizsakrament, wennst jetzt dai Mai net hoidst, dann hau i da oane eini in dai Fozzn!" – Daraufhin begannen die übrigen Teilnehmer durch gezielte Bemerkungen zu beschwichtigen: „Jetzt her't's auf, des is jo nur a Spui, Ober hi, Unter her, lost's es geh!" – Nach und nach glätteten sich die emotionalen Wogen, und man begann – in aller Ruhe – ein weiteres Spiel.

Übersetzungsversuch der niederbayerischen Dialektversion ins neuhochdeutsche Sprachgefüge:

Der Wirt zeigte sich persönlich schwer beleidigt. Er rechtfertigte sich mit den folgenden Sätzen in seinem niederbayerischen Heimatdialekt: „Ich habe gesagt, dass der Ober sticht. Ich bin doch nicht verrückt, ich weiß doch noch genau, was ich gesagt habe!" Sein Gegenspieler ließ nicht nach und behauptete weiterhin, der Wirt hätte gesagt, dass der Unter sticht. Die Wut des Wirts wurde immer größer, und er äußerte sich daraufhin so: „Jetzt hast Du mich endgültig verärgert! Wenn Du noch einmal sagst, ich hätte gesagt, dass der Unter sticht, dann werde ich handgreiflich und schlage zu! Herrgottsakrament noch einmal, ich weiß doch genau, was ich gesagt habe!" – Der andere: „Ich sage Dir noch einmal, Du hast gesagt, dass der Unter sticht, ich weiß es ganz genau." Die Äußerung wird von einem herausfordernden Grinsen begleitet, woraufhin der Wirt wutentbrannt reagiert: „Kreuzsakrament, wenn Du jetzt Deinen Mund nicht hältst, dann schlage ich Dir ins Gesicht!" – Daraufhin begannen die übrigen Teilnehmer durch gezielte Bemerkungen zu beschwichtigen: „Hört jetzt auf, das ist ja nur ein Spiel, egal ob Ober oder Unter, lasst es gut sein!" – Nach und nach glätteten sich die emotionalen Wogen, und man begann – in aller Ruhe – ein weiteres Spiel.

3.3.10 Zusammenfassung

- Die Erforschung des Spiels bedarf eines entwicklungspsychologischen Vorgehens. Dabei ist die Entwicklungsdynamik der Spielformen mit der grundsätzlichen Aktivität und Bewegungsdynamik von Beginn an verbunden. Die Aktivitätsmöglichkeiten des Kindes differenzieren sich zunehmend und gehen mit Erlebniserweiterungen gegenüber der erfahrbaren Umwelt einher. Es kommt zu ersten Nachgestaltungen von erlebten Ereignissen.
- Ein gewaltiger Fortschritt in Richtung Realitätserkenntnis ist durch die Entwicklung der Objektpermanenz (Objektkonstanz) gegeben. Während das Kind zuerst einen nicht mehr sichtbaren Gegenstand für nicht mehr existent hält, weiß es nunmehr um seine faktische Existenz, auch wenn es ihn nicht mehr wahrnehmen kann.
- Aber erst die hierauf aufbauende Symbolfunktion bedeutet eine entscheidende Weichenstellung für die weitere Spielformenentwicklung. Nun kann das Kind einen Gegenstand oder ein Ereignis durch einen anderen Gegenstand oder ein anderes Ereignis ersetzen. Es kann die Wirklichkeitsebenen seines Spiels beliebig vertauschen.
- Eine selbst gesetzte Anforderungsstruktur und das damit verbundene Spielziel schaffen die Möglichkeit des Gelingens und Misslingens im Spiel, insbesondere bei Konstruktionsspielen.
- Bei den Rollenspielen zeigt sich der Sinn sozialer Aktivitäten im Spiel, wobei die Symbolfunktion die Basis dieser Spiele darstellt. Beim Nachgestalten von Rollen im Spiel orientiert sich das Kind an der sozialen Wirklichkeit.
- Die Regelspiele werden motivational von dem Spielziel, zu gewinnen, dominiert. Darüber hinaus fördern Regeln im Spiel die Differenzierung der Anpassungs- und Entwicklungspotentiale beim Kind.
- Regelspiele können aber auch ernsthafte emotionale Verstimmungen und Streitigkeiten hervorrufen, wenn nämlich die am Spiel beteiligten Personen bestimmte Abläufe des Spiels unterschiedlich sehen und in ihrer Sichtweise verharren. Dies gilt auch für die affektive Regulation des Spiels bei älteren erwachsenen Spielern.

3.4 Der Einfluss von Spielzeug, Spielplätzen, Spielräumen, Spielzeiten

Das *Spielzeug* ist durch die ganze Kindheit hindurch ein zentraler Bestandteil des Lebens und ein bedeutsamer Einflussfaktor der Persönlichkeitsentwicklung eines jeden Kindes. Als Spielzeug kann man alle Gegenstände der kindlichen Umwelt bezeichnen, die das Kind zu Bestandteilen seiner Spielhandlungen macht, denn von da an haben diese Gegenstände einen besonderen spielerischen Erlebenswert, Verhaltenswert und Erfahrungswert. Diese Definition von Spielzeug schließt ein, dass vom Kind ausgewählte Gegenstände, wie etwa Hölzer, Steine, Papier und sonstige Materialien, ebenso als Spielzeug dienen können wie etwa speziell zum Spielen hergestellte Spielzeuge der Industrie, die Erwachsene für die Kinder kaufen.

3.4.1 „Gutes" und „schlechtes" Spielzeug

Spielzeuge sind ebenso real wie das Spiel, in das sie vom Kind einbezogen werden. Die Spielhandlung ist praktisch auf Spielzeug angewiesen. Aber nicht jedes Spielzeug ist gleich gut geeignet. Ein grundlegendes Kriterium dafür, ob Spielzeug „gut" oder „schlecht" ist, besteht darin, inwieweit es sich für das Kind eignet, seine eigene

Wirklichkeit und seine kreative, von ihm selbst ausgehende Phantasie im Spiel zu vereinen. Gutes Spielzeug belässt also dem Kind einen echten Handlungsspielraum für eine kreativ-freie Gestaltung seiner Spielhandlungen. Schlechtes Spielzeug hingegen kann man daran erkennen, dass das Kind mit ihm nur stupide Wiederholungen von Ereignissen ausführt, zum Beispiel die Aggressionsmuster eines Actionfilms.

❗ Gutes Spielzeug ist für das Kind lebensnotwendig. Es ist genauso wichtig wie die Befriedigung der das Überleben sichernden Grundbedürfnisse (Hunger, Durst), wie ein ausgewogener Schlaf-Wach-Rhythmus, wie sozialer Kontakt, Sicherheitsgefühl und Selbstwerterleben.

3.4.2 Spielzeug und kindlicher Wirklichkeitsbezug

Im Spiel gestalten Kinder – und zwar während der gesamten kindlichen Entwicklung – ihren Realitätsbezug. Sie tun das zwar, je nach dem erreichten Entwicklungsstand, mit unterschiedlichen Formen des Spiels, und gar nicht selten "mischen" sie auch verschiedene Spielarten, um ihren individuellen Bezug zur Wirklichkeit im Spiel herzustellen. Aber gemeinsam ist allen Variationen des jeweiligen Spielverhaltens, dass immer die verfügbaren Spielgegenstände mitbestimmen, *was* die Kinder spielen und *wie* sie etwas spielen. Das heißt:

❗ Das Spielzeug hat einen direkten Einfluss auf die *Inhalte* und auf die *Formen* des Kinderspiels. Es beeinflusst also nachhaltig den kindlichen *Bezug zur Wirklichkeit*. Dieser Bezug ist es, woran sich der eigentliche Wert eines Spielzeugs für die Entwicklung des Kindes bemisst.

Der Bezug ist seiner Natur nach *erkennend*: Jede der im vorangegangenen Kapitel erörterten Spielformen hat auf ihre Weise eine besondere Funktion dafür, wie das Kind seine Welt erkennen und so zu einer durchschaubaren Wirklichkeit machen kann. Vereinfacht formuliert führt das Funktionsspiel zum Erkennen der Funktion von Gegenständen, obwohl es zunächst noch unspezifisch den Spaß an der Funktion (Funktionslust) sucht; das aktive Experimentieren schließlich dient der Erkenntnis der Funktionsweise. Das Konstruktionsspiel dient der durch aktives Gestalten herbeigeführten Erkenntnis (zum Beispiel über Materialbeschaffenheit, Statik usw.), das Rollenspiel der Erkenntnis des sozialen Lebens, das Regelspiel der den Zufall einbeziehenden Erkenntnis von Planungs- und Handlungsstrategien.

Ferner ist der *Bezug zur Wirklichkeit erlebend,* und je nachdem, mit welchem Spielzeug das Kind seinen Erlebnisbezug spielerisch gestalten kann, ist der Erlebniswert seines Spieles beschaffen. Manchmal ist er mit einer Erlebniserweiterung verbunden, wenn das Spielzeug die kreative Selbstgestaltung des Spieles zulässt und fördert.

Schließlich findet der spielerische Wirklichkeitsbezug als *konkretes Verhalten* statt. Das Kind ist aktiv, es macht etwas in seinem Spiel. Aber was es alles machen kann oder nicht machen kann, hängt wiederum wesentlich von der Qualität seiner Spielzeuge ab.

3.4.3 Spielzeuggebrauch: der Spielwert als Kriterium

Mit fortschreitender Entwicklung differenzieren sich auch die Ansprüche des Kindes an die Funktionalität seiner Spielzeuge. Diese Ansprüche werden zusätzlich durch den Einfluss der Medien, zum Beispiel der Werbung, und dadurch, welche Spielzeuge das Kind bei anderen Kindern sieht und probiert, beeinflusst. Daher ist es nicht verwunderlich, wenn ein zehnjähriger Junge heute viel Freizeit mit faszinierenden Computerspielen verbringt und manchmal nur sehr wenig mit der väterlicherseits aufwendig gebauten Modelleisenbahn.

Erwachsene haben es in den heutigen Industriegesellschaften sehr schwer, angesichts der vielseitig wirksamen Außeneinflüsse auf ihre Kinder das optimale Spielzeug auszuwählen, denn die kindlichen Wünsche müssen nicht unbedingt den Spielzeugen gelten, deren pädagogischer Wert vielleicht optimal wäre, deren Attraktivität aber gering ist.

Der Anteil von Spielzeugprodukten am Gesamt der industriellen Produktionsgüter ist in den letzten Jahren derart gewachsen (und wird weiter wachsen), dass man sich wirklich auf den entwicklungspsychologischen Sinn des Kinderspiels (Erlebniswert, Verhaltenswert, Erkenntniswert, Wirklichkeitsbezug, Kreativität) rückbesinnen muss, um den eigentlichen Spielwert von Spielzeugen für die Kinder auch beim Spielzeugkauf zu beachten.

! Angesichts einer solchen Entwicklung wäre es (in einem nach dem Umfang begrenzten Buch) sinnlos, Eltern und Erziehern einzelne Ratschläge über die Güte dieser oder jener Spielzeuggruppen zu erteilen. Viel günstiger erscheint mir ein selbstreflexives Abwägen der Vor- und Nachteile bestimmter Spielzeuge für die kindliche Persönlichkeitsentwicklung.

Für die Kinder, für die Familien, in denen sie aufwachsen, für die Gesellschaft, der sie angehören, und für die Spielzeugindustrie, welche Spielzeuge herstellt, anbietet und verkauft, sollte es einen gemeinsamen Orientierungsmaßstab geben, der von der bestmöglichen Persönlichkeitsentwicklung des Kindes ausgeht: „Spielzeug so zu konzipieren und herzustellen, dass es einen möglichst hohen Spielwert besitzt." (Otto et al., 1978, S. 10).

Vom *Spielwert* auszugehen, ist auch beim Planen, Entwerfen, Bauen und Gestalten von *Kinderspielplätzen* sinnvoll. Diese „Plätze zum Spielen" (Bartsch et al. 1985) kindgerecht und spielförderlich anzulegen, scheint eine Kunst zu sein, die fundiertes Wissen über die Funktionsweise des psychischen Bezugssystems von Kindern und über ihre Verhaltensvorlieben voraussetzt. Kinder wollen auf Spielplätzen die unterschiedlichsten Bewegungsspiele spielen. Aber sie wollen auch Spannung erleben. Und bei manchen Spielen möchten sie einfach nur unter sich sein, frei von äußerer Kontrolle. Das sind lediglich einige wenige der Anforderungen, denen Spielplätze entsprechen sollten. Eine weitere betrifft die *Orte*, an denen Spielplätze angelegt werden sollten, damit sie zum echten *Spielraum* kindlicher Lebensentfaltung werden.

3.4.4 Der Gemeinschaftscharakter von Spielplätzen

Günstig ist, wenn Spielplätze möglichst natürlich belassene Verhaltensräume inmitten ländlicher Gemeinden, der städtischen Wohngebiete oder Zentren sind. Nur dann ist gewährleistet, dass Kinder ihre Spiele als Mitglieder der Gemeinschaft in ökopsychischer, das heißt in jeder Hinsicht vollständiger Geborgenheit spielen können. So wird es möglich, die Kinder mit ihrem Spiel im Freien von vornherein und dauerhaft in das soziale Geschehen der Gesellschaft zu integrieren. Dass dieses Ideal eher eine Illusion ist, davon kann man sich ein Bild machen, wenn man deutsche Dörfer und Städte nach der örtlichen Lage ihrer Spielplätze betrachtet. Zumeist ist der Spielplatz (wenn überhaupt vorhanden), nicht eingebunden in die Räume des gesellschaftlichen Lebens. Vielmehr vegetiert er als gesellschaftliche Enklave für die Kinder am Dorfrand, am Rand von Siedlungen oder als abgesonderter Platz in der Stadt vor sich hin (von wenigen Ausnahmen abgesehen).

Wenn Kinder solche Spielplätze überhaupt aufsuchen, dann nur kurzzeitig. Das hat zwei Hauptgründe:

Die Kinder müssen erstens die gewohnten gemeinschaftlichen Lebensbereiche vorübergehend aufgeben, um auf dem räumlich entfernten Spielplatz spielen zu können, wobei unsicher bis unwahrscheinlich ist, dass sie auf Spielkameraden treffen. Sie bleiben ja aus den gleichen Gründen dem Spielplatz fern. Spielen auf dem Spielplatz funktioniert unter solchen Bedingungen nur, wenn Kinder untereinander vereinbaren können, dass sie gemeinsam zum Spielplatz gehen. Denn Spielplätze sind keine Orte für Einzelspieler, sondern der Spielkontakt und die spielerisch gemeinschaftliche Gestaltung der Ereignisse stehen im Vordergrund des kindlichen Interesses. Selbst bestimmte Bewegungsspiele, die nur einzeln ausgeführt werden können (Klettern, Übersteigen von Hindernissen oder Schaukeln), finden meistens nur statt, wenn sich der Akteur in der Umgebung anderer anwesender Kinder weiß. Die reine Funktionslust reicht als motivationale Bedingung für spielerische körperliche Ertüchtigung eines einzelnen Kindes auf einem abgelegenen Spielplatz kaum aus.

3.4.5 „Vollständige", „perfekte" und „sterile" Spielplätze

Ein gravierender Grund dafür, dass Kinder öffentliche Spielplätze meiden, besteht in deren häufig recht einfältiger Konzeption. Viele unserer Spielplätze sind offenbar von Leuten konzipiert worden, die vom kindlichen Leben und kindlichen Interessen ebenso wenig wissen wie von der Psychodynamik des Kinderspiels.
Häufig sind Spielplätze in einer eigentümlichen Weise vollständig, perfekt und steril. Vollständig sind die meisten Spielplätze insofern, als jene Geräte angebracht werden, die den Kindern die üblichen Bewegungsspiele ermöglichen: Schaukeln, Wippen auf dem Waagebalken, Tunnel durchkriechen, vielleicht auch Klettern auf Kletterstangen oder -netz. Perfekt sind solche Spielplätze, weil die Funktionalität dieser Geräte und ihre Sicherheit meist überwacht und überprüft werden. Sandkästen für die Konstruktionsspiele kleinerer Kinder sind gar nicht so häufig anzutreffen, wie man vermuten würde. Sie lassen sich auch nicht perfekt sauber halten. Sehr selten trifft man bewegliche Materialien für etwaige Konstruktionsspiele größerer Kinder an. Hier wäre kein perfekter Diebstahlschutz zu gewährleisten. Steril sind die meisten Spielplätze aus mehreren Gründen. Durch ihre übersichtliche Anordnung, ihren festen Gerätebestand, ihre unveränderbare Ordnung und Sauberkeit sind sie bestens geeignet, das kindliche Spannungserleben auf den Nullpunkt zu bringen. Die möglichen Spiele sind damit sehr begrenzt auf mit der Zeit gewohnte Verhaltensweisen. Alles, was das Spiel überraschungsreich, erwartungsvoll und interessant machen könnte, entfällt: zum Beispiel die Suche nach dem Unbekannten, noch Neuen, Unerwarteten, kurz, der spielerisch neugierige, von Erkundung, Exploration und Experiment getragene Erlebniswert des Spiels.

3.4.6 Kindgerechte Merkmale von Spielplätzen

Wie kann und soll ein Spielplatz beschaffen sein, damit er zum kindlicherseits bevorzugten Ökosystem für spielerisches Freizeitverhalten im Freien dienen kann? Er soll eingegliedert sein in den gemeinschaftlichen Lebensvollzug der Generationen, das heißt integriert in die sozialen und wohnlichen Lebensverhältnisse des Dorfes oder der Stadt, je nach dem. Er soll die kindliche Phantasie anregen und das freie Spielen im Raum fördern:

> „Freiraumspiel kann hierbei als Chance und als Instrumentarium begriffen werden, um Generationskonflikte zu überwinden. Idealtypisch sollen Kinder, Jugendliche und auch Erwachsene gemeinsam spielen. Nicht platzbezogene Konzepte, sondern multifunktional nutzbare Spielbereichsplanungen sind gefragt." (Kinderfreundliche Stadt Düren, Landeswettbewerb 1988, S. 3)

Natürlich darf der Spielplatz variantenreich ausgestattet sein mit Spielgeräten, die den kindlichen Bewegungsdrang für die körperliche Ertüchtigung und Körperbeherrschung nutzbar machen. Das bedeutet unter anderem, dass ein Spielplatz sehr geräumig sein und auch größere zusammenhängende Flächen haben soll (etwa Wiesen). Er soll perfekt nur hinsichtlich der Funktionalität und der höchstmöglichen Sicherheit aller Geräte sein. Ansonsten aber ist es von Vorteil für die kindliche Motivation, den Spielplatz sich immer wieder auf das Neue zu erschließen, wenn der Spielplatz „unfertig", auf natürliche Weise durch Hecken, Sträucher, Büsche und Bäume unterteilt ist, wenn er durch ein bestimmtes Maß an Unordnung und Unübersichtlichkeit die kindliche Neugiermotivation anregt.

❗ Ein gutes Kriterium dafür, ob ein Spielplatz dieser wichtigen Anforderung genügt, besteht darin, zu prüfen, ob, wie häufig und wie lange Kinder auf dem Spielplatz Verstecken spielen. Denn verstecken kann man sich nur an Stellen, die sich eignen. Ein allgemeineres Kriterium ist, inwieweit der Spielplatz sich eignet, Abenteuer zu suchen und zu finden, kalkulierbare Risiken einzugehen, denn neben der Spannung suchen die Kinder die Möglichkeit, ihre Verhaltenskompetenzen spielerisch zu testen.

Die natürlichen Unterteilungen, die einen Spielplatz nicht für jedermann einsehbar, überschaubar und kontrollierbar machen, haben noch einen weiteren Sinn, den zwar Erwachsene für sich beanspruchen, aber häufig den Kindern nicht zubilligen: Auch Kinder entwickeln ein Gefühl der Privatheit und Intimität, das unantastbar ist. Denn es steht im direkten Zusammenhang mit dem Selbstgefühl, dem emotionalen Bezug des Kindes zu sich selbst. Wer hier störend eingreift, verletzt das kindliche Selbstgefühl.

Gerade Spielplätze (ebenso wie die Kinderzimmer zuhause) müssen räumliche Möglichkeiten bieten, aufgrund derer sich Kinder zurückziehen und ihr eigenes Spielleben führen können. Für die Funktions- und die Konstruktionsspiele mag das weniger wichtig sein. Es ist aber mit Sicherheit hochgradig wichtig für die Entstehung spontaner oder die Durchführung von zuvor vereinbarten Rollenspielen der Kinder. Gerade der zutiefst soziale Charakter der Rollenspiele und die Erlebnismotivation, vorübergehend selbst ein anderer zu sein, verbieten es, dass diese anderen möglicherweise zuschauen. Solche für die kindliche Persönlichkeitsentwicklung und die soziale Anpassung so wichtigen Spiele müssen vor Einblicken und Bewertungen der Erwachsenen geschützt werden. Andernfalls kommen sie entweder nicht zustande oder werden von den Kindern abgebrochen. Um kein Missverständnis aufkommen zu lassen: Die in den vergangenen Jahrzehnten gebauten Abenteuerspielplätze sind überhaupt kein Ersatz für die geforderte Natürlichkeit. Zwar bieten sie meist mehr spontane Bewegungsmöglichkeiten, sie erweitern aber wohl kaum den Spielraum des kindlichen Selbst.

3.4.7 Spielräume für kindliches Spiel

Der Begriff des *Spielraums* hat in unserem Zusammenhang mehrere unterschiedliche Bedeutungen. Einmal meint Spielraum die unter 2.1 angesprochenen Gesichtspunkte der Spielfreiheit. Dazu gehört auch der individuelle kindliche Freiraum für das Spiel, den die Umwelt dem Kind belässt, also die spielerischen Entfaltungs- und Gestaltungsmöglichkeiten. Gerade sie sollten auf Spielplätzen besonders groß sein. Gestalten in diesem Sinne können Kinder ja nur, wenn es gestaltbare Gegenstände gibt, wie etwa herumliegende Hölzer, Steine und ähnliches. Allzu aufgeräumte Spielplätze engen also den Spielraum ein. Sie haben nur wenig Spielwert, weil sie die kindliche Handlungsfreiheit beim Spielen beschränken. Dasselbe gilt für allzu kleine, manchmal in eine schon bestehende Anordnung von Straßen und Gebäuden „eingezwängte" Spielplätze.

❗ Dieser eher psychologische Aspekt individueller Selbstgestaltung des Begriffs Spielraum muss um einen ökologischen ergänzt werden, die Frage danach, welche Räume Kindern tatsächlich für das Spielen zur Verfügung stehen. In manchen Großstädten unserer Ballungszentren sind die verfügbaren Räume zum Spielen häufig derart verengt, dass Kinder ihre Spielaktivitäten von vornherein auf solche Enge eingrenzen müssen.

Ein weiterer Aspekt dieser Frage ist, ob es für die Kindesentwicklung überhaupt günstig sein kann, manche Räume als Spielräume zu deklarieren und auf diese Art die kindlichen Spieltätigkeiten aus dem sonstigen räumlichen Milieu des Zusammenlebens auszugrenzen. Die gleiche Frage kann man hinsichtlich der Spielplätze stellen: Ist es wirklich günstig und sinnvoll, für das Kinderspiel gesonderte Räume und Plätze zu reservieren und die übrigen Räume möglichst „spielfrei" zu halten? Nach meinem Gefühl ist es eine sonderbare Einstellung zum kindlichen Leben und zur kindlichen Entwicklung, wenn versucht wird, die hauptsächliche Lebensform und Lebensweise des Kindes – sein Spiel – durch Sonderräume zu gewährleisten und die alltäglichen Räume des Lebens möglichst für andere Tätigkeiten zu reservieren. Eine solche Einstellung wird natürlich durch die theoretischen Vorurteile (Spiel = „Quasi-Realität"; Spiel = zweckfrei) gegenüber dem Kinderspiel eher gefördert. Was den kindlichen Verhaltensspielraum anbelangt, wäre es günstig, wenn das Kind sich auch in den übrigen Räumen spielerisch betätigen kann. Ein eigenes Spielzimmer und ein verfügbarer Spielplatz sollten dabei eigentlich die zusätzliche Möglichkeit bieten, dass das Kind darin gefahrenfrei den Erlebniswert seiner Spiele und die Spielaktivitäten selbst *erweitern* kann.

3.4.8 Spiel als Raum der alltäglichen Selbstentfaltung

Man nützt den Kindern wenig und schränkt ihre Entwicklungschancen recht nachteilig ein, wenn man ständig versucht, das kindliche Spiel aus dem Alltag zu vertreiben, es auszusondern, auf Spielzimmer und Spielplätze zu verlegen. Diese sind zwar außerordentlich wichtig zur kreativen Erweiterung der kindlichen Spielräume.

Aber auch das Wohnzimmer, die Stube, die Küche, der Flur und zuweilen das für Wasserplanschspiele herrlich geeignete Bad sollten als Spielräume des Kindes nicht tabu sein.

❗ Man kann gar nicht genug daran erinnern, dass Spielraum bei Kindern gleichbedeutend ist mit Lebensraum. Und alles zusammen beeinflusst die Gestaltung der Wirklichkeit des kindlichen Lebensvollzugs. Zu ihr gehören auch die Wiesen, ein Bach, der Wald, die fast nicht befahrene Sackgasse einer Häuserzeile, der Hinterhof, der Schuppen, die Scheune und vieles mehr.

Die Männer unter den Lesern mögen einmal daran zurückdenken, wie wichtig früher die Tätigkeit des Hüttenbauens im Dickicht des nahe gelegenen Waldes war, welches Geborgenheitsgefühl und Sicherungsbedürfnis damit verknüpft war und welche Bereitschaft man aufbrachte, die eigene Hütte oder die der eigenen Bande vor Zerstörung durch etwaige Feinde zu schützen. Waren all diese aufwendigen, erlebnisreichen Tätigkeiten sinnlos? Keineswegs: Sie dienten der Selbstentfaltung, waren möglich aufgrund natürlicher Spielräume und waren motiviert durch das Ziel, einen Eigenraum (die Hütte) zu schaffen und zu nutzen. Die Frauen unter den Lesern mögen einmal daran zurückdenken, mit welcher Sorgsamkeit, Hingabe und Selbstbeteiligung das eigene Puppenhaus gepflegt wurde, wie gründlich sie es geputzt haben, welch vorzügliche Speisen sie darin für ihre Puppenkinder zubereitet, wie sorgsam sie diese gefüttert und dann ins Bett gebracht haben. Waren diese aufwendigen, erlebnisreichen Tätigkeiten sinnlos? Keineswegs: Sie dienten der Selbstentfaltung, waren erlebnissteigernde Nachgestaltungen von im Alltag erlebten Pflegehandlungen, und sie waren, da es häufig weder ein Kinder- noch ein Spielzimmer gab, praktisch in allen Winkeln der Wohnung möglich.

Wenn wir also über kindliche Spielräume reflektieren, lohnt sich ein gründliches Nachdenken darüber, ob diese Räume den Kindern viel weiter reichende Entwicklungschancen bieten, wenn wir sie von vornherein in das soziale Zusammenleben der Familie und ihrer insgesamten Lebensräume integrieren. Spielzimmern und Spielplätzen käme nach dieser Vorstellung die Funktion zu, optimierte Spielräume der

3.4.9 Spielzeit – sinnerfüllte Zeit, wertvolle Zeit

Ein ebenso grundlegender Gesichtspunkt ist mit der Frage nach den *Spielzeiten* aufgeworfen. Die Feststellung, dass jedes Verhalten Zeit braucht, ist eigentlich banal. Fragen wir aber danach, ob die Zeit, die wir mit unserem so genannten menschlichen Verhalten verbringen, immer sinnvoll verbrachte Zeit ist, könnten wir recht nachdenklich werden. Wenn ich an meine „ewig" lange Schulzeit zurückdenke, überkommt mich bei dieser Frage noch heute „heiliger" Zorn, denn der Erlebniswert der über so viele Lebensjahre hinweg eingetrichterten Bildungsgüter war häufig gering und während langer Zeiträume mit dem lästigen Gefühl der Langeweile verbunden. Aber vielleicht musste das so sein. Hingegen kann ich mich an kein einziges Spiel meiner Kindheit erinnern, bei dem mir einmal langweilig geworden wäre. Das muss wohl einen Grund haben, der mit der Spieltätigkeit selbst zu tun hat!

Der Baseler Anthropologe und Biologe Adolf Portmann hat in seinem Vortrag *Das Spiel als gestaltete Zeit* beschrieben und auf den Punkt gebracht, was einen Wesenszug des Spiels ausmacht:

> „Spiel ist freier Umgang mit der Zeit, ist erfüllte Zeit; es schenkt sinnvolles Erleben [...] Suchen wir nach dem Besonderen dieser Lebensform ‚Spiel', so sehe ich sie in der Eigenart ihres Umgangs mit der Zeit, in der Möglichkeit ihrer Zeitgestaltung: Ich grenze als ‚Spiel' ab die lustvolle, von Erhaltungssorge freie, also zweckfreie, aber sinnerfühlte Zeit" (Portmann, 1973).

Diese Sichtweise bezüglich eines Kerns, der Zeit, in der Betrachtung des Kinderspiels kann nicht hoch genug eingeschätzt werden. Spielzeiten haben im kindlichen Leben eine Schlüsselfunktion für die aktive Selbstgestaltung seiner Beziehungen zur Umwelt. Weil die Umwelt für das Kind eine vielgestaltige, überraschungsreiche und interessante Wirklichkeit darstellt, benötigt es sehr viel Zeit, sie kennen zu lernen, zu erleben, zu gestalten. All diese Aktivitäten und Tätigkeiten kann das Kind am wirksamsten durch Spielen umsetzen. Das Spiel ist die jedem kindlichen Entwicklungsniveau natürlicherweise angemessene Form, den Wirklichkeitsbezug so zu gestalten, dass er für das Kind sinnerfüllt ist. Dies gilt für jeden erreichten Entwicklungsstand, für jedes Niveau der entwickelten Spielformen und für jede Zeit, während der Kinder spielen. Spielzeit ist aufgrund dessen eine höchst wertvolle Zeit, eine Zeit des Wohlbefindens, des Erlebens und Erkennens, die Entwicklungschancen schafft, individuelle Begabungen und Potentiale freisetzt.

3.4.10 Der Umgang Erwachsener mit Spielräumen und Spielzeiten

Für Erwachsene, die mit Kindern zu tun haben, scheint es außerordentlich wichtig zu sein, mit der Spielzeit der Kinder behutsam umzugehen. Die Zeiträume des Spiels sind ebenso sorgfältig zu beachten wie die Spielräume. Spielzeit und Spielraum sind ökopsychologische Größen, die das Spielen seiner Möglichkeit nach beeinflussen. Sie setzen ihm innere und äußere Grenzen: Hat ein Kind wenig Zeit zum Spielen, kann es seine inneren Beziehungen zur äußeren Welt weniger ausführlich und weniger intensiv entwickeln, als wenn es viel Zeit mit Spielen verbringt. Das gleiche gilt, wie wir gesehen haben, für den Spielraum.

> ❗ Als Fazit dieser Überlegungen resultiert für den Erwachsenen, der die Spielräume und die Spielzeiten der Kinder beeinflusst, eine an sich nahe liegende Schlussfolgerung: Er sollte den Kindern möglichst viel Raum und Zeit zum Spielen lassen.

Andererseits aber ist das Kinderspiel auch keine „heilige Kuh". Es verträgt, wenn es ansonsten akzeptiert wird, durchaus einmal Unterbrechungen von außen, die weder dem Spiel noch dem Kind schaden. Auch der nicht spielerische Wirklichkeitsbezug des Kindes wird durch allerhand Einflüsse häufig unterbrochen. Warum sollte das Spiel hier also eine Sonderstellung haben?!

> Spielräume und Spielzeiten beeinflussen die kindliche Entwicklung ebenso wie das Spielzeug und die Spielplätze ihre Entwicklung beeinflussen. All diese Einflüsse können das Kind und sein Spiel fördern, und sie können es beeinträchtigen. Was nun tatsächlich geschieht, darauf haben wir Erwachsene einen entscheidenden Einfluss. Wir sind und bleiben die direkten und indirekten Spielpartner des Kindes auch dann, wenn wir in ihrem Spiel selbst keine Rolle spielen.

Die Kämpfe im auseinanderfallenden Jugoslawien, die anhaltende Bürgerkriegsatmosphäre und die vielen Todesopfer bleiben auch bei den Kindern nicht ohne Auswirkungen: Hier ein kleiner kroatischer Junge, der mit passender Ausrüstung Soldat spielt und über den Hauptplatz von Zagreb marschiert.

Abb. 3.10 Foto von Associated Press Frankfurt/Main. Aus: „Fränkischer Tag", Bamberg, 5. August 1991. (Foto: Associated Press)

Die Räume kann er optimieren, indem er dazu beiträgt, die spielerischen Gestaltungsmöglichkeiten für die Kinder zu erweitern. Die Zeiten kann er dadurch optimieren, dass er sich selbst dafür sensibilisiert zu erkennen, warum das Kind ein Spiel beginnt. Nach Beginn sollte er es nicht durch Außenanforderungen unterbrechen, besonders dann nicht, wenn das Kind sehr in sein Spiel vertieft ist.

Wir sind beständige Spielpartner dadurch, dass wir das Spiel als kindliche Wirklichkeit und Lebensform (siehe Kapitel 1) ermöglichen, bei der Entwicklung der Spielformen und Gestaltungsmöglichkeiten (siehe Kapitel 2) dem Kind helfen und für das kindliche Erleben und Erfahren im Spiel (Kapitel 3) die besten Voraussetzungen schaffen. Auf einer solchen Grundlage kann das Kinderspiel für jedes Kind sich zu dem Persönlichkeitsentwicklung und der Lebensbewältigung entwickeln. Es wird sich zeigen, dass kindliche Persönlichkeitsentwicklung und spielerische Lebensbewältigung Hand in Hand gehen. Die erlebte Wirklichkeit hinterlässt deutliche Spuren im Spielverhalten. Zuweilen kann man den sicheren Eindruck gewinnen, dass die Erfahrungen der Wirklichkeit des Kindes sich in seinem Spielverhalten ganz konkret und exakt realitätsgemäß widerspiegeln.

Dies ist ein grundsätzliches Phänomen des Spiels, es ist in all seinen Erscheinungsformen wirklichkeitsadaptiv. Besonders plastisch und eindrucksvoll zeigt sich das in den Symbol- und Rollenspielen.

3.4.11 Zusammenfassung

- Spielzeuge haben einen direkten Einfluss auf die Inhalte und Formen des Kinderspiels. Der immer zugleich erlebende und erkennende Bezug zur Wirklichkeit im kindlichen Spiel konkretisiert sich über die Verwendung von Spielzeug im Spielverhalten.
- Spielzeug muss qualitativen Anforderungen genügen. Der eigentliche Spielwert von Spielzeug ist ein vorrangiges Qualitätskriterium. Er ergibt sich aus Erlebniswert, Verhaltenswert, Erkenntniswert, Wirklichkeitsbezug und kreativen Spielmöglichkeiten mit dem Spielzeug. Der Spielwert ist auch für das Entwerfen, Planen und Bauen von Kinderspielplätzen – neben diversen Sicherheitskriterien – entscheidend. Die Wahl der Orte von Spielplätzen ist ebenso wichtig. Spielplätze bieten neben Verhaltensmöglichkeiten auch das Erleben von Geborgenheit. Dieses ist im Gemeinschaftscharakter und der prinzipiellen Sozialität allen Spielens verankert.
- Kinder meiden „perfekte" und „sterile" Spielplätze. Ein Grund dafür besteht in ihrer übersichtlichen Anordnung. Auch auf Spielplätzen möchten Kinder nicht nur Bewegungsabfuhr, sondern darüber hinaus Unbekanntes, Neues, Unerwartetes erleben.
- Kindgerechte Merkmale von Spielplätzen sind mit deren Eingliederung in den gemeinschaftlichen Lebensvollzug der Generationen verbunden. Spielplätze sollen geräumig und variantenreich ausgestattet sein. Sie haben kindliche Privatheit und Intimität zu gewährleisten. Dies gilt insbesondere für die Ermöglichung von Symbolspielen.
- Kinderspiel benötigt Spielräume für die individuelle Selbstgestaltung. Sie sollte überall möglich sein. Spiel ist die Zeit und der Raum alltäglicher Selbstentfaltung des Kindes. Spielraum ist für Kinder gleichbedeutend mit Lebensraum. Natürliche Spielräume werden als ureigene Spielräume von Kindern erlebt (Baumhütte, Puppenhaus, Aspekte von Waldkindergärten).
- Spielzeit ist für die Kinder sinnerfüllte und wertvolle Zeit. Sie hat eine Schlüsselfunktion für die Selbstgestaltung der Beziehungen zur Umwelt im kindlichen Leben.
- Erwachsene sollten mit den kindlichen Spielräumen und Spielzeiten behutsam umgehen, das heißt, sie sollen den Kindern viel Raum und Zeit zum Spielen lassen.
- Spielräume, Spielzeiten, Spielzeuge und Spielplätze sind in unserer Gesellschaft entscheidende Einflussfaktoren für die kindliche Persönlichkeitsentwicklung – Grund genug, sie zu optimieren. Darüber hinaus beeinflussen sie entscheidend den individuellen Wirklichkeitsbezug des Kindes.

3.5 Spiel im sozialen Netzwerk am Beispiel „Pokémon"

Von: Josef Gregurek

Spielen ist soziales Verhalten. Entscheidend für den Grad an Sozialität ist der Grad der Differenzierung der Spielform. Ein einfaches Funktionsspiel (z.B. das Spiel des Babys mit seinem Mobile) ist durch ein Weniger an Sozialität gegenüber dem Regelspiel (z.B. „Mensch-ärgere-Dich-nicht") ausgezeichnet.

Im Fall des Regelspiels geben die Regeln sogar den Aktionsrahmen für das soziale Verhalten der Spielakteure vor. Ein Spielakteur ist schlicht, wer Spieler oder Spielpartner ist. Der Spieler selbst ist aktiv und treibt das Spielgeschehen dynamisch voran. Der Spielpartner hingegen ist entweder Gegner oder Teamplayer und reagiert auf die Aktionen des Spielers.

Die Spielakteure sind folglich sozial im Spiel positioniert, wobei das Spiel die Formen der sozialen Interaktion bestimmt.

3.5.1 Das soziale Netzwerk als Spielpartner

> ❗ Ein soziales Netzwerk ist eine wandelbare Struktur von miteinander in Verbindung stehenden Menschen, die durch die soziale Interaktion ihrer aufeinander bezogenen (interrelationalen) Teilnehmer entsteht.

Das Netzwerk ist sowohl Ziel als auch Inhalt für die soziale Interaktion der Spielteilnehmer. Das heißt: Jeder, der am Spiel in einem sozialen Netzwerk teilnimmt, ist von anderen Spielteilnehmern direkt abhängig – und damit auch von ihren Spielzeugen, ihren Spielinhalten und ihren Spielregeln. Das soziale Netzwerk stellt eine spezielle Form einer sozialen Gruppe dar. Das Besondere ist ihre wandelbare Organisationsform. Es gibt mehrere Erscheinungsformen, die sich auf das Spiel übertragen lassen.

> Beispiel:
> Vier Menschen verabreden sich regelmäßig zu einem Spieleabend. Sie spielen dann unterschiedliche Regelspiele, am einen Abend ein Kartenspiel, am anderen ein Brettspiel. Die Regeln des jeweiligen Spiels geben die besondere Organisation des sozialen Netzwerks vor. Für das Kartenspiel bilden sie Teams von je zwei Personen, beim Brettspiel allerdings kämpft jeder für sich.

Dabei können, je nach Spielform, sowohl Gegner als auch Teamplayer gemeinsam auftreten. Der aktive Spieler muss im Einzelfall entscheiden, ob ein Spielpartner, auf den er während des Spiels trifft, Gegner oder Teamplayer ist. Die unterschiedlichen Organisationsarten eines sozialen Netzwerks lassen auch andere, neuartige Spielpartner zu: So gibt es Regelspiele, in denen einer der Spielakteure nur als Spielleiter auftritt. Er entscheidet z.B. über die Auslegung der Spielregeln. In diesem Fall sind die Mitspieler maßgeblich von den Entscheidungen des Spielleiters abhängig – er ist die Hauptfigur des jeweiligen Spielgeschehens und macht durch seine Anwesenheit ein Spiel erst möglich, weil er zwischen den Spielern vermittelt.

Die Sozialstruktur innerhalb eines Spiele-Netzwerks hängt also entscheidend von der Spielart ab. Durch die spielspezifische Interaktion werden Normen und Rollen an die Spielteilnehmer verteilt, die sie untereinander gemäß den Spielregeln zuordnen. Diese Spielregeln beeinflussen dann wiederum das soziale Verhalten der Spielakteure.

Interessant ist die Betrachtung des sozialen Netzwerks als Spielpartner hauptsächlich deshalb, weil es die gleichen Menschen über einen bestimmten Zeitraum hinweg betrifft.

> Beispiel:
> Hugo, Gabi, Paul und Anke kennen sich bereits länger und damit auch das soziale Verhalten der Anderen während eines Kartenspiels. Paul weiß z.B., dass Hugo ein schlechter Verlierer und deshalb leicht zu provozieren ist. Hugo wiederum weiß von Paul, dass er

als Gewinner gerne seine Gegner aufzieht. Es ist anzunehmen, dass Hugo vermeiden will, gegen ihn zu spielen. Bei Gabi und Anke verhält es sich ähnlich: Gabi ist in den Augen von Anke eine gute Teamplayerin, da sie sehr zu ihrem gemeinsamen Vorteil entscheidet. Auch Anke möchte gern mit Gabi im Team spielen, weil sie um die Kartenspiel-Kompetenz von ihr weiß und diese sehr schätzt.

Das Beispiel zeigt die Verwicklung von Sozialität mit dem Spielphänomen an und für sich: Das Netzwerk dieses Beispiels wird durch die soziale Vorerfahrung geformt, die die Teilnehmer in unterschiedlichen Zusammensetzungen zu anderen Zeiten im selben Netzwerk gemacht haben. Für das Kartenspiel lässt sich annehmen, dass Hugo und Paul ein Team gegen Gabi und Anke bilden werden. Der Spieleabend der vier kann durch das Organisieren in dieser speziellen Weise für ihr soziales Netzwerk durchaus glücken.

Das soziale Netzwerk als Spielpartner dient mittels seiner dynamisch wandelbaren Struktur dazu, ein gemeinsames Ziel erfolgreich zu erreichen, nämlich eine bestimmte Spielhandlung in Gang zu bringen und aufrecht zu erhalten.

Sowohl die Sozialstruktur des Spielens als auch die Interaktionsmuster der Spielakteure haben gemeinsam, dass sie sich als durchweg wandelbar erweisen. Immer sind die sozialen Verhaltensweisen mit den unterschiedlichen Spielakteuren selbst verknüpft. Ein Teamplayer ist positiv gegenüber seinem Mitspieler eingestellt, ein Gegner prinzipiell negativ. Im sozialen Spiele-Netzwerk können beide zusammentreffen, wobei dann die jeweilige Spielform über das angemessene Sozialverhalten entscheidet.

3.5.2 Klassisches Spielzeug und Trend-Spielzeug

Spielzeuge und zugehörige Spielinhalte sind einem steten zeitlichen Wandel unterworfen, der wiederum auf die soziale Ausprägung des Spielens sowie auf die Spielakteure zurückwirkt. Im Folgenden soll nun die zeitliche Veränderbarkeit des Spiels betrachtet werden.

Es gibt Spielzeug, das schon länger als solches verwendet wird und somit eine konstante Bedeutung in der Zeit erlangt hat. Im Gegensatz dazu erscheinen Spielzeuge als neuartig bzw. trendy, sobald sie das Althergebrachte neu übersetzen oder überwinden. Es sollen nun Entwicklungen aufgezeigt werden, die sich auch auf das Spielen im sozialen Netzwerk auswirken.

Klassisches Spielzeug findet sich in fast jedem Kinderzimmer: Oftmals haben schon die Eltern mit ähnlichem oder gar dem gleichen Spielzeug gespielt. Ein Beispiel hierfür wäre der Teddybär, mit dem schon Generationen von Kindern gespielt haben, oder die Eisenbahn, die gewissermaßen den Vater genauso wie den Sohn begeistert. Nicht nur der bloße Gegenstand, sondern häufig die gesamte Spielerfahrung ist hier relevant.

Die Tradierung von zeitlich übergreifenden klassischen Spielzeugen lässt sich auch dann feststellen, wenn ein Spielgegenstand über eine bestimmte Zeit seine Form und damit auch seinen Zweck beibehält. Bei manchen Gegenständen kann man das generalisieren: Ein Ball ist und bleibt ein Ball – selbst wenn er seine Farbe oder sein Material wechselt. Es bleibt immer klar, was mit dem Ball gespielt werden kann. Somit ist der Spielgegenstand „Ball" und sein Spielinhalt „Ballspielen" konstant. Sowohl Eltern als auch Kinder wissen um die Nutzbarkeit des Spielzeugs. Beiden Generationen ist er deshalb nicht fremd. Der Spielgegenstand „Ball" ist also ein prototypisches klassisches Spielzeug.

Trendspielzeuge unterscheiden sich vom klassischen Spielzeug in einem Aspekt grundlegend: Aus sich selbst heraus sind sie innovativ und können so einen Markt neu für sich erobern. Aus einer anfänglich guten Idee wird womöglich ein kurzzeitiger Trend. Ein Beispiel hierfür ist das aus Japan kommende „Pokémon", das einen weltweiten Siegeszug als Trendspielzeug verbuchen kann. Es verbindet klassische Spielideen, wie das Sammeln, den Tausch und das Wetteifern von und mit den Spielgegenständen, in einer neuen Art und ist damit in hohem Maße innovativ: Eigentlich als Computerspiel angelegt, verbindet es die Idee neuer Spielkreaturen mit Charakteristika des Rollenspiels. Die Kinder sind hierbei durchaus gefordert, denn sie müssen sich nicht nur die Namen und die verschiedenen Eigenschaften ihrer Spielkreaturen, den sog. Pokémon merken, sondern können, ganz im Sinne des Rollen- und Regelspiels, mit ihnen gegeneinander antreten und andere besiegen. Trotz anfänglicher Missbilligung sind solche Spiele längst zum großen Trend geworden.

3.5.3 „Pokémon" als Trend-Spielzeug

Ursprünglich entwickelten Tajiri Satoshi und die japanische Spielesoftwarefirma GAME FREAK Inc. eine Serie von Videospielen, bei denen Kinder die Pokémon („kleine Taschen-Monster") fangen, sammeln und trainieren sollten. Dem überraschenden Anfangserfolg, zunächst nur in Japan, folgten wenig später eine eigene Zeichentrick-Serie (sog. Anime), ein Sammelkartenspiel und darüber hinaus unterschiedliche Merchandising-Produkte wie z.B. Plüsch-Pokémon. Als die Pokémon schließlich in den USA und in Europa veröffentlicht wurden, stand bereits die gesamte Pokémon-Produkt-Palette zur Verfügung und führte so zur schnellen und erfolgreichen Marktdurchdringung.

Gerade Trend-Spielzeuge, wie Pokémon, zeigen nichts Außergewöhnliches auf: Sie sind Produkte, die industriell hergestellt sind und wirtschaftlich erfolgreich sein sollen. Es entstehen aus einem Spielinhalt ganze Produktreihen und somit eine umfassend beworbene Marke. Diese wird an die Zielgruppe der Kinder herangetragen. Die innovative Spielidee wird so in neue Formen und neue Spielzeuge umgesetzt, die letztendlich zu einer neuen Art Vermarktung führt.

3.5.4 „Pokémon" als Spiel für das soziale Netzwerk

Viele der neu entwickelten Trend-Spielzeuge sind auch Spiele für das soziale Netzwerk. Charakteristisch ist, dass man sie miteinander und gegeneinander spielen kann. Spiele wie Pokémon haben zudem eine große Anhängerschaft, so dass man dementsprechend viele Spielpartner hat. Wie funktioniert das Pokémon-Spiel nun aber im sozialen Netzwerk?

Pokémon erschienen zunächst als Computer-Rollenspiele, woran sich nicht viel geändert hat. Die Funktionsweise ist fast immer die gleiche: Der Spieler ist in einer bestimmten Landschaft damit beschäftigt, die kleinen Pokémon zunächst zu sammeln und dann später mit ihnen gegen andere anzutreten. Die Anleitung zum Sammelkartenspiel „Pokémon Schnapp sie Dir alle!" äußert sich hierzu folgendermaßen:

> „‚Pokémon sind unglaubliche Kreaturen, die sich die Welt mit Menschen teilen', sagt Professor Eich, die führende Autorität auf dem Gebiet dieser Monster. ‚Zum heutigen Zeitpunkt sind 150 Arten von Pokémon dokumentarisch nachgewiesen'.
> Und Deine unglaubliche Aufgabe ist es, sie einzufangen und mit allen von ihnen zu kämpfen! Das ist nicht einfach, aber sobald Du Dich mal an sie gewöhnt hast, weißt Du genau, welches Pokémon Du am besten für einen Kampf wählst. Auf Deinem Weg nach oben perfektionierst Du ständig Deine Fähigkeiten, indem Du Deine Pokémon in Kämpfen gegen andere Pokémon-Trainer einsetzt. Jedes Pokémon hat seine besonderen Kampffähigkeiten. Obwohl sie in allen möglichen Formen und Größen vorkommen, kann selbst das kleinste Pokémon einen gewaltigen Angriff starten. Einige Pokémon wachsen oder entwickeln sich zu noch mächtigeren Kreaturen. Aber mache Dir keine Sorgen – selbst das stärkste Pokémon wird Dir immer treu bleiben!

Trage Deine Pokémon stets bei Dir und Du bist auf alles vorbereitet! Du hast Power in Deinen Händen, setze sie ein!" (Version 2 Sammel-Kartenspiel Nintendo of America 1999/2000)

Pokémon sind Fantasiewesen – ebenso zahlreich wie unterschiedlich. Der Spieler kann die Pokémon sammeln, indem er sie in der virtuellen Welt fängt. Er kann sie auch von anderen Spielteilnehmern gewinnen, indem er sie gegen eigene Pokémon eintauscht. Auch Variationen des Pokémon-Sammelns sind möglich, so findet der Spieler z.B. ein Pokémon an einem geheimen Ort.

Der zweite Hauptaspekt des Spiels ist der Wettkampf: Der Spieler versucht, Pokémon-Meister zu werden, indem er seine gesammelten Wesen im Kampf gegen andere Pokémon antreten lässt und sie damit trainiert. Sind seine „Monster" stark genug, kann er sie gegen diejenigen anderer Trainer einsetzen. Zuletzt gilt es, die vier großen Champions der sog. Pokémon-Liga zu besiegen, um schlussendlich Pokémon-Meister zu werden.

Die Verbindung zwischen Sammeln und Wettkampf spricht zentrale Aspekte des Spielens im sozialen Netzwerk an: Sammeln ist in Kombination mit dem Tausch der Pokémon für unsere Betrachtung besonders interessant. Gerade weil viele Kinder Pokémon spielen, können sie jederzeit mit anderen Spielpartnern Kontakt aufnehmen. Die Technologie der Handheld-Computer lässt es zu, dass sie sofort ihre Pokémon vergleichen und auch tauschen können. Ebenso ist es mit dem Sammelkartenspiel.

Einen Wettkampf kann man sowohl gegeneinander als auch miteinander bestreiten. Dabei stehen sich zwei Kontrahenten und ihre Pokémon gegenüber. Miteinander im Wettkampf bestehen ist demgegenüber etwas komplizierter:

> Beispiel:
Eine Vierergruppe bestehend aus zwei Jungen, Rudi und Bernd, und zwei Mädchen, Marie und Judith, spielt gegeneinander das Pokémon-Sammelkartenspiel: Rudi und Bernd bilden ein Team gegen Marie und Judith. Hierzu tauschen Bernd und Rudi vor Spielbeginn geschickt ihre Karten, so dass sowohl Bernd als auch Rudi gleich stark und taktisch gut aufgestellt sind gegen die Pokémon von Marie und Judith. Das Mädchen-Team verfährt in gleicher Weise und tauscht die Karten untereinander, so dass auch sie gut gerüstet sind.

Der Zusammenhang zwischen Sozialität und Spielverhalten ist erkennbar: Das Spielgeschehen bei Pokémon gibt das soziale Verhalten vor (Gegner oder Teamplayer) und strukturiert so das soziale Netzwerk entscheidend.

Pokémon beeinflussen das Sozialverhalten im Spiel. Sie zeigen Charakteristika auf, wie sie auch für klassisches Spielzeug im sozialen Netzwerk von Bedeutung sind: Wandelbare Struktur, Interaktion und Interdependenz. Die spielinternen Handlungen geben die Dynamik des Netzwerks vor. Pokémon verbindet diese Vorgänge, indem das Tauschen und der Wettkampf verknüpft werden. Auf diese Art beeinflussen sie die Funktionsweise des Netzwerks maßgeblich.

3.5.5 Effekte des Spiels mit „Pokémon"

Gerade weil sich das Pokémon-Spiel als Trend erst etabliert hatte, gab es Vorbehalte gegen diese „neuartigen" Spielzeuge: Der Spielinhalt war Erwachsenen oft fremd – sie sahen nur die dauerhafte Beschäftigung der Kinder mit fremdartigen Kreaturen. Bei einer eigenen Spielbeteiligung mangelte es ihnen oft an den nötigen Fertigkeiten im Umgang mit neuen Medien, weshalb die meisten Erwachsenen zunächst keine konkrete Kenntnis des Spielverlaufs und -inhalts hatten.

Pokémon als Trend-Spielzeuge passt wohl nicht so leicht zu den tradierten Erziehungsvorstellungen, denn es repräsentiert nicht gerade dementsprechende Leitbilder. Dies liegt vor allem darin begründet, dass sich das Spiel und seine gesamte Erscheinung schlecht mit

Althergebrachtem in Übereinstimmung bringen lässt. Vielen Erwachsenen fehlte der Vergleich zu Spielzeugen, mit denen sie selbst gespielt haben und die sie deshalb als wertvoll empfanden. Manche Vorbehalte basieren aber zunächst auf mangelnder Information und unzureichender Auseinandersetzung mit dem Thema.

Es gibt bislang kaum fachwissenschaftliche Untersuchungen zu Pokémon. Jürgen Oelkers (2001, 2002) hat sich mit den positiven Effekten des Spiels mit Pokémon auseinandergesetzt. Die Ergebnisse sollen im Folgenden bewertet werden.

Pokémon ist ein in sich abgeschlossenes und damit autonomes Spieluniversum. Die eigentliche Handlung ist zwar wenig komplex (Pokémon sammeln und mit ihnen wettstreiten), aber sie weist eine in sich gegliederte, eigenständige Logik auf: So gibt es 493 unterschiedliche Pokémon, die alle eigene Eigenschaften und eigene Namen haben. Um diese Kreaturen dreht sich der gesamte Spielverlauf. Sie lassen sich in 17 verschiedene Typen gruppieren. Es gibt Pokémon des Typs Normal, Feuer, Wasser, Elektro, Pflanze, Eis, Kampf, Gift, Boden, Flug, Psycho, Käfer, Gestein, Geist, Drache, Unlicht und Stahl. Zudem machen die Pokémon in ihrem Leben eine Entwicklung durch, so dass mehrere Arten von Kreaturen komplex untereinander verwoben sind.

Dieser komplizierte Aufbau muss von den Kindern verstanden und beherrscht werden. Nur wer sich in der Pokémon-Welt auskennt, kann sich auch zurechtfinden. Dies beinhaltet v.a. das Wissen um die Eigenschaften, Namen und Entwicklungsarten der verschiedensten Pokémon. Es bedarf hoher kognitiver Leistungen, um in diese Welt einzutauchen, sie zu verstehen und darin zurechtzukommen – ansonsten wäre das Spiel mit Pokémon nicht möglich. Es ist deshalb davon auszugehen, dass Pokémon die kognitiven Leistungsfähigkeiten der Kinder anregt.

Die sehr unterschiedlichen und vielfältigen Pokémon werden im Spiel von den Kindern gefangen, um schließlich mit ihnen gegen andere Trainer und deren Kreaturen anzutreten. Dieser Wettkampf ist nur die logische Folge aus der Spielhandlung: Die trainierten und optimierten Pokémon werden nach ihren Eigenschaften gemessen, um herauszufinden, wer der bessere Trainer ist. Die Kampfhandlung ist also primär als Leistungsmessung innerhalb des Spiels zu verstehen: Es gilt die Qualität des Spielers ausfindig zu machen. Der Kampf der Pokémon ist daher nicht brutal oder gewaltverherrlichend inszeniert, sondern zeigt lediglich die unterschiedlichen Qualitäten der Pokémon und deren Ausprägung auf. Dafür spricht, dass diejenigen Kreaturen, die einen Kampf verlieren, nicht sterben, sondern sich wieder regenerieren können. Das Kind muss sich demnach um seine Pokémon fürsorglich kümmern, damit sie optimal trainiert sind. Man kann daraus schlussfolgern, dass der psychisch relevante Effekt derjenige ist, das Bindungsgefüge (Oelkers, 2001) zwischen dem menschlichen Spieler und seiner virtuellen Spielfigur zu festigen. Emotionale und soziale Fertigkeiten werden also auch innerhalb des Spiels (unabhängig von den Auswirkungen auf das Sozialverhalten durch das Spiel im sozialen Netzwerk) gefördert.

Zudem bieten die äußerst unterschiedlichen Pokémon verschiedenste Identifikationsmöglichkeiten. Es steht dem Spieler frei, sich sein passendes „Monster" auszusuchen. Daraus ergibt sich, dass die vielen Kreaturen Teil der kindlichen Vorstellungswelten werden, in denen selbst komplexe Bewertungsprozesse ablaufen: Eine Spielfigur kann als gut oder böse, das Äußere des jeweiligen Pokémon als niedlich oder hässlich empfunden werden. Durch dieses hohe Identifikationspotential differenzieren die Kinder ihre Pokémon-Welt persönlich, und damit auch ihr Spielverhalten. Pokémon haben, so gesehen, einen Anteil an der Persönlichkeitsentwicklung. Eine „Verrohung" der Kinder in Richtung einer „Mir-ist-alles-recht"-Mentalität wird geradezu ausgeschlossen. Ganz im Gegenteil lässt sich feststellen, dass Pokémon, werden sie längerfristig gespielt, einen Einfluss auf die Identifikationspräferenzen haben.

Außerdem fördert das Spiel mit Pokémon aufgrund der persönlich zu treffenden Entscheidungen die kindliche Autonomie. Pokémon repräsentieren wohl das, was sich Kinder für ihr Spiel wünschen: Eine eigene, abgeschlossene, aber für persönliche Entscheidungen offene Spielwelt.

Was Vorbehalte und Vorurteile gegenüber den Pokémon betrifft, wäre es günstig, die Spiele selber zu spielen. Dann verschwinden auch die Vorurteile (wie von selbst).

3.5.6 Zusammenfassung

- Das Spiel im sozialen Netzwerk stellt eine relevante Richtung des Kinderspiels dar. Es ist als eine wandelbare Sozialstruktur von miteinander in Verbindung stehenden Menschen definiert, die durch die soziale Interaktion ihrer interdependenten Teilnehmer entsteht. Die wichtigen Termini sind also Interdependenz, Interaktion und wandelbare Struktur.
- Die Struktur des Netzwerks ist abhängig vom Spiel selbst. Es gibt maßgeblich vor, in welcher Art sich die Spielteilnehmer organisieren, damit sie ihr Spiel beginnen und aufrechterhalten können. Dabei sind die Spielteilnehmer potentiell Gegner und Teamplayer zugleich. Das soziale Netzwerk ist für ein erfolgreiches Spiel der entscheidende Aktionsrahmen.
- Das prototypische Spiel für das soziale Netzwerk gibt es nicht – aber es gibt zahlreiche Spielzeuge, die sich für das Spielen im sozialen Netzwerk eignen. Dazu zählen klassische Spielzeuge wie Spielkarten, aber auch die neueren Spielzeugentwicklungen. Dabei hat gerade das oft missbilligte Pokémon-Spiel gezeigt, dass es als Trendspielzeug durchaus einen förderlichen Effekt auf die kindliche Entwicklung haben kann.

4. Theoriebildung zur Entwicklung der Spielformen

4.1 Warum eine Theorie zum Spiel? — 130

4.2 Die Spielformen und ihre Funktionen — 131

4.2.1 Das Spiel dient der Adaptation (Anpassung) 131
4.2.2 Das Spiel im Dienst der Erkenntnis 132
4.2.3 Das Spiel im Dienst der Selbsterweiterung 132
4.2.4 Das Spiel hat psychohygienische Funktionen 133
4.2.5 Die Aktivierungsfunktion des Spiels 134
4.2.6 Das Spiel und seine soziale Funktion 134
4.2.7 Das Spiel zur Schaffung innerer Ordnungen 134
4.2.8 Das Spiel zur Regulation von Zeit und Raum 135
4.2.9 Zusammenfassung 136

4.3 Psychologische Grundlagen einer integrativen Spieltheorie — 137

4.3.1 Entwicklungskomponenten des Funktionsspiels 138
4.3.2 Entwicklungskomponenten des Experimentierspiels 138
4.3.3 Entwicklungskomponenten des Frühen Symbolspiels 139
4.3.4 Entwicklungskomponenten des Konstruktionsspiels 139
4.3.5 Entwicklungskomponenten des Ausdifferenzierten Symbolspiels/Rollenspiels . . . 140
4.3.6 Entwicklungskomponenten des Regelspiels 140
4.3.7 Zusammenfassung 140

4.4 Generelle und kulturspezifische Merkmale des Kinderspiels — 141

4.4.1 Transkulturelle Universalität des Spiels und die Bedeutung der Spielzeuge . . . 141
4.4.2 Kulturspezifische und individuelle Gestaltungen des Spiels 142
4.4.3 Untersuchungen zur Spielentwicklung deutscher und thailändischer Kinder . . . 143
4.4.4 Ergebnisse zu den thailändischen Untersuchungen 144
4.4.5 Ergebnisse zu Funktions- und Experimentierspiel 144
4.4.6 Ergebnisse zum Konstruktionsspiel 145
4.4.7 Ergebnisse zu den Symbolspielen/Rollenspielen 147
4.4.8 Ergebnisse zum Regelspiel 147
4.4.9 Diskussion der Forschungsmethoden und der Ergebnisse 147
4.4.10 Besonderheiten der kulturspezifischen Umgebungseinflüsse 148
4.4.11 Interkultureller Vergleich kindlicher Spielaktivitäten 149
4.4.12 Unterschiede zwischen städtischen und ländlichen Spielaktivitäten 149
4.4.13 Zusammenfassung 151

4.1 Warum eine Theorie zum Spiel?

Nur Theorien erheben den Anspruch und sind in der Lage, die Sachverhalte der Wirklichkeit und deren Entwicklung, Verlauf und Folgen zu erklären. Theoretisch vertreten wir die Auffassung, dass sämtliche Spielformen beim Kind Ergebnisse synergetischer psychischer Prozesse sind. Deswegen stehen die Übergänge zwischen den Spielformen und deren Inhalte als emergente Strukturen (Systemkomponenten) im Mittelpunkt der Forschung.

Die Notwendigkeit einer Theorie des Spiels ergibt sich aus der Tatsache, dass das Spiel als *das Fundamentale Lebenssystem* nun im Mittelpunkt des kindlichen Lebens steht und der wissenschaftlichen Erklärung bedarf. Es gilt zu zeigen, wie eine folgende Spielform aus der vorangegangenen hervorgeht, wie also emergente und synergetische Prozesse in ihrem Zusammenwirken qualitativ neuwertig Anderes hervorbringen.

> Wollen wir das Kinderspiel in seiner ganzen Breite und Komplexität erklären, bedarf es hierzu der Theoriebildung. Wir begnügen uns nicht mit heterogenen Beschreibungsmerkmalen, die das Spiel nur näher kennzeichnen können, unser Ziel ist vielmehr, das Spiel über die ganze Ontogenese hinweg und in der gesamten Komplexität seiner Entwicklung zu erklären. Nur Theorien sind mit dem Anspruch verbunden, dies zu leisten.

Möchte man das Spiel erkennen, muss man die Entwicklung der Spielformen beim Kind erforschen. Dies haben wir in einem umfassenden Forschungsansatz zwischen 1998 und 2002 getan. Nach allen Forschungsanstrengungen und den entsprechenden Ergebnissen zeigt sich, dass bei der Entwicklung des Spiels so genannte Differenzierungs- und Integrationsprozesse miteinander einhergehen. Das Begriffspaar Differenzierung/Integration ist in anderem entwicklungspsychologischem Zusammenhang festgelegt (siehe Heinz Werner). Wir vertreten die Ansicht, dass sämtliche Spielformen beim Kind Ergebnisse so genannter synergetischer psychischer Prozesse sind. Aus diesem Grund stehen die Übergänge zwischen den Spielformen sowie deren Inhalte als emergente Strukturen beziehungsweise Systembestandteile im Zentrum unserer Untersuchungen. Die Notwendigkeit solchen Vorgehens ergibt sich aus der Tatsache, dass hier eine Lücke sowohl in der theoretischen als auch in der empirischen Spielforschung besteht.

Eine Theorie zum Spiel ist also notwendig, weil das Spiel als *das Fundamentale Lebenssystem des Kindes* der Erklärung bedarf. Das Spiel steht im Mittelpunkt des kindlichen Lebens. Nirgendwo sonst kann das Kind seine eigene Individualität und sein Selbst so umfassend darstellen, gestalten und auch verwirklichen. Es gibt tatsächlich kein anderes Erlebens- und Verhaltenssystem, das dem Kind einen so reichhaltigen Lebenskontext und Lebensbereich zur Entfaltung seiner selbst bietet. Das Spiel enthält die besten Möglichkeiten für die Differenzierung und Integration der psychischen Kräfte, wie zum Beispiel Emotionen und Motivationen. Ferner enthält es die besten Möglichkeiten zur Differenzierung der psychischen Funktionen, wie etwa Wahrnehmung, Kognitionen usw. Zugleich ist es im Spiel möglich, sowohl psychische Kräfte als auch psychische Funktionen miteinander zu integrieren, sie also synergetisch zusammenzuführen. Im Spiel und durch sein Spielverhalten ist das dem Kind optimal möglich.

Nachweislich gibt es ganz unterschiedliche Spielformen, wie zum Beispiel das Funktionsspiel, das Experimentierspiel, das Frühe Symbolspiel, das Konstruktionsspiel, das Ausdifferenzierte Symbolspiel/Rollenspiel und schließlich das Regelspiel. Wir dürfen uns aber nicht damit begnügen, diese unterschiedlichen Spielformen im Entwicklungsgeschehen einfach nur aneinanderzureihen. Es geht vielmehr um das Aufzeigen der synergetischen und emergenten Prozesse, die durch ihr Zusammenwirken zur Etablierung einer qualitativ neuwertigen Spielform führen und somit etwas Anderes aus dem Vorangegangenem hervorgehen lassen.

4.2 · Die Spielformen und ihre Funktionen

Wir wissen, dass die Entwicklung der einzelnen Spielformen mit der Ausdifferenzierung und Konsolidierung der psychischen Kräfte und Funktionen in der kindlichen Entwicklung einhergeht. Für das Spiel gilt es nun nachzuweisen, wie dies geschieht. Exakt hier stellt sich die zentrale theoretische Frage nach den Spielformen und ihren Funktionen im Verlauf der kindlichen Entwicklung.

4.2 Die Spielformen und ihre Funktionen

In Kapitel 3.3 haben wir die verschiedenen Spielformen in der kindlichen Entwicklung beschrieben. Nun müssen wir sie noch näher hinsichtlich ihrer einzelnen Funktionen im Entwicklungsgeschehen beim Kind untersuchen.

Es gibt mindestens acht hauptsächliche Funktionen des Kinderspiels zur Regulation des psychischen Geschehens während der kindlichen Entwicklung. Diese acht Funktionen sind folgende:

1. Spiel dient der Adaptation (der Anpassung)
2. Spiel dient der Erkenntnis
3. Spiel dient der Selbsterweiterung
4. Spiel dient der Optimierung der eigenen Aktivität
5. Spiel dient der Schaffung von Ordnung (z.B. Zeitregulation, Raumregulation)
6. Spiel dient dem Aufbau und Ausbau des Sozialverhaltens
7. Spiel dient dem förderlichen (positiven) Emotionserleben
8. Spiel dient der Psychohygiene (dem eigenen Wohlbefinden)

Natürlich ließen sich noch viele weitere Funktionen hinzufügen, aber die genannten sind wohl die wesentlichen. Wir wollen uns auf diese in der Darstellung beschränken.

4.2.1 Das Spiel dient der Adaptation (Anpassung)

Anpassung (Adaptation) bedeutet zweierlei: Anpassung des psychischen Geschehens an die Umwelt und die Lebensvorgänge und Anpassung der Umwelt und der Lebensvorgänge an das psychische Geschehen. Der Begriff der Adaptation ist mit biologischen und auch evolutionstheoretischen Konzepten über das Leben verbunden. Insofern schließt er auch tierische Spielformen mit ein. Bezieht man die menschlichen und tierischen Spielformen auf die Adaptationsfunktion, dann lassen sich zwei Varianten der adaptiven Funktion unterscheiden: einmal die spielerische Einübung von ganz bestimmten Verhaltenskompetenzen, die auch die Anpassung des Organismus an seine Lebensverhältnisse ermöglichen und zum anderen die Genese von ganz flexiblen neuartigen (innovativen) Verhaltenskompetenzen, welche das Handlungspotential des Individuums erhöhen und erweitern und auch zu optimieren gestatten. Der erste Gesichtspunkt betrifft mehr die tierischen Verhaltensweisen. Er betrifft aber auch Gesichtspunkte, die beim Menschen mit der Anpassung von Umweltinformationen und -einflüssen an seine eigenen individuellen Lebensverhältnisse zu tun haben. Im zweiten Fall hat das Spiel eine ganz besondere Funktion, nämlich die Erlebens- und Verhaltensgrundlagen für das Leben zu sichern und auch für die eigene Flexibilität zusätzlich Erweiterungsmöglichkeiten zu schaffen, das heißt, diese zweite Form von Anpassung dient der Etablierung eines adaptiven Potentials für den Lebensvollzug (Sutton Smith, 1978). An dieser Stelle sehen wir auch unsere eigene Sichtweise einer Organismus-Umwelt-Relation in der Funktionsbetrachtung des Spiels (Mogel, 1994²).

> Generell kann festgehalten werden, dass beim Menschen alle psychischen Kräfte und Funktionen das Ergebnis von Anpassungsprozessen in der Evolution sind. Sie dienen selbst der Flexibilisierung von Anpassungsleistungen auf allen ontogenetischen Entwicklungsebenen.

Diese Sichtweise ist mit theoretischen Konsequenzen für die entwicklungsabhängige Differenzierung eines ganz bestimmten Kräftesystems beim Menschen verbunden: des Emotionssystems. Die kindlichen Affekte und Emotionen können sich nur in einem einzigen Lebensbereich konsequenzenfrei entfalten: im freien Spiel des Kindes. In allen anderen Lebensbereichen sind Emotionen mit diesen oder jenen besonderen Konsequenzen verbunden, die dementsprechend auf das Kind zurückwirken.

4.2.2 Das Spiel im Dienst der Erkenntnis

Für alle Spielformen lassen sich Erkenntnisfunktionen nachweisen. Das gilt selbst für das Funktionsspiel, also für einen Zeitraum der sehr frühen Entwicklung des Menschen, innerhalb dessen das Kind noch gar nicht zwischen sich selbst und seiner Welt zu unterscheiden vermag. Im Funktionsspiel des noch jungen Kindes zeigt sich, dass es immer wieder einen Weg zu finden versucht, um den Effekt wieder herzustellen, den es zunächst ohne eine Intention herbeigeführt hatte und der mit einem Lustempfinden verbunden war. Diese permanente Wiederholung des Versuchs, den affektiv positiv wirksamen Effekt erneut herbeizuführen, zeigt, dass nicht nur die Funktionslust allein wirksam ist, sondern auch eine grundlegende Erkenntnisform: Das Kind versucht genau diejenige eigene Bewegung nachzumachen, die zunächst zum Effekt geführt hatte. Es wiederholt also eine sensomotorische Koordination mit dem Ziel der wiederholten Effekterzeugung und vollführt damit einen rudimentär geistigen Akt.

Hier kann man schön sehen, wie zu so einer frühen Entwicklungszeit in der Ontogenese des Menschen Emergenz und Synergie miteinander koordiniert werden. Das Kind möchte ja den Effekt, der zur Funktionslust geführt hatte, wieder herbeiführen. Es versucht sich nun durch einen intentionalen Akt dieses besondere Ereignis wieder zu verschaffen. Hierbei emergieren psychische Kräfte (Lustaffekt, Intention, diesen wieder zu haben) und die psychische Funktion, das in der Intention offenbar werdende zielbezogene Handeln. Beide Komponenten werden dann in der gegenstandsbezogenen Handlung, der aktiven Wiederherbeiführung des Effektes, zusammengeführt. Ein Nebeneffekt dieser Aktivität ist, dass das Kind dadurch ganz bestimmte grundlegende Verhaltensmuster übt.

Das Konstruktionsspiel hat ebenfalls eine Erkenntnisfunktion. Sie ist darauf gerichtet, dass irgendwelche Elemente im Verhaltensstrom sinnhaft werden bezüglich ihrer zielbezogenen Funktion. Die neue Bedeutung eines Elementes besteht darin, dass es der eigentlichen Konstruktion subsumiert, also untergeordnet wird. Es kommt nicht mehr nur auf die Beschaffenheit des Elements an, sondern darauf, was man damit in Bezug auf ein selbstgesetztes Ziel machen kann.

Auch das Ausdifferenzierte Symbol-/Rollenspiel ist mit einer Erkenntnisfunktion verbunden. Sie besteht in der Erweiterung der eigenen sozialen Kompetenz. Das Kind erwirbt dabei die Erkenntnis, dass man während der sozialen Interaktion in unterschiedliche Rollen schlüpfen kann. Es lernt Rollenwechsel kennen, und es lernt sie selber auszuführen. Dadurch kann das Kind im Spiel auch seine eigenen sozial-kognitiven Kompetenzen ausweiten.

Das Regelspiel enthält ebenfalls Erkenntnisfunktionen. Sie führen letztlich zu einer Erweiterung der eigenen kognitiven Kompetenz. Diese beruht auf der Erkenntnis, dass auch außerspielische Lebensbereiche vermittels Strategien, Taktiken und Heuristiken benutzt werden können, um das Spielziel zu erreichen — das Spiel zu gewinnen.

4.2.3 Das Spiel im Dienst der Selbsterweiterung

In seinem Spiel kann das Kind sein Selbst erweitern, seine Individualität fördern und seine individuelle Welt ausbauen. Das kindliche Spiel hat eine Darstellungsfunktion, eine Gestaltungsfunktion, und es dient insgesamt der individuellen Erlebniserweiterung (Mogel, 1994²). Die Darstellungsfunktion des Spiels beruht zum einen auf der Selbstdarstellung des kindlichen Spielers, zum anderen auf der Darstellung einer symbolisierten Person oder eines symbolisierten Ereignisses. Das letztere gilt vor allem für Rollenspiele beziehungsweise Symbolspiele. Mit der Gestaltungsfunktion wird besonders die interne Struktur des Dargestellten betont. Jedes Spiel wird als Gestaltung der eigenen Wirklichkeit des Spielers angesehen. Aber auch die Umwelt, also die äußere Welt des Spielers, wird gestaltend verändert. Außerdem gestaltet jedes Kind sein Spiel als „sinnvoll erfüllte Zeit" (Portmann, 1973). Das bedeutet, dass jegliche Spielhandlung einen individuellen Sinn der persönlichen Erweiterung des Bezugs zum Leben und zu sich selbst beinhaltet.

❗ Man kann davon ausgehen, dass jedes Spiel für den Spielenden einen aktuellen Erlebniswert in sich selbst trägt. Außerdem wirkt das Spiel als solches auf das Individuum erlebniserweiternd. *Erlebniserweiterung* bedeutet eine Steigerung und Differenzierung des kindlichen Erlebens und des Lebens als solchem vermittels seiner Spielaktivitäten, durch die Spielereignisse und durch den persönlichen Bezug zu Spielgegenständen. Erlebniserweiterung bedeutet zugleich eine Selbstaktualisierung. Sie geht mit einer Ausdehnung des kindlichen Erfahrungshorizontes einher (Mogel, 1994²).

Alle Erlebens- und Verhaltenssysteme beim Menschen beziehen bzw. schließen emotionale Regulationen ein. Insofern sind natürlich auch alle Spiele bei den Beteiligten mit Emotionen verbunden. Das Besondere und Extravagante des Erlebens- und Verhaltenssystems Spiel ist, dass durch das Spielen gewöhnlich fördernde (positive) Emotionen hervorgerufen werden.

Nur bei zwei Spielformen kommen regelmäßig auch beeinträchtigende (negative) Emotionen zum Tragen: beim Konstruktionsspiel und beim Regelspiel.

Beim Konstruktionsspiel führt die wiederholte Nichterreichung der selbst gesetzten Anforderungen bei Kindern zum Erleben negativer Emotionen. Beim Regelspiel ist es das Nichterreichen des Spielzieles, das heißt nichts anderes als das Verlieren. Insbesondere gegenüber Erwachsenen wird es vom Kind häufig als Niederlage erlebt. Beim Rollenspiel kommt es nur dann zu negativen Emotionen, wenn einer der beteiligten Spieler/Spielerinnen die gemeinsame Rollenfestlegung nicht befolgt. Nicht definierte individuelle Variationen der Rollendefinition können dabei leicht zu Spielabbruch führen.

Unsere Ansicht, das Spiel diene dem positiven Emotionserleben, ist nach allen Beobachtungen des kindlichen Spielens wahrscheinlich zutreffend. Man kann es so sehen, dass Spiele den Sinn haben, dem menschlichen Organismus grundsätzlich fördernde (positive) Emotionen zuzuführen. Oder aber es hat den Sinn, das Erleben negativer Emotionen zu vermeiden beziehungsweise zu bewältigen. Damit wird ein weiterer Gesichtspunkt wichtig, die psychohygienische Funktion des Spielens.

4.2.4 Das Spiel hat psychohygienische Funktionen

Vor allem in der psychoanalytischen Denktradition wird die Position vertreten, dass das Spiel eine psychohygienische Funktion erfülle (Freud 1913, 1920). Sigmund Schlomo Freud selbst sprach dem Spiel eine mehrfache Funktion zu: Es diene als Realisierung des Lustprinzip der Erfüllung von Wünschen. Diese Wünsche könnten außerhalb des Spiels keine Befriedigung erfahren. Außerdem diene das Spiel dem Spannungsabbau und der Verarbeitung von Ängsten.

Nach E. H. Erikson (1950) dient das spontane Spiel der „Synthetisierung der Wirklichkeit". Es trage sehr stark zur Realitätsbeherrschung bei. Es enthalte zudem eine Selbstheilungstendenz, also eine psychohygienische Funktion.

Nimmt man die psychoanalytischen Sichtweisen zusammen, so deutet alles beim Spiel auf eine Stärkung der Ich-Funktionen hin: Beispielsweise spricht Zulliger (1951) von *heilenden Kräften* im kindlichen Spiel. Eine psychotherapeutische und damit heilende Funktion des Spiels sehen auch nicht-psychoanalytisch orientierte Autoren, wie zum Beispiel Schmidtchen und Erb (1979) und Schmidtchen (1989).

4.2.5 Die Aktivierungsfunktion des Spiels

Mit ihrem Spiel aktivieren sich Kinder selbst. Spiel ist also eine stimulationsproduzierende Tätigkeit. Es gleicht alles aus, was unter das als wohltemperiert empfundene Stimulationsniveau absinkt. Diese Sichtweise geht auf Berlyne (1960) zurück. Die Grundannahme ist, dass das Zentrale Nervensystem die Erhaltung eines optimalen, eines also mittelhohen Aktivierungsniveaus anstrebt. Ist beispielsweise die innere Spannung zu niedrig, wird das Kind aktiv.

Heinz Heckhausen (1964) hat, ausgehend von Berlynes Verhaltensmodell der Spannungssuche und Informationsverarbeitung, den Ansatz des Aktivierungszirkels entwickelt (s. Kap. 1.3.6). Ganz wichtig dabei ist, dass die Spieler einen Wechsel von Spannung und Lösung beziehungsweise von Spannung und Entspannung aufsuchen, der beständig wiederholt wird. Eine solche, so grundlegende motivationale Funktion der Spielaktivität kann man auch als Motor für die Aufrechterhaltung eines jeden Spiels ansehen.

4.2.6 Das Spiel und seine soziale Funktion

Nahezu alle neueren Spieltheoretiker postulieren, dass das Spiel dem Aufbau der Sozialität beim Kind diene, das Spiel habe also eine soziale Funktion. Diese Sichtweise findet man besonders bei Catherine Garvey (1978) und auch bei Lothar Krappmann (1973, 1988).

Die grundlegend soziale Funktion des Spiels zeigt sich deutlich bereits bei den ersten Funktionsspielen, wenn Kinder dabei Blickkontakt mit Außenpersonen aufnehmen. Ein Beispiel für diese Art des frühen Sozialkontaktes – also in der so genannten Kleinkindzeit – ist das „Guck-guck-da"-Spiel.

Auch sehr frühe symbolische Spiele zeigen bestimmte Nachahmungsleistungen, die aus den frühen Sozialkontakten des Kleinkindes herrühren. Prototypisch für die Sozialfunktion ist das Rollenspiel. Im Rollenspiel zeigen Kinder exponierte Verhaltensweisen aus der Erwachsenenwelt „mit großer Hingabe". Diese Verhaltensweisen sind Nachahmungsleistungen oder Nachgestaltungsleistungen.

Die meisten Regelspiele gewinnen ebenfalls durch die Gemeinsamkeit des im Regelspiel interaktiven Spielereignisses ihre sozialen Funktionen. Auch alle Sportspiele zeichnen sich in vielerlei Hinsicht durch soziale Funktionen aus, zum Beispiel die Identifikation mit der eigenen Mannschaft und natürlich dem Spielziel, aber auch der soziale Rahmen aus Spielern und Zuschauern.

Auch alle interaktiven Computerspiele schließen gemeinsame Spielaktivitäten der Beteiligten ein und gelten daher ebenfalls als Spiele mit sozialen Funktionen.

4.2.7 Das Spiel zur Schaffung innerer Ordnungen

Der Mensch ist zur Gestaltung und zur Bewältigung seiner Realität im Bereich des Psychischen auf mentale Repräsentationen angewiesen. Das Spiel ist in seiner Entwicklung dasjenige Fundamentale Lebenssystem, das zur Schaffung innerer Ordnungen im Bereich der mentalen Repräsentationen führt.

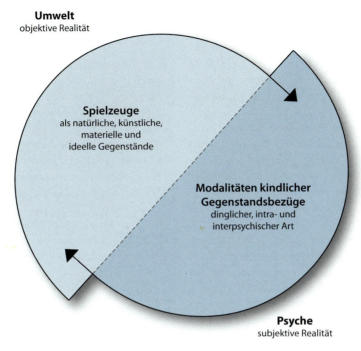

Abb. 4.1 Die Modalitäten kindlicher Gegenstandbezüge auf psychischer Seite und die Spielzeuge als natürliche, künstliche, materielle und ideelle Gegenstände auf Umweltseite stehen in einem sich *gegenseitig beeinflussenden* und ordnenden Verhältnis von subjektiver und objektiver Realität.

❗ Die Ordnungsbildung kann dabei eher dadurch geschehen, dass das Kind sich Umweltereignisse und diesbezügliche Lebensdaten aneignet und in seine eigene psychische Organisation übernimmt. Es kann aber auch dadurch geschehen, dass das Individuum seine bisher funktionierenden Strukturen den Besonderheiten der Realität anpassen muss und sie hierdurch verändert (vgl. hierzu Abbildung 4.1).

Je nachdem, ob eine Erfahrungsstruktur durch Spiel schon gefestigt ist oder aber aufgrund der Neuigkeit von Gegenstandsbezügen erst durch spielerisches Probehandeln entsteht, wie zum Beispiel beim Experimentierspiel, werden spezifische innere Ordnungen aufgebaut. Sie entstehen aus der aktiven Beziehung der kindlichen subjektiven Realität (Psyche) zur objektiven Realität (Umwelt) und umgekehrt.

4.2.8 Das Spiel zur Regulation von Zeit und Raum

Es ist selbstevident, dass sich die menschliche Entwicklung in Raum und Zeit abspielt. Aber im Spiel gewinnen Raum und Zeit eine eigene Funktion. Zeit beispielsweise wird im Spiel durch die Spieltätigkeit selbst mit Sinn erfüllt und sinnhaft verdichtet, manchmal hat sie wie im Traum eine panoramatische Qualität. Alles verläuft wie in einem Panorama sozusagen raumzeitlich gleichzeitig und teilweise alogisch, das heißt, winzige Kleinigkeiten können im Spielgeschehen enorm wichtig und außergewöhnlich bedeutungsvoll werden, riesengroße Vorgänge mit gigantischem Erscheinungsbild dagegen zu Nebensächlichkeiten verblassen. Die rationale Logik muss der inneren und eigenen Logik des Spielerlebens weichen.

Auch Räume können dann gigantisch, sehr weit und unendlich wirken oder eben winzig klein und verdichtet. Die Kinder können im raschen Wandel von Raum und Zeit bestimmte Gegenstandsbedeutungen verschieben, sie können sie in ihr Gegenteil verkehren, sie können sie verdichten. Kleine Ereignisse können riesengroß werden, riesengroße Ereignisse können winzig klein werden – ganz wie im Traum. Ebenso findet man einen raschen Wechsel mehr abbildhafter (figurativer) und mehr symbolischer Gegenstandsbezüge.

> Eines allerdings bleibt klar: Alles kindliche Spiel findet, wie das Leben selbst, als ein gegenwärtiges Geschehen statt. Auch wenn Erfahrungen aus der Vergangenheit sich im Spiel realisieren, werden sie dadurch gegenwärtig. Auch wenn spielerisch realisierte Wünsche in Bezug auf die wie immer antizipierte Zukunft umgesetzt werden, sind sie im Spiel gegenwärtig. Spiel ist Gegenwart. Spiel ist gegenwärtig gestaltete Zeit. Das Kind spielt in der Zeit, es spielt mit der Zeit, es spielt allerdings ohne jegliche Reflexion der Zeit.

Für das Erleben des Kindes ist Spiel zeitlos. Das Spiel ist dasjenige Erlebens- und Verhaltenssystem, das es dem menschlichen Spieler bzw. der Spielerin erstmalig, dauerhaft und eben immer erlaubt, selbsttätig und individuell die eigene Zeit zu organisieren, ohne an sie selbst zu denken.

4.2.9 Zusammenfassung

- Die Theoriebildung zum Kinderspiel erfolgt über die Erforschung der Spielformenentwicklung. Dabei sind grundlegende Funktionen des Spiels zu thematisieren.
- Das Spiel steht im Dienst der Adaptation, der Anpassung an die Lebensvorgänge. Es beinhaltet auf jeder Ebene seiner Entwicklung bestimmte Erkenntnisfunktionen. Mit seiner Darstellungs- und Gestaltungsfunktion dient es der individuellen Erlebniserweiterung und der Stabilisierung des kindlichen Selbst.
- Spiel beinhaltet psychohygienische Funktionen und entfaltet heilende Kräfte für das psychische Geschehen. Spiel geht mit Selbstaktivierung einher, ist somit ein Funktionssystem für die intrinsische Motivation der Spielerpersönlichkeit. Alles Spiel beinhaltet grundlegende soziale Funktionen. Diese lassen sich in einer jeden Spielform nachweisen.
- Über mentale Repräsentationen von Gegenstandsbezügen führt das Spielen zur Schaffung von inneren Ordnungen. Mit ihrem Spiel regulieren Kinder Raum und Zeit, wobei das Spiel selbst in Raum und Zeit als ein ausschließlich gegenwärtiges Geschehen des kindlichen Handelns einzuschätzen ist.
- Das kindliche Leben im Spiel ist identisch mit seinem Erleben der Gegenwart. Es vollzieht sich ausschließlich im Hier und Jetzt des vom Kind gestalteten Gegenwartsgeschehens.

4.3 Psychologische Grundlagen einer integrativen Spieltheorie

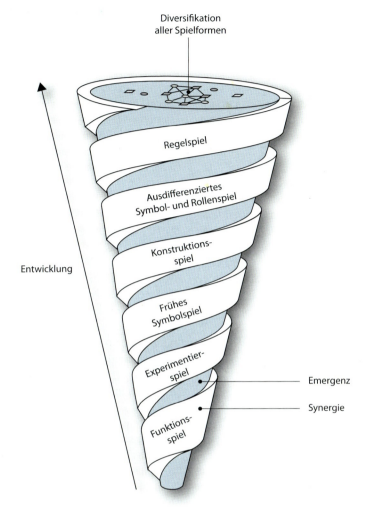

Abb. 4.2 „Eis"-Modell der Entwicklung der Spielformen beim Kind – vom Funktionsspiel bis zum Regelspiel – durch die dynamische Binnendifferenzierung von emergenten Strukturen und deren synergetisch-prozesshafter Integration. Das Ergebnis dieses Vorgangs ist die Etablierung einer qualitativ neuartigen Spielform zu einem bestimmten Zeitpunkt des individuellen Entwicklungsgeschehens (siehe auch Abb. 7.3, S. 236).

4.3 Psychologische Grundlagen einer integrativen Spieltheorie

Spiel ist als ein flexibles dynamisches und zugleich generatives System beim Menschen aufzufassen, genauer gesagt, als ein adaptives emergentes Handlungssystem zu verstehen. Dieses System differenziert sich in der menschlichen Ontogenese aus und wird zugleich immer wieder in seinen Differenzierungen integriert.

> Von *Emergenz* sprechen wir dann, wenn eine andere oder qualitativ neue Spielform aus einer schon bestehenden hervorgeht, jedoch die Eigenschaften der neuen Spielform nicht aus den summierten Merkmalen der früheren Spielformen erklärbar sind.

Die neue Qualität des Spiels ist das Ergebnis von synergetischen Prozessen in der Entwicklung des Spielsystems beim Menschen.

> Unter *synergetischen Prozessen* bzw. unter *Synergie* ist eine dynamische Zusammenführung von ganz bestimmten Entwicklungslinien zu verstehen, die die neue Spielqualität hervorbringen.

So lassen sich die Spielformen als auseinander hervorgehend verstehen. Ferner stehen sie untereinander in einem fluktuierenden Dependenz-Interdependenz-Verhältnis. Sie hängen wechselseitig voneinander ab, und sie beeinflussen sich gegenseitig. Dieses grundlegende Geschehen lässt sich an der Entwicklung der Spielformen verdeutlichen (siehe Abb. 4.2 und Abb. 4.3).

4.3.1 Entwicklungskomponenten des Funktionsspiels

Der Säugling zeigt während langer Perioden seines Wachseins einen starken Bewegungsdrang. Aus seinen zunächst wenig koordinierten Bewegungen resultieren taktile Kontakte mit Gegenständen, die zunächst aber nicht geplant waren. Entsteht nun daraus ein bestimmter Effekt, der dem Kind Lust bereitet, versucht es diesen Effekt wieder herzustellen. Es möchte sich auf gleiche oder ähnliche Weise erneut Lust verschaffen.

> Die entscheidenden Komponenten der intentionalen Akte des Kindes, die letztlich zur vollständigen Etablierung des Funktionsspiels führen, sind folgende: Bewegungsdrang, Kontakt mit dem Gegenstand, ein bestimmter Effekt, Lustempfinden und, als neue emergente Eigenschaft, *die beständige Wiederholung des Gegenstandsbezugs, der erneut zur Funktionslust führt*.

Eine solche Bestimmung des Funktionsspieles wird nicht nur durch die Literatur gestützt, sondern vor allem auch durch die Tatsache, dass die Intentionalität des noch sehr jungen Kindes im Hinblick auf den Gegenstandsbezug, der ja Lust verschaffen soll, einen spielerischen Verlauf nimmt und das Spielereignis immer wieder erneut hervorruft. Ist der Zielbezug einmal etabliert, gehen fortan die kindliche intrinsische Spielmotivation und das gegenstandsbezogene Handeln Hand in Hand. Der eigentliche Gegenstandsbezug markiert nur den vorläufigen Abschluss einer Etappe des ganzen Spielgeschehens, das sich ständig wiederholt.

4.3.2 Entwicklungskomponenten des Experimentierspiels

Während der kindliche Gegenstandsbezug im Funktionsspiel nur eher rudimentär verwirklicht wird, resultiert im Experimentierspiel eine regelrecht spezifische Verwirklichung, das heißt, es entsteht ein physikalischer Gegenstandsbezug mit unterschiedlichen Merkmalen. Diese Merkmale versucht das Kind in seinem Spiel auszuprobieren und zu testen.

> Gegenüber dem Spielziel der reinen Lustgewinnung im Funktionsspiel emergiert nunmehr eine differenzierte Zielstruktur des Spiels, die eine Erkenntnisintention enthält und dieser Intention spielerisch folgt. Das Experimentierspiel des Kindes kann also als ein aktiver Versuch der Erkenntnis der physikalischen Merkmale seiner Wirklichkeit beschrieben werden.

Etwas allgemeiner ausgedrückt gelangt das Kind mit dem Experimentierspiel zu der Erkenntnis, dass Gegenstände Merkmale besitzen und auch Mengen von Merkmalen haben. Demnach kann das Kind die Gegenstände anhand der Merkmale, die sie näher kennzeichnen, die ihnen also zukommen oder aber auch abgehen, miteinander vergleichen. Aus dieser grundlegenden Vergleichbarkeit im Rahmen des Experimentierspiels kann eine neue Qualität beziehungsweise eine neue Relation emergieren. Diese führt uns zu einer neuen Spielform in der kindlichen Entwicklung, dem Frühen Symbolspiel.

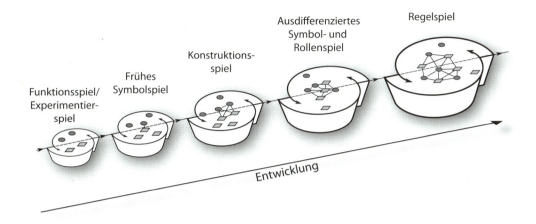

Abb. 4.3 Entwicklung von Emergenzen und Synergien der Komponenten des Spiels – vom wenig differenzierten Funktionsspiel bis zum hochkomplexen Regelspiel, wobei psychische Komponenten und Umweltkomponenten integriert werden (vgl. auch Abb. 4.1).

4.3.3 Entwicklungskomponenten des Frühen Symbolspiels

Durch die Vergleichsmöglichkeit hinsichtlich der physikalischen Merkmale in der Gegenstandswelt kann eine neue Form des kindlichen Gegenstandsbezugs emergieren. Das Kind stellt jetzt fest, dass ein Objekt aufgrund seiner Merkmale für ein anderes Objekt oder einen anderen Gegenstand stehen kann. Damit sind die grundlegenden Voraussetzungen für die Entstehung des Frühen Symbolspiels geschaffen.

❗ Das Frühe Symbolspiel ist ein Resultat der Synergie dieser Merkmals-Objekt-Beziehungen beziehungsweise dieser Merkmals-Gegenstand-Beziehungen. Während der Entwicklung und Konsolidierung des Frühen Symbolspiels kann das Kind nach und nach eine Entkoppelung der gegenstandsverbindenden Merkmale und der entsprechenden Merkmalsklassen durchführen. Auf diese Weise kann das Kind Gegenstände in einer Funktion benutzen, die als bedeutungsvolle Zeichen für andere Gegenstände stehen. Die frühe Symbolfunktion ist somit konstituiert.

4.3.4 Entwicklungskomponenten des Konstruktionsspiels

Das Konstruktionsspiel entwickelt sich auf zwei Wegen über Emergenzen aus dem Experimentierspiel und dem Frühen Symbolspiel. Im Konstruktionsspiel besteht die Anforderung, Merkmale und Merkmalsklassen von Einzelgegenständen zu einem geformten, zusammengesetzten Gegenstand zu synthetisieren.

❗ Der Konstruktionsprozess geht mit ganz bestimmten Anforderungen einher: Er wird reguliert durch eine Vorstellung des antizipierten Zieles und durch die eigentliche Konstruktionshandlung.

Das wird einerseits erreicht durch synergetische Prozesse, die die Merkmalsanalysen beim Experimentierspiel auf eine höher geordnete Ebene einer die Merkmale verbindenden Merkmalssynthese befördern. Auf der anderen Seite führen die folgenden Vorgänge zu einer Merkmalssynthese: Synergetische Prozesse bringen die Möglichkeit der Handhabung beziehungsweise der Manipulation von geistig repräsentierten

Gegenständen im Frühen Symbolspiel auf eine höher geordnete Ebene der Vorstellung eines noch nicht existierenden Gegenstandes. Synergetische Integrationsprozesse führen dann diese beiden neu emergierten Funktionen zusammen. Sie konstituieren auf diese Weise die jetzt neue Spielform des Konstruktionsspiels.

4.3.5 Entwicklungskomponenten des Ausdifferenzierten Symbolspiels/Rollenspiels

Das Ausdifferenzierte Symbolspiel/Rollenspiel kann bereits als ein komplexes Entwicklungsgeschehen bezeichnet werden. Diese Spielform wird durch multiple Emergenzen im Entwicklungsgeschehen determiniert. Genau genommen handelt es sich um Ausdifferenzierungen von geistigen (mentalen) Repräsentationen. Sie gründen im Frühen Symbolspiel. Geistige Strukturen aus dem Konstruktionsspiel, die sich der kombinatorischen Manipulation der Dinge bedienen, werden nunmehr auf den Bereich von Rollen, Akteuren, Absichten, Handlungen, Zielbezügen übertragen.

Das Kind verfügt jetzt aber auch außerhalb des Spieles über eine reichhaltige Organisation seiner Erfahrungen durch Schemata und Scripts. Sie werden in sein Handlungsfeld des Spiels hinein genommen und in Bezug zu den symbolisierten Gegenständen gesetzt. Das Gleiche gilt auch für die spielerischen Nachgestaltungen von modellierten Ereignissen und Handlungen.

> ❗ Das Kind ist nun in der Lage, Ereignisse aus der komplexen Lebenswirklichkeit im Spiel sozusagen als spielerisch angeeignete Wirklichkeit umzusetzen, das heißt, sie nachzugestalten. Es kann somit spezifische Rollen und Ereignisse der spielextern erlebten Wirklichkeit im Spiel vermittels aktiver Symbolisierungen realitätskonform darstellen und nachgestalten. Spielerisch nachgestaltete und im Spiel erlebte Realität sind somit im psychischen Geschehen des Kindes eins.

4.3.6 Entwicklungskomponenten des Regelspiels

Bei genauerer Betrachtung der Entwicklung aller Spielformen kann man eine Gemeinsamkeit feststellen: Sie alle haben etwas Regelhaftes. Vor allem die bewegungsorientierten Formen bestimmter Regelspiele entwickeln sich bereits früh in der Ontogenese des kindlichen Spiels.

Höhere Formen, etwa kombinatorische und abstrakte Symbolsysteme einbeziehende Regelspiele finden eigentlich erst nach der Etablierung der Ausdifferenzierten Symbolspiele/Rollenspiele statt. Die Emergenz von konkreten Operationen in den Denkprozessen erlaubt es dem Spieler, die Strukturen, welche bereits im Rollenspiel konsolidiert waren, in einer nun flexiblen inhaltsfreien Weise zu regulieren. Die Umkehrbarkeit der Denkvorgänge (Reversibilität) impliziert nunmehr die Fähigkeit zu einer Perspektivenübernahme. Auch die Perspektive der Umkehrung ist jetzt möglich. Das bedeutet für das Regelspiel, dass der Spielende sich nunmehr die Perspektive der beim Mitspieler vermuteten Strategien, Taktiken und Tricks vergegenwärtigen und sich in sie hineinversetzen kann.

4.3.7 Zusammenfassung

- Neue Spielformen entwickeln sich aufgrund von Emergenz und Synergie.
- Beim Funktionsspiel wird dies evident durch ständige Wiederholung des Gegenstandsbezugs, der zur Funktionslust führt.
- Beim Experimentierspiel lässt sich dies in einer differenzierten Zielstruktur nachweisen, die von einer Erkenntnisintention getragen wird.
- Das frühe Symbolspiel ist Ergebnis der Synergie von Merkmals-Objekt-Beziehungen.
- Beim Konstruktionsspiel verbinden sich diese synergetischen Integrationsprozesse mit der Etablierung einer individuellen Anforderungsstruktur.

- Beim Ausdifferenzierten Symbol-/Rollenspiel werden multiple Emergenzen wirksam, die sich in den mentalen Repräsentationen der individuellen Wirklichkeit manifestieren.
- Regelspiele schließlich leben kognitiv von der Reversibilität des Denkens, ansonsten von allen Emotionen, die mit dem Spielziel, zu gewinnen, zusammenhängen.

4.4 Generelle und kulturspezifische Merkmale des Kinderspiels

4.4.1 Transkulturelle Universalität des Spiels und die Bedeutung der Spielzeuge

In unseren Forschungsarbeiten zum Kinderspiel wollten wir herausfinden, wie sich die verschiedenen Spielformen beim Kind entwickeln. Außerdem wollten wir wissen, ob die Spielformenentwicklung in allen Kulturen gleich erfolgt, es also eine Transkulturelle Universalität dieser Entwicklung gibt, oder inwiefern kulturspezifische Besonderheiten festzustellen sind.

! Der Begriff *Transkulturelle Universalität* bezieht sich auf die Inhalte, den Aufbau und die Funktionsweise Fundamentaler Lebenssysteme im Kulturvergleich und meint deren Gereralität über alle Kulturen hinweg.

Da unsere Spielforschung aufwendig ist, sie erfolgt mit zumeist verdeckter Videoprotokollierung und Videodokumentation, konnten Kinder aus mehreren Ländern nicht vergleichend im Labor untersucht werden. Es musste für den Kulturvergleich ein Land gefunden werden, dessen Kultur stark von der deutschen Kultur abweicht. Zugleich sollte es prototypisch sein für einen anderen Kontinent. Wir wählten deshalb Thailand in Südostasien und dort die nördliche Region in und um Chiang Mai.

! Um eines der wichtigsten Ergebnisse vorwegzunehmen: Es gibt generelle, transkulturell universelle Merkmale überall, die das Spiel zu Recht als ein Fundamentales Lebenssystem kennzeichnen. Wo immer gespielt wird, findet man diese generellen Merkmale.

Spiel ist ein Geschehen, das man auf allen Kontinenten und in allen Ländern der Welt beobachten kann, bei Tieren und Menschen, jung und alt. Dabei scheint die Ontogenese des Spielens in Kindheit und Jugend ihren Schwerpunkt zu haben.

Über den evolutionären Kern des Spiels lässt sich streiten, doch spricht vieles dafür, dass die Evolution des Spiels älter ist als die Menschheit selbst. Akzeptiert man diese Sichtweise einer weit zurückliegenden evolutionären Verwurzelung der Spielentwicklung, ist es nur logisch, alle in der ontogenetischen Entwicklung von Kindern auftretenden Spielformen letztlich von einem gemeinsamen evolutionären Ursprung abzuleiten. — Eine solche Verknüpfung hat etwas Großartiges und Faszinierendes. Sie verweist nämlich darauf, dass bei der Spielentwicklung die Evolution und die Ontogenese eines Geschehens einen einheitlichen Vorgang bilden. Sie sind eins, und genau das zeigt sich in der *Transkulturellen Universalität* dieses *Fundamentalen Lebenssystems*.

Die Beziehung zwischen dem evolutionären Kern und der ontogenetischen Manifestation der so vielfältigen Spielverhaltensweisen findet man weltweit und überall. Sie ist genereller Natur, das heißt jederzeit und überall.

Natürlich haben sich die Spielformen über Jahrtausende und aber Jahrtausende der Entwicklung der Spezies homo sapiens differenziert, und zweifellos verfügt der Mensch über qualitativ und quantitativ höher ausgebildete Spielformen als jede andere Spezies. Die evolutionäre und ontogenetische Determination sowie die (im Folgenden weiter aufzuzeigende) Transkulturelle Universalität des Spiels verweisen jedoch auf eine geradezu kosmische Einheit der Entwicklung dieses Fundamentalen Lebenssystems. Man kann sie also nicht einfach zeitlich lokalisieren oder gar auf einen bestimmten Abschnitt der Lebensvorgänge festlegen.

Wir gehen von einer evolutionär, phylogenetisch und ontogenetisch frühzeitigen Entwicklung des Spiels aus. Und wir sehen klar die Einheitlichkeit dieser Entwicklung. Außerdem gilt, dass die entwickelten Spielformen überall auf der Welt und in allen Kulturen identisch sind, das heißt: Sie sind transkuturell universell. Dabei darf man natürlich nicht die kulturspezifischen Einflüsse übersehen, im Gegenteil: Man muss mit unterschiedlichen Spielinhalten rechnen, je nach unterschiedlichen Kulturen. Es ist wie mit dem Denken und mit der Sprache. Diese Systeme gibt es auch überall, sie sind transkulturell universell und doch kulturspezifisch so unterschiedlich.

Die Ökosysteme des individuellen Lebensvollzugs haben einen auch thematischen, einen inhaltlichen Einfluss auf die Spielinhalte. Sie setzen sozusagen die verbindlichen Rahmenbedingungen für die kindliche Spielentwicklung.

Besucht man Spielzeugmuseen und vergleicht die Spielzeuge untereinander sowie mit den gegenwärtigen Spielzeugen, kann man feststellen, dass sich die Wirklichkeit der verschiedenen Epochen des Lebens exakt in den Spielzeugen zeigt. Und damit zeigen sich auch in den Spielinhalten bedeutende Anzeichen für die Lebensverhältnisse zu verschiedenen Zeiten und an verschiedenen Orten. Die Kulturabhängigkeit der gespielten Inhalte ist also auch ein transkulturell universelles Phänomen.

In den Spielzeugen verschiedener historischer Epochen zeigen sich außerdem Zeugen der gelebten Wirklichkeit einer jeweiligen Zeit. Somit sind Spielzeuge nicht nur Dinge zum Spielen, sondern sie sind auch Dokumente für die besonderen Lebensvorgänge in einer Kultur, einer Epoche und in bestimmten Lebensverhältnissen. Spielzeuge beinhalten somit eine ökopsychologische Dimension und Bedeutung sowie einen sowohl aktuellen als auch historischen Sinn. Sie sind jedenfalls Kulturzeugen und Zeitzeugen zugleich.

4.4.2 Kulturspezifische und individuelle Gestaltungen des Spiels

Im vorangegangenen Kapitel haben wir gesehen, dass es sowohl transkulturell universelle als auch kulturspezifische Entwicklungsmerkmale des Spieles gibt. Dies würde es erlauben, davon auszugehen, dass das Kinderspiel in unterschiedlichen Kulturen vollständig einzigartige Strukturen zeigt. Kinder könnten danach im Spiel völlig eigene kulturspezifische Handlungssequenzen durchführen. Und dennoch: Die ontogenetische Abfolge in der Entwicklung der einzelnen Spielformen dürfte sich nach unserer bisherigen Einschätzung nicht unterscheiden.

Um all das zu klären, haben wir ab 1996 eine Vielzahl von Spielsituationen in verschiedenen Umgebungsbedingungen videographiert. Dies wollten wir, wie erwähnt, in einem Land tun, das einen großen Unterschied der Kultur zu Deutschland aufweist. Es ging uns darum, nicht nur Länder zu vergleichen, die kulturell und gesellschaftlich so homogen sind wie Deutschland, Frankreich oder England und andere.

> ❗ Das Modell der Transkulturellen Universalität zur frühen Entwicklung des kindlichen Spiels würde vorhersagen, dass sich die Spielformenentwicklung in Thailand und Deutschland eben nicht unterscheidet. Es würde weiter vorhersagen, dass es nicht nur bezüglich des Inhaltes der Spiele Unterschiede gibt, sondern auch in der Handlungsstruktur – jedoch nicht in der ontogenetischen Abfolge der Spielformen.

Um es klar zu sagen: Selbst in einer einzigartigen Kultur erwartet man niemals ein Stufenmodell der Spielformen mit ganz klar definierten qualitativen Phasen derselben. Jedes Kind eines jeden Alters kombiniert jederzeit verschiedene Spielformen zugleich. Aber im Verlaufe der Entwicklung eines Kindes gibt es so etwas wie bestimmte Alterabschnitte, in denen ganz bestimmte Spielformen häufiger vorkommen als andere.

Wir haben ein theoretisches Modell entwickelt, das es erlaubt, eine detaillierte Vorhersage zur Entwicklung der Spielformen in unterschiedlichen Kulturen wie z.B. Deutschland und Thailand aufzuzeigen. Dieses Modell besagt, dass die Annahme einer frühen Entwicklung gültig ist: Die Entstehung von dominanten, also von überaus herausragenden, klar abgrenzbaren Spielformen in der Ontogenese der Kinder sollte sowohl in Deutschland als auch in Thailand analog verlaufen.

Allerdings kann diese generelle Abfolge der dominanten Spielformen durch kulturelle Variablen sehr wohl beeinflusst werden. Wichtige einflussreiche Faktoren sind beispielsweise elterliche Glaubens- und Überzeugungssysteme zur Kindheit und zur Erziehung, weiterhin Vorgaben über die Regelung der Organisation des Vorschulalters – beispielsweise. Gerade in diesem Zusammenhang gibt es große Unterschiede zwischen dem europäischen Deutschland und dem südostasiatischen Thailand.

In Deutschland ist die Vorschulzeit weitgehend reine Spielzeit. Das freie Spiel wird als eine wichtige Aktivität des Kindes angesehen. Ganz anders sieht es während dieser Entwicklungsphase der Kindheit in Thailand aus. Hier scheinen sich Vorgaben der Regierung über die Organisation des Vorschulalters durchgesetzt zu haben, worin freies Spiel keinen Platz hat.

Frau Prof. Dr. Sumalee Kumchaiskul der Fakultät für Erziehung der Chiang-Mai-University, eine Spezialistin für frühkindliche Entwicklung, sagte 1996:

> „Die Aktivitäten der Kinder in Kindergärten sind meistens auf Arbeiten mit Papier und Bleistift (mit minderwertigem Material), Worte lernen sowie Übungen für Disziplin beschränkt. Das Potenzial der Kinder, im Spiel zu lernen und ihre Fähigkeiten zu trainieren, wird total vernachlässigt und so für immer gestört. Die Kinder, denen die Eltern wenigstens dann Zeit zum Spielen geben, wenn der Kindergarten oder die Schule zu Ende ist, können sich sehr glücklich schätzen. Ihr Spielverhalten fördert Kreativität und Fantasie. Deshalb ist das Spiel wichtig für affektive und kognitive Prozesse. Als ich jung war, hatte ich viel Zeit zum Spielen. Ich war ein sehr glückliches Kind!"

Trotzdem würde das Modell der frühen Entwicklung, in Kombination mit dem Entstehungsmodell der Spielformenentwicklung, vorhersagen, dass die thailändischen Kinder während der Freizeit in einer Art und Weise spielen, die der ihrer deutschen „Gegenstücke" analog ist. Der Inhalt ihres Spiels jedoch ist beeinflusst von ihren spezifischen Umgebungsbedingungen (Barker, 1968), die sich teilweise von den deutschen unterscheiden. Weiter sind sie von den einzigartigen Mustern der thailändischen Kultur beeinflusst.

Kulturelle Veränderungen gibt es in allen Ländern. Die traditionellen Formen des Lebens, wie sie durch Religion oder Bräuche entstanden, sind in städtischen Gebieten wesentlich schwächer ausgeprägt. Städtische Gebiete zeigen eine Tendenz zur Globalisierung. Aus diesem Grund sollten die Inhalte des Kinderspiels in städtischen Gebieten kulturell unspezifischer sein als in ländlichen Gegenden. Dasselbe ist von anderen Verhaltensweisen von Kindern und Erwachsenen zu erwarten.

4.4.3 Untersuchungen zur Spielentwicklung deutscher und thailändischer Kinder

Die folgenden Hypothesen sollten mit der transkulturellen Studie überprüft werden:

1. Die Entstehung der Spielformen bei Kindern ist selbst in so unterschiedlichen Kulturen wie in Deutschland und Thailand analog.
2. Es sollte Unterschiede im Inhalt der verschiedenen Spielformen geben, bedingt durch die Unterschiede der Wertesysteme der verglichenen Kulturen. Unterschiede durch prototypische Umgebungsbedingungen sollten ebenfalls existieren. Gemäß der thailändischen

Kultur müssten soziale Interaktionsprozesse in den verschiedenen Spielformen häufiger auftreten als in Deutschland.
3. Städtische und ländliche Gegenden unterscheiden sich im Angebot der Umgebungsbedingungen, die sie für das Spielverhalten bieten. Also sollten bestimmte Spielformen in ländlichen Gegenden häufiger auftreten, andere häufiger in städtischen Gegenden.
4. Die Inhalte des Spiels unterscheiden sich zwischen ländlichen und städtischen Gegenden, weil Bräuche und Religion im täglichen Leben eine unterschiedliche Bedeutung haben. In städtischen Gegenden wird eine größere Häufigkeit von relativ „modernen" Spielen erwartet, in ländlichen Gegenden werden eher „traditionelle" Spiele erwartet.

Nun zu den verwendeten Methoden: Die Untersuchung wurde mit N = 146 videographierten Sequenzen des freien Spiels in unterschiedlichen Umgebungsbedingungen nach dem Zufallsprinzip in Nord-Thailand durchgeführt und mit einer Gesamtlänge von 1736 Minuten (ca. 30 Stunden) dokumentiert. Eine Hälfte der Spielsequenzen wurde in ländlichen Gegenden aufgenommen, die andere Hälfte in städtischen Gegenden.

Der Forscher benutzte eine nicht teilnehmende Beobachtungs- und Videographiemethode. Er blieb im Hintergrund und versuchte stets, die spielenden Kinder nicht zu beeinflussen. Nach Abschluss der jeweiligen Aufnahmen erkundigte sich der Forscher nach dem Alter der spielenden Kinder. Die Videofilme wurden mit zwei verschiedenen Methoden ausgewertet. Die Spielformen wurden zum einen strukturell und kategorial erfasst, zum anderen erfolgte eine quantitative Rating-Prozedur im Forschungslabor VISOR am Lehrstuhl für Psychologie der Universität Passau.

Grundsätzlich wurden alle Untersuchungen im südostasiatischen Thailand als Felduntersuchungen mit videographischer Datenaufzeichnung des kindlichen Spielverhaltens in den ländlichen, am Rande des Dschungels gelegenen Gebieten bzw. Dörfern, und zum Teil in der Stadt Chiang Mai, Nordthailand, durchgeführt.

4.4.4 Ergebnisse zu den thailändischen Untersuchungen

Der ersten Hypothese zufolge wird erwartet, dass sich die Entwicklung der Spielformen in Kulturen, die so unterschiedlich sind wie die in Deutschland und Thailand, gleichen. Um dies zu überprüfen, müsste man eigentlich eine Längsschnittstudie durchführen. Das würde bedeuten, verschiedene Spielgruppen so lange zu beobachten, bis die qualitativ unterschiedliche Entwicklung zwischen zwei verschiedenen dominanten Spielformen deutlich wird, das heißt ihre Bifurkation (qualitative Gabelung). Jedoch blieb der Forscher nicht lange genug in Thailand, um eine solche Studie durchzuführen.

> Nachdem also eine Längsschnittstudie, wie in Deutschland, nicht möglich war, konnte nur herausgefunden werden, ob die dominanten Spielformen in bestimmten Altersgruppen Thailands die gleichen sind wie die in westlichen Kulturen.

4.4.5 Ergebnisse zu Funktions- und Experimentierspiel

In den deutschen Untersuchungen fanden wir Dominanzmuster, die denen der Studien in den USA entsprechen. Abbildung 4.4 zeigt die für westliche Kulturen in verschiedenen Alterabschnitten typischen Dominanzmuster der Spielformen. In Tabelle 4.1 werden die Spielformen der thailändischen Untersuchungen nach der Häufigkeit ihres Auftretens in verschiedenen Altersgruppen zusammengefasst.

Das Funktions- und das Experimentierspiel, die in etwa dem früher sog. Sensomotorischen/Entdeckenden Spiel entsprechen, haben auch in Thailand ihre höchste Ausprägung, wie das ebenfalls in den westlichen Kulturen während der ersten zwei Lebensjahre der Fall ist. Danach nimmt die Häufigkeit ab, bis diese Spiele bei

Tab. 4.1: Häufigkeiten (in %) der Spielformen bei verschiedenen Altersgruppen in den thailändischen Spieluntersuchungsgruppen.

Spielformen	0-2 Jahre	3-5 Jahre	6-8 Jahre	9-11 Jahre	12-14 Jahre	15-17 Jahre
Funktions-/ Experimentierspiel	40,0 %	30,0 %	15,0 %	15,0 %	0,0 %	0,0 %
Konstruktionsspiel	4,7 %	4,7 %	47,6 %	40,6 %	2,4 %	0,0 %
Rollenspiel	8,8 %	20,6 %	35,4 %	29,4 %	5,8 %	0,0 %
Regelspiel	1,3 %	9,6 %	35,2 %	28,7 %	17,4 %	7,8 %
Motorische Spiele ohne Regeln	2,4 %	18,1 %	22,9 %	34,9 %	12,1 %	9,6 %
Geschicklichkeitsspiele	0,0 %	1,0 %	18,4 %	44,9 %	24,5 %	11,2 %
Rough&Tumble-Spiele	7,1 %	1,8 %	35,7 %	48,3 %	7,1 %	0,0 %

thailändischen Kindern über elf Jahren nicht mehr beobachtet werden können. Dies weicht von der Entwicklung in den westlichen Kulturen ab, da hier die Häufigkeit nach dem elften Lebensjahr nicht so stark stagniert.

Wir fanden in Nordthailand hohe Werte für Geschicklichkeitsspiele sowie motorische Spiele ohne erkennbare Regeln, die beide die größte Häufigkeit zwischen neun und elf Jahren aufweisen. Manche dieser Spielformen kann man unter den Begriffen Sensomotorisches/Entdeckendes Spiel zusammenfassen. Dies bedeutet, dass in der in Thailand untersuchten Gruppe die Entwicklung der Spielformenmuster nicht von den westlichen Kulturen abweicht, zumindest für Sensomotorisches/Entdeckendes Spiel im Alter von bis zu elf Jahren.

Im Gegensatz dazu kann man die hohe Häufigkeit der Motorischen Spiele ohne erkennbare Regeln sowie der Geschicklichkeitsspiele im Alter zwischen sechs und zwölf Jahren nicht alleine dadurch erklären, dass man sie als Spezialformen des Sensomotorischen Spiels oder des Funktionsspiels sieht. In westlichen Kulturen kann man eine vergleichbare Häufigkeit nicht finden. Es scheint also, dass die Motorischen Spiele ohne Regeln und die Geschicklichkeitsspiele bei der Entwicklung der Spielformen in Thailand eine besondere Rolle spielen.

4.4.6 Ergebnisse zum Konstruktionsspiel

Das Konstruktionsspiel weist eine ähnliche Entwicklung in westlichen Kulturen sowie auch in Thailand auf. Ein Höhepunkt der Entwicklung liegt hier bei ungefähr sechs Jahren. Die Spielformenmuster in Thailand weichen nur in einem Aspekt ab. Die Häufigkeit des Konstruktionsspiels steigt hierzulande bei Jungen an, bis es bei etwa 33 Monaten seinen Höhepunkt erreicht. In Thailand wurde dieser stetige Anstieg nicht festgestellt. Es gibt keine ansteigende Entwicklung des Konstruktionsspiels. Stattdessen scheint es eine Art Schwelle zu geben. Bevor die Kinder sechs Jahre alt sind, lässt sich kein Konstruktionsspiel beobachten. Erst mit dem sechsten Lebensjahr steigt die Häufigkeit schlagartig an.

Vielleicht habe ich in Bezug auf das Konstruktionsspiel die Daten nicht repräsentativ genug erfasst. Während der Forschung wurde das freie Spiel in verschiedenen Lebenssituationen beobachtet, jedoch zumeist draußen. Möglicherweise spielt sich das Konstruktionsspiel vor dem Alter von sechs Jahren aber hauptsächlich drinnen ab. Jedenfalls wäre dies der bevorzugte Ort für das Konstruktionsspiel in Deutschland. Es ist also möglich, dass ich das Konstruktionsspiel

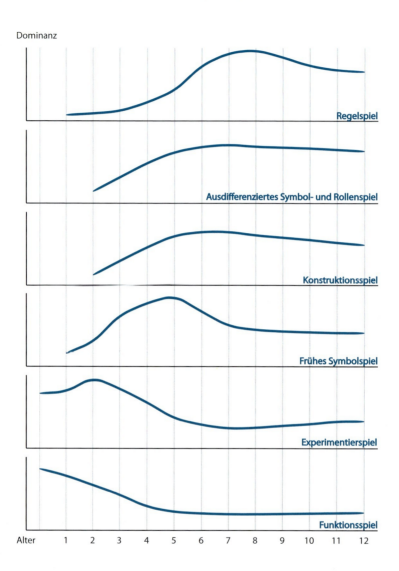

Abb. 4.4 Die Kurvenverläufe zeigen die für westliche Kulturen in verschiedenen Altersabschnitten typischen Dominanzmuster der Spielformen.

systematisch zu wenig beachtet habe, und zwar aufgrund der Wahl des Beobachtungsortes. Es könnte auch sein, dass Konstruktionsaktivitäten oft instrumenteller und nicht spielerischer Natur waren. So wurden zum Beispiel in ländlichen Gegenden zunächst Spielzeuge von den Kindern gefertigt, um sie später für Rollenspiele zu benutzen. Dies wurde jedoch nicht als Konstruktionsspiel gewertet, da hier ein Zweck außerhalb der reinen Konstruktion vorherrscht, nämlich das Ziel, ein Spielzeug zu fertigen, um es später in einer anderen Spielform einzusetzen. In städtischen Gegenden, gleichgültig, ob in Deutschland oder Thailand, sind solche Vorgänge eher selten zu beobachten. Spielzeuge werden hier in allen erdenklichen Variationen durch die Spielzeugindustrie hergestellt, zum Teil auf Spielzeugmessen vorgestellt, und vermarktet.

4.4.7 Ergebnisse zu den Symbolspielen/Rollenspielen

Symbolspiele/Rollenspiele beginnen in westlichen Kulturen ungefähr im Alter von einem Jahr mit den ersten Nachahmungsaktivitäten der Kinder, steigen bezüglich der Häufigkeit dann exponentiell an und haben ihren Höhepunkt im Alter von etwa fünf Jahren. Das ist aber noch keine Gesetzlichkeit. Diese Spiele weisen auch im Alter von vier und sechs Jahren noch eine größere Häufigkeit auf. Danach sinkt die Kurve wieder ab, wenn die Regelspiele dominanter werden, bleibt aber relativ konstant auf mittlerem Niveau bis zu einem Alter von mindestens elf bis zwölf Jahren erhalten.

Ein dem entsprechendes Muster kann auch in den thailändischen Daten gefunden werden. Hier beginnt das Rollenspiel auf einem niedrigen Niveau bis zu zwei Jahren, nimmt dann zwischen drei und fünf Jahren zu und hat seinen Höhepunkt zwischen sechs und acht Jahren. Danach bleibt die Häufigkeit zwischen neun und elf Jahren auf einem mittleren Niveau, bis sie in den folgenden Jahren stark abnimmt.

> ❗ Der Hauptunterschied zu westlichen Kulturen besteht hier in der Tatsache, dass das Symbolspiel/Rollenspiel bei thailändischen Kindern im fortgeschrittenen Alter noch relativ häufig stattfindet. Jedoch ist es wichtig zu beachten, dass das spätere Auftreten der Regelspiele nicht allein der Grund dafür ist. Möglicherweise haben Rollenspiele hier eine kultur- und glaubenstypische Funktion, wie sie im europäischen Kulturraum kaum vorhanden ist.

4.4.8 Ergebnisse zum Regelspiel

Das Muster der Altersverteilung der Häufigkeiten des Regelspiels ist dem des prototypischen Musters der westlichen Kulturen (vgl. Abb. 4.4) sehr ähnlich. Wenn es überhaupt einen Unterschied gibt, dann den, dass die Kinder Thailands den Höhepunkt in der Häufigkeit von Regelspielen ein wenig früher erreichen als die Kinder in westlichen Kulturen. In Thailand wird dieser Höhepunkt nämlich bereits zwischen sechs und acht Jahren erreicht, in westlichen Kulturen dauert es dagegen acht Jahre und länger, bis Rollenspiele die klar dominante Spielform sind.

4.4.9 Diskussion der Forschungsmethoden und der Ergebnisse

Als generelles Ergebnis kann man festhalten, dass Hypothese 1 bestätigt worden ist: Die Entstehung der Spielformen bei Kindern ist in Kulturen, die so unterschiedlich sind wie die in Thailand und Deutschland, dennoch ähnlich. Allerdings wäre es notwendig, Längsschnittstudien durchzuführen, um zu zeigen, dass dieselben dynamischen Systeme des Spiels ähnliche Häufigkeitsmuster in beiden Kulturen erzeugen. Des Weiteren zwang die Wahl des Forschungsvorgehens als einer videographischen Feldstudie dazu, das Spiel draußen im Freien zu videodokumentieren. Es wäre nötig, hier auch die typischen Spielumgebungen der Kinder drinnen im Wohnhaus zu untersuchen, ein Forschungsfeld für die Zukunft.

Ein kultureller Unterschied lässt sich vielleicht in der deutlich höheren Häufigkeit der Motorischen Spiele thailändischer Kinder ohne erkennbare Regeln und der Geschicklichkeitsspiele erkennen, die beide ihren Höhepunkt zwischen neun und elf Jahren haben. Es wäre notwendig, künftig noch detaillierter zu untersuchen, ob es dafür kulturelle Gründe gibt. Bedingt der Faktor „Kultur" wirklich die Entstehung dieser Spielformen, die in dieser Häufigkeit einzigartig sind? Oder würde sich bei einer genaueren Untersuchung unter Einbeziehung von Kultur- und Spielpsychologie-Experten zeigen, dass diese Spielformen nur Varianten anderer Spielformen sind? All das sind noch offene Fragen, die in unmittelbarem Zusammenhang mit

Hypothese 1 stehen und künftiger Untersuchung vor Ort bedürfen.

Gemäß der zweiten Hypothese müssten sich die Inhalte der verschiedenen Spielformen in den einzelnen Kulturen unterscheiden. Dieser wichtige Punkt wird auch beim Betrachten der Daten aus Thailand offensichtlich. So gibt es zum Beispiel in Deutschland kein Äquivalent zu Pawn-Yaa-Chaang (Füttere den Elefanten mit Gras). Das liegt unter anderem daran, dass Elefanten in der deutschen Kultur keine so große Rolle spielen wie in der thailändischen, sondern die Kinder sie nur bei ihren Zirkus-, Zoo- und Tiergartenbesuchen sehen. In Thailand ist die traditionelle Bedeutung eines weiteren wilden Tieres, des Krokodils, sogar noch höher. Vor allem in ländlichen Gegenden stellt es immer noch eine wichtige Kreatur dar, um die sich Legenden ranken. So gibt es folglich in Deutschland auch kein Äquivalent zu Jorrakhay Mai, dem Reiten auf hölzernen Krokodilen.

Eine weitere Kategorie stellt das Spiel mit ähnlichem Inhalt, aber anderen Spielsachen dar. Kinder (meistens Jungen) in Thailand und Deutschland schießen gerne mit Spielzeugwaffen, mit denen „echtes" Schießen in einem mehr oder weniger ungefährlichen Kontext möglich ist. So unterscheiden sich E-Deed, E-Boh oder Ploh von den Varianten, die man in Deutschland finden kann.

In einer dritten Kategorie kann man die Spiele zusammenfassen, deren Inhalt tatsächlich universell ist. Das Spiel „Verstecken" zum Beispiel ist in allen Kulturen dieser Welt zu finden. Seine Attraktivität bezieht es unter anderem aus den visuellen Fähigkeiten, die es zugleich fördert. Kinder lernen so den Reiz des Sich-Versteckens kennen, und sie erfahren die Vorteile des Sehens ohne gesehen zu werden. Mit leicht abgewandelten Rollenkontexten gilt diese Universalität zum Beispiel auch für Sua-Kgin-Kon (Wer hat Angst vorm schwarzen Mann?) oder für Poaang-Paang (Blinde Kuh).

Die meisten Kulturen, Deutschland und Thailand natürlich ebenfalls, bieten auch spielerische Varianten von Fußball als häufig gespieltem sportlichem Regelspiel.

> Zusammenfassend lässt sich nach Auswertung der in Thailand erhobenen Videodokumentationen folgendes sagen: Es besteht kein Zweifel, dass es kulturspezifische Inhalte in formal identischen Spielformen gibt.

4.4.10 Besonderheiten der kulturspezifischen Umgebungseinflüsse

Der zweite Teil der zweiten Hypothese sagt aus, dass es Unterschiede in kulturspezifischen Umgebungsbedingungen des Kinderspiels geben muss. Der Hauptunterschied ergibt sich hier zweifellos durch das unterschiedliche Klima. Während in Deutschland die Innenräume dem Zweck dienen, Kindern das Spielen trotz schlechten Wetters zu ermöglichen, dienen sie in Thailand dazu, die Kinder vor zu großer Hitze zu schützen. Die Schatten von Bäumen stellen hierbei die förderlichste Spielumgebung dar, in der die verschiedenen Spielformen von den Kindern simultan benutzt werden. Wenn man zu dem Aspekt des Schattenspendens nun noch die traditionelle kulturelle Funktion von Bäumen in der buddhistischen Kultur hinzunimmt, zeigt sich, dass das Spielen unter Bäumen nicht nur einen ökologischen, sondern auch einen ökokulturellen Faktor für das Kinderspiel in ländlichen Gegenden Thailands darstellt.

Der dritte Teil der zweiten Hypothese nimmt an, dass es im Spiel thailändischer Kinder mehr soziale Interaktionselemente geben sollte als in Deutschland. Bereits Parten (1932) unterschied in einer klassischen Studie zwischen Einzelspiel, parallelem Spiel und interaktivem Spiel. Diese sozialen Kategorien des Spiels wurden allerdings als unabhängig von den Spielformen gesehen. Deshalb wurde das gesamte Material vom Forscher neu kategorisiert und entsprechend eingeteilt.

Die Beschreibungen der Spielkategorien lauten wie folgt: *Einzelspiel* bedeutet, dass ein Kind allein spielt. Im *parallelen Spiel* teilen sich mehrere Kinder einen Spielort, integrieren sich

Tab. 4.2: Zeitliche Verteilung der Kategorien des Spielens in vier verschiedenen Ländern (in Deutschland sechs Gruppen spielender Kinder, die jeweils 12-18 mal beobachtet wurden).

Kategorien des Spielens	Thailand: 3-6 Jahre	Taiwan: Kindergarten	USA: Vorschule	USA: Kindergarten	Deutschland: Passauer Längsschnittstudie
Einzelspiel	3 %	30 %	29 %	20 %	20-35 %
Paralleles Spiel	12 %	52 %	30 %	33 %	30-43 %
Interaktives Spiel	86 %	19 %	41 %	47 %	35-48 %

gegenseitig jedoch nicht in ihre Spielformen. Im *interaktiven Spiel* koordinieren mindestens zwei Spieler ihre gemeinsamen Spielaktivitäten.

4.4.11 Interkultureller Vergleich kindlicher Spielaktivitäten

Vor diesem Hintergrund können die neu unterteilten Ergebnisse aus Thailand mit verschiedenen Studien in anderen Ländern (Pan, 1991 [Taiwan]; Rubin, Watson & Jambor, 1978 [USA]; Mogel & Ohler, 2001 [Deutschland]) verglichen werden. In Tab. 2 werden die Ergebnisse dieser Studien zusammen vergleichend dargestellt.

Es gibt einen Hauptunterschied im interkulturellen Vergleich dieser vier Kulturen. Wie in der zweiten Unterhypothese erwartet, gibt es in Thailand wesentlich mehr interaktive Spielaktivitäten als in den anderen drei Kulturen. Eine fröhliche, soziale Person zu werden ist ein Entwicklungsprozess, der sehr früh in der Sozialisierung der Kinder Thailands einsetzt und stark gefördert wird. Die Kinder werden von Anfang an dahingehend erzogen, funktionsfähige soziale Strukturen zu entwickeln. Daher rührt unter anderem die große Häufigkeit der interaktiven Spiele in den verschiedenen Spielformen der Kinder Thailands. Diese Tatsache könnte ganz nebenbei auch ein Grundwissen darüber fördern, wie man als Erwachsener, außerhalb von Spielsituationen, fröhlich und sozial mit anderen interagiert. Die große Häufigkeit der interaktiven Spieltätigkeiten ist, so gesehen, wie eine Art Training zur Gesellschaftlichkeit thailändischer Kinder und außerdem Teil des Sozialisierungsverlaufs von Kindern der thailändischen Kultur.

4.4.12 Unterschiede zwischen städtischen und ländlichen Spielaktivitäten

In der dritten Hypothese wird angenommen, dass es zwischen den städtischen und ländlichen Gegenden Thailands Unterschiede bezogen auf die Umgebungsbedingungen gibt, die diese für das Spielverhalten bieten. Deshalb sollten bestimmte Spielformen häufiger in ländlichen, andere dagegen häufiger in städtischen Gegenden auftreten.

Tabelle 4.3 zeigt die Unterschiede in den Häufigkeiten für die Spielformen der städtischen und der ländlichen Gegenden spielender Kinder Thailands.

In den im Folgenden genannten Spielformen gibt es zahlenmäßige Unterschiede zwischen ländlichen und städtischen Gegenden: Regelspiele, Motorische Spiele ohne erkennbare Regeln und Geschicklichkeitsspiele unterscheiden sich in der Häufigkeit stark.

In städtischen Gegenden kann man eine deutlich größere Häufigkeit der Regelspiele feststellen. Die dafür verantwortlichen Umgebungsbedingungen sind vor allem in den umfangreich vorhandenen elektronischen Spielzentren in Einkaufshäusern zu suchen.

Tab. 4.3: Häufigkeiten (%) der verschiedenen Spielformen in städtischen und ländlichen Gegenden in Thailand. Es handelt sich um summierte Werte über alle Altersgruppen.

Spielform	Städtische Gegend	Ländliche Gegend
Funktionsspiel	9,2 %	5,5 %
Konstruktionsspiel	8,2 %	13,7 %
Rollenspiel	8,2 %	11,0 %
Regelspiel	37,0 %	8,2 %
Motorisches Spiel ohne Regeln	16,4 %	27,4 %
Geschicklichkeitsspiel	9,6 %	23,3 %
Rough&Tumble-Spiel	11,0 %	11,0 %

Ländliche Gegenden zeigen eine größere Häufigkeit von Motorischen Spielen ohne erkennbare Regeln. Die traditionellen Spielformen in natürlichen Umgebungen sind die Hauptursache für diesen Effekt. Der wichtigste und statistisch hochsignifikante Effekt ist in dem Zusammenhang zwischen Umgebungstyp und Spielform einerseits, „Regelspiele" vs. „Geschicklichkeitsspiele" andererseits zu finden, das heißt: Auf dem Land sind Geschicklichkeitsspiele viel häufiger als in der Stadt, und in städtischen Lebensbereichen übertrifft die Häufigkeit der Regelspiele die in ländlichen Gegenden um mehr als das Dreifache. Das stützt die Annahme, dass verschiedene Umgebungsbedingungen zusammen mit den jeweiligen Lebensverhältnissen die Kinder verschiedene Spielformen bevorzugen lassen.

Dieses Ergebnis lenkt unsere Aufmerksamkeit auch auf die Theoriebildung zur Spielformenentwicklung. Die prototypischen Muster der altersspezifischen Häufigkeiten in den Spielformen zeigen sich bei den Untersuchungen in Thailand nur dann, wenn man die Ergebnisse aus städtischen und ländlichen Gegenden addiert. Das bedeutet, dass den Motorischen Spielen ohne Regeln sowie den Geschicklichkeitsspielen vor allem im ländlichen Thailand überhaupt eine zentrale Funktion bei der Entstehung der Spielformen zukommt. Diese Funktion wird sonst in westlichen Kulturen sowie in städtischen Gebieten Thailands von den Regelspielen übernommen.

Der Hauptgrund dafür scheint im Bestehen der traditionellen normativen Systeme in ländlichen Gegenden Thailands zu sein. Falls dem so ist, müsste sich diese traditionelle Ausrichtung auch in den verschiedenen Spielinhalten der ländlichen und städtischen Gegenden niederschlagen. Das entspricht der vierten Hypothese: Der Spielinhalt in urbanen und ruralen Umgebungen unterscheidet sich je nach der unterschiedlichen Relevanz der Bräuche und religiösen Traditionen. In städtischen Gegenden wird eine größere Häufigkeit von „modernen" Spielen erwartet, und in ländlichen Gegenden rechnet man mit mehr „traditionellen" Spielen.

Um diese Hypothese zu überprüfen, wurden die Videobänder der Untersuchungen in Thailand mit Hilfe von Experten der thailändischen Kultur ausgewertet. Die Ergebnisse sind: 71% der Spielaktivitäten in ländlichen Gegenden zeigten traditionelle Strukturen oder konnten direkt als traditionelle Spiele kategorisiert werden. Nur 29% der Spiele waren ohne jeden traditionellen kulturellen Inhalt.

In städtischen Gegenden zeigt sich ein anderes Muster. Hier konnten nur 56% der videographierten Spiele mit einem traditionellen Hintergrund in Zusammenhang gebracht werden. 44% der Spiele waren „moderne" Spiele ohne jeden traditionellen kulturellen Inhalt. Dieser Zusammenhang zwischen der Gegend (städtisch/ländlich) und den diesbezüglich typischen Spielinhalten (traditionell/modern) ist statistisch signifikant. Das bedeutet, dass die vierte Hypothese bestätigt ist. Damit stimmt die Annahme, dass Regionen mit traditionellen kulturellen Normensystemen andere Spielformen hervorbringen, z.B. kulturspezifische Geschicklichkeitsspiele. Sie haben diejenige entwicklungspsychologische Funktion, die in städtischen Gebieten Thailands und in westlichen Kulturen den Regelspielen zukommt.

4.4.13 Zusammenfassung

- Die Theorie zur Entwicklung des Kinderspiels besagt, dass das Spiel ein Fundamentales Lebenssystem ist (Mogel, 1995). Sie sagt aus, dass die Entwicklung der Spielformen auf der ganzen Welt in verschiedenen Kulturen identisch erfolgt. Andererseits schließt sie die Tatsache ein, dass sich die Spielinhalte je nach der einzelnen Kultur spezifisch unterscheiden.
- Unsere interkulturell durchgeführte Studie, die zwei Kulturen miteinander vergleicht (europäische Kultur: Deutschland, südostasiatische Kultur: Thailand), erlaubt generell den Schluss, dass die Theorie zur Entwicklung des Kinderspiels bestätigt werden kann. Danach ist das Spiel in verschiedenen Kulturen der Erde ein Fundamentales Lebenssystem. Die Entwicklung der Spielformen und das Spielen selbst sind im Prinzip auf der ganzen Welt ein generelles, transkulturell universelles Phänomen.
- Diese Theorie schließt aber auch kulturelle Besonderheiten mit ein: So können traditionelle kulturelle Werte und Verbindlichkeiten die Abfolge und Dominanz einzelner Spielformen beeinflussen. In ländlichen Gegenden Thailands scheinen Geschicklichkeitsspiele jene Rolle zu spielen, die in westlichen Kulturen definitiv den Regelspielen zukommt.
- Wie erwartet, werden Spielformen durch kulturspezifische Strukturen beeinflusst. Dies kann am deutlichsten in den ländlichen Gegenden im Norden Thailands beobachtet werden. Ferner ist hierbei zu beobachten, dass traditionelle kulturelle Normen das Leben der Menschen stärker beeinflussen als das in städtischen Gegenden der Fall ist.
- Das Spiel ist in Thailand außerdem ein Erlebens- und Verhaltensphänomen der kulturbezogenen Erziehung. Das zeigt sich vergleichsweise in einer viel größeren Häufigkeit der interaktiven Spielaktivitäten der Kinder Thailands. Es zeigt sich typischerweise auch in der kulturspezifischen Entwicklung einer fröhlichen und sozialen Persönlichkeitsstruktur.
- Diese Ergebnisse wurden durch eine Analyse der Videoaufzeichnungen des Kinderspiels in verschiedenen Umgebungsbedingungen Nordthailands möglich, die während eines Zeitraums von sechs Monaten in Nordthailand erstellt wurden. Aus diesem Grund einer zeitlichen Begrenzung konnten Längsschnittstudien nicht durchgeführt werden. Nur solche Untersuchungen würden es allerdings erlauben, die sozialen, kognitiven und emotionalen Zusammenhänge der Spielformentwicklung eines Landes noch präziser zu analysieren. Insoweit mögen unsere interkulturell gewonnenen Forschungsergebnisse einige Hinweise geben. Für einen systematischen Kulturvergleich und weiterreichende Erkenntnisse bleiben die Wege für zukünftige Forschung offen.

5. Das Kinderspiel: Motor der Persönlichkeitsentwicklung und Lebensbewältigung

5.1 Laborstudie zum Konstruktionsspiel — 155

- 5.1.1 Theorieaspekte zum Konstruktionsspiel 155
- 5.1.2 Fragestellung und Hypothesen 155
- 5.1.3 Methode und Probanden 156
- 5.1.4 Untersuchungsmaterialien 156
- 5.1.5 Versuchsaufbau und -ablauf 157
- 5.1.6 Ergebnisse 158
- 5.1.7 Diskussion und Schlussfolgerungen 159
- 5.1.8 Beispiel für Instruktionen zum Ratertraining beim Konstruktionsspiel 159
- 5.1.9 Zusammenfassung 161

5.2 Spielen als aktive Darstellung, Gestaltung, Symbolisierung — 162

- 5.2.1 Selbstdarstellung durch Gestaltung und Symbolisierung 162
- 5.2.2 Darstellungs- und Gestaltungsaspekte des Funktionsspiels 163
- 5.2.3 Darstellungs- und Gestaltungsaspekte des Konstruktionsspiels 164
- 5.2.4 Selbst- und Fremddarstellung durch Symbolisieren 165
- 5.2.5 Darstellung und Spielgestaltung im Regelspiel 166
- 5.2.6 Gestaltung der Gegenwart durch das Spiel 167
- 5.2.7 Zusammenfassung 168

5.3 Eine besondere Form von Rollenspiel — 169

Von: Christoph Fischer

- 5.3.1 Was Rollenspiele sind 169
- 5.3.2 Geschichte der Rollenspiele 170
- 5.3.3 Der Aufbau eines Rollenspiels 170
- 5.3.4 Das Regelwerk 171
- 5.3.5 Der Charakter 171
- 5.3.6 Der Spielleiter 171
- 5.3.7 Die Geschichte 172
- 5.3.8 Pen&Paper-Rollenspiel 172
- 5.3.9 LARP 173
- 5.3.10 Computerspiele 173
- 5.3.11 Zusammenfassung 174

5.4 Die Förderung der individuellen Entwicklung durch Spielen — 174

5.4.1 Vielfalt von Spielen oder gezielte Spielauswahl? .174
5.4.2 Lernspiele zur Entwicklung von Kompetenzen .175
5.4.3 Spielförderung als Förderung individueller Entwicklung 176
5.4.4 Spielzeugpropheten und das Beispiel „Kriegsspielzeug" 176
5.4.5 Individuelles Spiel und Förderung des Sozialkontakts 178
5.4.6 Förderung von Erlebniswert und Verhaltenskompetenzen 178
5.4.7 Entwicklungsfördernde Verhaltensweisen der Eltern 179
5.4.8 Kindliche Individualität als Ziel der Förderung 180
5.4.9 Zusammenfassung. 181

5.5 Die Bedeutung der Familie für die Spielentwicklung — 182

5.5.1 Die Bedeutung des Spiels für das Kind in der Familie 183
5.5.2 Die Rolle der Familie bei der Spielentwicklung 184
5.5.3 Die Familie als Spielpartner des Kindes 188
5.5.4 Zusammenfassung. 189

5.6 Das Kinderspiel im Wandel der Zeit — 190

5.6.1 Elektronische Spiele 191
5.6.2 Einfluss der Computer- und Videospiele auf die Spielentwicklung 193
5.6.3 Computerspielarten und Computerspielinhalte 195
5.6.4 Persönlicher Sinn von Computerspielen für Kinder und Jugendliche 198
5.6.5 Simulation von Realität und der Spaß am Computerspiel 199
5.6.6 Freizeitregulation und Computerspiel. 200
5.6.7 Computerspiel und aktuelle Entwicklungsbedingungen 202
5.6.8 Einfluss der Computerspiele auf den Spieler 204
5.6.9 Computerspiel für ältere Menschen 207
5.6.10 Zusammenfassung 209

5.1 Laborstudie zum Konstruktionsspiel

5.1.1 Theorieaspekte zum Konstruktionsspiel

Das Konstruktionsspiel entsteht und verläuft auf der psychischen Seite durch das Zusammenwirken psychischer Kräfte und Funktionen. Emotional und motivational wird eine vom Kind selbst aus gesetzte Anforderungsstruktur hervorgebracht, mit der ein bestimmtes Konstruktionsziel verbunden ist, das das Kind erreichen möchte. Dieses generelle Ziel kann Teilziele enthalten und mit Zielfluktationen einhergehen. Zum Beispiel möchte das Kind einen Turm bauen, der so hoch ist wie der elterliche Küchentisch. Ein solches generelles Ziel kann als Teilziel enthalten, dass der zu bauende Turm zunächst die Sitzhöhe eines Stuhles erreichen soll, eine Zielfluktuation wäre etwa mit der Veränderung der ursprünglichen Anforderungsstruktur verbunden, der Turm solle doppelt so hoch wie der elterliche Küchentisch werden.

Mit seinem Konstruktionsspiel möchte das Kind also ein möglicherweise dynamisch zu variierendes, selbst gesetztes Ziel erreichen. Darin sind die oben genannten Teilziele und Zielfluktuationen enthalten.

> ❗ Es geht im Konstruktionsspiel also keineswegs nur um die spielerische Produktion eines Ganzen aus einzelnen Teilen, wobei nur die kognitive Seite des Konstruierens relevant ist. Es geht zugleich um den Versuch der Selbstverwirklichung eigener Zielsetzungen durch intrinsisch motiviertes zielbezogenes Handeln.

Das Kind möchte mit seinen Spielhandlungen ein selbstgesetztes Ziel erreichen, es ist im Konstruktionsspiel intrinsisch motiviert. Die Zielerreichung selbst wird zum Maßstab für das Erleben von Erfolg oder Misserfolg. Und sie wird zum Kriterium für die damit einhergehenden förderlichen (positiven) oder beeinträchtigenden (negativen) Emotionen. Das Konstruktionsspiel umfasst neben Bauaktivitäten auch zeichnerisch-gestaltende und motorisch-darstellende Tätigkeiten sowie Ideen zu deren Verwirklichung bei der Lösung von Problemen. Wenn ein Kind zum Beispiel jonglieren möchte und versucht, die dazu notwendigen motorischen Teilbewegungen bezüglich seines selbst gesetzten Ziels immer besser zu koordinieren, wenn es die Tätigkeit erst beendet, nachdem sein selbst gesetztes Ziel erreicht ist, dann liegt ebenfalls ein Konstruktionsspiel vor. Es handelt sich um ein Bewegungs-, ein motorisch-darstellerisches Konstruktionsspiel.

5.1.2 Fragestellung und Hypothesen

Häufig wird die Annahme vertreten, dass Jungen ab ca. drei Jahren in ihrem Spiel vorwiegend Konstruktionsaktivitäten ausführen, wie zum Beispiel Türme bauen, während sich bei Mädchen eine auffallende Phase der Spielform „Konstruktionsspiel" nicht finden lässt. Andererseits wird angenommen, dass Mädchen sich stärker als Jungen so genannten Desktop-Aktivitäten („Spiele am Küchentisch") zuwenden, wie ein Puzzle vervollständigen, ein Blatt Papier kolorieren etc. Beide Handlungstypen gehören ebenfalls zu der Spielform des Konstruktionsspiels. Vor diesem Hintergrund sind wir der Meinung, dass die unterstellten Geschlechtsunterschiede beim Konstruktionsspiel häufig ein Artefakt der zur Verfügung stehenden Spielgegenstände darstellen. Das bedeutet, dass Geschlechtsunterschiede zwischen Kindern beim Konstruktionsspiel geschlechtspezifische Präferenzen für bestimmte Spielmaterialien widerspiegeln und nicht etwa geschlechtsspezifische Präferenzen für einen bestimmten Spielinhalt.

Mit ungefähr vier Jahren erreichen Kinder eine differenzierte feinmotorische Kontrolle ihrer koordinierten Gegenstandsbezüge, die ein Jahr zuvor noch nicht realisiert werden konnte.

Damit können die Kinder jetzt neue Spielaktivitäten mit Aussicht auf Erfolg im Konstruktionsspiel umsetzen, die ein Jahr vorher noch wegen ihres Schwierigkeitsgrades zum Misslingen führten und mit negativen Emotionen einhergingen. Wir gehen deshalb davon aus, dass mit über vier Jahren die Anzahl an Konstruktionsspielen wächst, komplexere Konstruktionsziele aufgesucht werden, kreativer konstruiert wird und dass positive Emotionen im Spielverlauf – insbesondere Stolz aufgrund gelungener Konstruktionshandlungen – zunehmen.

Abb. 5.1 Fünf der neun Beurteilerplätze für Ratings im Forschungslabor des Forschungsgroßgeräts VISOR am Lehrstuhl für Psychologie der Universität Passau. (Foto: Hans-Herbert v. Morgenstern)

5.1.3 Methode und Probanden

Die Probandenstichprobe setzte sich aus N=26 Kindern im Alter zwischen zwei Jahren und sieben Jahren zusammen. Darunter befanden sich 13 Jungen (Durchschnittsalter: 4 Jahre, 1 Monat) und 13 Mädchen (Durchschnittsalter: 4 Jahre, 3 Monate). Zwei Versuchspersonen erschienen nicht mehr zur zweiten Erfassungsphase, so dass dort nur noch N=24 Probanden an der Studie teilnahmen. Alle Versuche fanden im Spielforschungslabor VISOR des Lehrstuhls für Psychologie der Universität Passau statt.

Im Unterschied zu den übrigen Studien wurden die Konstruktionsspiele wegen ihres mehr stationären Verlaufs zusätzlich durch eine Einwegscheibe mit einer fest installierten Handvideokamera erfasst. Der Forschungsraum wurde hierfür um ca. ein Drittel verkleinert und mit einer mobilen Trennwand mit integrierter Einwegscheibe begrenzt. Die Videographien zwischen den per Hand gesteuerten und den automatischen computergesteuerten Aufzeichnungen wurden zur Optimierung der Repräsentativität über Funk abgestimmt.

5.1.4 Untersuchungsmaterialien

Die Probanden spielten zu zwei Messzeitpunkten im Spielforschungslabor. Der durch Raumteilung auf ca. 60 qm reduzierte Raum wurde mit Spielmaterialen bestückt, die primär Konstruktionsspiel induzieren sollten: Es waren sowohl feste Konstruktionsmaterialien unterschiedlicher Größenordnung (z.B. Lego-Bausteine, unterschiedliche Holzklötze, große Schaumstoffblöcke), weiche Materialien, die eher zu gestaltenden (z.B. Knete) und solche die eher zu motorisch-darstellenden Tätigkeiten (z.B. Bänder) auffordern sollten. Zudem befand sich im Spiellabor eine große Auswahl an Naturmaterialien (z.B. Steine, Kastanien, Zweige), die sich ebenfalls zu Konstruktionshandlungen nutzen ließen.

Zum zweiten Messzeitpunkt wurde die Bestückung des Labors noch durch spezifischere Lego-Bausätze und weitere Materialien ergänzt, um den Neuheitscharakter und Überraschungsmomente des Spielambientes zu erhalten und den Kindern komplexere Konstruktionen zu ermöglichen..

5.1 · Laborstudie zum Konstruktionsspiel

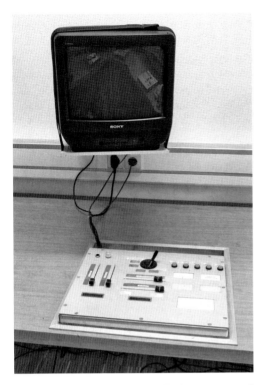

Abb. 5.2 Eines der neun Multifunktionsratingpulte im Ratingraum des Forschungsgroßgeräts VISOR. (Foto: Hans-Herbert v. Morgenstern)

5.1.5 Versuchsaufbau und -ablauf

Das Geschlecht und das Alter der Kinder waren die beiden wichtigsten realisierten quasi-experimentellen Variablen der Studie. Zur Realisierung der unabhängigen Variablen Alter wurde die Probandenstichprobe in die beiden Gruppen Kinder unter vier Jahren und Kinder über vier Jahren unterteilt. Es resultieren zwei Teilstichproben mit jeweils 13 Kindern und den Stufen Jüngere (Durchschnittsalter: 2 Jahre, 7 Monate) und Ältere (Durchschnittsalter: 5 Jahre, 9 Monate). Als unabhängige Variable 3 fungiert die Bestückung des Spielzeugsraums mit den Stufen Normalbestückung und angereicherte Bestückung.

Die Kinder konnten während der beiden Untersuchungen nach Belieben frei spielen. Ihr Spielverhalten wurde von drei hinter Einwegspiegeln versteckten Kameras und zwei an der Decke montierten Spezialmikrophonen aufgezeichnet. Die audiovisuellen Daten wurden in den so genannten Operatorraum übertragen. Dort wählte ein Operator als hierfür trainierter Experte die jeweils beste Kameraperspektive aus. Diese Perspektive und der Raumton wurden dann in den so genannten Ratingraum (=Beurteilungsraum) übertragen (siehe Abb. 5.1). Mindestens drei Beurteiler beurteilten online das Spielverhalten der Kinder mit einem Multifunktions-Ratingpult auf den folgenden Dimensionen:

- Konstruktionsspiel-/Symbolspieldominanz (zweidimensionale kontinuierliche Skala)
- Experimentierspiel vorhanden (eindimensionale kontinuierliche Skala)
- Kreativität des zugrundeliegenden Konstruktionshandelns (eindimensionale kontinuierliche Skala)
- Elaboriertheit des zugrundeliegenden Konstruktionshandelns (eindimensionale kontinuierliche Skala)
- Intensität der gezeigten Emotion (eindimensionale kontinuierliche Skala mit den Ankern positive und negative Emotionen)
- Erfolg/Misserfolg der Spielhandlung und dabei geäußerte Emotionen (4 Tasten mit der Kombinationsmöglichkeit Erfolg/Stolz, Erfolg/Ärger, Misserfolg/Stolz, Misserfolg/Ärger)
- „Katastrophentaste" zur Markierung einer nicht intendierten Destruktion des Produkts oder Zwischenprodukts einer Konstruktionshandlung
- Teilziel erreicht (Taste zur Markierung, dass ein Konstruktionsteilziel erreicht wurde)
- Ziel erreicht (Taste zur Markierung, dass ein Konstruktionsziel erreicht wurde)
- Sprachliche Kommentierung von Konstruktionsspielhandlungen (Taste zur Markierung entsprechender Kommentare)

Zur Sicherstellung einer soliden Datenauswertung führten wir regelmäßig intensive Ratertrainings mit audiovisuellen Beispielen und Beispielsequenzen für kindliches Konstruktionsspiel durch.

5.1.6 Ergebnisse

Geschlechtsabhängigkeit:
Es findet sich in den beurteilten Dimensionen zu den einzelnen Messzeitpunkten (insgesamt zweiunddreißig t-Tests für unabhängige Stichproben) kein einziger signifikanter Geschlechtseffekt. Gleichermaßen ergeben sich keine signifikanten Geschlechtseffekte, wenn die beurteilten Dimensionen über die beiden Messzeitpunkte aggregiert werden. Das bedeutet: Jungen und Mädchen unterscheiden sich nicht in der Häufigkeit ihrer Konstruktionsspiele. Die Konstruktionsspielhandlungen der Jungen sind nicht differenzierter und auch nicht kreativer als die der Mädchen. Des Weiteren finden sich auch keine Unterschiede in der Emotionsintensität während der gesamten Spielhandlungen. Und es gibt auch keine Unterschiede in Emotionsäußerungen, die die einzelnen Konstruktionsakte begleiten wie etwa Stolz auf Erfolg, Ärger bei Misserfolg.

Auch im Bereich der konstruktionsspielbegleitenden sprachlichen Äußerungen finden sich keine geschlechtsspezifischen Unterschiede. Vor allem bestehen keine geschlechtsspezifischen Unterschiede im Verhältnis von Konstruktionsspielen und Symbolspielen. Dieser Befund steht in krassem Widerspruch zu der tradierten, aber in der Regel nicht empirisch getesteten Annahme, dass Jungen häufiger und intensiver Konstruktionsspiele spielen als Mädchen.

Altersabhängigkeit:
Die Älteren zeigen im Vergleich zu den Jüngeren zu beiden Erfassungszeitpunkten einen höheren Konstruktionsspielanteil und auch einen höheren Symbolspielanteil beim ersten Erfassungszeitpunkt, jedoch nicht beim zweiten. Die älteren Kinder zeigen zu beiden Erfassungszeitpunkten eine höhere Kreativität und Elaboriertheit ihrer Konstruktionsspiele. Sie realisieren auch bei beiden Erfassungszeitpunkten mehr Teilziele in ihren Konstruktionen und zumindest beim ersten Messzeitpunkt auch mehr Ziele. Schließlich zeigt die ältere Probandengruppe beim zweiten Messzeitpunkt mehr Emotionen des Stolzes aufgrund ihres erfolgreichen Konstruierens.

Alle Unterschiede im Datenmuster der beiden Altersgruppen lassen sich auf komplexeres Konstruktionsspiel der älteren Kinder zurückführen. Bei einem Spielambiente mit Aufforderungscharakter zum Konstruktionsspiel spielen die Älteren diese Spielform intensiver mit komplexeren Spielplänen. In den anderen ebenfalls gezeigten Spielformen – Symbolspiel und Experimentierspiel – unterscheiden sich die Altersgruppen in den einzelnen Messzeitpunkten jedoch nicht.

Jüngere Jungen zeigen mehr Experimentierspiele als ältere Jungen und Mädchen.

Analysen zur Altersabhängigkeit:
Wenn das Konstruktionsspiel mit zunehmendem Alter häufiger, komplexer und kreativer wird, sollte sich ein entsprechendes korrelatives Muster in den Daten der vorliegenden Studie finden lassen.

Das gefundene Korrelationsmuster entspricht den Annahmen zur Zunahme von Konstruktionsspieldimensionen mit zunehmendem Alter: Die Dominanz der Spielform „Konstruktionsspiel" wächst, die zugrunde liegenden Konstruktionsspielpläne werden elaborierter, das Spiel wird kreativer, es werden mehr Ziele und Teilziele erreicht. Die Kinder sind außerdem mit zunehmendem Alter häufiger stolz auf ihre zielbezogenen Handlungserfolge beim Konstruktionsspiel. Es entspricht ebenfalls unserer Erwartung, dass die Intensität von Symbolspielen (bei einem entsprechenden Aufforderungscharakter aufgrund der Spielgegenstände zum Konstruktionsspiel) nicht bedeutsam mit dem Alter korreliert.

Mit zunehmendem Alter sind die Kinder mit den Materialeigenschaften der vorhandenen künstlichen und natürlichen Materialien vertrauter. Sie wissen, welche Konstruktionshandlungen sie mit den einzelnen Gegenständen ausführen können, ohne dies vorher spielerisch zu überprüfen. Die jüngeren Kinder dagegen testen stärker spielerisch die Materialeigenschaften aufgrund ihres noch unzureichenden Wissens ganz nach dem Vorgehen beim Experimentierspiel, das im Gegensatz zum erfolgsorientierten Konstruktionsspiel keine emotional negativ erlebten Handlungsergebnisse nach sich zieht.

5.1.7 Diskussion und Schlussfolgerungen

In der Literatur findet sich häufig die Auffassung, dass Jungen ab einem bestimmten Alter (beginnend mit ca. drei Jahren) stärker als Mädchen eine Präferenz für Konstruktionsspiele zeigen.

Bei einer Bestückung unseres Spiellabors mit diversen Spielmaterialien, die alle primär einen Aufforderungscharakter zum Konstruktionsspiel besitzen, die jedoch sowohl Spielpräferenzen von Jungen als auch von Mädchen gerecht werden, finden sich keine geschlechtsspezifischen Unterschiede im Konstruktionsspiel von Jungen und Mädchen. Die häufig auf unsystematischen Einzelbeobachtungen begründete Hypothese, dass Jungen häufiger Konstruktionsspiele spielen als Mädchen, muss aufgrund dieser Befundlage zurückgewiesen werden.

Dagegen findet sich ein konstanter Alterseffekt. Kinder über vier Jahre zeigen mehr Konstruktionsspiele und Symbolspiele. Ältere Kinder zeigen elaboriertere Konstruktionsspiele, sie konstruieren kreativer, erreichen mehr Konstruktionsteilziele und -ziele und zeigen häufiger die positive Emotion „Stolz" als Ergebnis ihrer erfolgreichen Konstruktionshandlungen. Eine Voraussetzung für dieses Ergebnis bilden die gesteigerten feinmotorischen Fertigkeiten der Kinder ab etwa vier Jahren im Vergleich zu jüngeren Kindern. Bei Konstruktionszielen, die die eigenen motorischen Fertigkeiten übersteigen, muss das jüngere Kind zu oft die Perspektive wechseln und bleibt hinsichtlich der Zielerreichung unsicher. Deswegen sind die Konstruktionsspiele der jüngeren Kinder seltener und besitzen noch stärker eine Charakteristik des Ausprobierens wie bei Experimentierspielen („Was passiert, wenn ich das und das mache?"), während ältere Kinder viel nachhaltiger an ihrer Zielerreichung orientiert sind.

Bei Bestückung des Spiellabors vornehmlich mit Spielmaterialien, die einen Aufforderungscharakter zum Konstruktionsspiel besitzen, zeigen Kinder durchaus auch andere Spielformen, teilweise im schnellen Wechsel mit Konstruktionsspielen, teilweise sogar parallel dazu. Dies ist ein generelles Ergebnis aller unserer Passauer Spielstudien. Wenn Kindern in einer Laborsituation die Möglichkeit zum freien Spiel gegeben wird, dann zeigen sie, sobald sie über eine Spielform verfügen, diese im Zusammenspiel mit anderen bereits beherrschten Spielformen. Dieser Befund spricht für zunehmende *Polytelie* in der Entwicklung des Spiels und gegen die methodische Anwendung einfacher eindimensionaler Auswertungsprinzipien bei der Erforschung des kindlichen Spiels. Einfache Ratings, die in der Regel auf die Erfassung einer einzelnen Spielform ausgerichtet sind, verdecken eher, was neben der fokussierten Spielform spielerisch noch zusätzlich gleichzeitig und in schnellem Wechsel im kindlichen Spiel passiert.

5.1.8 Beispiel für Instruktionen zum Ratertraining beim Konstruktionsspiel

Joystickeinstellung Konstruktionsspiel/Symbolspiel:

Kriterien für Symbolspiel:
Ein Kind benutzt einen Gegenstand, um damit einen anderen darzustellen (z.B. Holzklotz als Auto), spielt eine Szene mit vorher (z.B. aus Lego) angefertigten oder teilangefertigten Spielgegenständen, spielt eine Szene mit sich als Figur (z.B. Prinzessin) in einer vorher gefertigten oder teilgefertigten Konstruktionsumgebung.

Kriterien für Konstruktionsspiel:
Im Konstruktionsspiel setzt sich das Kind eine eigene Anforderungsstruktur beim *sequentiell organisierten Bauen oder Anfertigen eines Gegenstands aus Einzelteilen und/oder verschiedenen Materialien* (z.B. Kind möchte einen Turm bauen, der die Höhe eines anderen sich im Zimmer befindlichen Gegenstands erreicht). Genauso fallen *zeichnerische* und *gestaltende* (z.B. Malen, Kneten), *motorisch darstellende* (z.B. Jonglieren, mit dem Versuch den dafür notwendigen

Bewegungsablauf zu perfektionieren) Tätigkeiten sowie *Kreationen zur Problemlösung* unter den Begriff Konstruktionsspiel. Das Zielkriterium kann hierbei auch implizit sein und sich während des Spielverlaufs ändern.

Beide Äste des Joysticks sind nur dann zu verwenden, wenn ein Kind parallel oder ineinander übergehend beide Spielformen zeigt (z.B. ein Kind schreitet als Prinzessin verkleidet durch ein von ihm selbst erbautes Tor, während es noch damit beschäftigt ist, dieses weiter fertigzustellen; oder ein Kind baut ein Flugzeug aus Lego und fügt, während es Flugbewegungen mit dem Gegenstand macht, diesem neue Details hinzu). Die relative Einstellung des Joysticks ist also abhängig von der Dominanz der jeweiligen Spielform!

Einstellung der Schieberegler „Kreativität" und „Elaboriertheit":
Beide Regler sind nur in bezug auf das Konstruktionsspiel zu benutzen, liegt kein Konstruktionsspiel vor, so ist darauf zu achten, dass sie sich in Nullstellung befinden!

Kriterium für Kreativität:
Kreativität ist unabhängig vom Alter des Kindes zu beurteilen, d.h. jeder Rater soll sich kontextspezifisch einen „maximalen" Kreativitätswert vorstellen und auf dieser Basis die gegebene Spielhandlung einschätzen. Keine Kreativität liegt vor, wenn ein Kind einfach ein Schema abarbeitet: z.B. ein Kind will Klötze nach Größe geordnet (unten groß) aufeinander setzen und führt dies ohne Variation durch.
Merkmale für kreatives Konstruktionsspielhandeln sind zum Beispiel:
- ein Kind variiert ein vorangegangenes Schema;
- es hat nach einer Phase des Überlegens/Nachdenkens, ein sog. Aha-Erlebnis und beginnt dieses umzusetzen
- es verbalisiert Phantasien, während es baut
- es benutzt sehr unterschiedliche Materialien innerhalb eines Spielvorganges

Experimentierspiel im Konstruktionsprozess kann ein Hinweis für Kreativität sein!

Kriterium für Elaboriertheit:
Sobald der Rater erkennt, welches Ziel ein Kind mit hoher Wahrscheinlichkeit hat, soll die Spielsequenz dahingehend beurteilt werden, wie komplex dieses Ziel verfolgt wird. Wenn das Spielziel z.B. ein Tor ist, stellt der Rater sich die einfachste Form eines solchen vor: zwei vertikale und ein horizontales Teil – hier wäre die Elaboriertheit = 0. Maximale Elaboriertheit der Konstruktion träfe auf ein Tor zu, das aus allen verfügbaren Gegenständen eines Typs oder (je nach Situation) auch aus Gegenständen unterschiedlicher Typen zusammengesetzt ist. Auf dieser Grundlage soll dann beurteilt werden, an welchem Punkt der Skala sich das aktuelle Tor zwischen der einfachsten und komplexesten Realisierungsmöglichkeit befindet. Als orientierendes Grundprinzip sollte die Elaboriertheit während des Konstruktionsprozesses ansteigen, wenn keine Einfachkonstruktionen vorliegen. Zu beachten ist jedoch, dass das Ziel der Konstruktionshandlung sich flexibel ändern kann: Was unter Umständen ein komplexes Tor gewesen wäre, ist nicht mehr gleichermaßen komplex, wenn es vom Kind zu einem Palast umdeklariert wird.
Wenn ein Rater zu erkennen glaubt, welches das Ziel des Konstruktionsprozesses ist, soll er den anderen Ratern seine Hypothese mitteilen.

Schieberegler „Experimentierspiel":
Experimentierspiel kann zusammen mit dem Konstruktionsspiel auftreten, z.B. wenn etwas bei der Konstruktion nicht funktioniert und das Kind spielerisch den Gegenstand prüft, um den Grund herauszufinden. Im Gegensatz zum Symbolspiel soll eine maximale Ausprägung des Schiebereglers Experimentierspiel (aus analytischen Gründen) nur alleine vorkommen, d.h. in diesem Fall müssen die Regler für Konstruktionsspiel, Kreativität und Elaboriertheit auf den Nullpunkt gesetzt sein.

Kriterium für Experimentierspiel:
Experimentierspiel ist im Prinzip die spielerische Exploration, also Erforschung eines Gegenstandes, das heißt, das Kind testet nicht nur die Material-, Textur- und Formeigenschaften, sondern

vor allem die Manipulationsmöglichkeiten in einem Konstruktionsprozess. Ein weiterer Hinweis auf Experimentierspiel ist gegeben, wenn das Kind die Kombinationsmöglichkeiten mehrerer unterschiedlicher Gegenstände untersucht.

Taste „Teilziel":
Diese Taste bezieht sich ausschließlich auf das Konstruktionsspiel.
Die einzelnen Phasen eines Konstruktionsprozesses sollen hier möglichst detailliert in Teilprozesse aufgelöst werden.

Kriterium für Teilziel:
Teilziele kann man auch als Abschnitte einer Konstruktion ansehen. Bei elaborierteren Gegenständen kann man von der Erreichung eines Teilziels ausgehen, wenn eine bedeutungstragende Teilkonfiguration fertig gestellt ist (z.B. das Fenster, der Kamin oder das Stockwerk eines Hauses; der Turm, das Tor oder die Mauer einer Burg; die Herstellung oder Anbringung eines Körperteils an eine Knetfigur, eine Figur oder ein Hintergrund einer Zeichnung etc.)

Taste „Konstruktionsziel":
Ebenso wie die Taste Teilziel ist diese Taste nur im Zusammenhang mit Konstruktionsspiel relevant!
Sie wird gedrückt, wenn der Konstruktionsprozess an einem begonnenen zu konstruierenden Werk mit Erfolg abgeschlossen ist.

5.1.9 Zusammenfassung

- Beim Konstruktionsspiel möchte das Kind ein selbst gesetztes Ziel erreichen. Die Spieltätigkeit stellt hier ein intrinsisch motiviertes zielbezogenes Handeln dar, das die Verwirklichung einer bestimmten Anforderungsstruktur betrifft. Die Zielerreichung ist dabei zugleich der Maßstab für das Erleben von Erfolg und dementsprechend korrespondierenden förderlichen Emotionen (Freude, Stolz, Zufriedenheit) oder für das Erleben von Misserfolg und dementsprechenden beeinträchtigenden Emotionen (Wut, Ärger, Resignation).
- Eine Grundvoraussetzung für das Konstruktionsspiel ist die aus dem Experimentierspiel durch das Kind gewonnene Erfahrung der physikalischen Eigenschaften von verschiedenen Materialien, die es zum Zwecke der Konstruktion eines eigenen Werkes benutzt.
- Eine weitere Voraussetzung für das Konstruktionsspiel ist die feinmotorische Kontrolle beziehungsweise Kontrollierbarkeit von koordinierten Gegenstandsbezügen beim Fertigen eines bedeutsamen Ganzen, der Konstruktion aus vorhandenen Einzelmaterialien.
- Die Stichprobe unserer kindlichen Probanden bestand aus je dreizehn Jungen und Mädchen mit einem Altersdurchschnitt von ca. vier Jahren und zwei Monaten. Der Forschungsraum wurde zur Durchführung der Studie auf ca. sechzig Quadratmeter verkleinert, die videographische Erfassung wurde um eine stationäre Videokamera ergänzt. Es wurden zwei Teilstichproben gebildet: dreizehn Kinder mit Durchschnittsalter 2 Jahre, 7 Monate (=Jüngere) und dreizehn Kinder mit Durchschnittsalter 5 Jahre, 9 Monate (=Ältere). – Drei Beurteiler beurteilten online das Spielverhalten mit einem Multifunktionsratingpult nach diversen Dimensionen.

- Ein Hauptergebnis ist, dass sich keinerlei Geschlechtseffekte ergaben, und zwar weder bezüglich der Häufigkeit, noch der Differenziertheit, noch der Emotionsintensität der Spielhandlungen und der begleitenden kindlichen Kommentare. Im Verhältnis zwischen den Spielformen des Konstruktionsspiels und des Symbolspiels bestehen ebenfalls keine geschlechtsspezifischen Unterschiede. Besonders dieser Befund widerspricht der allgemeinen Auffassung, nach der Jungen häufiger und intensiver Konstruktionsspiele spielen als Mädchen.
- Ältere Kinder zeigen eine höhere Kreativität und Elaboriertheit in ihren Konstruktionsspielen, sie realisieren mehr Teilziele und Ziele und zeigen unter anderem mehr Emotionen des Stolzes. Sie spielen ferner intensiver und mit komplexeren Spielplänen, während zum Beispiel jüngere Jungen mehr Experimentierspiele spielen; sie müssen noch stärker die Materialeigenschaften testen, während diese den Älteren vertraut sind.
- Ihre Konstruktionsspiele „mischen" die Kinder immer wieder mit anderen Spielformen beziehungsweise spielen sie im raschen Wechsel. Dies ist als ein Hinweis auf zunehmende Polytelie in der Entwicklung des Kinderspiels zu sehen.
- Am Beispiel für Instruktionen zum Rater-Training beim Konstruktionsspiel wurde verdeutlicht, welche einzelnen Beurteilungsaspekte die Rater für die Einschätzung der Besonderheiten der Spielform Konstruktionsspiel zu beachten hatten. Die Beurteilungen („Ratings") stellen einen methodischen Zwischenschritt zwischen Datenerfassung und den Ergebnissen dar.

5.2 Spielen als aktive Darstellung, Gestaltung, Symbolisierung

Kinder zeigen dadurch, wie gerne, ausgiebig und engagiert sie spielen, die Wichtigkeit ihres Spieles an. Das ist aber nur einer der Hinweise, die sie durch ihre Spieltätigkeit (ganz beiläufig) der näheren Umwelt geben. Das Spiel dient außerdem dazu, dass das Kind sich selbst darstellen kann und dementsprechend Außenstehende es „erkennen" können. Wie ist das zu verstehen? — Das Kind offenbart sich im Spiel. Es verhält sich naiv, ohne (bewusst) nachzudenken. Durch solche „unreflektierte" Weise der Selbstdarstellung zeigt sich das Kind zugleich völlig ungeschützt – und wird leicht verletzbar.

5.2.1 Selbstdarstellung durch Gestaltung und Symbolisierung

Jedes kindliche Spiel enthält Verhaltensweisen, deren besonderer Inhalt durch die aktive spielerische Verknüpfung des kindlichen Selbst mit seiner Umwelt zustande kommt. Jede Spieltätigkeit beinhaltet also mehrere Aspekte der Selbst- und der Umweltgestaltung. Zusammen bilden sie den *Spielkontext*, den man von außen beobachten und erkennen kann. Ob man ihn zutreffend oder unzutreffend einschätzt, dürfte mit davon abhängen, inwieweit es gelingt, jene Verhaltensweisen des Kontextes adäquat zu beurteilen, durch die das Kind sich selbst darstellt. Denn diese Verhaltensweisen informieren am zuverlässigsten über die psychologischen Hintergründe der kindlichen Spielmotivation und über den eigentlichen Sinn des Spiels für das Kind.

Interessanterweise sind sich selbst darstellende Verhaltensweisen des Kindes in einer jeden der schon behandelten Spielformen erkennbar. Sie zeigen sich im spielerischen Tun, in der Art und Weise des kindlichen Umgangs mit Spielgegenständen, Spielpartnern, Spielinhalten.

Beobachtet man diese Verhaltensweisen mit dem Ziel, ihren motivationalen Sinn zu erkennen, muss man allerdings zweierlei beachten: erstens die Spielweise selbst (zum Beispiel die Frage „Was macht das Kind wann, wo, wie und warum?") und zweitens die Einbettung des Spiels in den kindlichen Entwicklungsstand sowie die ihm entsprechenden Spiele (zum Beispiel die Frage „Über welche Spielkompetenzen verfügt das Kind zum Zeitpunkt der Beobachtung, und welche Spielform realisiert es?"). Es leuchtet unmittelbar ein, dass die Selbstdarstellung, beispielsweise in einem Konstruktionsspiel, völlig andere Darstellungsformen und -inhalte zeitigt als etwa die Selbstdarstellung durch bestimmte Symbolisierungen in einem Rollenspiel. Und dennoch können so vollkommen unterschiedliche Darstellungen einen gemeinsamen motivationalen Hintergrund haben, sogar dann, wenn man sie offenkundig unterscheidbaren Entwicklungsniveaus des Kindes zuordnen kann.

> Beispiel:
> Der komplizierte Bau einer Sandburg, den ein gerade vierjähriges Kind mit großer Ausdauer versucht, kann ebenso dem Motiv entspringen, sich selbst „groß", „fähig" und „kompetent" zu erleben wie die ausgiebige, mit detaillierten Fahrbewegungen und -geräuschen symbolisierte Autorallye, die ein knapp siebenjähriger Junge durchführt, indem er sich umgekehrt auf einen Stuhl setzt, die Rückenlehne als Lenkrad benutzt und die vierradgetriebenen Stuhlbeine – die Reifen – mehrmals ohrenbetäubend aufheulen lässt.

5.2.2 Darstellungs- und Gestaltungsaspekte des Funktionsspiels

Kaum verfügt das Kind über die Schemata des Saugens und Greifens, versucht es sich selbst Ereignisse der Außenwelt aktiv darzustellen, indem es sie fortwährend wiederholt. Entdeckt es zunächst zufällig das Geräusch einer Rassel, versucht es, dieses Geräusch immer wieder herbeizuführen (aktive Wiederholung). Während dieser Vorgang des Entdeckens und Wiederholens zunächst mehr auf den eigenen Körper bezogen ist (primäre Zirkulärreaktion), bezieht er sich allmählich auch auf Ereignisse der Außenwelt (sekundäre Zirkulärreaktion). Der Begriff „Zirkulärreaktion" beschreibt „die Entdeckung und die Beibehaltung eines neuartigen Effekts" (Piaget, 1975, S. 146).

Bald erkennt das Kind, dass es nicht nur Effekte herbeiführen und zu seiner Freude (Funktionslust) diese Effekte durch eigenes Tun immer wieder hervorrufen kann, es merkt auch, dass es gezielt bestimmte Ergebnisse herstellen kann (Verknüpfung von Mittel und Zweck): Sobald der Säugling bemerkt, wie eine bestimmte seiner Verhaltensweisen ein angenehmes Ergebnis erzeugt, setzt er diese Verhaltensweisen wiederholt als Mittel ein, um den ganz bestimmten Zweck im Ergebnis zu erreichen. Ist die Entwicklung bis dahin fortgeschritten, kann man dem Kind nicht mehr ganz so leicht etwas vormachen. Versperrt man ihm zum Beispiel mit der Hand den Zugang zu einem Ball, wird es die Hand beiseite schieben, um ihn zu erlangen. Befindet sich der Ball außer Reichweite auf einer Decke, wird es an der Decke ziehen, um an den Ball heranzukommen. Die Verknüpfung von Mittel und Zweck kann als eine Voraussetzung für die Entwicklung des aktiven Experimentierens (tertiäre Zirkulärreaktion) angesehen werden: Das Kind versucht herauszubekommen, wie die Dinge funktionieren. Entdeckt es das Gesetz des freien Falls, versucht es dieses Gesetz nun mit allen möglichen Gegenständen zu testen. Der junge Goethe soll auf diesem Niveau seiner Entwicklung – ganz zum Leidwesen seiner Mutter – wertvolles Geschirr zu Bruch gebracht haben. Das aktive Experimentieren bildet nur ein Übergangsstadium zum aktiven Erfinden, wobei das Kind spontan neue Erkenntnisse gewinnt. Der spontane Erkenntnisgewinn ist mit einem „Aha-Erlebnis" (nach Karl Bühler) verbunden, einer emotional-kognitiven Reaktion von hohem Erlebniswert. Sie zeigt an, dass das Kind nun weiß, wie bestimmte, ihm zuvor unerklärliche Dinge, funktionieren.

Diese frühen Formen der aktiven Selbstgestaltung des kindlichen Umweltbezugs gehen Hand in Hand mit Veränderungen der sensorischen und motorischen Kompetenzen des Kindes. Sie wurden von Piaget als die Entwicklung der sensomotorischen Intelligenz beschrieben. Das ist eine gute Bezeichnung, denn alle sechs Niveaus, die Piaget auch als Phasen oder Stufen bezeichnete, leben von einer spezifischen Kombination und Koordination sensorischer Funktionen (akustische, taktile, visuelle Aspekte) mit motorischen Funktionen (den Bewegungsapparat betreffende Aspekte). Die Entwicklung der Koordination dieser Funktionen nimmt, knapp beschrieben, ihren Anfang bei den angeborenen Reflexen, dem Saugreflex und dem Greifreflex (Stufe I), setzt sich in einfachen Gewohnheiten, den primären Zirkulärreaktionen (Stufe II) fort, vollzieht sich über das aktive Wiederholen der sekundären Zirkulärreaktion (Stufe III), die Verknüpfung von Mittel und Zweck (Stufe IV), das aktive Experimentieren der tertiären Zirkulärreaktion (Stufe V) bis hin zum aktiven Erfinden, das heißt dem Gewinn neuer Erkenntnisse (Stufe VI), der mit einem „Aha-Erlebnis" verknüpft ist. Dieser Entwicklungsverlauf findet während der ersten achtzehn Lebensmonate in der beschriebenen Abfolge von sechs Stufen (bzw. Phasen oder Niveaus) statt und bildet nach Piaget die Grundlage für die Entwicklung des Denkens.

5.2.3 Darstellungs- und Gestaltungsaspekte des Konstruktionsspiels

Während die sensomotorischen Gestaltungsaktivitäten des Kindes sich dahin entwickeln, durch immer bessere Koordinationsmöglichkeiten der körperlichen Funktionen mit den Gegenständen der Umwelt die Funktionsweise grundlegender Lebensvorgänge zu begreifen, möchte das Kind mit seinen ersten spielerischen Konstruktionen etwas bewerkstelligen. Es möchte selbst etwas machen, herstellen bzw. gestalten, das am Ende sein eigenes Werk darstellt. Die Selbstgestaltung des eigenen Tuns löst die bloße Freude am Tun ab, wie sie noch für die einfachen Funktionsspiele typisch war. Zwar hat das Kind auch Freude an seiner Spieltätigkeit, wenn es sich nun damit beschäftigt, ein eigenes Werk zu schaffen, aber darüber hinaus verbindet es seine spielerischen Aktivitäten mit der Erwartung eines spezifischen Ergebnisses. Dieses Ergebnis muss bestimmten Anforderungen an die eigene Vorstellung von der Gestalt des Werkes genügen, damit das Kind seine Konstruktion als gelungen betrachten kann. Das Niveau der Ansprüche, die das Kind an die eigene Konstruktionsleistung stellt, muss mit dem vom Kind erwarteten Ergebnis übereinstimmen. Ansonsten wäre ein Misserfolgserlebnis das Ergebnis seines Konstruktionsspiels.

Genau genommen gilt das gleiche, was theoretisch für das Konstruktionsspiel schon dargelegt wurde: Die selbst gesetzte Anforderungsstruktur der spielerischen Konstruktion muss nach der Fertigstellung der Konstruktion mit der Ergebniserwartung des Kindes übereinstimmen. Ist diese Übereinstimmung gegeben, wird das Kind sein Werk als gelungen betrachten, ist sie nicht gegeben, wird das Kind erleben, dass sein Werk misslungen ist. Zwischen diesen beiden Polen des Gelingens und Misslingens gibt es noch allerhand Abstufungen des Erlebens, das mit der Selbstgestaltung eines Konstruktionsspiels und der Erreichung bzw. Nichterreichung des Konstruktionsziels einhergeht.

> ❗ Kindliche Konstruktionsspiele gründen in einer Motivation, die auf die kreative Darstellung und Selbstgestaltung von eigenen Werken gerichtet ist. Deswegen eignen sich besonders all jene Materialien als Spielsachen für Konstruktionsspiele, die durch ihre Beschaffenheit eine maximale Selbstentfaltung der kindlichen konstruktiven Aktivitäten zulassen. Das können für einfache Konstruktionsspiele jüngerer Kinder zum Beispiel Sand, Wasser, Papier, Knete, Bauklötze und vieles mehr sein. Ältere Kinder entfalten ihre Konstruktionsspiele gerne mit Materialien von Konstruktionsbaukästen (wie zum Beispiel Lego, Fischer-Technik und anderen).

Bei jedem Konstruktionsspiel stellt das Kind sich selbst in seiner aktiven Auseinandersetzung mit den Besonderheiten der Gegenstände dar, die es zur Verwirklichung des Konstruktionsziels beeinflusst. Selbstgestaltung und gegenstandsbezogene Selbstentfaltung verschmelzen also in einem Prozess des Schaffens, der ein Ziel verfolgt und sich in der Erwartung eines Ergebnisses vollzieht. Gleichgültig, ob nun ein kleines Kind sich im Bau von Türmen versucht oder ein größeres ein bestimmtes Flugzeug, Schiff oder Auto herstellt – jede Konstruktion kann, gemessen an der Anforderungsstruktur und Ergebniserwartung, gelingen oder misslingen. Den Konstruktionsvorgang selbst verbindet das Kind emotional mit seinen Gegenständen; es fordert demgemäß Ausdauer und Geduld. Sollte die Konstruktion misslingen, kann das Kind aktiv korrigierend eingreifen. Es kann darüber hinaus lernen, dass nicht jede eigene Aktivität am Ende von Erfolg gekrönt ist, dass so manches Ergebnis die Überwindung von Hindernissen erfordert, manchmal auch die Überwindung und Bewältigung eines Misserfolgs, wenn das Ziel nicht erreicht wurde.

5.2.4 Selbst- und Fremddarstellung durch Symbolisieren

Die Begriffe Rollenspiel und Symbolspiel verwenden wir synonym. Im Rollenspiel zeigt sich das Kind als ein perfekter Schauspieler. Es kann sich selbst, seinesgleichen, besonders aber die Erwachsenen, bestens nachahmen. Es vermag die jeweils typischen Verhaltensweisen sowie bestimmte Ereignisse so gekonnt nachzugestalten, dass manchmal schnell klar wird, mit welcher kindlichen Bezugsperson man es „eigentlich" zu tun hat. Darstellungs- und Gestaltungsfunktion im Rollenspiel sind inhaltlich eng verknüpft mit dem zumeist sozialen Sinn der gespielten Rollen. Die Art der Rollendarstellung ist aber auch hervorragend geeignet, individuelle Besonderheiten des Kindes und der Personen zu offenbaren, deren Rolle es spielerisch gestaltet. Während man von einem „richtigen" Schauspieler meist weiß oder zu wissen glaubt, dass er eine fremde Rolle darstellt und gestaltet, kann man sich beim Kind nie von vornherein ganz sicher darüber sein, inwieweit es sich selbst oder inwieweit es auch andere darstellt. Im Gegensatz zum professionellen Schauspieler spielt das Kind seine Rolle „unreflektiert", es „geht in der Rolle auf". Einziger wirklicher Orientierungsmaßstab seiner Rollengestaltungen ist die Wirklichkeit. Um sie möglichst wirklichkeitsgetreu nachzugestalten, benutzt es solche Spielgegenstände, die es am besten gewährleisten, die Realgegenstände symbolisch zu ersetzen.

Das Kind weiß zwar zwischen seinem Symbol, das ein reales Objekt oder Ereignis repräsentiert, und dem tatsächlichen Objekt oder Ereignis zu unterscheiden (Grenzbewusstsein), aber das vermag es überhaupt nicht daran zu hindern, seine gespielte Rolle vollkommen real zu erleben. Zum Beispiel erlebt ein Mädchen, dass typische Verhaltensmuster seiner Mutter aktiv nachgestaltet, seine Mutterrolle völlig real. Und die Tatsache, dass die Spielgegenstände, wie zum Beispiel die „Puppen", nicht den realen Kindern entsprechen, schmälert in keiner Weise den Erlebniswert. Die Rolle wird real gespielt und real erlebt, auch wenn die Puppe so behandelt wird, als ob sie ein wirkliches Kind wäre. Das bedeutet allgemeiner formuliert, dass die Spielhandlung vom Kind aus ebenso real ist wie sie erlebt wird, aber sie symbolisiert etwas. Es werden vom Kind also nicht nur Gegenstände symbolisch benutzt, sondern durch das Rollenspiel werden bestimmte Ereignisse auch symbolisch dargestellt. Oft kann man erkennen, was und wen das Kind symbolisiert. Denn bis auf den Tonfall genau werden Modelle nachgeahmt, zum Beispiel häufig die Eltern und Erzieher; weniger häufig ahmt das Kind sich selbst nach.

Bei derartigen Symbolisierungen enthalten Rollenspiele hinsichtlich des Darstellungsaspekts eine doppelte Funktion, nämlich *erstens* die der Selbstdarstellung und *zweitens* die der Darstellung einer symbolisierten Person oder eines symbolisierten Ereignisses. Nur wenn wir diese *Doppelfunktion*, nämlich Selbstdarstellung und Symbolisierung im Rollenspiel, richtig verstehen, begreifen wir auch den eigentlichen Sinn der kindlichen Spieltätigkeit im Rollenspiel. Halten wir die beiden Darstellungsformen nicht auseinander, sind wir auch nicht in der Lage, sie hinsichtlich ihres psychologischen Informationsgehaltes zutreffend aufeinander zu beziehen. Exakt an dieser Stelle liegt der Dreh- und Angelpunkt für die meisten Fehldeutungen kindlicher Selbst- und Fremdgestaltungen durch das Symbol- bzw. Rollenspiel. An diesem Punkt sind das Kind und sein Spiel durch Fehlinterpretationen des Sinnkontextes verletzbar.

Die Symbolfunktion und mit ihr die Befähigung zu aktivem Rollenspiel hat das Kind nicht nur kurzzeitig erworben, sie bestimmt vielmehr geraume Zeit sein Denken und Handeln. Sie bezieht sich nicht nur auf einzelne Gegenstände und Verhaltensweisen, sondern auch auf ganze Ereignisse, Handlungskontexte, Lebensinhalte. Daher eignet sich die Symbolfunktion bestens, die Inhalte und die Dynamik des psychischen Geschehens beim Kind nach außen hin darzustellen. Gerade darin, dass die Symbolfunktion zwischen den inneren psychischen Vorgängen und der Art und Weise, wie sie im Verhalten wirksam werden, vermitteln kann, besteht zugleich eine Gefahr und auch eine Chance. Die Gefahr betrifft die erwähnten Fehlinterpretationen des eigentlichen Spielgeschehens und damit die Möglichkeit, das Kind dadurch zu verletzen. Die Chance besteht darin, etwaige Konfliktherde zu erkennen, die die eigentlichen Entwicklungspotentiale des Kindes beeinträchtigen könnten. Bei alledem gilt es zu beachten, was Daniil Elkonin in seiner *Psychologie des Spiels* (1980, S. 174) (die im Wesentlichen eine Psychologie des kindlichen Rollenspiels ist) wie folgt beschrieben hat:

> „Die Welt des Kindes ist vor allen Dingen der erwachsene Mensch als wichtigster Teil der kindlichen Umweltrealität, als Teil der Erwachsenenwelt. Nur in dem sich entwickelnden System der Beziehungen ‚Kind-Erwachsener' findet das Kind Eingang in die ganze übrige Welt."

❗ Viele der kindlichen Nachgestaltungen und Symbolisierungen im Rollenspiel verschaffen dem Kind seinen eigenen spielerischen Einzug in die Welt der Erwachsenen.

5.2.5 Darstellung und Spielgestaltung im Regelspiel

Auch das Regelspiel enthält aktive Gestaltungen, die etwas darstellen. Jedoch werden die möglichen Gestaltungen durch die Spielregeln, den Zufall und die durch Spielzüge und Spielstrategien der Teilnehmer bedingte Dynamik des Regelspiels beeinflusst. Weil Regelspiele meist im sozialen Kontext von Interaktionen der Beteiligten gespielt werden, gestaltet sich der Spielverlauf im spielerisch aufgebauten Spannungsfeld zwischen ihnen. Jeder möchte gewinnen: An diesem eigentlichen Spielziel orientieren die Teilnehmer ihre Aktivitäten zur Spielgestaltung.

Während im Rollenspiel die Darstellungs- und Gestaltungsmöglichkeiten durch die Rolle selbst im Wesentlichen „geregelt" werden, begrenzen die Spielregeln im Regelspiel normativ die individuelle Selbstentfaltung. Regelverstöße werden „zu Recht" geahndet. Denn sie stellen einen Verstoß gegen die akzeptierte Norm dar, dass die klar definierten Regeln eingehalten werden müssen. Regelverstöße können ein begonnenes Spiel zerstören. Andererseits übt das Mogeln im Regelspiel einen gewissen Reiz aus, der spielerischer Spannungssuche durchaus entsprechen kann: Die anderen „auszutricksen" macht besonders dann Spaß, wenn sie nichts davon merken! Auch das ist gar keine so seltene Variante individueller Erlebniserweiterung, die allerdings vor allem den Regelspielen vorbehalten bleibt.

Die in Regelspielen stattfindenden Interaktionen der gemeinsam spielenden Teilnehmer enthalten zwei grundsätzliche Aspekte der Darstellung: Erstens sind sie jedesmal Selbstdarstellungen, zweitens verraten sie durch ihre emotionale Dynamik unter Umständen eine ganze Menge über die wechselseitigen Einstellungen der Spieler zueinander. Die Verbindlichkeit der Regeln auf der einen Seite, auf der anderen Seite das Spielziel, möglichst als Sieger aus dem Spiel hervorzugehen, sind Charakteristika des Regelspiels, die sich bestens zur Steigerung der emotionalen Dynamik des Spieles eignen. Überdeutlich wird diese Dynamik, wenn Kinder gegen überlegene Spielpartner (wie die Eltern) wiederholt verlieren. Das Spiel wird dann nämlich zum gleichen, aus sonstigen Lebenssituationen dem Kind wohlbekannten Dilemma einer beständig erlebten Unterlegenheit. Auf der anderen Seite bietet die Möglichkeit des Siegens gegen sonst überlegene Personen eine begehrte Chance der Selbstdarstellung, die mit erlebter Selbsterhöhung einhergeht. Während Vorläufer dieses Gefühls sich im Funktionsspiel durch die Funktionslust ankündigen, während im Konstruktionsspiel die Selbsterhöhung mit dem Gefühl persönlicher Kompetenz und Zufriedenheit einhergeht und im Symbol- und Rollenspiel die Nachgestaltung typischer Erwachsenenhandlungen ein selbsterhöhendes Teilhaben an der Erwachsenenwelt gestattet, ist das Gefühl der Selbsterhöhung im Regelspiel durch das Siegen über die überlegenen Erwachsenen „besiegelt". Jedes Mal sind die spielerischen Darstellungen und Gestaltungen auf eine spezifische Weise mit dem kindlichen Selbst verbunden. Insbesondere bei Regelspielen mit ungleichen Spielpartnern spielt das kindliche Selbstwertgefühl besonders mit. Daher lohnt es, ein Augenmerk darauf zu haben, wie das Kind sich im Spielverlauf selbst darstellt und welche Einflüsse es auszuüben versucht, um diesen zu seinen Gunsten zu gestalten. Was das Kind faktisch macht, resultiert nicht nur aus dem Spannungsfeld des eigentlichen Spielverlaufs. Einflussreich sind auch seine bisherigen Spielerfahrungen und natürlich das nur für die Regelspiele typische Spielziel, zu gewinnen. Ansonsten aber gilt für die Darstellungs- und Gestaltungsaktivitäten des Kindes im Regelspiel, was für alle seine Spiele gilt: dass sie Aktivitäten zur Selbstdarstellung und Selbstgestaltung der kindlichen Gegenwart sind, aus der sie hervorgehen.

5.2.6 Gestaltung der Gegenwart durch das Spiel

Das kindliche Spiel ist gelebte Gegenwart. Vergangene Erlebnisse verbleiben der kindlichen Erfahrung, die häufig bestimmte Auswirkungen auf die spielerischen Gestaltungen der Gegenwart hat. Ähnlich ist es mit der Zukunft: Bestimmte Ziele mögen die Durchführung eines Konstruktionsspiels veranlassen und bestimmte Erwartungen an das Ergebnis die Konstruktionsweise beeinflussen, und, wie wir gesehen haben, kann das in naher Zukunft liegende Ziel eines Regelspiels, zu gewinnen, alle gestalterischen Aktivitäten in seinen Bann ziehen.

Doch alle diese zeitbezogenen Einflüsse auf das Spielgeschehen ändern nichts an der einen grundlegenden Tatsache des Kinderspiels: Es lebt *aus* der Gegenwart, es lebt *in* der Gegenwart, und es ist die spezifisch kindliche Weise der Selbstdarstellung und Selbstgestaltung der Gegenwart. Treffend hat Portmann (1973) das Spiel als *gestaltete Zeit* bezeichnet. Es ist nur noch anzumerken, dass diese Zeit im Fall des kindlichen Spiels *gegenwärtige Zeit* ist.

> ❗ Aus der Gestaltung der gegenwärtigen Zeit in einem Hier und Jetzt lebt das Kinderspiel. Aus den gegenwärtigen Lebensweisen spielerischen Tuns bezieht es seine Dynamik, seinen als Prozess stattfindenden Verlauf und seinen inneren Sinn. Die Logik des Spiels ist beim kindlichen Spiel eine Logik der Selbstdarstellung in Bezug zur Gegenwart, und sie ist eine kindliche Logik der Selbstgestaltung dieser Gegenwart.

Wenn wir nicht müde werden zu betonen, dass das kindliche Spiel sich selbst genügt, dass es außer sich selbst keine anderen Zwecke verfolgt und daher im wahrsten Sinne des Wortes Selbstzweck ist. So sind diese beiden Aspekte enthalten: Das Spiel ist *Selbstzweck* als kindliche Selbstdarstellung in der Gegenwart, wie es auch Selbstzweck hinsichtlich der Selbstgestaltung dieser Gegenwart ist.

! Jedes Mal, wenn es stattfindet, ist das kindliche Spiel als ein gegenwärtiges Geschehen zu begreifen. Das Vergangene und das Zukünftige sind nur in Hinblick auf die spielerische Gestaltung der Gegenwart durch das Kind relevant. Sie werden im *aktuellen Spielgeschehen* gegenwärtig, genauer, vom Kind vergegenwärtigt und dadurch zugleich wirklich.

Wenn man so will, vereinheitlichen Kinder durch ihr immer gegenwartsbezogenes und aus der Gegenwart lebendes Spiel die Zeit. Es gelingt ihnen im Spiel ein Erleben und Verhalten, dem wir Erwachsene entweder nachtrauern (der Vergangenheit) oder das wir erhoffen bzw. befürchten (die Zukunft). Dieses Erleben und Verhalten besteht darin, durch Selbstdarstellung und Selbstgestaltung des Spieles die Vergangenheit und die Zukunft in der gelebten Gegenwart einzufangen und mit ihr eins zu werden.

Diese scheinbare Zeitlosigkeit des ewig gegenwärtigen Spielgestaltens, wie sie Kinder in ihrem Spiel produzieren, übt auf uns Erwachsene eine unbeschreibliche Faszination aus. Mit ihren gestalterischen Aktivitäten verwirklichen spielende Kinder eine Lebensform, durch die sie die Gegenwart leben. Die große Flexibilität und die genannten, oft raschen Zielfluktuationen im gleichen Spielgeschehen sprechen für diesen Gedankengang, die manchmal so heterogenen Verhaltensweisen innerhalb einer einzigen Spielsituation ebenfalls: Gar nicht selten wurde die Hauptfigur unserer Feldexperimente, Klimbambula, fast „zeitgleich" bestraft und belohnt, geschlagen und liebkost, weggeworfen und liebevoll umarmt. Die durch das Spiel gelebte Gegenwart des Kindes vermag Vergangenheit und Zukunft problemlos zu integrieren. Das Spielgeschehen ist damit eine *Synthese der Zeit* und nicht selten auch eine Synthese von Gegensätzen, Widersprüchen, Ungereimtheiten.

Jetzt wird auch verständlich, weshalb Theorien, die das Spiel nur aus der Vergangenheit begründen, ebenso zum Scheitern verurteilt sind wie Theorien, die das Spiel nur aus der Zukunft herleiten. Sie übersehen die Wirklichkeit des kindlichen Spiels. *Sie ist die Spielgegenwart!*

5.2.7 Zusammenfassung

- Durch Selbst- und Umweltgestaltung schafft das spielende Kind den Spielkontext. Dabei nimmt die Art und Weise der Selbstdarstellung, je nach gespielter Spielform, unterschiedliche Qualitäten an, die man unterscheidbaren Entwicklungsniveaus des Kindes zuordnen kann.
- Beim *Funktionsspiel* zeigen sich die Darstellungs- und Gestaltungsaspekte in der Intention, ein zunächst unwillkürlich hervorgebrachtes, lustvoll erlebtes Ereignis zu wiederholen. Darstellung und Gestaltung sind also auf eine rudimentäre Kind-Umwelt-Relation beschränkt. Das ändert sich aber schon bald während der Entwicklung hin zum *Experimentierspiel*, bei dem die kindlichen Darstellungen und Gestaltungen mit einer Erkenntnisfunktion verknüpft sind. Das Kind möchte herausfinden, wie die Dinge funktionieren. Wenn ihm das gelingt, gehen aktive Erfindungen des Kindes mit spontanen neuen Erkenntnissen einher. Dieser emergente dynamische Entwicklungsprozess mündet schließlich in eine neue synergetische Qualität: die Spielform des *Konstruktionsspiels*. Hier löst die gezielte Selbstgestaltung des eigenen Tuns die bloße Freude am Tun ab. Darstellung und Gestaltung stehen im Dienst der intrinsischen Motivation eines zielbezogenen Handelns, wobei die Anforderungsstruktur des Handlungsziels vom Kind selbst gesetzt ist. Darstellung und Gestaltung eines – äußerlich sichtbaren – Werkes gehen beim Konstruktionsspiel mit potentiell unterschiedlichen Arten des Selbstwerterlebens einher, denn die Konstruktion kann scheitern, und Misserfolg wird erlebt, oder sie kann gelingen mit entsprechendem persönlichen Erfolgserleben.
- Die symbolische Nachgestaltung von Ereignissen in den *Rollenspielen* ist verbunden mit Selbstdarstellung und Selbstgestaltung, insoweit die Spieler selbst die Akteure ihrer gespielten Ereignisse sind.

5.3 Eine besondere Form von Rollenspiel

Von: Christoph Fischer

5.3.1 Was Rollenspiele sind

Wenn in Spielwarengeschäften Spielbücher und Computerspiele, bedruckt mit Abbildungen von furchterregenden Monstern unter dem Titel „Rollenspiele" angeboten werden, ist damit eine andere Spielform gemeint.

Der Begriff „Rollenspiel" bezeichnet in diesem Kapitel eine Spielform, die vor längerem neu entstanden ist und Elemente aus dem kindlichen Rollenspiel übernommen hat. Es handelt sich hierbei um eine Mischform von Rollenspiel und Regelspiel. Bei dieser Spielart steht das „Spielen", also das Erleben einer bestimmten Rolle, im Mittelpunkt. Jedoch ist es, im Unterschied zum Ausdifferenzierten Symbol- und Rollenspiel, nicht hauptsächliches Ziel des Spiels, Rollen des alltäglichen Lebens nachzuspielen, sondern es geht darum, die Rolle von fiktiven Abenteurern zu übernehmen und zu gestalten. Der Spieler ist zum Beispiel Ritter im Mittelalter, Revolverheld im Wilden Westen, Raumfahrer in der Zukunft oder sogar Magier in einer Welt, die an Tolkien's Werk „Der Herr der Ringe" angelehnt ist. Da diese Rollen nicht in der Alltagsrealität zu finden sind und sich die Gestaltung des Spiels nicht nach dieser Realität richten kann, ist es notwendig, die Regeln des Spielablaufs für alle Spieler einheitlich festzuschreiben. Diese Regeln werden entweder in Büchern niedergeschrieben oder als Teil eines Computerspiels angeboten. Dies zeigt ebenfalls, dass die jetzt thematisierte Art von Rollenspiel eine Kombination aus den klassischen Spielformen Rollenspiel und Regelspiel ist.

- Die von ihnen gespielten Inhalte und Kontexte sind aber Nachgestaltungen von Ereignissen „aus einer anderen Welt", nämlich zumeist aus der spielexternen Welt des Erwachsenenlebens. Das Rollenspiel hat eine Doppelfunktion, nämlich Selbstdarstellung und Symbolisierung externer Ereignisse in einem zu sein.
- Beim *Regelspiel* werden Darstellung und Gestaltung durch die Spielregeln mitgestaltet. Die stattfindenden Interaktionen sind mithin Selbstdarstellungen, die allerdings moderiert sein können durch das Spielziel, zu gewinnen. Spielen Kinder mit Erwachsenen Regelspiele, sind die spielerischen Darstellungen und Gestaltungen mit dem kindlichen Selbst verbunden. Das Verlieren wie das Gewinnen tangieren dabei das kindliche Selbstwertgefühl.
- Kindliches Spiel ist gelebte Gegenwart. Zwar können weitere zeitliche Aspekte wie Vergangenheit und Zukunft hineinspielen. Das ändert aber an der grundsätzlichen Tatsache nichts: Das kindliche Spiel lebt aus der Gegenwart, in der Gegenwart und ist die Selbstdarstellung und Selbstgestaltung dieser Gegenwart. Es vereinheitlicht die Zeit zu einem gegenwärtigen Geschehen.

5.3.2 Geschichte der Rollenspiele

Entstanden ist diese Art von Rollenspielen aus den sogenannten „Wargames". Dies sind Spiele, bei denen man kleine Soldaten-Figuren über ein kartenartiges Terrain schiebt, um historische Schlachten nachzuspielen. Die „Wargames" existieren schon sehr lange, Schach wird als eines der Ersten angesehen. Schach als „Wargame" oder „Konflikt-Simulations-Spiel" bietet mittels seiner Regeln jedoch keine Möglichkeit zur differenzierten Darstellung des Konfliktes (welcher sich auch noch auf eine Kriegshandlung beschränkt). So wurden neue Regeln geschaffen, die den Konflikt und dessen Ablauf adäquater beschreiben konnten.

Mit der immer komplexeren Simulation von Schlacht-Situationen gingen auch immer komplexer werdende Regelwerke einher. So wurden z.B. Treffer aus Musketen mit Zahlenwerten kombiniert und diese per Zufall entschieden. Das führte dazu, dass im 17. Jahrhundert die Regelwerke so ausgefeilt waren, dass die Spiele als Trainingsmöglichkeiten für militärische Führer eingesetzt werden konnten.

In der ersten Hälfte und der Mitte des 20. Jahrhunderts wurden die „Wargames" sehr populär, und die Regelwerke sowie das Zubehör fanden auch in der zivilen Bevölkerung großes Interesse. In der Mitte der 60er Jahre wurden von Dave Arneson und Dave Wesley mit ihrem Spiel „Braunstein" Regeln eingeführt, die den bis jetzt noch nicht oder nur wenig beachteten Aspekt der Interaktion der einzelnen Spieler untereinander bzw. ihrer Rollen betreffen. Dabei handelt es sich aber nach wie vor um ein Spiel, das in einer historischen Realität stattfindet. Aus Interesse an Fantasiewelten, wie Tolkiens „Mittelerde" und Konflikt-Simulations-Spielen, entwickelten Gary Gygax und Dave Arneson 1971 das Spiel „Dungeons & Dragons" (D&D). Der Name macht deutlich, dass es sich nicht mehr um mittelalterliche Schlachten, sondern um das Bekämpfen von Drachen und dergleichen handelt, welche in Kerkern oder unterirdischen Höhlen hausen. Da Gygax keinen Verleger fand, gründete er zusammen mit anderen 1973 den Verlag „TSR" (Tactical Studies Rules). Dieser brachte im Januar 1974 „Dungeons & Dragons" auf den Markt und veröffentlichte somit das erste Rollenspiel, welches reißenden Absatz fand. In den ersten acht Monaten wurden alle 1000 Exemplare der Erstausgabe verkauft. Motiviert durch den herausragenden Erfolg veröffentlichte TSR neben den Regelbüchern (1978 sind es bereits drei für „Dungeons & Dragons") auch noch Bücher mit den unterschiedlichsten Szenarien in fiktiven Welten. Nach nicht einmal 10 Jahren betrug der Umsatz des Verlags bereits 20 Millionen Dollar. Angezogen von dem großen Erfolg begannen auch andere Firmen Rollenspiele nach dem Prinzip von D&D zu entwickeln. So erweiterte sich das Spektrum vom reinen Fantasy-Rollenspiel auf andere Bereiche, wie zum Beispiel Western („Boot Hill"), Horror („Call of Cthulhu", nach H.P. Lovecraft) und Science-Fiction („Shadowrun"). Bis zu seiner Übernahme durch die Firma „Wizards of the Coast, Inc." 1997 blieb TSR Marktführer.

Seit dem Aufkommen von Heimcomputern wurden die Rollenspiele vermehrt auf diese verlagert. Dies hatte den Vorteil, dass die komplizierten Regelwerke vom Spieler nicht mehr zwingend beherrscht werden mussten, da der Computer die Spielleitung übernahm. Dem Nachteil der mangelnden Kreativität bei der Spielgestaltung versuchte man durch Spielleiter und intelligente Algorithmen zur Quest-Erstellung entgegenzuwirken. Durch diesen Umstieg zum computergestützten Rollenspiel sanken die Verkaufszahlen von Regelbüchern und Rollenspielzubehör. Sie sind aber noch nicht überholt, da die Faszination der Gedankenwelt des Rollenspiels auch ohne Computer noch viele Spieler fesselt.

5.3.3 Der Aufbau eines Rollenspiels

Ein Rollenspiel ist seit der Entstehung dieser Spiele in vier Hauptteile gegliedert, welche jedes Rollenspiel zu einem Unikat werden lassen. Diese Teile sind das Regelwerk, der Charakter, der

Spielleiter und die Spielgeschichte. Selbst durch kleinste Änderungen an diesen vier Grundpfeilern können nachhaltige Veränderungen im Spielgeschehen hervorgerufen werden.

5.3.4 Das Regelwerk

Das Regelwerk ist der Teil des Rollenspiels, der das Spielgeschehen regelt. Es dient dazu, die Spielwelt möglichst genau mit den ihr innewohnenden Naturgesetzen zu beschreiben. Dies umfasst sowohl die „Physik" der Spielwelt (z.B. dass der Spielcharakter sich verletzt, wenn er aus einer bestimmten Höhe fällt) als auch mögliche Charaktereigenschaften.

Je ausgefeilter das Regelwerk die „Physik" der Spielwelt bestimmt, desto wirklichkeitsgetreuer erscheint sie. Dies bedeutet allerdings, dass mehr Umweltfaktoren als Zahlenwerte bestimmt werden müssen und so in die Berechnung des Spielverlaufs einwirken können, was zwangsläufig dazu führt, dass das Managen des Spielverlaufes sowohl schwieriger als auch zeitaufwendiger wird. Das ist kein Problem, solange der Spielverlauf vom Computer berechnet wird. Deshalb gehen einige Rollenspielhersteller dazu über, die Regelwerke für Nicht-Computer-Rollenspiele so zu gestalten, dass die Umweltfaktoren vom Spielleiter bestimmt werden und nicht durch das Regelwerk.

Die im Regelwerk beschriebenen möglichen Charaktereigenschaften sind zur Erstellung eines Spielercharakters notwendig. Je differenzierter sie sind, desto genauer kann ein Charakter in seinen Eigenschaften und Möglichkeiten beschrieben werden, wodurch er im Spiel einzigartig wird. Charaktereigenschaften können sowohl körperliche Eigenschaften wie zum Beispiel Aussehen, Stärke und Größe, als auch Fähigkeiten und Fertigkeiten sein. Die körperlichen Eigenschaften bestimmen, wie der Charakter in der Spielumwelt agieren kann, zum Beispiel, ob es der Körperbau ermöglicht, in eine kleine Höhle zu gelangen. Fähigkeiten und Fertigkeiten hingegen erlauben es dem Charakter, Probleme auf unterschiedliche Weise zu lösen. Kann er zum Beispiel kriechen, so gelingt es ihm, in Höhlen zu gelangen, welche eigentlich zu klein für seinen Körperbau wären.

Generell dient das Regelwerk dazu, das Rollenspiel von einem Tagtraum abzugrenzen. Es schafft Regeln in diesem Traum und ermöglicht somit, eine gedachte Welt zu erleben. Wie diese Welt aussieht, wird im Regelwerk nicht beschrieben, jedoch wird festgehalten, wie sich diese Welt und alles, was darin existiert, verhält.

5.3.5 Der Charakter

Der Charakter ist die Spielfigur, der Darsteller des Rollenspielers. Er basiert auf den im Regelwerk festgeschriebenen Charaktereigenschaften. Die Ausprägung der Charaktereigenschaften wird zu Beginn des Rollenspiels festgelegt, durch Zufall oder Wahl des Spielers. Diese Eigenschaften sind jedoch nicht fest und können aufgrund des Spielgeschehens angepasst werden (der Charakter „lernt" im Spiel). Um sich noch besser mit dem Charakter identifizieren zu können, erlauben es einige Regelwerke und/oder Spielleiter, den Charakter mit Attributen auszustatten. So kann man zum Beispiel bei vielen Rollenspielen die Haut und Haarfarbe wählen, ohne dass dies eine Auswirkung auf den Spielverlauf nimmt.

Da die Erstellung eines Charakters sehr zeitaufwendig ist und auch oft eine Hintergrundgeschichte umfasst, werden Charaktere häufig für mehrere Rollenspiele, die auf dem gleichen Regelwerk basieren, verwendet.

5.3.6 Der Spielleiter

Der Spielleiter hat zwei Aufgaben zu bewältigen: Er ist einerseits Erzähler und andererseits Schiedsrichter.

Als Erzähler ist es die Aufgabe des Spielleiters, die Spielwelt zum Leben zu erwecken. Er muss die Spielwelt beschreiben und für sie agieren. Das heißt, er muss die Figuren, die in der Spielwelt vorkommen und von keinem anderen Spieler gespielt werden, so genannnte NPC's (Non Personal Charakters), spielen und für sie handeln. Er muss weiterhin die Spielwelt-Landschaft erstellen (auf Papier, im Computer oder durch Worte), um so den Mitspielern ein Spielfeld bereitzustellen.

In der Funktion des Schiedsrichters muss der Spielleiter alle Ereignisse des Spiels in Zahlen festhalten und den daraus resultierenden Spielstand berechnen. Weiterhin muss der Spielleiter Ereignisse, die nicht im Regelwerk stehen, bewerten und darüber entscheiden, ob diese in der Spielwelt möglich sind oder nicht. Bei guten Regelwerken kann er sich dabei auf Werte berufen, um seine Entscheidungen den Mitspielern plausibel zu machen. Wenn zum Beispiel ein Spieler sagt, sein Charakter flüchte vor einem wilden Tier auf einen Baum, so kann der Spielleiter anhand der Stärke und der Geschicklichkeit (zwei übliche Charaktereigenschaften) entscheiden, ob diese Aktion dem Spielercharakter überhaupt möglich ist. Hier wird deutlich, dass der Spielleiter eine übermächtige Stellung inne hat und somit große Verantwortung trägt. Von seiner Fertigkeit, die Spielwelt plausibel darzustellen, hängt das Wirklichkeitsempfinden der Spieler ab.

Da der Spielleiter während des Spiels sehr viel Arbeit hat, können Teile seiner Aufgaben auf die Mitspieler aufgeteilt werden. Diese können zum Beispiel beim Ausschmücken der Umwelt helfen oder Berechnungen übernehmen. Bei computergestützten Rollenspielen ist die Rolle des Spielleiters aufgeteilt.

Die Rolle des Erzählers übernimmt der Software-Produzent. Er kreiert eine Umwelt und die mögliche Interaktion mit dieser. Er fertigt eine Geschichte vor, die dann vermittels des Computers dem Spieler dargestellt wird. Da dieses Vorbereiten von Geschichten sehr viel Arbeit bedeutet, schaffen manche Spielehersteller die Möglichkeit, Geschichten selbst zu erstellen und in das Computerspiel einzufügen. Dies ermuntert die Spieler, sich Geschichten auszudenken und diese dann mit anderen zu spielen. Andere Spielehersteller arbeiten an Methoden, Geschichten automatisch zu erstellen, was vor allem bei Onlinerollenspielen zum Einsatz kommt. Die Funktion des Schiedsrichters übernimmt der Computer – aufgrund des Regelwerkes berechnet er den Spielstand und zeigt dem Spieler seinen (möglichen) Handlungsspielraum an. Da der Computer nicht außerhalb des Regelwerkes entscheiden kann, ob eine Handlung plausibel ist oder nicht, werden bei einem computergestützten Rollenspiel solche Handlungen nicht erlaubt. Dies hat den Nachteil, dass die Spielwelt auf das Regelwerk beschränkt ist. So ähnelt das Computerrollenspiel mehr dem Regelspiel als dem Rollenspiel.

5.3.7 Die Geschichte

Die Spielgeschichte ist das Geschehen im Spiel. Es kann in groben Zügen vorgegeben sein oder je nach Spielverlauf vom Spielleiter weiterentwickelt werden. So ist es bei einem nicht computergestützten Rollenspiel dem Spielleiter möglich, die Geschichte abzuändern, wenn sich die Spieler nicht wie geplant verhalten, zum Beispiel einen anderen Weg in der Spielwelt einschlagen.

Die Spielgeschichte ist das eigentliche Ziel des Rollenspiels. Man will eine Geschichte erleben. Dies bedeutet, dass die Qualität eines Rollenspiels entscheidend davon abhängt, wie gut die Spielgeschichte zu den Erwartungen der Spieler passt. Da die Erwartungen der Spieler sehr verschieden sind, fallen auch die Ausführungen der Geschichten sehr unterschiedlich aus. Sie reichen von Mittelaltergeschichten über den Wilden Westen bis in die Zukunft des Science-Fiction. Eines jedoch haben sie alle gemeinsam: Es gilt Probleme zu lösen und Abenteuer zu bestehen.

5.3.8 Pen&Paper-Rollenspiel

Bei Pen&Paper-Rollenspielen geht es, wie der Name schon sagt, um Stift und Papier. Es ist die erste Form von Rollenspielen, die entstanden ist. Bei ihr wird das Spielgeschehen auf Papier festgehalten. Die Spielzüge werden rundenbasiert abgehalten. Das heißt, jedem Spieler steht eine in den Regelwerken festgeschriebene Zahl an Handlungseinheiten zu. Wenn diese aufgebraucht sind, ist der nächste Spieler am Zug. Da die Handlungseinheiten nicht zeitgebunden sind, kann nicht bestimmt werden, ob ein Spieltag in Realzeit fünf Minuten dauert oder mehrere Tage.

5.3.9 LARP

LARP ist sicher die gewöhnungsbedürftigste Form des Rollenspiels. Die Abkürzung LARP steht für Live-Aktion-Role-Playing und ist ein Rollenspiel, bei dem der Spieler seinen Charakter auch physisch darstellt. Dies betrifft Körpergröße und Aussehen sowie Kraft und Geschicklichkeit – also all jene Eigenschaften, die der Spieler selbst hat, hat auch sein Spielcharakter. Als Regelwerk werden entwder gekürzte Fassungen der Pen&Paper-Rollenspiele verwendet, oder man handelt nach der Maxime: Du kannst, was du kannst. Im Vordergrund steht hier nicht unbedingt das Lösen von Rätseln oder das Bestehen von Abenteuern, sondern das wirkliche Spielen von Rollen.

Beim LARP herrscht im Gegensatz zu den anderen Spielarten Echtzeit, d.h., dass alle Akteure gleichzeitig handeln können. Daher kommen auch die gekürzten Regeln. Dies ermöglicht natürlich ein realeres Erleben der Spielwelt, verhindert allerdings das Erfinden einer Welt, in der andere Regeln gelten als in der realen. So kann zum Beispiel eine Zeitreise in einem Science-Fiction-Rollenspiel nicht realisiert werden.

5.3.10 Computerspiele

Computerspiele sind in diesem Zusammenhang die oben genannten computergestützten Rollenspiele. Alle nutzen sie den Computer zur Spielleitung. So kann die Anwendung der oft sehr komplexen Regelwerke vom Spielleiter auf den Computer abgeschoben werden, der die Berechnung des Spielstandes in Sekundenschnelle durchführt. Dies ermöglicht es, die rundenbasierten Pen&Paper-Rollenspiele durch sehr schnelles Berechnen der Spielstände wie in Echtzeit aussehen zu lassen. Außerdem können auf dem Computer visuelle Effekte dargestellt werden, die das Erleben von nicht realen Welten verstärken. Dies haben alle computergestützten Rollenspiele gemeinsam. Sie unterscheiden sich lediglich durch die beabsichtigte Spielerzahl.

Single-Player-Rollenspiele sind darauf ausgelegt, von einem Spieler allein gespielt zu werden. Das heißt, die Spielgeschichte ist so beschaffen, dass der Spielercharakter allein oder zumindest mit Hilfe von NPC's die Geschichte lösen kann. Der Vorteil dabei ist, dass der Spieler keine weiteren Mitspieler braucht. Jedoch schränkt die Spielgeschichte das Erleben insofern ein, als nur beschwerlich Interaktion mit der Spielumwelt entstehen kann, da jede Interaktion vorprogrammiert werden muss. Außerdem kann die Spielgeschichte nur sehr schwer auf die jeweiligen Eigenheiten des Charakters eingehen, wenn die Geschichte für mehrere mögliche Charaktere erstellt worden ist. Single-Player-Rollenspiele benötigen NPC's, um mit der Spielwelt zu interagieren. Damit die Spielwelt dem Spieler noch Handlungsraum lässt, müssen die NPC's auf verschiedene Handlungen des Spielers unterschiedlich reagieren können. Dies erfordert sehr viel Arbeitsaufwand beim Erstellen einer Spielgeschichte.

Multi-Player-Rollenspiele sind hingegen darauf ausgelegt, von mehreren Spielern gleichzeitig gespielt zu werden. Hier kann jeder Charakter seine persönlichen Stärken und Schwächen darstellen und mithilfe seiner Mitspieler schwierige Probleme lösen. Dies erfordert jedoch mehrere Spieler oder zumindest die Möglichkeit, dass ein Spieler mehrere Charaktere gleichzeitig spielt, was wiederum den Nachteil hat, den Echtzeit-Spielverlauf zu verlieren.

Hinter der fast unaussprechlichen Abkürzung MMORPG versteckt sich eine weitere

Entwicklung des Rollenspiels. Sie bedeutet Massive-Multiplayer-Online-Role-Play-Game. Das heißt, dass sehr viele Spieler gleichzeitig über das Internet an einem Rollenspiel teilnehmen. Diese Form vereint Vorteile von Singleplayer- und Multiplayer-Rollenspielen. So muss sich der Spieler nicht mit anderen Spielern treffen, sondern kann online mit vielen Gleichgesinnten spielen. Hier können Charaktere ihre Stärken ausspielen und das gemeinschaftliche Erleben vorantreiben. Außerdem müssen weniger NPC's vom Computer kontrolliert werden, da diese Rollen oft von Mitspielern übernommen werden. MMORPG hat aber auch Nachteile: Da das Spiel nicht aufhört, kann keine abgeschlossene Spielgeschichte erstellt werden. Vielmehr muss die Spielwelt immer wieder neue Aufgaben bereitstellen. Diese sind jedoch schnell in aller Munde, was das Erleben des Abenteuers mindert. Weiterhin ist zu wenig Zeit, um immer neue ausgefeilte Interaktionsmöglichkeiten mit der Umwelt zu kreieren.

5.3.11 Zusammenfassung

- Man darf die Spiele, die in vielen Geschäften als Rollenspiele angeboten werden, nicht mit dem kindlichen Rollenspiel verwechseln. Sie sind vielmehr aufgrund ihrer Komplexität den Regelspielen zuzurechnen.
- Es sind sozusagen Geschichten, die man auf der Basis des Regelwerks selbst beeinflussen sowie gemeinsam erleben und gestalten kann. Wenn also auch ältere Kinder und Erwachsene gerne in Charakterrollen schlüpfen, welche ihnen in der realen Welt verwehrt bleiben, so ist das Rollenspiel das Mittel der Wahl zur Wunscherfüllung.
- Es ist aber anzumerken, dass der Realitätsgehalt des Spiels für den Spieler nicht dadurch abnimmt, dass die Spielwelt nicht die unsrige ist. So befindet man sich auch im Rollenspiel in der „Realität", und intervenierende Außeneinflüsse stören das Spielgeschehen, gleichgültig welches Alter der Spieler hat.

5.4 Die Förderung der individuellen Entwicklung durch Spielen

Spiel ist nicht nur in sich vielfältig und interessant, es enthält auch ein beträchtliches Potenzial an Möglichkeiten, die sich eignen, Kinder gezielt zu fördern, ihre spielerischen Kompetenzen zu steigern, Entwicklungsdefizite auszugleichen, Konflikte konstruktiv zu bewältigen und vieles mehr. Kinder entwickeln im Spiel und durch das Spiel verschiedenste Handlungsweisen viel grundlegender und intensiver als sonst. Vergleichbares gilt für das kindliche Lernen. Es vollzieht sich spielerisch leichter und – was man schon frühzeitig bemerkt hat – effektiver. Durch solche vortrefflichen Eigenschaften war kindliches Spiel dafür prädestiniert, zur Förderung unterschiedlichster Kompetenzen der Kinder eingesetzt zu werden. Gerade aber die Frühförderung erwies sich als ein „zweischneidiges Schwert": Einerseits sollte sie den Kindern Entwicklungs- und Lernvorteile verschaffen, andererseits behinderten frühe Pädagogisierungen des Spiels die freie spielerische Selbstentfaltung und die mit ihr zusammenhängenden Vorteile, die sich auf die selbstaktualisierenden Entwicklungspotentiale beim Kind positiv auswirken. Außerdem gilt, was Ohler und Nieding (2000) feststellen: Sie „glauben nicht, dass sich Spielen und Lernen zu einem spielerischen Lernen kombinieren lassen. Spielen hat seine eigene psychische Funktion und Lernen ebenso" (S. 188). Ganz offensichtlich handelt es sich also bei beiden um zwei qualitativ unterschiedliche Lebenssysteme.

5.4.1 Vielfalt von Spielen oder gezielte Spielauswahl?

Bietet man Kindern viele verschiedene Spiele an, aus denen sie wählen können, wird man feststellen, dass sie von der Breite des Angebotes häufig nicht Gebrauch machen. Die persönliche Wichtigkeit bestimmter Spiele lenkt vor allem das kindliche Spielinteresse und mit ihm die Wahl der Spiele. Insofern kann es durchaus günstiger sein, nicht viele heterogene Spiele zugleich anzubieten, sondern eine gezielte Spielauswahl zu treffen, die sich an den kindlichen Spielbedürfnissen und -interessen einerseits und an einer indirekten Förderung der kindlichen Persönlichkeitsentwicklung andererseits orientiert.

Eine gezielte Auswahl von Spielen kann sich auch an den kindlichen Spielgewohnheiten orientieren und zu ihrer Ergänzung oder Erweiterung beitragen: Manchmal spielen Kinder über längere Zeiträume nur bestimmte Spiele, die sie dann – ebenfalls für längere Zeit – beiseite legen, um sich mit anderem zu beschäftigen. Manche Spiele werden so häufig wiederholt, dass der Eindruck entstehen kann, die betreffenden Kinder wüssten sich mit nichts anderem zu beschäftigen; es sieht dann manchmal ganz danach aus, als hätten sie sich einseitig auf nur ein Spiel festgelegt oder gar „festgefahren". Konfrontiert man sie während dieser Zeit mit Spielalternativen oder sonstigen Freizeitangeboten, winken sie leicht uninteressiert ab. Verantwortungsbewusste Eltern und Erzieher(innen) sehen in solch gleich bleibendem Spielverhalten eine Gefahr der Einseitigkeit, da Alternativangebote von den Kindern ausgeschlagen werden. Wie soll man in einer solchen Situation reagieren, da man doch zu Recht die Gefahr einer Stagnation der Spieltätigkeit wittert? Für dieses und ähnlich gelagerte Probleme gibt es durch gezielte Anwendung einer seit langem bekannten Spielart angemessene Lösungsmöglichkeiten.

5.4.2 Lernspiele zur Entwicklung von Kompetenzen

Das *didaktische Spiel oder Lernspiel* kann eingesetzt und pädagogisch-psychologisch genutzt werden, um die kindlichen Spielkompetenzen zu fördern. Diese Form der Anwendung des Spielens profitiert von den Besonderheiten der verschiedenen Spielarten und kann sie, je nach Bedarf, integrieren. Ohne den Kindern direkte Verhaltensvorschriften zu machen, kann das didaktische Spiel bzw. Lernspiel eingesetzt werden, um die Spielaktivitäten zu steuern. Je nachdem, welcher kindliche Entwicklungsbereich besonders gefördert werden soll, kann man das didaktische Spiel/Lernspiel vorwiegend als Funktions- oder Konstruktionsspiel, als Variation des symbolischen Verhaltens im Rollenspiel oder in Form der so vielfältigen Regelspiele einsetzen.

> Entscheidend für die Auswahl und den gezielten Einsatz didaktischer Spiele/Lernspiele dürften der kindliche Entwicklungsstand sowie dasjenige Spieldefizit sein, das durch gezielte Fördermaßnahmen überwunden werden soll.

Dabei können einseitige Spielgewohnheiten durchaus als defizitäre Entwicklung diagnostiziert werden, da sie unter Umständen kreative Potentiale der individuellen Entwicklung verdecken und hemmen. Das didaktische Spiel ist, so gesehen, eine Kombination aus Erziehen, Lehren und Lernen mit dem Ziel, das Lernen durch Koordination mit dem Spielen zu erleichtern und kindgemäß zu fördern. Die fördernden Potentiale des Spiels können durch das Lernspiel also gezielt für pädagogische Zwecke eingesetzt werden. Sie können genutzt werden, um ganz bestimmte Entwicklungsdefizite wettzumachen. Lernspiele können tatsächlich vielseitig eingesetzt werden. Die Bandbreite der Anwendungsmöglichkeiten reicht beispielsweise von Schwierigkeiten der sozialen Anpassung bis hin zu Rechenschwierigkeiten im Schulunterricht. Andererseits haben diese Spiele nichts mehr mit dem freien kindlichen Spiel zu tun. Ohler und Nieding (2000) beschreiben klar, dass die zweckgebundene Kombination von Spielen und Lernen zu Lasten des Spiels geht:

> „Bettet man Lernformen, zum Beispiel das Lernen von Sachverhalten, in einen spielerischen Kontext ein, so bleibt dies nicht ohne Konsequenzen für den intendierten Lerneffekt. Versucht man es, so wird der Spielanteil nicht mehr als Spiel erlebt" (S. 188).

5.4.3 Spielförderung als Förderung individueller Entwicklung

Wenn wir Entwicklungs- und Spielförderung im gleichen Atemzug nennen, dann deshalb, weil wir das Spiel als eines der wichtigsten Erlebens- und Verhaltenssysteme für die kindliche Persönlichkeitsentwicklung ansehen. Um einer Gefährdung der Eigendynamik dieses Systems durch Außeneinflüsse vorzubeugen, haben wir vor einer verfrühten Pädagogisierung des Spiels immer wieder gewarnt. Andererseits ist erkennbar, dass eine wirkliche Freiheit kindlichen Handelns im Spiel eher selten als regelhaft angenommen werden kann. Die Umwelteinflüsse auf die individuelle Entwicklung sind mittlerweile so komplex, vielschichtig und nachhaltig geworden, dass freies kreatives Spielen mit natürlichen, kulturell, sozial und zivilisatorisch nicht vorbelasteten Bezugsgegenständen fast nur noch ausnahmsweise möglich ist.

Einfach riesengroß ist der Einfluss der Spielzeugindustrie, der Medien und der Werbung. Sie nutzen die kulturelle Mittlerfunktion und die Sozialität des Spieles aus, um die Vorliebe der Kinder für meist industriell gefertigte Spielzeugprodukte zu gewinnen.

> Auf diesem Hintergrund sind Eltern und andere Bezugspersonen der Kinder als Spielpartner gefragt, nicht nur, weil das Miteinander-Spielen, das Zusammen-Spielen die Qualität der Interaktionen zwischen den Generationen fördert, sondern weil sie als Spielpartner auch aus Gründen der Spiel- und Entwicklungsförderung unerlässlich bleiben.

Spielförderung als Förderung der individuellen Entwicklung kann heute nicht mehr nur auf die klassischen Vorgehensweisen des didaktischen Spiels, Lernfortschritte zu erleichtern, begrenzt bleiben. Diese Maßnahmen spielerischer Förderung kann man verwenden, wenn es darum geht, spezielle Kompetenzen für die Entwicklung des Kindes zu trainieren und zu festigen. Insofern sind didaktische Spiele zu vergleichen mit bestimmten Erziehungsmaßnahmen, die beispielsweise dazu beitragen sollen, Aufmerksamkeit, Interesse und Ausdauer beim Umgang mit bestimmten Gegenständen und Inhalten des Verhaltens anzuregen (kombinierter Einsatz von Funktions- und Konstruktionsspielen), die soziale und interaktionale Kompetenz beim Umgang mit Spielpartnern zu steigern und zu stabilisieren (durch Anwendung von Rollen- und Regelspielen), Konfliktfähigkeit und Konfliktlösungsfähigkeit zu fördern (Durchspielen von Rollen und spielerische Entwicklung alternativer, konfliktlösender Verhaltensstrategien). Ferner sind kombinierte didaktische Spiele im Schulbereich eventuell als extrinsischer Ansporn zu sehen, um die dort geförderte Lern- und Leistungsmotivation zu fundieren, eventuell auch, um den Lernvorgang in einem bestimmten Fach attraktiver zu machen. — Nur gilt auch hier: Die Didaktisierung bzw. Pädagogisierung des Spiels hat nichts mehr mit dem freien kindlichen Spiel zu tun und nichts mit dem Selbstzweck des freien Spiels. Sie stellt vielmehr eine Instrumentalisierung des Spiels und damit eine Zweckentfremdung dar.

5.4.4 Spielzeugpropheten und das Beispiel „Kriegsspielzeug"

Über die angeführten Einflüsse hinaus sind Eltern und Erzieher aber auch durch den langen Zeitraum der Entwicklung ihrer Kinder hindurch anderweitig gefordert. Nie zuvor war das Angebot an Spielzeug so umfangreich und vielgestaltig wie heute. Das gleiche gilt für die Häufigkeit der (oft pseudowissenschaftlichen) Argumente darüber, welches Spielzeug „gut" oder „schlecht", welches „nützlich" oder „schädlich" sei. So manche Spielzeugpropheten nutzen diese nicht gerade leichte Situation von Eltern und Erziehern, um sie zu verunsichern, zu einer einseitigen Einstellung zu drängen, ihnen bestimmte Überzeugungen aufzuoktroyieren – und das alles mit dem Argument, so die beste Grundlage zur Förderung der individuellen Entwicklung durch Spiel bei den Kindern zu schaffen.

5.4 · Die Förderung der individuellen Entwicklung durch Spielen

Abb. 5.3 Zagreb. Ein kleiner muslimischer Junge, vertrieben aus Bosnien-Herzegowina, zielt auf seinen „Feind", indem er als Schutz ein sauberes, zum Trocknen aufgehängtes Stück Wäsche benutzt. Dieses spielerische Ereignis findet in einem Flüchtlingslager in Zaprudje, nicht weit von Zagreb statt. Etwa 200 000 Menschen wurden bis zu diesem Zeitpunkt in Bosnien ermordet, ungefähr 170 000 wurden verwundet, darunter etwa 34 000 Kinder. (Foto: Deutsche Presse Agentur, dpa, Bild vom 10.03.1993, 14 Uhr 04)

❗ Hier möchte ich alle Eltern eindringlich warnen: Bilden Sie sich aufgrund Ihres Gefühls, Ihres Sachwissens und vor allem aufgrund der Kenntnis Ihrer Kinder Ihr eigenes Urteil, was das Spielzeug Ihrer Kinder betrifft!

Häufig stecken hinter Appellen und extremen Argumenten persönliche Unsicherheiten und unbewältigte Konflikte, die zu einer ideologischen Lebenseinstellung von selbsternannten „Fachleuten" und Besserwissern beitragen. Pseudopädagogen nutzen jede Gelegenheit, mit missionarischem Eifer das Heil der Welt zu verkünden. Sie geben vor, zu wissen, welches Spielzeug Ihr Kind fördert und welches ihm schadet; dabei fehlen ihnen bei genauerem Hinsehen das Fachwissen und fachkompetente Argumente.

Veranschaulichen wir das durch ein Beispiel, das fast in jeder Lehrveranstaltung zur Entwicklung und Psychologie des Kinderspiels die Gemüter der Studentinnen und Studenten erhitzt: das Thema „Kriegsspielzeug". Dieses Spielzeug wird meist von vornherein verdammt: Das Spiel mit Kriegsspielzeug beeinträchtige die Kinder, wirke aggressionssteigernd, löse Angst aus usw. Fragt man die erklärten Gegner von Kriegsspielzeug danach, warum Kinder es im Spiel bevorzugen, bleiben sie eine überzeugende Antwort zumeist schuldig. Sie kommen häufig nicht einmal auf die Idee, dass Aggression und Krieg heute durch die Medien direkt in die Wohnzimmer der Familien übertragen, insofern real erlebt und zu einer realen Erfahrung der Kinder werden. Wie sollten diese solche Erfahrungen eigenaktiv eigentlich besser bewältigen können als durch spielerische Nachgestaltung der erlebten Aggressionsereignisse?

Die Ergebnisse umfangreicher Experimente mit Kindergartenkindern zur Verarbeitung antisozialer und aggressiver Erfahrungen (Mogel, 1990a) sprechen sehr dafür, dass die intensive Nachgestaltung erlebter Aggressionshandlungen im kindlichen Spiel vor allem der Bewältigung der damit einhergehenden Erfahrungen dient. Sollten wir unseren Kindern diese spielerischen und im Endeffekt niemanden schädigenden

Bewältigungsmöglichkeiten nehmen, womöglich noch dadurch, ihnen aggressive Spielhandlungen zu verbieten? Antwort: Nein! Wenn Kinder Aggressionen spielerisch austoben, kommt das nicht von ungefähr, sondern hat einen realen Grund und einen inneren Sinn. Eine ganz andere Frage ist, ob man sie durch den Kauf „aggressiven" Spielzeugs (zum Beispiel Kriegsspielzeug) dazu auch noch von außen her anregen sollte. Letzteres ist weder sinnvoll noch notwendig, da es Anreize für aggressives spielerisches Handeln der Kinder schaffen könnte. Lässt man die Kinder im Spiel frei agieren, versuchen sie bei Bedarf ohnehin von selbst und von sich aus, Ängste und Aggressionen durchzuspielen und dadurch zu bewältigen.

❗ Entwicklungsförderung durch Spiel kann für Erwachsene in einem solchen Zusammenhang bedeuten, sich entweder aus dem kindlichen Spiel herauszuhalten und es nicht zusätzlich durch die eigenen Ängste und Unsicherheiten zu belasten oder interessiert teilzunehmen, indem sie die Kinder nach der Bedeutung ihres spielerischen Tuns (mehr beiläufig) fragen. Pädagogisch und psychologisch agierende Apostel können die innere Dynamik und den motivationalen Sinn kindlichen Spielens indirekt stören, wenn Eltern und Erzieher ihre Ratschläge befolgen und solchen Spielverlauf bei ihren Kindern unterbinden oder reglementieren.

Grundsätzlich ist es günstig, Interesse an der kindlichen Spieltätigkeit zu bekunden, da man dadurch dem Kind und auch der meist doch sozialen Natur seines Spiels gerecht wird. Das soziale Kontaktbedürfnis des Kindes und die häufig soziale Form seiner Spieltätigkeiten lassen isoliertes Spielen allein auf Dauer nicht zu. Es ist für die Persönlichkeitsentwicklung wichtig und günstig, möglichst vielfach und regelmäßig das Zusammenspielen mit anderen Kindern zu gewährleisten.

❗ Der Spielkontakt mit anderen Kindern ist für eine ausgewogene Entwicklung ebenso vorteilhaft und wichtig wie der Kontakt mit den Eltern als Spielpartnern des Kindes (Otto &. Riemann, 1990).

Über diese grundlegenden Gesichtspunkte einer Förderung der kindlichen Entwicklung durch Spielen hinaus sollte man die in den vorangegangenen Kapiteln dargelegten Argumente berücksichtigen. Danach bedarf das Kinderspiel als zentrales Erlebens- und Verhaltenssystem einer generellen Unterstützung durch die personale Umwelt. Diese ergibt sich fast von selbst, wenn Eltern und Erzieher eine gesunde und förderliche Einstellung zu ihren Kindern und deren eigenaktiven Tätigkeiten haben. Eine solche innere Einstellung berücksichtigt das Spielen als eine wesentliche und förderliche Tätigkeit im Leben und Erleben des Kindes.

5.4.5 Individuelles Spiel und Förderung des Sozialkontakts

Im Großen und Ganzen machen es uns die Kinder leicht, ihre Entwicklung durch Spielen zu fördern, denn meistens sind sie es ja selbst, die die Initiative zum Spielen ergreifen. Nicht selten spielen sie von sich aus sogar völlig allein und erleben das Spiel an sich wertvoll. Es genügt dann, entweder als Zuschauer anwesend oder in der weiteren Umgebung (zum Beispiel der Wohnung) für das Kind erreichbar zu sein.

5.4.6 Förderung von Erlebniswert und Verhaltenskompetenzen

Der eigentliche Erlebniswert des Spiels hat mit diesem Zusammenhang zu tun. Der persönliche Sinn des Spielens für das Kind hat direkt mit diesem Wert zu tun.

❗ Man kann sagen: Der Erlebniswert des Spiels ist identisch mit dem aktuellen Wert des Lebens, den sich das Kind vor allem durch die eigene Spieltätigkeit schafft.

Da das Spielerleben so wichtig und wertvoll ist, das Kind zu einem positiven Verständnis seiner selbst und seiner Welt führt, darüber hinaus (durch Neuigkeit, Überraschungsgehalt usw.) eine *Erlebniserweiterung* (Otto) ermöglicht sowie eine Steigerung individueller Interaktions- und sonstiger Verhaltenskompetenzen gewährleistet, fallen Spiel und Entwicklungsförderung in der alltäglichen Erziehungspraxis zusammen. Es ist daher erforderlich, den Kindern geeigneten Spielraum (im faktischen und im übertragbaren Sinn freier Spielentfaltung) zur Verfügung zu stellen, sie mit relevantem Spielzeug zu versorgen, die Vielschichtigkeit der Bedeutungen des kindlichen Spielens anzuerkennen, dabei den von den Kindern selbst hervorgebrachten eigenständigen Akzent des Spiels zu akzeptieren und dennoch kooperativ einzugreifen, wenn das Scheitern an einem vom Kind selbst gesetzten Spielziel zu einem gravierenden Misserfolgserlebnis (Erleben ständiger Inkompetenz und dadurch bedingtem Absinken des Selbstwertgefühls) zu werden droht. Entwicklungsförderung bedeutet, so gesehen, den Kindern ihre Lebensfreude, ihre Phantasie- und Gestaltungsfreiheit im Spiel auch dann zu lassen, wenn man Inhalt und Kontext ihrer Spielhandlungen nicht auf Anhieb versteht. Die äußere Zweckfreiheit sollte auf jeden Fall mit innerer Zweckfreiheit des Spielens einhergehen, wobei wir darunter verstehen sollten, dass das Kind die inneren (spielimmanenten) Ziele und Zwecke frei von sich aus setzt und gestaltet. Denn nur dann kann es seinen Vergangenheits- und Zukunftsbezug in das aktuelle Spielerleben und Spielgestalten sinnvoll integrieren.

Auch wenn das Kind die kulturellen Spielregeln sozialen Verhaltens im Spiel nicht immer norm- und erwartungsgerecht umsetzt, rechtfertigt das kein korrigierendes Eingreifen von außen, schon gar nicht, wenn es sich dabei um die spielerische Bewältigung erlebter Ängste und Aggressionen handelt. Die Gesellschaft verfügt auch außerhalb des Spiels über wirksame Normen, Regeln, Verhaltensvorschriften, Kulturgüter, Werte und Institutionen, die dem Kind während eines langwierigen Entwicklungs- und Sozialisationsprozesses beibringen, wie es sich als jugendliches und erwachsenes Gesellschaftsmitglied zu verhalten hat.

5.4.7 Entwicklungsfördernde Verhaltensweisen der Eltern

In der Regel kann man davon ausgehen, dass Eltern über einen langen Zeitraum der kindlichen Persönlichkeitsentwicklung hinweg die wahrscheinlich einflussreichsten Umwelten der Kinder darstellen. Das Kinderspiel ist davon direkt berührt, denn die Eltern haben Einfluss darauf, ob kindliches Spiel möglich ist oder nicht: Sie können es gewähren oder untersagen. Durch die Beschaffung von Spielzeug schaffen sie konkret materielle und häufig auch thematische Voraussetzungen dafür, womit Kinder spielen und was sie alles spielen können. Die psychische Regulation kindlichen Spielens wird beeinflusst durch die konkreten Lebensverhältnisse der kindlichen Entwicklung. Dazu gehören nicht nur die Erlebnisse und Erfahrungen der Kinder, nicht nur ihre Absichten, Bedürfnisse, Wünsche und Ziele, die das Kinderspiel zu einem psychologisch so interessanten Phänomen machen, auch das Spielzeug, die Spielorte und Spielräume, die verfügbaren Zeiträume für das Spielen und die am Spiel der Kinder interessierten oder teilnehmenden Personen spielen eine höchst bedeutsame Rolle. Unabhängig davon, ob Eltern direkte oder indirekte Spielpartner des Kindes sind, haben sie die besten Möglichkeiten, am Spiel ihrer Kinder teilzuhaben und dadurch entwicklungsfördernd einzuwirken.

> ❗ Dazu gibt es eine ganze Reihe günstiger elterlicher Verhaltensweisen:
> - Anwesenheit und Erreichbarkeit der Eltern wirken förderlich, da sie das kindliche Sicherheitsgefühl erhöhen. Darüber hinaus befriedigen die Eltern als Ansprechpartner das kindliche Kontaktbedürfnis und geben dem Kind die wichtige Möglichkeit, sich kompetent zu zeigen und zu erleben, indem sie sein Spiel wertschätzen.

- **Ausgiebige Spielzeit und** genügend Spielraum sind gute Rahmenbedingungen dafür, dass das Kind sich stressfrei spielerisch entfalten kann.
- In**direkte Fördermaßnahmen** wie Anwesenheit, Erreichbarkeit, Ansprechbarkeit, Interesse, Wertschätzung, Spielzeit und Spielraum können durch direkte Fördermaßnahmen sinnvoll ergänzt werden, indem Eltern Spielzeug danach beschaffen, inwieweit es der kindlichen Bedürfnislage einerseits, seinem Selbstentfaltungs- und seinem spielerischen Gestaltungsbedürfnis andererseits entspricht.
- **Direkte Förderung** ist auch durch die Beschaffung kindgerechter Konstruktionsspiele möglich, die das Kind weder unter- noch überfordern. Bei Überforderung und dementsprechendem Misserfolgserleben können Eltern zu Spielpartnern werden, indem sie helfend eingreifen, dabei aber dem Kind die Regie in der Hand lassen. Wichtig ist allerdings, dass die Eltern erkennen, ab wann sie überflüssig sind und sich aus dem Spielverlauf zurückziehen sollten.
- **Dass Förderung durch Spiel auch hin**sichtlich **schulischer Leistungsanforder**ungen in der Grundschule fruchtbar ist, haben Untersuchungen mit Grundschülern gezeigt (z.B. Einsiedler, 1991; Einsiedler u. Treinies, 1985; Treinies u. Einsiedler, 1989; Retter, 1979).

5.4.8 Kindliche Individualität als Ziel der Förderung

Von diesen allgemeinen Förderungsmaßnahmen, die je nach gegebener Spielsituation mehr indirekt oder direkt angewandt werden können, sind spezielle Förderungsmaßnahmen für die kindliche Persönlichkeitsentwicklung zu unterscheiden. Sie orientieren sich am einzelnen Kind, seinen Besonderheiten und seiner Individualität. Diese Merkmale des Kindes hängen eng mit seinem persönlichen Bezugssystem zusammen, das heißt mit der Art und Weise, wie es seine Erlebnisse verarbeitet und gestaltet. In diesem Zusammenhang der Individualität eines Kindes bewirken Anleitungen, Ratschläge und „Rezepte" für das „richtige" Erziehungsverhalten leicht das Gegenteil von dem, was man sich erhofft. Das ist besonders dann möglich, wenn keine genaue Kenntnis des kindlichen Bezugssystems gegeben ist, wenn man also nicht weiß, was das Kind selbst möchte und warum es das möchte.

❗ Um für ein einzelnes Kind die adäquaten Fördermaßnahmen zu erkennen, ist es unerlässlich, seine Bedürfnis- und Motivationslage zu kennen, zu wissen, welche Interessen und Vorlieben es hat, und vor allem fundierte Kenntnisse darüber zu haben, was das Kind gerne und was es nicht gerne tut.

Man benötigt also genügend *Bezugssysteminformation* (Mogel, 1984, S. 165 f.), das heißt hinreichende Informationen über die inneren Erlebens- und Verhaltensbedingungen des Kindes, beispielsweise darüber, wie es Erfahrungen verarbeitet, mit welchen Handlungen es welche Ziele erreichen möchte (Handlungsstrategien und Zielbezug), wie es bestimmte Situationen erlebt, welche Emotionen dieses Erleben tragen, wie es seine Beziehungen zur Umwelt aufbaut, kontrolliert usw.

❗ Das allein genügt jedoch nicht. Das kindliche Leben ist unausweichlich eingebettet in die Lebensverhältnisse, unter deren Einwirkungen es sich entwickelt. Häusliches Milieu, Familienklima, kindliches Verhältnis zu den Eltern und Geschwistern, eventuell auch zu einem Haustier, sowie Besonderheiten und Gewohnheiten des Tagesablaufs gilt es ebenso zu berücksichtigen, wenn man zu einer kindgemäßen und treffenden Einschätzung des psychischen Geschehens beim Kind gelangen möchte.

Ferner benötigt man also genügend *Ökosysteminformation* (Mogel, 1984). Solche und eine Reihe weiterer Alltagseinflüsse auf das Bezugssystem des Kindes sowie auf die es umgebenden Personen in seiner Familie sind in meinem Buch *Ökopsychologie* dargestellt. Nur wenn man sie genauestens beachtet und erkennt, wie sie die kindliche Entwicklung beeinflussen, wenn man darüber hinaus allmählich weiß, wie das Kind welche Erfahrungen verarbeitet, kann man sich an individuellere Hinweise zu Förderungsmaßnahmen heranwagen.

5.4.9 Zusammenfassung

- Spielen und Lernen sind zwei eigene und unterschiedliche Fundamentale Lebenssysteme. Das freie Kinderspiel erzeugt durch die Spieltätigkeit selbst und zusammen mit diversen Entwicklungsvorgängen nach und nach effizientere Handlungspotentiale, die eine optimierte Anpassung an die Lebensvorgänge ermöglichen. Lernen findet hierbei implizit, quasi-automatisch statt. Es ist aber nicht intendiert. Schulisches Lernen ist aber immer intendiert, der Lernfortschritt ist unter anderem mit äußeren Zwecken verbunden, während freies Spiel äußerlich zweckfrei ist. Darin liegt die eigentliche Inkompatibilität beider Systeme begründet: Spielerisches Lernen ist somit eine problematische Kombination.
- Das kindliche Spielinteresse hängt mit der persönlichen Wichtigkeit bestimmter Spiele zusammen. Die Anschaffung von Spielen durch Eltern könnte sich hieran orientieren. Manchmal bleiben Kinder für einen längeren Zeitraum auf nur ein Spiel fixiert, was mit Sicherheit einen persönlichen Sinn für das Kind hat und daher respektiert werden sollte. Didaktische Spiele und Lernspiele wurden in der Vergangenheit immer wieder mit dem Ziel eingesetzt, die Entwicklung von Kompetenzen zu fördern oder Lern- und Entwicklungsdefizite zu kompensieren. Allerdings ist damit zwangsläufig eine extrinsische Spielmotivierung verbunden, die zudem spielexterne Ziele verfolgt.
- Mit freiem Kinderspiel haben Lernspiele nichts mehr zu tun. Vor einer verfrühten Pädagogisierung des Spiels ist also zu warnen, denn sie stellt eine Instrumentalisierung des Spiels und damit eine Zweckentfremdung dar. Freies Spiel ist aber durch die Freiheit von äußeren Zwecken charakterisiert. Zu warnen ist ebenfalls vor so genannten Spielzeugpropheten, die für sich eine Entscheidungsbefugnis darüber proklamieren, welches Spielzeug gut und welches schlecht sei. Da Spielzeuge den Kindern zur eigenen Realitätsgestaltung und Realitätsbewältigung dienen, entscheiden eigentlich sie selbst über die Güte von Spielzeugen, die sich hierzu eignen. Eltern brauchen nicht die ideologisch-missionarischen Ratschläge von Pseudopädagogen, wenn sie Spielzeuge für ihre Kinder beschaffen. Es gibt viel zuverlässigere Kriterien für diesbezügliche Entscheidungen: den Spielwert und den Erlebniswert, welche die zutreffende Auswahl der Spielzeuge ermöglichen. Außerdem verfügen Eltern über eigene Erfahrungen hinsichtlich der Spiele ihrer Kinder und sind somit kompetenter als außenstehende „Berater".
- Besonders Kriegsspielzeuge wurden in der Vergangenheit häufig blindlings verdammt, ganz ähnlich der heutigen Situation bei den Computerspielen, die bei Unwissenden für jede Fehlentwicklung von Kindern und Jugendlichen herhalten müssen. Dabei haben unsere empirischen Untersuchungen eindeutig gezeigt, dass die intensive Nachgestaltung erlebter Aggressionshandlungen im kindlichen Spiel vor allem der Bewältigung der damit verbundenen Erfahrungen dient. Dies gilt auch, wenn die Bewältigung mit realitätsgerechtem Spielzeug erfolgt.
- Günstig sind Spielkontakte mit anderen Kindern und mit den Eltern. Dies fördert nebenbei den Gemeinschaftssinn und die Persönlichkeitsentwicklung. Kinder müssen mit spielrelevantem Spielzeug durch die Eltern versorgt werden. Denn dies ist eine wesentliche Voraussetzung für das Spielerleben.

Abb. 5.4 Martin Zimmermann, wie er seinen beiden Zwillingsbrüdern, Daniel und Robert, sowie den (nicht abgebildeten) anwesenden Erwachsenen die Geschichte vom verschlafenen Truthahnzauber erzählt. (Foto: Peter Zimmermann)

- Der Erlebniswert des Spiels ist identisch mit dem aktuellen Wert des Lebens, den sich das Kind durch die eigene Spieltätigkeit schafft. Entwicklungsförderung schließt die vollständige Toleranz dem kindlichen Spiel gegenüber ein. Man sollte es auch dann gewähren lassen, wenn man seinen inneren Sinn von außen nicht versteht. Eltern können die Spielentwicklung ihrer Kinder fördern durch Anwesenheit, genügend Spielzeit und Spielraum, durch kindgerechte Spielzeugbeschaffung.
- Bei allem sollte die kindliche Individualität berücksichtigt werden; Eltern sollen sich Bezugssysteminformationen verschaffen: Informationen über die inneren Erlebens- und Verhaltensbedingungen ihres Kindes, seine Erfahrungsverarbeitung, sein Emotionserleben. Sie sollten auch die Realitätsbereiche seines Lebensvollzugs außerhalb des Spiels kennen.

5.5 Die Bedeutung der Familie für die Spielentwicklung

Die Familie ist das erste Beziehungssystem im Leben des Kindes, wobei wir den Begriff Familie für alle familialen Lebensformen verwenden wollen, in denen sich Kinder entwickeln. Damit ist die Familie zugleich das früheste Sozialsystem, unabhängig davon, ob das Kind von einem oder beiden Elternteilen versorgt und erzogen wird und unabhängig von seiner Position in der Geschwisterreihe sowie der besonderen Konfiguration verwandtschaftlicher Beziehungen. Der Familienbegriff schließt also die gegenwärtig starke Pluralisierung familialer Lebensformen ein, innerhalb derer Kinder unserer Gesellschaft im Wesentlichen ihre Kindheit erleben und frühe Erfahrungen machen.

Das Spiel als eine grundlegende Lebensform und Lebensweise des Kindes ist vor dem Hintergrund seiner familialen Lebensverhältnisse von Anfang an in die personalen und sozialen Beziehungen zu Familienmitgliedern eingebunden. Durch sein Spiel kann sich das Kind zwar auf seine eigene Weise mit der Wirklichkeit auseinandersetzen, aber wie es das tut, hängt von vornherein vom Aufbau seiner Beziehungen zu Personen seiner nahen Umgebung ab. Der frühe familiale Sozialbezug bahnt gewissermaßen der kindlichen Persönlichkeitsentwicklung den Weg. Wie die kindliche Persönlichkeit, so hat auch das Kinderspiel eine eigene Ontogenese, die besonders während der ersten Jahre eingebettet ist in die familialen Lebensverhältnisse.

Das Spiel entwickelt sich mit Bezug auf diese, für das Kind immer erfahrungswirksamen Verhältnisse, außerdem aufgrund spezifischer Gesetzlichkeiten der psychischen Entwicklung des Menschen. Das Spiel selbst übt, wie schon erwähnt, die verschiedensten Funktionen aus, und seine Wirksamkeit für die kindliche Entwicklung ist weitreichend. Schon das Auftreten der unterschiedlichen Spielarten zu verschiedenen Entwicklungszeiten und die zugleich flexible wie gezielte Art und Weise, in der sie vom Kind gespielt werden, ist ein eigenartiges Phänomen, das unsere Aufmerksamkeit fordert. Die meisten kindlichen Spiele, zumindest aber ihre „klassischen Formen", nämlich Funktionsspiel und Experimentierspiel, Frühes Symbolspiel, Konstruktionsspiel, Ausdifferenziertes Symbol- und Rollenspiel und das Regelspiel, wurzeln in der familialen Entwicklung des Kindes. Selbst die elektronischen Spiele, die modernen Computer- und Videospiele sowie die mit ihnen verbundenen Spielpraktiken von Kindern und Jugendlichen lassen sich psychologisch nur vollständig mit Bezug auf die familiendynamischen und familienstrukturellen Lebensverhältnisse thematisieren.

Die Familie muss demnach als eine Quelle des Spiels ebenso betrachtet werden wie als eine gemeinschaftliche Lebensform, deren Lebensweise selbst teilweise durch das Spiel bestimmt wird. Damit müssen wir folgende Fragen aufwerfen und zu beantworten versuchen:

- Was kann die Familie, was können die näheren personalen Entwicklungsumwelten des Kindes zur Optimierung des Kinderspiels beitragen?
- Welche Funktionen hat das Spielen vor diesem Hintergrund für die kindliche Persönlichkeitsentwicklung?
- Welche Bedeutung hat Spiel in der Familie?

5.5.1 Die Bedeutung des Spiels für das Kind in der Familie

> Beispiel:
Der gerade sechs Jahre alt gewordene Martin Zimmermann beschreibt seine Spieltätigkeit den andächtig, mit gespannter Aufmerksamkeit zusehenden und zuhörenden fünfjährigen Zwillingsbrüdern Daniel und Robert sowie den Eltern und dem Autor als einen Zirkustrick:
„Der verschlafene Truthahnzauber: Man nehme einen eingeschlafenen Truthahn, aber frisch (gemeint ist: frisch eingeschlafen). Man gehe in den Zirkus. Man hoffe, dass der Truthahn noch lange schläft. Und dann sage man: Wir haben einen toten Truthahn, den werden wir jetzt zum Leben erwecken! — Man nehme Kitzelin und kitzle den Truthahn. Und dann sagt man ‚gock, gock, gock', und dann wacht er auf. Na, wie ist der Trick!?"

Dieses sprachlich inszenierte Spiel hat, wie beschrieben, stattgefunden. Obwohl es ein kurzes Spiel ist, enthält es einige allgemeine Merkmale, die seine Bedeutung für das Kind kennzeichnen: Darstellung, Erlebniswert, Kommunikation, Selbstbeteiligung, Selbsterhöhung, Wirklichkeitsbezug, Spaß und Vergnügen.

Martin stellt sein Spiel sowohl handelnd als auch verbal dar. Der persönliche Wert seines Erlebens in diesem Spiel resultiert aus der starken Selbstbeteiligung und der Erwartung, welche Wirkung sein spielerisches Arrangement auf das umgebende Publikum haben werde. Die Kommunikationsweise, in der er seine Spieltätigkeit vermittelt, ist bestens geeignet, den Erlebniswert des Geschehens noch dadurch zu steigern, dass er sich der Rezeptsprache, einer Form der Erwachsenensprache, bedient. Sein Spiel steht in einem konkreten Bezug zur Wirklichkeit, wobei er zur Erhöhung der Spannung einige „quasi-reale Elemente" in die Spielgestaltung einfließen lässt. Er erwartet, dass die am Zirkustrick „Der verschlafene Truthahnzauber" teilhabenden Erwachsenen seinen Trick zu schätzen wissen.

Dieses Beispiel mag hier genügen, um einige Grundmerkmale der Bedeutung des Spiels für das Kind in der Familie sowie seine Darstellung gegenüber familialen Bezugspersonen aufzuzeigen.

Primär gilt jedes kindliche Spiel der Gestaltung der Gegenwart. Im vorangegangenen Beispiel umfasst diese Gegenwartsgestaltung eine kommunikative Aktivität spielerischer Darstellung in Bezug auf Familienmitglieder, die geeignet scheint, das Selbstwertgefühl aktuell zu erhöhen. Auch wenn das Kind in der Vergangenheit gemachte Erfahrungen (im Beispiel: das Wissen um Zirkustricks) sowie für die unmittelbare Zukunft antizipierte Erfahrungen (die erwartete Wirkung des Tricks auf die umgebenden Personen) in die Spielgestaltung einbezieht, besteht sein Hauptmotiv darin, die aktuelle Situation selbst erlebnismäßig auszukosten bzw. auszuloten. Dabei nutzt es jede Gelegenheit, den Erlebniswert seines Spiels durch das Arrangement der Spielhandlungen (Mimik, Gestik, sprachliche Darstellung) zu steigern. Daran kann man sehen, dass Sinn und Zweck des Spiels für das Kind im Spiel selbst liegen, auch wenn weitere Personen in das Spielgeschehen einbezogen werden. Es ist eine Wirklichkeit des Kindes, die man durch äußere Zwecke nicht antasten sollte, weil sie ihren eigenen Wert für das Kind hat: Der Erlebniswert seiner Spieltätigkeit ist dem Selbstwert des Kindes analog.

> Ebenso wie sie das Selbstwertgefühl des Kindes beeinflussen können, ist es den Familienmitgliedern möglich, das Spiel des Kindes fördern, indem sie die äußeren Bedingungen seiner Entfaltung optimieren. Und das bedeutet für das angeführte Beispiel, dass das Kind sein Spiel mit den engeren Sozialpartnern, den Familienmitgliedern, optimal kommunizieren kann.

Das kindliche Spiel ist vor allem ein Entwicklungsphänomen. Es hat einen eigenen Entwicklungsverlauf, der sich in Form von sich bedingenden und wechselseitig durchdringenden Prozessen „abspielt", wie etwa: Differenzierung-Integration-Synthese; Kontinuität-Diskontinuität; Stabilisierung-Labilisierung; Einengung-Erweiterung; Spannung-Entspannung. Solche *Prozesse* werden in der Spielentwicklung auf verschiedene Weise wirksam. Sie treten als reproduktive sowie produktive Tätigkeiten auf, äußern sich als Nachgestaltung bestimmter Ereignisse sowie Neuschaffung von Ereigniskontexten. Sie dienen der Bewältigung gemachter Erfahrung sowie der Bildung neuer Erfahrungen. Sie manifestieren sich im Erlebniswert selbsterzeugter Ereignisse sowie als Versuch, den Erlebniswert des Spiels durch diverse Aktivitäten erheblich zu steigern. Schließlich erscheinen sie in der Spielhandlung als eine Integration des kindlichen Erlebens mit seinem Realitätsbezug und den Zielen, die das Kind in seinem Spiel verfolgt.

Diese Prozesse bringen zusammen mit der kindlichen Persönlichkeitsentwicklung jene große Vielfalt an Spieltätigkeiten hervor, deren Analyse sich die Wissenschaften vom Menschen stellen müssen. Wirklicher Erkenntnisgewinn ist hier erst möglich, wenn wir erkennbare Schwerpunkte der Spielentwicklung mit grundlegenden Fragestellungen verknüpfen. Die Kunst besteht darin, die richtigen Fragen zu stellen und sie mit adäquaten Methoden zu untersuchen. Dabei lässt sich beobachten, wie die kindliche Interaktionsumwelt – und das ist zunächst vorrangig die Familie – die Ontogenese des kindlichen Spiels fundamental beeinflusst.

5.5.2 Die Rolle der Familie bei der Spielentwicklung

Spiel ist Gegenwartsgestaltung: Zu allen Entwicklungszeitpunkten zeigt sich das Spiel als ein auf das Hier und Jetzt bezogenes Geschehen. Hauptmotiv eines jeden Spiels ist, das gegenwärtige Erleben durch die Spieltätigkeit zu erweitern,

5.5 · Die Bedeutung der Familie für die Spielentwicklung

zu genießen, zu gestalten, zu optimieren. Dabei kann das Kind sehr wohl vergangene Erfahrungen reaktualisieren und zukunftsbezogene Wünsche wie Befürchtungen realisieren. Aber der Realitätsstatus vergangener und zukünftiger Zeit erhält den eigentlichen Sinn durch die Spiel*gegenwart* und all die Tätigkeiten, die ihrer Gestaltung dienen. Welche Rolle spielt dabei die Familie, worin besteht ihre Funktion für das kindliche Spiel? — Versuchen wir diese Fragen zu beantworten, indem wir die Entwicklung der Spielarten in der Familie etwas näher betrachten! Wir beschränken uns dabei auf einige Hauptarten des Spiels, das Funktions-, Konstruktions-, Rollen- und Regelspiel.

Funktionsspiele sind, wie schon erwähnt, die ersten Spiele des Kindes. Es gibt zwei Hauptformen: körper- und objektbezogenes Funktionsspiel. Beim körperbezogenen Funktionsspiel erfreut sich das Kind an der spielerischen Manipulation mit den eigenen Gliedmaßen sowie selbst hervorgebrachten Lauten, die nicht selten in die bekannten Lallmonologe des kleinen Kindes übergehen. Selbstbewirkte Effekte kennzeichnen ebenfalls das objektbezogene Funktionsspiel. Hierbei hantiert das Kind mit Gegenständen (einer Rassel, einem Ball, Papier, Wasser usw.), die ihm gerade zugänglich sind. Durch Wiederholung versucht es den Wert dieses Erlebens zu steigern. Es versucht, das Neuartig-Interessante aufrechtzuerhalten. Allen, häufig über einen längeren Zeitraum sich erstreckenden Funktionsspielen ist das sichtbare Vergnügen gemeinsam, das das Kind daran hat.

Objektbezogene Funktionsspiele werden überhaupt erst dadurch möglich, dass dem Kind die zum Spielen geeigneten Objekte zur Verfügung stehen. Hier kommt die familiale Lebensumwelt des Kindes ins Spiel. Die Familienmitglieder beeinflussen direkt, welche Gegenstände das kleine Kind für ein Funktionsspiel einsetzen kann. Die Präsenz solcher Gegenstände in der greifbar nahen Umgebung des Kindes ist also eine Grundvoraussetzung, die das Funktionsspiel erst ermöglicht. Diese Präsenz kann durch die Familienmitglieder jederzeit gewährleistet werden.

❗ Dadurch, dass Familienmitglieder dem Kind entsprechende Gegenstände anbieten, werden sie zu seinen indirekten Spielpartnern. Sie „flankieren" die frühe Spielentwicklung, indem sie den spielerischen Gegenstandsbezug zulassen. Im Gegenstandsbezug sieht z.B. Oerter (1993) ein Grundmerkmal allen Spielens.

Welchen Einfluss hat die Familie auf die Entwicklung des Konstruktionsspiels? Betrachten wir kurz dessen psychischen Stellenwert. Während das Funktionsspiel bestimmte Gegenstände voraussetzt, um in Gang zu kommen und vom Kind durch die Wiederholung eines bewirkten Effektes aufrechterhalten zu werden, zeigt sich im *Konstruktionsspiel* bereits eine bestimmte, selbst gesetzte, Anforderungsstruktur. Das Kind erlebt den persönlichen Wert dieses Spiels, indem es den selbstgesetzten Anforderungen zu genügen versucht, und die angestrebte Erlebniserweiterung geht mit einer Differenzierung der Anforderungsstruktur auf ein höheres Niveau einher; ihm möchte das Kind von sich aus genügen. Während im Funktionsspiel der durch aufeinander fallende Klötze entstehende Lärm das Kind begeistert, kann derselbe Lärm in einem Konstruktionsspiel für Missmut, Unbehagen und Enttäuschung sorgen, wenn er das äußere Anzeichen eines wieder und wieder misslingenden Turmbaus ist. Vereinfacht ausgedrückt: Beim Funktionsspiel des Kleinkindes bestand das Spielziel im erzeugten Effekt und seinen Wirkungen (Vergnügen), im Konstruktionsspiel besteht das vorrangige Spielziel in der Selbstgestaltung eines Werkes. Die Verwirklichung kann gelingen, und sie kann misslingen. Erfolg und Misserfolg, Freude und Leid befinden sich hier manchmal eng gepaart beieinander.

Besonders beim Konstruktionsspiel kann den älteren Familienmitgliedern eine große Bedeutung zukommen, indem sie sich, wie erwähnt, als sensible Spielpartner des Kindes erweisen. Diese Partnerschaft beschränkt sich häufig nicht mehr nur darauf, geeignete Spielgegenstände zu besorgen. Vielmehr müssen die Familienmitglieder zuweilen helfend eingreifen,

Abb. 5.5 Kindergartenkinder spielen die Situation „Beim Frisör". Mit diesem Ausdifferenzierten Symbol- und Rollenspiel gestalten sie ein typisches Ereignis aus der Erwachsenenwelt nach. (Foto: Christoph Fischer)

wenn es dem Kind wiederholt nicht gelingt, ein selbstgestecktes Konstruktionsziel zu erreichen. Da aber Konstruktionsspiele eng mit dem kindlichen Versuch der eigenen Selbstaktualisierung und -verwirklichung verflochten sind, ist Behutsamkeit gefordert.

❗ Niemals darf man dem Kind das Gefühl vermitteln, als überlegenes erwachsenes Familienmitglied „spielkompetenter" zu sein. Viel Fingerspitzengefühl ist nötig, wenn die erwachsenen Familienmitglieder dem Kind bei einem Konstruktionsspiel zur Zielverwirklichung verhelfen möchten. Immer sollten sie sich dabei so verhalten, dass das Kind das sichere Gefühl behält, selbst Regisseur wie auch Vollender seines Konstruktionsvorhabens zu bleiben.

Erfolg und Misserfolg bei selbstgesetzten Anforderungen tangieren das Selbstwertgefühl und damit die Integrität der werdenden Persönlichkeit. Das gilt für Erwachsene ebenso wie für Kinder, doch verfügen erstere über einen Erfahrungsvorsprung und differenziertere Bewältigungsmöglichkeiten als Kinder. Letztere müssen zusätzlich damit fertig werden, dass sie noch Kinder sind und als solche ihnen so manche Vorteile des Erwachsenenlebens für geraume Zeit versagt bleiben. An dieser Stelle kann die Familie Misserfolgserlebnisse auffangen und sich als Sicherheits- bzw. Geborgenheitssystem für das Kind erweisen.

Die Entwicklung des *Rollenspiels* hat vor allem mit den zuletzt genannten Nachteilen gegenüber dem Erwachsenenstatus zu tun.

Rollenspiele werden zumeist von zwei oder mehreren Kindern als soziale Interaktionsspiele gespielt. Sie treten erstmals auf, sobald die Kinder über die Fähigkeit verfügen, ihre Wirklichkeit durch Einbezug von Symbolen zu gestalten. Vielfach werden Rollenspiele daher als Symbolspiele bezeichnet. Diese Bezeichnung ist ungenau, denn Symbole fungieren im Rollenspiel eigentlich nur als Mittel zum Zweck. Der besteht für die Rollen spielenden Kinder häufig darin, typische Familien-Interaktionsmuster möglichst realitätsgerecht nachzugestalten. Solches Spielverhalten übt für die Kinder gleich mehrere Funktionen aus. So können sie durch symbolische Repräsentation spielerisch bestimmte familiale Lebensformen faktisch erleben, die ihnen in der Wirklichkeit des Nichtspiels verwehrt bleiben: Puppen pflegen, sie füttern, ins Bett bringen, ihre Kleider waschen und trocknen; mit Hilfe eines Stuhls Auto, Traktor oder Lastwagen fahren und vieles mehr.

Das Rollenspiel ist eine einzigartige Lebensform, innerhalb derer die Nachgestaltung typischer Verhaltensweisen der Erwachsenen zu einer aktuellen, genussvollen Erlebniserweiterung führt. Sie ermöglicht dem Kind reales Erleben von Verhaltensweisen, die außerhalb des Spiels sonst nur den erwachsenen Familienmitgliedern vorbehalten sind. Damit ist das Rollenspiel eine außergewöhnlich wichtige Form spielerischer Selbsterhöhung für das sonst den Erwachsenen in vielerlei Hinsicht unterlegene Kind. Wenn also spezifische familiale Lebensformen von Kindern „durchlebt" werden, dann vor allem im Rollenspiel.

Erlebniswert und -erweiterung durch Rollenspiel erhalten ihren persönlichen Sinn dadurch, die Rollen im Spiel faktisch, eben wirklich, zu leben und auf diese Weise den erwachsenen Familienmitgliedern wenigstens vorübergehend gleichgestellt zu sein. Wie wichtig den Kindern eine exakte, realitätsgetreue Durchführung dieser Spiele ist, kann man daran sehen, dass sie immer wieder aus dem Spielgeschehen heraustreten, um außerhalb ihres Spiels die einzelnen Rollen, ihre Verteilung und die jeweilige Form ihrer Nachgestaltung zu definieren. Sie verlassen also kurzzeitig den Realitätsstatus des Rollenspiels, um *spielextern*, sozusagen als personale Umwelt ihres Spiels, dessen zu spielende Rollen exakt zu definieren, vergleichbar der Regieführung in einem Film, mit dem Ziel einer bestmöglich realitätsnahen Rollenfestlegung. Wer sich dann im Spiel nicht daran hält, wer „aus der Rolle fällt", zerstört entweder das Spiel oder sorgt zumindest dafür, dass seine Voraussetzungen erneut definiert werden müssen.

Rollenspiele benötigen einen Spielraum der kindlichen Privatheit, Intimität und Geborgenheit (Mogel, 1995), den die Familie im Prinzip gewährleisten kann. Gerade wenn Inhalte und Kontexte des Erwachsenenlebens gespielt werden, sollte sich die Beteiligung der übrigen Familienmitglieder auf ein Gewähren-Lassen beschränken. Es kommt natürlich auch vor, dass Kinder sich erwachsene Familienmitglieder als Spielpartner wählen, besonders, wenn keine anderen Kinder da sind. Aufschlussreich und unsere Überlegungen eher bestätigend ist, dass sie dann Rollenverteilungen vornehmen, die den Erwachsenen eine untergeordnete, manchmal unterlegene Position zuweisen.

Häufig haben Rollenspiele eine psychohygienische Funktion, indem sie dem Kind wirkliche Bewältigungsmöglichkeiten seiner Kleinheit, Unterlegenheit und seiner so langen Abhängigkeit von erwachsenen Familienmitgliedern geben.

> ❗ Eine günstige Form der Spielpartnerschaft älterer Familienmitglieder mit den jüngeren besteht darin, kindliche Rollenspiele gewähren zu lassen, wenn irgend möglich nicht zu unterbrechen und – sollten sie bestimmte Rollen vom Kind zugewiesen bekommen – sie exakt nach kindlicher Anweisung im Spiel zu realisieren. Im Rollenspiel übernimmt nun einmal das Kind die Regie, und die damit zusammenhängenden Regeln folgen seinen Anweisungen. Sie müssen beachtet und respektiert werden.

Das *Regelspiel* kennzeichnet einen vielgestaltigen Höhepunkt der Spielentwicklung. Eigentlich haben alle Spielarten etwas Regelhaftes: Im Funktionsspiel versucht das Kind durch beständiges Wiederholen die gleichen Laute, Bilder oder Ereignisfolgen herzustellen, mit immer wieder gleichem Vergnügen, wenn es gelingt, einen Effekt zu erzeugen oder aufrechtzuerhalten. Im Konstruktionsspiel sucht das Kind jene ordnungsstiftenden Regelhaftigkeiten auf, die dem Spielmaterial aneignen und deren Beherrschung u.a. die Gestaltung eines eigenen Werkes ermöglicht. Beim Rollenspiel ist es die typische Form sozialer Interaktionen, deren Eigenart die Regelhaftigkeit der spielerischen Nachgestaltungen und Akzentuierungen von Rollen bestimmt. Nur die familialen Spielpartner, die die Interaktionsregeln der Rolle zum Prinzip ihrer

Spielhandlungen machen, sind für das Rollenspiel geeignet. Im Regelspiel schließlich wird die Spielregel selbst zur maßgebenden Größe für die Regulation des Spielverlaufs. Kinder, Jugendliche und Erwachsene versuchen im Regelspiel, den Kampf mit dem Zufall und natürlich mit den Spielpartnern aufzunehmen. Der Erlebniswert eines Regelspiels wird weitgehend durch den Spannungsreichtum des dynamischen Spielverlaufs hervorgerufen, und neben manchen anderen Erlebnissteigerungen ist vor allem das Gewinnen maßgebend, – für Kinder im Familienspiel besonders dann ein attraktives Ziel, wenn Eltern oder ältere Geschwister von vornherein als potentielle Verlierer antizipiert werden.

Andererseits zeigt sich der Schmerz des Verlierens besonders deutlich, wenn man in einer solch denkwürdigen Situation, die die Möglichkeit zu gewinnen enthält, verliert, womöglich öfter verliert. Schmerz, Wut und Verzweiflung kennen dann manchmal keine Grenzen. Wie können die „siegreichen" Erwachsenen in einer solchen Situation reagieren? Nun, durch Empathie, keinesfalls durch Schadenfreude oder unüberlegte Bemerkungen. Sie würden nur das kindliche Selbstwertgefühl verletzen. Andererseits wäre es aber in einer familialen Spielsituation die falsche Strategie, das Kind einfach geschickt gewinnen zu lassen. Das Verlieren gehört nun einmal zu einem Gewinnspiel, und es ist in der von sonstigen Alltagseinflüssen relativ entlasteten Situation des Spiels bei weitem weniger folgenreich als im übrigen Alltag. Dennoch muss man die Trauer- und Wutemotionen des Kindes angesichts seines Verlierens im Spiel durchaus ernst nehmen, denn für das Kind ist das Verlieren häufig gleichbedeutend mit einer real erlebten Niederlage. Sie kann besonders schmerzen, wenn sich das Verlieren gegen die auch sonst als überlegen erlebten Familienmitglieder wiederholt.

Regelspiele setzen in aller Regel Gemeinschaftlichkeit voraus. Deswegen sind sie als Familienspiele prädestiniert. Die älteren Familienmitglieder sind in einem solchen Spiel zugleich Spielpartner und Konkurrenten. Besonders diese Doppelrolle macht ein gemeinsam gespieltes Regelspiel zu einem psychodynamisch brisanten Geschehen: Einerseits bietet das Regelspiel die legitime Interaktionsform, um als Sieger das Spielfeld zu verlassen und damit die sonst überlegenen Erwachsenen sich einmal unterzuordnen, andererseits birgt es die Gefahr, erst recht unterlegen zu sein. Dieses Dilemma beinhaltet zwar wichtige Entwicklungschancen, weil die Bewältigung von Unterlegenheit ohnehin eine beständige Herausforderung des Lebens darstellt. Dennoch erlebt das Kind sein Verlieren emotional vollkommen real und mit entsprechenden Konsequenzen für sein Wohlbefinden.

❗ Erwachsene Spielpartner machen einen gravierenden Fehler, wenn ihre eigene Freude am Siegen mit einer gewissen Schadenfreude gepaart ist. Eine Ausnahme stellen nur solche Spielsituationen dar, die fast regelhaft häufig gespielt werden, so dass Verlieren und Gewinnen bereits zu einer Standarderfahrung des Kindes geworden ist.

5.5.3 Die Familie als Spielpartner des Kindes

Schon dadurch, wo, wie häufig, mit was, mit wem und wie lange man Kinder spielen lässt, zeigt man an, welchen Stellenwert man dem kindlichen Spiel als einer Lebensform des Kindes beimisst. Spielzeug, Spielräume, Spielplätze und Spielzeiten stellen Erlebens- und Verhaltensmöglichkeiten des Kindes dar, die direkt von der familialen Lebensumwelt sowie von der Gesellschaft, in der Familien sich entwickeln, beeinflusst werden. Spiel ist in vielerlei Hinsicht geeignet, die kindliche Persönlichkeitsentwicklung zu fördern. Das erste und nach allem, was wir wissen, bedeutsamste Fundament dieser Entwicklungsförderung schaffen die kindlichen Lebensverhältnisse (Mogel, 1984). Die Familie ist für einen langen Zeitraum des kindlichen Lebens die wichtigste Organisationsform seiner Lebensverhältnisse. Das gilt für sein körperliches und psychisches Wohlbefinden gleichermaßen, und es gilt auch für die Entwicklung des kindlichen Spielverhaltens.

> ❗ Zuwendung, Geborgenheit, Sicherheit stellen ebenso wie Aktivitätsspielraum, Anregungsgehalt der näheren und weiteren Umwelt, sowie Spielraum für das Spiel entscheidende Voraussetzungen dafür dar, dass sich kindliche Entwicklungspotentiale entfalten und psychische Kompetenzen sich tatsächlich differenzieren können. Die Familie gilt nach wie vor als dasjenige gesellschaftliche Mikrosystem, das diese Qualitäten zugunsten der kindlichen Entwicklung am ehesten in sich vereinigt.

Noch einmal soll hervorgehoben werden: Nicht alles, was Kinder tun, ist für sie Spiel. Sehr früh entwickeln sie ein Grenzbewusstsein darüber, ob sie sich im Spiel oder im Nichtspiel befinden, und ihre Hinweise an die übrigen Familienmitglieder signalisieren es meist klar. Weisen uns Kinder darauf hin, dass sie sich in einem Spiel befinden, sollten wir es respektieren und nach Möglichkeit das Spiel nicht unterbrechen. Dies gilt für alle Spiele, also auch für die modernen elektronischen Spiele, Computerspiele usw. Zwar ist nach der Ansicht klassischer Spielpsychologen das Spielen eine zweckfreie Tätigkeit, das aber heißt: Freiheit von äußeren Zwecken. Diese Freiheit sollten wir als familiale Spielpartner den Kindern lassen, was einschließt, ihr Spiel nicht durch Außenanforderungen zu stören.

Auf der anderen Seite verfolgen Kinder in ihrem Spiel sehr wohl Ziele und Zwecke. Der rasche Wandel der einzelnen Ziele (Zielfluktuation) in einem einzigen Spiel ist aber von außen nur selten leicht zu erkennen. Infolgedessen wissen wir nicht immer auf Anhieb um den persönlichen Sinn spielerischen Tuns für das Kind. Umso mehr sind wir gefordert, den individuellen Erfahrungshintergrund einzubeziehen, der die kindlichen Spiele mitdeterminiert. Ein und derselbe Spielgegenstand kann völlig unterschiedliche Spielhandlungen hervorrufen, je nachdem, welche Erfahrungen die kindlichen Spielhandlungen mit steuern und welche Intentionen das Kind bezüglich der Gegenstände seiner Spielhandlungen umsetzt. Wir besitzen gute Voraussetzungen, kompetente familiale Spielpartner der Kinder zu werden, wenn wir das individuelle und zutiefst subjektive Bezugssystem ihrer Erfahrungsorganisation bei der Einschätzung ihrer Spielhandlungen berücksichtigen (Mogel, 1990a). Gerade dies müsste in der Familie bestmöglich realisierbar sein, denn sie kann aufgrund häufiger gemeinsamer Lebenssituationen besonders in der Kindheit das Kind bei seiner Erfahrungsbildung sowie seiner Erlebnisverarbeitung beobachten.

Bei aller familialer Spielpartnerschaft und für ein jedes Spiel gilt es zu berücksichtigen, dass das Kinderspiel eine eigene Lebensform des Kindes darstellt, eine Weise kindlicher Selbstaktualisierung, in der Kinder möglichst eigenständig von sich aus ihre Wirklichkeit erleben und selbst schaffen. Die Familienforschung muss diesem Entwicklungsbereich des kindlichen Lebens ebenso Rechnung tragen wie jene Wissenschaften, die sich mit der Entwicklung des Menschen befassen. Sie muss berücksichtigen, dass auch das Spiel der Kinder den Einflüssen des gesellschaftlichen, kulturellen und technischen Wandels in starkem Maße ausgesetzt ist. So hat vor vielen Jahren der Game Boy Einzug in die Kinderzimmer gehalten. Inzwischen ist er durch den eigenen Personalcomputer ergänzt und ersetzt. Diese Entwicklung und ihre Konsequenzen stellen die Familie vor neue Aufgaben im Umgang mit den „modernen" Spielen.

5.5.4 Zusammenfassung

- Das Spiel als Lebensform des Kindes und als Entwicklungsphänomen ist von Anfang an in die personalen und sozialen Beziehungen von Familienmitgliedern eingebunden. Alles kindliche Spiel lässt sich psychologisch nur vollständig mit Blick auf die familiendynamischen und familienstrukturellen Lebensverhältnisse thematisieren.
- Das Kind möchte jederzeit und unablässig den Erlebniswert seines Spiels steigern, was zeigt, dass Sinn und Zweck des Spiels für das Kind im Spiel selbst liegen.
- Die Nachgestaltung bestimmter Ereignisse dient unter anderem der Bewältigung gemachter Erfahrungen sowie der Steigerung des Erlebniswerts. Solcher dynamischer Zusammenhang unterschiedlicher psychischer Vorgänge manifestiert das Kinderspiel als ein Entwicklungsphänomen.
- Die Familie spielt eine wesentliche Rolle bei der Spielentwicklung: Objektbezogene Funktionsspiele werden erst dadurch möglich, dass die Familie dem Kind geeignete Objekte zur Verfügung stellt.
- Beim Konstruktionsspiel können sich die Familienmitglieder als sensible Spielpartner erweisen, indem sie, wenn nötig, dem Kind helfen, sein Konstruktionsziel zu erreichen. Beim kindlichen Rollenspiel sollten Eltern sorgfältig darauf achten, dass diese Spiele einen Spielraum für kindliche Privatheit, Intimität und Geborgenheit benötigen. In Rollenspiele soll man sich nicht einmischen.
- Beim Regelspiel mit den Eltern antizipiert das Kind diese als mögliche Verlierer. Kinder erleben es häufig als schmerzlich, wenn sie in Folge gegen die Eltern verlieren. Letztere sollten bei einer solchen Situation nie Schadenfreude zeigen.
- Die Familie erweist ihre Spielpartnerschaft dem Kind gegenüber, indem sie sein Spiel als seine eigene Lebensform akzeptiert und bei allem das individuelle Bezugssystem seiner Erfahrungsorganisation in der Einschätzung seiner Spielhandlungen berücksichtigt.

5.6 Das Kinderspiel im Wandel der Zeit

Zu allen Zeiten der kulturellen, sozialen, wirtschaftlichen und individuellen Entwicklung des Menschen war Spielzeug zugleich Produkt wie Konsequenz dieser Entwicklung. Dabei spielte der technische Fortschritt eine ebenso einflussreiche Rolle wie der Zeitgeist. Gesellschaftliche Gepflogenheiten, Normen, Werte, Erziehungspraktiken und epochal verbindliche Lebensstile rundeten das Ganze ab. Insbesondere die technische Entwicklung bescherte dem Menschen neuartige, nie zuvor da gewesene Mobilitätsmöglichkeiten. Was zunächst wie Illusion, Phantasterei oder Wunschtraum aussah, wurde nach und nach Wirklichkeit: Eisenbahn, Automobil, Motorrad, Flugzeug, Rakete.

Diese Entwicklung kann man realitätsgetreu nachvollziehen, wenn man ein repräsentativ ausgestattetes Spielzeugmuseum besucht. Denn die Spielzeugherstellung geschieht seit eh und je realitätsorientiert. Je perfekter Spielzeuge realitätsangepasst sind und funktionieren, desto höher scheint ihre Attraktivität, ihre Faszination, ihr eigentlicher Spielwert zu sein. Diesen emotional-motivationalen Aspekt des spielerischen Realitätsbezugs kann man an nahezu allen Spielzeugen nachvollziehen, vom abgegriffenen, schmuddeligen Kuschelbär bis hin zum total vereinnahmenden und packend erlebten Computerspiel.

Es mag schon sehr erstaunen, wie wenig dieser übergreifende Gesichtspunkt einer Verankerung der Spielgegenstände in der Wirklichkeit des Nichtspiels bislang gesehen und wissenschaftlich als erkennenswert erachtet wurde. Dabei gibt es offensichtliche und einschlägige Beispiele, die seit vielen Jahrzehnten in verschiedensten Kulturen und Kontinenten exakt diesen Gedanken stützen. Greifen wir eines heraus: die elektronischen Spiele bzw. Spielzeuge, wobei wir nach einem kurzen Einblick das vielleicht „klassischste" dieser Spielzeuge ein wenig näher erörtern wollen: die Modelleisenbahn – und den Modelleisenbahnspieler.

5.6.1 Elektronische Spiele

Die elektronischen Spiele beziehen alle Realitätsbereiche des menschlichen Lebensvollzuges ein, die früher dem so genannten konventionellen Spielzeug vorbehalten waren. Der Spielzeugmarkt ist in diesem Bereich nicht nur gigantisch, sondern auch repräsentativ geworden: Geldspiel- und Reaktionsspielautomaten (wie z.B. Flipper), die man in Spielhallen und Wirtshäusern finden kann, gehören ebenso dazu wie die in unserem Zusammenhang bedeutungsvolleren elektronischen Modellspielzeuge. Die folgenden Merkmale kennzeichnen letztere besonders:

- vollkommen realitätsgetreue Nachbildung des Modellspielgegenstandes;
- perfekte Nachgestaltung spezifischer Aspekte der realen Ökosysteme, innerhalb derer sie verkehren (insbesondere bei Modelleisenbahnen);
- realitätsgetreue Funktionalität aller wesentlichen Modellkomponenten;
- aktive Nachgestaltbarkeit der Realität durch das Modell: Eine elektronische Modelleisenbahn muss mitsamt Umgebungen so funktionieren wie in der Wirklichkeit, ferngesteuerte Autos aller Art müssen realitätsgerecht ebenso funktionieren, desgleichen ferngesteuerte Modellflugzeuge.

Geradezu prototypisch für die möglichst perfekte Nachbildung der Wirklichkeit sind die „leidenschaftlichen" Modelleisenbahner. Keine Investition, kein Weg, keine Zeit, kein Opfer ist ihnen zu viel, wenn es darum geht, die Modelleisenbahn auszugestalten, realitätsgetreu zu perfektionieren. Schon beim ersten Kauf von Schienen, Weichen, Lokomotiven und Wagen werden die eigenen psychischen Kompetenzen koordiniert, um auch die nähere personale Umgebung – zumeist die Ehefrau – davon zu überzeugen, dass der dreijährige Sohn diesmal zu Weihnachten unbedingt eine elektrische Modelleisenbahn als Geschenk benötigt und bekommt. Dass auf diese Weise zwei Kinder beschenkt werden sollen,

Abb. 5.6 Ein dreijähriger Junge am Heiligabend 1932: Herbert Rocktäschel, fotografiert bei einem Schlüsselereignis seines Lebens. Seither ließ ihn die Faszination der Modelleisenbahn nie mehr los. (Foto: Fotograf nicht bekannt)

nämlich das Kind im (Ehe-)Manne und der gemeinsame Sohn, wird zumindest nicht offen thematisiert, obwohl man „im Stillen weiß, was gespielt wird".

Die elektrische Eisenbahn war lange Zeit das faszinierendste Weihnachtsgeschenk für einen Jungen unserer Gesellschaft. Gar nicht so selten sind ganze Lebenswege an dieses Ereignis und seine Folgen gekoppelt.

> Beispiel:
> Als er drei Jahre alt war (1932), bekam Herbert Rocktäschel zu Weihnachten eine Modelleisenbahn (Abb. 5.6). Nie ließ ihn die Faszination los. Er sammelte, konstruierte, baute ein Leben lang Modelleisenbahnanlagen in einer Größenordnung, realitätsgerechten Vielfalt

Abb. 5.7 Herbert Rocktäschel im Jahr 2008 inmitten seines Modelleisenbahnunternehmens mit einem kleinen Ausschnitt der selbst gebauten gigantischen Modelleisenbahnanlage, über der ein originalgetreu nachgebauter Modellzeppelin schwebt. 76 Jahre nach dem Weihnachtsereignis von 1932 – und die gleiche Faszination: „Jetzt bin ich schon 79 – und darf immer noch mit der Eisenbahn spielen", sagt er am 4. Juli 2008 mit dem typischen Lächeln des spielenden Kindes im Gesicht eines doch bereits älteren Mannes. (Foto: Hans F. Herbert Abendroth)

und Komplexität, wie man sie weltweit wohl selten zu Gesicht bekommt. Aus dem Hobby des passionierten Modellkonstrukteurs wurde inzwischen einer der umfassendsten Modelleisenbahnvertriebe Deutschlands, der in alle Welt liefert.

An der zuweilen fast zwanghaften Realitätsorientierung beim Nachbauen der Modelle und Anlagen, am praktizierten Perfektionismus, am hohen Zeitaufwand, den Modelleisenbahner investieren und daran, was sie sich ihre „persönliche Spielwelt" kosten lassen, kann man sehen, dass der bei pädagogischen und psychologischen Tagungen verstärkt thematisierte Begriff der Spielsucht eigentlich fehl am Platze ist. Für Geldgewinn- und diverse elektronische Gewinnautomatenspiele mag er manchmal zutreffen, für die eigentlichen Spiele der Kinder nicht.

Kaum jemand käme auf die Idee, Modelleisenbahner als süchtig zu bezeichnen, obwohl sie viel Zeit ihres Lebens mit ihrem Lieblingsspiel verbringen.

Spielen kindliche Computerspieler einmal mehrere Nachmittage hindurch das gleiche Computerspiel oder verbringen Jugendliche ganze Nächte damit, sich gegenseitig im erreichten Highscore eines Computerspiels zu übertreffen, kompensieren manchmal selbsternannte erwachsene Experten ihre fachliche Inkompetenz in der Einschätzung dieser Spielvorgänge damit, sie als suchtgefährdend einzustufen. Bleibt die Frage, welches die materielle Komponente des Stoffes sein soll, der hier „süchtig" macht.

5.6.2 Einfluss der Computer- und Videospiele auf die Spielentwicklung

Im Grunde gehören Computer- und Videospiele zu den elektronischen Spielzeugen. Die Faszination, die für Kinder, Jugendliche und zunehmend für Erwachsene von ihnen ausgeht, findet ihr objektives Gegenstück in einer Konstruktion, welche bei spurenabhängigen Fahrzeugen (z.B. Eisenbahnen) eine äquivalente Funktion einnimmt wie bei kybernetisch aufgebauten Systemen (z.B. Computern): der aktiven Weiche. Während die Weiche bei der (Modell-) Eisenbahn aus unmittelbarer Nähe durch Umlegen eines Handhebels mit Gegengewicht oder aus der Ferne vom Stellwerk aus gestellt werden kann, müssen Computerspieler ihre Spielzüge per Taste, Joystick oder Maus durchführen. Beiden Konstruktionen ist gemeinsam, dass formal beschreibbare duale Entscheidungssysteme das Handeln bestimmen.

Computerspiele werden zuhause am eigenen Personalcomputer oder an Spielekonsolen in Kinder- und Wohnzimmern, auch online, sowie in computerausgestatteten Büros gespielt. Ursprünglich waren sie nur ein beiläufiges Nebenprodukt der Computerprogrammentwicklung. Inzwischen gibt es einen weltweiten Markt mit Milliardenumsätzen und permanenten technischen Innovationen.

Was früher undenkbar war und nur kapitalkräftigen Filmstudios vorbehalten schien, ist in der Computertechnik inzwischen Standard: Die audiovisuellen Medien im Computerbereich erreichen technisch (höchste) Filmqualität, Computer- und Videospiele werden bei der Realisation audiovisueller Szenarien immer „besser"; die Konzeption der Spiele wird vielseitiger, raffinierter, perfekter. Eine geradezu rasant beschleunigte Entwicklung auf dem Computerspielmarkt bringt es mit sich, dass selbst die erfolgreichsten Spiele (gemessen an den Verkaufszahlen) schnell veralten, während sich andererseits auch „Klassiker", die durch ihre Spielidee bestechen, lange halten können. Immer ausgefeilter werden die Arrangements der Spielzüge, und damit geht eine spezifische Anforderungsstruktur einher, auf die sich Spieler beim Computerspiel einlassen.

Die gegenwärtige Wirklichkeit der kindlichen Entwicklung – und damit auch die zentrale Lebensform des Spiels – wird zunehmend geprägt durch eine Expansion der elektronischen Spiele. Computerspiele sind auf dem Spielzeugmarkt so stark im Vormarsch, dass sie den Absatz konventioneller Spielzeuge längst übertroffen haben. Die unterhaltungselektronischen Großunternehmen produzieren immer perfektere, variantenreichere und vielgestaltigere Spiele sowie die dafür passenden Geräte. Damit passen sie die Diversifikation der Spielmöglichkeiten der aus der Persönlichkeitsentwicklung hervorgehenden Polytelie des Handelns beim Menschen an.

Fragt sich, wie man diese Tatsache bewerten soll? Nun, kein Hersteller stellt etwas her, wofür er keinen Bedarf und keine Absatzmöglichkeiten sieht. Und ganz offensichtlich ist der Bedarf an diesen Spielmöglichkeiten riesengroß. Wie kann man sich das erklären? Es gibt mehrere Möglichkeiten:

1. Historisch gesehen waren die Spielzeuge schon immer Zeugen ihres Zeitalters. Unser Zeitalter ist unverkennbar dasjenige der Computer – und damit in engem Zusammenhang stehend – dasjenige der Medien. Dass Video- und Computerspiele gerade in unserer Zeit aufblühen und expandieren, ist, so gesehen, folgerichtig.
2. Ein zweiter Aspekt betrifft die Relation von Spiel und Arbeit. Für die meisten heutigen Kinder befindet sich der zukünftige Arbeitsplatz am Computer, so dass Spiel und Arbeit ständig präsent sind und zeitlich-räumlich koordiniert werden können.
3. Der Erlebniswert und der Spielwert von Computerspielen scheinen drittens für kindliche, jugendliche, erwachsene und ältere Computerspieler besonders hoch zu sein. Den hohen Spielwert kann man daran erkennen, dass die spielenden Personen erlebnismäßig vollständig in ihr Spiel vertieft sind, zeitlich ausdauernd spielen und das gleiche Spiel immer wieder spielen.

4. Ein vierter Gesichtspunkt betrifft die immer größere Realitätsnähe dieser Spiele. Zwei Beispiele: Man kann – in der Gruppe der Sportspiele – Formel-1-Rennen originalgetreu hinsichtlich Streckenabmessungen, Geschwindigkeiten und Schwierigkeitsgrad fahren. Oder: Pilot im Flugsimulator. Man kann selbst wirklichkeitsgetreu Pilot sein. Die Spielprogramme der Flugsimulatoren sind so perfekt realitätsgetreu, dass diese Spiele sogar für die Ausbildung von Piloten der großen Fluggesellschaften verwendet werden. Kinder merken das zumeist realitätsangepasste Handlungsangebot dieser Spiele und, wichtiger noch, sie können Ereignisse und Kompetenzen gefahrenlos spielerisch perfektionieren (Autorennen, Pilot), was in der Alltagsrealität nie möglich wäre.
5. Bei Computerspielen handelt es sich um Regelspiele. Jedoch integrieren sie die Spieloperationen und Handlungsmuster aller anderen Spielformen, wie Funktions-, Experimentier-, Konstruktions-, Symbol-/Rollenspiel. Das tun sie perfekt realitätsnah. All das erhöht ihre Attraktivität und Faszination.

Nach diesen Versuchen, Erklärungsmöglichkeiten für die gewaltige Expansion der Computerspiele zu finden, ist zu fragen, inwieweit sie die kindliche Persönlichkeitsentwicklung fördern oder beeinträchtigen. Dabei kann sich die wissenschaftliche Betrachtung natürlich nicht an gesellschaftlich etablierten Vorurteilen darüber orientieren, ob Computerspiele nun „gut" oder „schlecht" sind. Eine solche Wertung würde der Sachlage auch nicht gerecht, ganz abgesehen davon, dass sich „schlechte" Spiele bei der harten Konkurrenzsituation am Markt nicht halten können.

Fragen wir also zuerst, inwieweit Computerspiele die Persönlichkeitsentwicklung fördern. Nach unserem derzeitigen Kenntnisstand haben Computerspiele einen förderlichen Einfluss auf die Entwicklung und Differenzierung bestimmter psychischer Funktionen, nämlich auf die Wahrnehmung, das Denken und die Motivation. Ferner fördern fast alle Spiele die Kombinations- und Koordinationsfähigkeit. Geschicklichkeit, Ausdauer und Konzentrationsfähigkeit werden ebenfalls positiv beeinflusst. Die so genannten kooperativen Spiele fördern die Begriffsbildung, manche fördern die räumliche Orientierung, wieder andere die Fähigkeit, Ereignisse schnell zu erfassen oder sogar vorherzusehen. Bei so genannten Multiplayer-Spielen können mehrere Kinder mit- oder gegeneinander spielen. Durch solches Teamspiel kann im Prinzip die Gruppendynamik gefördert werden.

Allerdings sind auch Beeinträchtigungen zu verzeichnen. So ist beispielsweise die Kreativität im Spiel eingeschränkt auf diejenigen Spielhandlungen, die durch die Software (das Spielprogramm) festgelegt sind. Allerdings fördern Spiele, bei denen die Spieler unkonventionelle Problemlösungsstrategien entwickeln müssen, um Ziele oder Teilziele zu erreichen, das divergente Denken und somit die Kreativität. Die Zielbildung im Spiel wird durch die Ereignisstruktur in der Software gesteuert, auch wenn den Spielern verschiedene Wege zum Ziel (zu gewinnen) offen stehen. Die Spielzeiten sind häufig über viele Stunden ausgedehnt, so dass alternative Erlebens- und Verhaltensmöglichkeiten zu kurz kommen können. Der sonst typische Bewegungscharakter des Spiels wird dem Spielgeschehen im Computer untergeordnet. Oder positiv formuliert: Es findet im Kopf statt und natürlich in sensomotorischen Koordinationsleistungen.

Probleme können sich auch ergeben, wenn Kinder zu häufig und zu lange alleine spielen; insbesondere bei Einzelkindern besteht hierbei die Gefahr des mangelnden Sozialkontakts und einer zusätzlichen sozialen Isolation. Allerdings sind alle Multiplayer-Spiele dazu geeignet, hier Abhilfe zu schaffen. Unabhängig von diesen Überlegungen zum Einfluss der Computerspiele auf die Entwicklung wird diese selbstverständlich durch jede Form des Spielens zwischen Kindern förderlich beeinflusst. Das Spiel des Menschen und zwischen Menschen ist ein soziales Geschehen, fördert das gemeinsame Leben und Erleben und ist somit eine sozialintegrative Komponente der Persönlichkeitsentwicklung und des individuellen Lebensvollzugs. Das gilt auch für jedes

Spiel in der Familie, auch für die diversen Computerspiele, selbst wenn diese bei manchen Kritikern umstritten sein sollten.

! Am besten wäre, die Eltern würden häufiger mit ihren Kindern gemeinsam spielen, denn dadurch relativieren sich die potentiellen Beeinträchtigungen von selbst, gleichgültig welche Spiele gespielt werden. Außerdem bietet das Internet die Möglichkeit des gleichzeitigen Spielens verschiedener Generationen.

5.6.3 Computerspielarten und Computerspielinhalte

Konventionell unterscheidet man Strategiespiele, Simulationsspiele, Actionspiele, Adventures, Rollenspiele, Geschicklichkeitsspiele und Sportspiele.

Dies sind die vielleicht wichtigsten Kategorien von Computerspielarten. Eine exakte Abgrenzung wird bei den gegenwärtigen Spielen zunehmend schwierig, da von den Herstellern Elemente verschiedener Computerspielarten zugunsten der Attraktivitätssteigerung eines neueren Spiels kombiniert werden. Es ist keine Seltenheit mehr, wenn ein modernes Actionspiel auch Strategie- und Geschicklichkeitsspielkomponenten enthält. Damit wird schon bei der Spieleherstellung etwas nachvollzogen, was für die ontogenetische Entwicklung der Spielarten beim Menschen ohnehin typisch ist: dass die verschiedenen Spielformen sich zunehmend mischen und so scheinbar völlig neue Spielformen mit innovativen Anforderungsstrukturen an die Spieler hervorbringen. Unabhängig von dieser zunehmenden Differenzierung der Komplexität in den Computerspielarten soll deren jeweilige Grundstruktur kurz gekennzeichnet werden:

Strategiespiele haben meist eine komplexe Anforderungsstruktur. Häufig müssen ganze Netzwerke von Beziehungen realisiert werden, um erfolgreich zu sein. Es handelt sich dabei oft um komplexes Problemlösen in dynamischen, offen vernetzten Systemen.

Generell kann man Strategiespiele unterteilen in rundenbasierte und in Echtzeitspiele. Bei ersteren wechselt ein Zug des Spielers einen Zug des Gegners ab. Bei Echtzeitspielen kommt der Zeit selbst ein erlebniserweiterndes Moment zu: Spieler und Gegner können hier jederzeit beziehungsweise gleichzeitig agieren.

Simulationsspiele stellen den Versuch einer perfekten Nachbildung von Realitätsbereichen bzw. möglichen Welten dar. Sie sind naturgemäß komplex. Die Anforderung an den Spieler, insbesondere im Bereich seiner sensomotorischen Koordinationsfähigkeit, ist meist differenziert und hoch. Es gibt die verschiedensten Spielinhalte, z.B. Simulation von Eisenbahnen, motorisch und taktisch anspruchsvolle Steuerung von Flugzeugen; Simulation wirtschaftlicher, politischer, sportlicher, gesellschaftlicher Ereigniszusammenhänge, bei denen der Spieler seine diesbezüglichen Wissensbestände aktivieren muss. Immer kommt es auf die Perfektionierung des realisierten Weltausschnittes an, wobei man differenzierte, manchmal heterogene Handlungsmuster ausbilden und umsetzen muss, um erfolgreich zu sein. Prominente Vertreter der Simulationsspiele sind die diversen Flugsimulationsspiele. Neben den weit verbreiteten Spielen mit militärischen Szenarios werden, wie erwähnt, Flugsimulationsspiele auch in der Pilotengrundausbildung für die zivile Luftfahrt angewandt. Aber auch die Simulation ganzer ökologischer Systeme, innerhalb derer der Spieler die Auswirkungen seiner Interventionen mit einer „wissenschaftlichen Haltung" überprüfen kann, sind verbreitet.

Actionspiele werden meist als Abschieß- und Kampfspiele inszeniert, wobei die Hauptaktivität des Spielers darin besteht, die – wie auch immer gearteten, möglichst vielfältigen und abwechslungsreichen – Gegner erfolgreich zu „killen". Die primäre Anforderungsstruktur dieser Spiele ist auf schnelles Reaktionsvermögen und geschickte Koordination sensomotorischer Verhaltensmuster abgestimmt. Auch diese Spiele werden zunehmend durch Adventure-, Taktik- und Geschicklichkeitskomponenten „angereichert", was neben der abgeforderten Koordinationsleistung

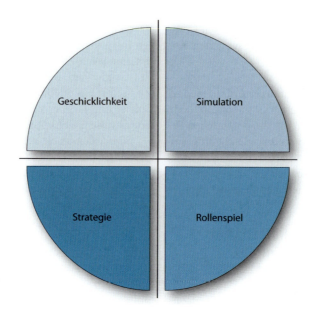

Abb. 5.8 Die vier Grunddimensionen des Computerspiels: Geschicklichkeit, Simulation, Rollenspiel und Strategie. Der proportionale Anteil der Dimensionen richtet sich nach dem jeweiligen Computerspiel-Genre.

die Spannung des Spiels erhöhen soll. Generell kann man Action-Spiele in „first-person-shooter" und „third-person-shooter" unterteilen. Bei ersteren bewegt sich der Spieler subjektiv wie in direkter Perspektive einer Kamera durch das Spielscenario mit dem Ziel, so viele Gegner wie möglich zu „killen". Bei letzteren führt der Spieler selbst eine Figur, vermittels derer er agiert. Ein Beispiel hierfür wäre „Counter Strike".

Adventures sind zumeist als Frage- und Antwortspiele konzipierte Rätsel mit unterschiedlichem Schwierigkeitsgrad. Der spielerische Anreiz ist dahin, sobald das Rätsel gelöst ist. Insofern sind Adventures „einmalig" und unrentabel zugleich; andererseits können sie eine hohe motivationale Anforderungsstruktur haben, wenn nämlich die Rätsellösung den Einbezug von Fach- und Spezialwissen sowie elaborierte Lösungsstrategien erfordert. Dies macht Adventures sehr interessant für pädagogisch orientierte Computerspiele. Entscheidend für die letztendliche Rätsellösung ist die Hintergrundstory, die Schlüsselinformationen liefern kann. Generell kann man Adventures in narrative/zielorientierte Arten und in Rollenspiele unterteilen. Bei ersteren hat der Spieler die Aufgabe, in einer narrativ strukturierten Welt bestimmte Probleme zu lösen, zum Beispiel Widerstände zu überwinden. Gelingt es ihm, alle Hindernisse erfolgreich zu überwinden, gewinnt er. Ein Beispiel hierfür ist „Myst".

Rollenspiele können als eine aktive Konfiguration magischer Figuren gespielt werden: Schwertkämpfer und andere Krieger, Zauberer, Zwerge, Magier und Feen etc. müssen sich im Ereignis- und Handlungskontext „sinnvoll" ergänzen, weil das Rätsel nur durch die Kooperation der beteiligten Rollenspieler gelöst werden kann. Die Anforderungsstruktur ist auf Kompetenzen des Spielers beim lösungsdienlichen, gemeinschaftlichen Spiel der beteiligten Akteure ausgerichtet, eine Anforderung, die auch außerhalb des Computerspiels bei anderen Spielen dieses Typs gilt. Kinder und Jugendliche produzieren im Rollenspiel über längere Zeiträume hinweg einen bestimmten Charakter, mit dem sie sich spielintern identifizieren (siehe dazu genauer: Kapitel 5.3).

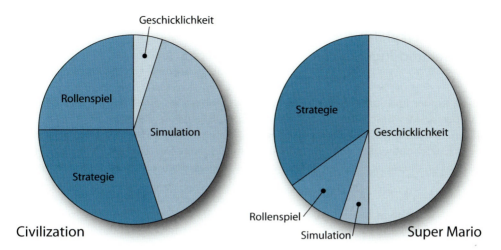

Abb. 5.9 Die Verteilung der vier Grunddimensionen des Computerspiels (Geschicklichkeit, Simulation, Rollenspiel und Strategie) an zwei konkreten Beispielen, den Klassikern „Civilization" und „Super Mario".

Ferner gibt es die Ruprik der *Geschicklichkeitsspiele*: Die Anforderungsstruktur dieser Spiele zielt auf Kombinations- und Koordinationsfähigkeit ab. Eine Kugel muss z.B. geschickt durch ein Labyrinth gelenkt werden, wobei verschiedene Hindernisse zu überwinden sind, oder geometrische Figuren müssen passend in richtiger Kombination angeordnet werden, damit das Spielziel, eine bestimmte Konfiguration, ein Bild oder Gebäude, erreicht wird. Geschicklichkeitsspiele können in diesen Anforderungsbereichen zum Training benutzt werden, wobei eine Zeitdruckkomponente die individuelle Reaktionsfähigkeit stimulieren kann. Geschicklichkeitsspiel-Beispiele sind „Super Mario" und „Tetris".

Verhältnismäßig seit langem gibt es *Sportspiele*: Alle Sportarten sind längst repräsentativ in entsprechende Computerspiele umgesetzt worden, wobei die spieltypischen Besonderheiten bei der Programmherstellung berücksichtigt wurden, z.B. Seitenwind, Gegenwind, Rückenwind, geeignete Schlägerwahl, Schlagtechnik sowie die Beschaffenheit des Greens beim Golf oder Fahrbahnbeschaffenheit, Streckenführung und die Beschaffenheit der Rennwagentypen beim Formel-1-Rennsport. Die Olympischen Spiele der Vergangenheit können in allen Disziplinen gespielt werden. Sportspiele werden manchmal den Simulationsspielen zugeordnet, weil ihre Anforderungsstruktur ebenfalls komplexe Realitätsnachbildungen notwendig macht. Ansonsten spielen Geschicklichkeit, Reaktions- und Koordinationsfähigkeit eine dominante Rolle in den erforderlichen Kompetenzen.

Multiplayer-Spiele sind vergleichsweise „jung". Diese Spiele sind weltweit im Internet spielbar. Die Anforderungsstruktur dieser Spiele ist um den Reiz einer personalen Anonymität erweitert, obwohl man die Handlungsstrukturen des entfernten Spielpartners mit der Zeit ziemlich genau kennen kann. Eine erweiterte Form der Netzwerkspiele sind so genannte MMOGs (Massive Multiplayer Online Games). Dies sind Spiele, an denen Hunderte von Benutzern gleichzeitig teilnehmen können. Die Realisierung eines solchen Spieles auf dem Rechner setzt eine enorme Rechenkapazität voraus.

❗ Letztendlich kann man alle Spielarten auf generell vier Grundkomponenten zurückführen, nämlich Geschicklichkeits-, Strategie-, Simulations- und Rollenspiele. Allerdings ist beachtenswert, dass jedes Computerspiel-Genre die Grunddimensionen dieser Arten in unterschiedlicher Ausprägung enthält (vgl. Abb. 5.8 und 5.9).

5.6.4 Persönlicher Sinn von Computerspielen für Kinder und Jugendliche

Längst sind Kinder und Jugendliche die eigentlichen Insider bei der Beschäftigung mit Computerspielen. Erwachsene können nur mithalten, wenn sie sich aktiv und geduldig in die Symbolwelt und die Funktionalität der Computerspiele einarbeiten.

> Es genügt keineswegs, wenn so genannte Fachleute auf die Gefahren der fiktiven Welten von Computerspielen hinweisen und in den nachfolgenden Generationen computerspielverdorbene künftige Krieger sehen. Die meisten dieser vordergründigen Argumentationen verkennen auch grundlegende Zusammenhänge und Unterschiede zwischen verschiedenen Realitätsebenen des Spiels einerseits und dem Grenzbewusstsein der Spieler darüber, ob sie sich in einem Spiel befinden oder nicht, andererseits.

Es handelt sich für die spielenden Kinder beim Computerspiel um keine fiktiven Welten, sondern um Symbolwelten mit einem durchaus objektivierbaren Realitätsstatus: Ein Rennauto im Computerspiel ist zwar kein dinglicher Gegenstand, den man anfassen könnte. Aber die Tatsache, dass man damit Formel-1-Rennen nach exakt realen Maßstäben simulativ fahren kann, macht es für computerspielende Kinder erlebnismäßig viel realer, als das mit einem faktisch anfassbaren Spielrennauto jemals möglich wäre. In der nahezu perfekten Nachgestaltbarkeit eines realen Aktionszusammenhangs im symbolisch-figurativen Realitätsbereich „Computerspiel" liegt die eigentliche Attraktivität begründet, die ein solches Spiel für Kinder interessant und sinnvoll macht. Hinzu kommt eine ganze Reihe psychomotorischer Anforderungen, welche Anspannung, zuweilen Stress und bei längerem Spielen Abgespanntheit, Erschöpfung, Müdigkeit erzeugen. Jedoch enthalten gerade diese Anforderungen durchaus förderliche Entwicklungspotentiale für das Kind. Fast alle Spiele erfordern nämlich meist über einen längeren Zeitraum hinweg Ausdauer, Konzentration, Aktions- und Reaktionsfähigkeit sowie Geschicklichkeit im Umgang mit den diversen Komponenten des jeweiligen Symbolsystems eines Spieles und der Vernetzbarkeit seiner Sequenzen.

Fiktiv oder gar illusionär sind Computerspiele nicht. Der Bezug des Spielers zum Spiel ist vollkommen real, nur die Spielinhalte selbst können sehr wohl in phantastischen Welten angesiedelt sein. Solche Einschätzungen (fiktiv, illusionär) zeugen nur von Unwissenheit über die psychodynamische Kombination und Koordination der verschiedenen Realitätsebenen im kindlichen Computerspiel. Dieses dient keineswegs nur selbst aufgesuchter Anspannung. Häufig hat es durchaus Entspannungsfunktion und erlaubt den Kindern einen persönlich folgenfreien Umgang mit der erlebten Realität.

Sehr viele Kinder entspannen sich nach der Schule am Computer. Und eines der an einer Diskussionssendung mit Erwachsenen teilnehmenden 12-13jährigen männlichen Kinder macht keinen Hehl daraus, wie solche Entspannung herbeigeführt wird: Zielscheibe in einem Ballerspiel nach der Schule kann durchaus der eine oder andere Lehrer sein. Ist das nun eine gefährliche und folgenreiche oder gar verwerfliche Form der Frustbewältigung? Nein, natürlich nicht! Dieser Schüler tut niemandem weh. Er führt nur aktiv auf einer symbolischen und real konsequenzenlosen Ebene aus, was, in der faktischen „äußeren" Realität durchgeführt, fatale Folgen hätte, ihn zum Kriminellen machen würde. Doch die gewählte Form der Spannungs- und Frustrationsreduktion im Computer erlaubt beides durchaus erlebnismäßig real zu tun: den Lehrer symbolisch im Computer gleich vielfach zu „killen" und ihn in der computerexternen, zuweilen frustrierenden Alltagswelt der Schule freundlich zu grüßen, so, wie man das von einem anständigen, wohlerzogenen Jungen in unserer Gesellschaft erwartet.

Der persönliche Sinn von Computerspielen für das Kind zeigt sich, wie bei allen anderen Spielen auch, im Erlebniswert, in den Möglichkeiten der aktiv handelnden Erlebniserweiterung, im subjektiven Spielwert. Henrik, 13 Jahre alt, bringt es in einer persönlichen Stellungnahme zum Thema Computerspiel viel treffender auf den Punkt, als so mancher Akademiker an seinem Schreibtisch:

> „Es ist spannend, man kann viele Sachen machen, es ist nie langweilig, es macht wirklich Spaß. [...] Es ist wirklich toll, man fühlt sich wirklich wohl, dass man was geschafft hat; wenn man es geschafft hat, ist man erschöpft, aber man ist richtig glücklich, dass man es gepackt hat."

Die Feststellung dieses Jungen lässt klar Leistungsmotivation erkennen, die zwar durch das Programm extrinsisch gefordert, aber bei der Verwirklichung der Spielziele vom computerspielenden Kind intrinsisch umgesetzt wird. Bei Zielerreichung ist trotz Erschöpfung ein persönliches Erfolgsgefühl dominant, ein Gefühl, das die öffentlichen Institutionen unserer Gesellschaft, z.B. die Schulen, unseren Kindern leider zumeist nicht so kontinuierlich vermitteln können.

5.6.5 Simulation von Realität und der Spaß am Computerspiel

Viele Computerspiele werden von den Herstellern so konzipiert, dass das spielerische Handeln letztlich einer Simulation von Realität entspricht. Dennoch kann man nicht von einem „Aufwachsen in simulierten Welten" (Mayer, 1992) sprechen. Kindliche Computerspieler sagen offen, dass ihnen das Spielen Spaß mache. Der 12-jährige Philip begegnet in der SAT1-Sendung „Kinder-Einspruch" am 1.5.1994 dem kritischen Einwand, Kriegsspiele setzten die Hemmschwelle herab, es bleibe etwas hängen, wie folgt: „Es gibt 37 Länder, wo es Krieg gibt, da sind nicht die Kinder dran schuld." Schuld sind sie auch nicht daran, dass Kriegsspiele programmiert werden und verfügbar sind, und, nebenbei bemerkt: Kriege gab es in allen grausamen Variationen, bevor es jemals Computerspiele gab. Des Weiteren gab es vorher auch Kriegsspielzeug, z.B. Blei- und Zinnsoldaten, Blech- und Plastikpanzer, Holz- und Gummischwerter, Pistolen und Gewehre aus Holz, Blech, Plastik und Eisen.

Kritiker der Computerspielpraxis von Kindern verkennen immer wieder die eigentliche Spielmotivation und projizieren die Schlechtigkeit der Welt in das spielerische Handeln. Dieses wird aber von ganz anderen Motiven bestimmt, als den unterstellten. Leider machen es sich manche Kritiker zu einfach, bemühen sich kaum, die eigentlichen Gründe für den kindlichen und jugendlichen Spaß am Computerspiel zu erkennen, sie nehmen diese Spielform im Grunde zu wenig ernst. Dabei ist sie wichtig, zukunftsträchtig, „ein Hobby", wie es ein Junge nennt, das wie manche Freizeitaktivitäten Erwachsener (z.B. Tennisspielen, Golfspielen) ganz einfach Vergnügen bereitet.

Spaß, Freude und Vergnügen können, wie gezeigt, als generelle Merkmale des Spielens gelten. Computerspiele garantieren den Spielern darüber hinaus sichere Zuwendung, die ihr Geborgenheitsgefühl angenehm stimuliert. Sie erleben sich wirkungsvoll, effektiv, selbst bestimmt, mächtig, als Chef des Spielgeschehens – und das, obwohl das Programm die Rahmenbedingungen des Spiels setzt. Wenn also etwas am Computerspiel illusionär ist, dann allenfalls die totale Handlungsfreiheit des Spielers. Dies gilt aber auch für jedes konventionelle Regelspiel.

Wie steht es mit der Spielpartnerschaft im Computerspiel? Der Computer wird als „neutraler" Freund und guter Spielpartner erlebt. Im Unterschied zu manchen menschlichen Spielpartnern bleibt er stets berechenbar und zuverlässig, er funktioniert ohne jede Laune und vermittelt somit neben Spaß auch Sicherheit. Der Computer ist ein durchaus realer Spielpartner, auch wenn die mit ihm möglichen Spiele meist nur Realitätssimulationen darstellen. Er stellt sich emotional nie quer.

Wer spielt eigentlich mit wem? Nicht das Spielgerät Computer spielt mit dem Kind, sondern das Kind nutzt dessen funktionelle

Möglichkeiten zum Spielen. Längst floriert das Tauschen von Spielen, so, wie früher Comichefte, Abenteuerbücher, Schallplatten getauscht wurden. In fast allen Städten können Spiele auch – wie in einer Videothek – gegen Gebühr ausgeliehen werden. Und, wenn irgend möglich, werden Schutzcodes von Originalspielen geknackt, um sie kopieren zu können. Beim Spielvorgang selbst gehen Spaß und Spannung einher mit einer bestimmten Wettkampfstimmung, die von hoher Aufmerksamkeit, Ausdauer und Konzentration getragen wird. Während eines Spielabschnittes sind schnelles Agieren und Reagieren gefragt, gepaart mit möglichst perfekten sensomotorischen und audiovisuellen Koordinationsleistungen.

Was motiviert Kinder und Jugendliche zum Computerspiel? Ob Computerspiele – allein oder gemeinsam – gespielt werden oder nicht, ist wohl weniger von den früher vielfach verdammten Außeneinflüssen wie z.B. Programmgestaltung, attraktive Aufmachung, aggressiver Spielinhalt abhängig. Vielmehr spielen die aktuelle Lebenssituation, der momentane Bedürfniszustand, die emotionale Lage, die gegenwärtigen individuellen, sozialen sowie kognitiven Strukturierungen und Orientierungen der Kinder eine entscheidende Rolle. Das bedeutet faktisch, dass die individuelle Persönlichkeitsstruktur und die intrinsische Motivationslage eines Kindes, Jugendlichen, Erwachsenen entscheidend zur Selektion eines Spielgenres beiträgt und das Computerspielen initiiert.

> ❗ Auch für Computerspiele gilt spielmotivational, was alle Spiele auszeichnet: Sie dienen der vergnüglichen Gegenwartsgestaltung, wobei der erlebte Spaß in dem Maße steigt, wie es dem Spieler gelingt, aktiv persönliche Erlebniserweiterungen herbeizuführen.

Diese Erweiterungen können, je nach Spielprogramm, an verschiedenste Inhalte (Krieg, Schlacht, Autorennen usw.) geknüpft und mit dementsprechend unterschiedlichen Zielvorgaben versehen sein. Wesentlich ist v.a. der Anregungsgehalt für den Spieler.

5.6.6 Freizeitregulation und Computerspiel

In den kindlichen und jugendlichen Lebensverhältnissen unserer Gesellschaften spielt zwar Freizeit eine wichtige Rolle, jedoch werden die diversen Lebensbereiche der Kinder und Jugendlichen bei weitem nicht allein von Computerspielen vereinnahmt. Die „simulierten Welten" sind keineswegs die dominanten Ökosysteme der kindlichen Entwicklung.

Die kindlichen Freizeitprofile lassen es nicht zu, Computer und Computerspiele zu pädagogischen und entwicklungspsychologischen Monstern der heutigen Kinderstuben und Jugendlichenzimmer zu erklären. Sie werden durch die folgenden Tätigkeitsbereiche ebenfalls mitbestimmt: Freunde treffen, draußen oder drinnen spielen, Fernsehen, Sport treiben oder sich mit der Familie beschäftigen (vgl. mpfs: Medienpädagogischer Forschungsverbund Südwest, KIM-Studie, 2006).

Während wir für die konventionellen Spielarten und klassischen Spielformen eigentlich nur bei den Konstruktionsspielen ein selbstgesetztes Leistungsmotiv und -ziel erkennen können, das sich bei Regelspielen zum Gewinnen hin verlagert, gilt bei den Computerspielen, was Spanhel (1990, S. 135) zutreffend beschreibt:

> „Als ein völlig neues Element kommt bei den [...] Computerspielen das Leistungsmotiv zum Tragen. Wettkampf gegen andere, seine Punkte steigern oder Sich-durchsetzen-können sind ganz wichtige Spielmotive für die männlichen Jugendlichen, für die Mädchen aber bei weitem nicht so wichtig. Fast alle elektronischen Spiele enthalten [...] den Leistungsgedanken, nicht nur in den Kampf-, Science-Fiction- oder Abenteuerspielen, sondern ebenso in Sportspielen, Autorennen."

Besonders der Spieler selbst muss Leistungen erbringen, wenn er erfolgreich sein möchte, wie Spanhel (S. 136) feststellt:

„Leistungen in diesen Spielen sind nur [...] möglich, wenn der Spieler sich unter Kontrolle hat, wenn er ‚cool' bleibt. [...] Nur wenn man eine ruhige Hand hat und sich von äußeren Gegebenheiten nicht ablenken lässt, kann man ‚im Spiel' bleiben."

Andererseits erlauben Computerspiele sehr unterschiedliche Gefühle wie Ärger, Wut und Freude sowie heterogene Bedürfnisse, Wünsche und Motive zugleich zu befriedigen. Diesbezüglich sind sie psychisch integrativ und synergetisch wirksam.

Poeplau verweist in seinem interessant geschriebenen Sachbuch über Computerspiele auf Gefahrenpotentiale (Poeplau, 1992, S. 9):

„Computerspiele sind kein harmloses Kasperltheater. Hier geht es [...] knallhart zur Sache. [...] der Golfkrieg hat ein Genre ins Rampenlicht gerückt, das Pädagogen mit Entsetzen betrachten: das Kriegsspiel.[...] Während jugendliche Friedensdemonstranten auf die Straße gingen oder weiße Bettücher aus dem Fenster hängten, saßen andere Jugendliche (und Erwachsene) am Computer und spielten die Luftangriffe auf Bagdad oder die Panzerschlachten in der Wüste nach[...]. Noch nie waren sich Fiktion und Realität so nahe.".

Fraglich ist, ob der Begriff „Fiktion" zutreffend beschreibt, was sich bei den Realität simulierenden Computerspielern wirklich, d.h. psychisch real abspielt. Ist es die pure Aggressionslust? Wohl kaum, allenfalls ausnahmsweise! Oder ist es nicht vielmehr eine Form der aktiven Nachgestaltung erlebter Realität, die die verfügbare Software gestattet? Welchen persönlichen Sinn hat die Nachgestaltung für die Spieler? Sie spielen ja freiwillig. Kann es sein, dass sie durch ihr Spiel am Computer auf eine für die Realität konsequenzenlose Art und Weise etwas zu bewältigen versuchen, dem sie in der spielexternen Realität als irgendwie Betroffene nicht ausweichen können? Also: Computerkriegsspiel als aktive Kompensation und Bewältigung unausweichlich erlebter Kriegshandlungen und -folgen in der „wirklichen Wirklichkeit" – allerdings ohne deren tragische Konsequenzen? Tote im Computerkriegsspiel stehen beim nächsten Spieldurchgang wieder auf, um erneut zu sterben, erneut aufzustehen usw. Tote im spielexternen Krieg bleiben tot, im Computerspielkrieg kann man sie dagegen jederzeit zu neuem Leben erwecken.

Dieser entscheidende Unterschied zwischen spielinternem und spielexternem Realitätsbezug ist Computerspielern wohlbekannt. Sie verfügen, wie andere Spieler auch, über ein Grenzbewusstsein darüber, ob sie im Spiel oder nicht im Spiel sind. Was die ganze Angelegenheit heikel, zuweilen bedenklich und erschreckend macht, ist das hohe Ausmaß der Ähnlichkeit oder gar Gleichheit zwischen den funktionellen Aktivitäten des Spielers sowie den Effekten, die er im Computerkriegsspiel bewirkt und denjenigen, die sich im realen spielexternen Krieg abspielen.

Letztere Aspekte betreffen aber direkt das psychische Bezugssystem des Spielers, die Integrität seiner emotionalen, motivationalen und kognitiven Funktionen. Und sie betreffen natürlich die Frage, inwieweit das Grenzbewusstsein auch in einem ethischen, moralischen und menschenwürdigen Sinne Spielwirklichkeit und spielexterne Wirklichkeit handlungsmäßig zu trennen in der Lage ist und bleibt.

Diese Fragen sind allerdings nicht durch Kritik an Kriegsspielen im Computer zu beantworten, sondern höchstens durch ausgedehnte Längsschnittuntersuchungen zur Persönlichkeitsentwicklung heutiger Kinder und Jugendlicher. Neben familienpsychologischen, ökopsychologischen und persönlichkeitsstrukturellen Fragestellungen müssten auch solche zur psychischen Wirksamkeit einer expansiven Medienkultur direkt (d.h. nicht nur durch Befragung, sondern auch experimentell) mituntersucht werden. Solche Langzeituntersuchungen stehen ebenso aus wie verlässliche Forschungsergebnisse zu psychischen Entwicklungswirkungen diverser Computerspiele. Momentan können wir nur kritische Fragen stellen, sie reflektieren und insofern gesicherte Antworten geben, als vereinzelte Forschungsergebnisse sie belegen. Für die Nachgestaltung schädigenden Verhaltens im Spiel als aktive Bewältigung des erlebten schädigenden Verhaltens verfügen wir durch die Feldexperimente mit Klimbambula über entsprechende Forschungsbelege (Mogel, 1990a).

Dass „Computerspiele [...] sich zur Abschottung gegenüber der Welt der Erwachsenen [...] eignen" (Poeplau, 1992, S. 13), das haben sie mit anderen Spielarten gemeinsam: So manches Konstruktionsspiel, besonders die Rollenspiele und zahlreiche Regelspiele erfüllen den gleichen Zweck. Hervorstechender Unterschied ist nur, dass der Computer als Spielpartner zur Abschottung völlig ausreicht, während bei den meisten Rollen- und Regelspielen lebendige Spielpartner erforderlich sind. Aber bei Konstruktionsspielen ist dieser Gesichtspunkt schon wieder relativiert. Spielzeit und -raum sowie -material können einem einzigen Spieler über Stunden genügen. Auch im Konstruktionsspiel kann es zu ausgedehnten Flow-Zuständen kommen: einem Raum, Zeit und Umwelt vergessendes Vertieftsein in die Konstruktionsaktivitäten.

Eine besondere Attraktivität der Computerspiele wird durch ihre technisch innovative Konzeption im Vergleich zu konventionellen Spielen offenbar. Außerdem gehören sie zu den wenigen Spielarten, bei denen Kinder den Erwachsenen mit einem Erfahrungsvorsprung aufwarten und damit klar erkennbar Überlegenheit demonstrieren können. Hier sind die Kinder spielkompetenter. Höchstens durch Interesse, ausdauerndes Engagement und Üben können die älteren Generationen vielleicht mithalten.

5.6.7 Computerspiel und aktuelle Entwicklungsbedingungen

Heutige Kinder wachsen mit Computern und den Spielen auf. Diese stellen Realitätsgegenstände ihrer Entwicklung dar. Erwachsene müssen sich den Realitätsbereich „Computer" zusätzlich – manchmal mühsam – aneignen. Folgt man der Kenntnis und Einschätzung von Computerspiel-Insidern, wird eine weitere Attraktivität dieser Spiele deutlich, die direkt das Selbstwertgefühl tangiert. Nie ist der Spieler in der Rolle des Schwachen, Abhängigen, Unterlegenen und Minderwertigen – ganz im Gegenteil. Er nimmt hoch dekorierte Positionen ein.

Alle Spielehersteller in sämtlichen Spielbranchen und Spielarten versuchen ihre Spielzeuge so zu konzipieren, dass die Spieler durch sie vereinnahmt werden. Als ein besonderes Markenzeichen eines Spielzeugs gilt, so packend erlebt zu werden, dass es vereinnahmend wirksam ist: Spieldauer und -häufigkeit – oft verwechselt mit Spielsucht – sind dafür entscheidende Kriterien. Ein weiteres ist das Erleben von flow: Der Spieler ist in einer Situation der völligen Selbstvergessenheit. Er geht in seinem spielerischen Handeln völlig auf, vergisst das Essen, das Trinken und die Zeit. Er ist emotional, motivational und kognitiv durch das Spielen absorbiert – er ist zeitlos.

Wer wäre früher angesichts der über Wochen und Monate, ja, manchmal Jahre ausgedehnter Modelleisenbahnspiele von Jungen, und noch mehr von Vätern, auf die Idee gekommen, dies als Spielsucht einzustufen? Wenn heute Kinder bis in die späte Nacht und Jugendliche manchmal nächtelang bestimmte Computerspiele spielen, dann wittern besonders die immer gegenwärtigen „Fachleute" sogleich Spielsucht, obwohl sie früher selbst mit der Taschenlampe unter der Bettdecke ein Karl May-Buch nach dem anderen „verschlangen".

Computerspielen bedeutet aktive Auseinandersetzung mit Symbolsystemen. In sie muss sich der Spieler einarbeiten, wenn er dem übergeordneten Ziel, möglichst maximal zu punkten oder den Highscore nach oben zu treiben bzw. bei anderen Spielen Teilziele und Globalziele zu erreichen, genügen möchte. Ob es sich um Actionspiele oder sonstige „aggressive" Spiele handelt, alle Varianten der per Programm inszenierten Gewalt sind dem eigentlichen Ziel, weiterzukommen, zu siegen, untergeordnet. Das gilt auch für die interaktiv zwischen mehreren Spielern gespielten „Killerspiele", wie z.B. *Counter Strike*. Jeder möchte schneller, effektiver, erfolgreicher, besser sein als der andere. Es geht, wie bei allen Regelspielen, um das Gewinnen.

Ist ein attraktives Spiel neu, wird es häufig über viele Stunden, manchmal bis tief in die Nacht hinein gespielt: Trotz allen Spaßes, den die Spieler dabei haben, merkt man ihnen manchmal doch Erschöpfung an: „Ist das ein Stress", „bin ich k.o.", „das macht mich fertig" sind Äußerungen jugendlicher Computerspieler, die wohl aufgrund der unablässigen Dauerbeanspruchung ihrer Aufmerksamkeit, Konzentration, Reaktionsfähigkeit und der permanent nötigen sensomotorischen Koordinationen zustande kommen. Hinter allem wirkt ein Leistungsmotiv, verbunden mit dem Ziel, zu gewinnen. Auf die Frage, was an diesen Spielen so anstrengend sei, antworten sie: „Du musst einfach immer schneller sein als der andere". Der andere ist entweder der mitspielende menschliche Gegner oder das Spielprogramm. Erfolg und Misserfolg im Computerspiel liegen nahe beieinander – auch das ist ein Aspekt, der ebenso bei konventionellen Spielen gegeben ist.

Manche Autoren befürchten negative Auswirkungen der Computerspiele auf die Familie, vermuten einen Rückgang von Kommunikation, Kreativität, Außenaktivität, sehen die Gefahr der Isolation (z.B. Mayer, 1992, S. 18) oder gar der „Kriminalisierung von Kindern und Jugendlichen durch Medien" (z.B. Glogauer, 1991, S. 79). Solche Sichtweise kann m. E. nur dann zutreffen, wenn Computerspiele und Medien z.B. aufgrund zerrütteter Familienverhältnisse eine Ersatzfunktion erhalten, beim Kind die familialen Bedingungen emotionaler Verarmung und Ungeborgenheit kompensieren müssen und wenn persönlichkeitsstrukturell bereits krankheitsbedingter Realitätsverlust vorliegt, zum Beispiel Halluzinationen, Wahnideen, Schizophrenie.

❗ Ansonsten stellen Computerspiele und moderne Medien zumeist Quellen des individuellen Informationsvorsprungs und des Glücks dar. Familiale Bezugspersonen wie Eltern können sich als kompetente Computerspielpartner erweisen, indem sie sich die Mühe machen, in diesen Bereich der kindlichen Realität „einzusteigen" und gemeinsam mit dem Kind zu spielen.

Entwicklungsbedingungen und Auswirkungen für Kinder und Jugendliche auf nur *eine* Kategorie von Außeneinflüssen zurückzuführen, nämlich auf Medien, erscheint einseitig. Da unsere Lebenswelt nun einmal zunehmend von Medien mitbestimmt wird, stellen Medien wichtige Realitätskomponenten dar, die auch für Kinder durchaus Entwicklungsvorteile mit sich bringen können. Medien sind notwendiger Bestandteil der Entwicklung und stellen Bedingungen für die Differenzierung kindlicher Kompetenzen in Sachen Informationsnutzung u.a. dar. Das gilt gleichermaßen für die Computerspiele. Vor allem Strategiespiele vermögen die Denkentwicklung zu fördern: induktives und deduktives Denken, die Repräsentation komplexer Szenarien, also das Gedächtnis, die Bildung von Entscheidungsregeln in unsicheren Situationen werden trainiert.

Gegenüber der Rezeption/Konsumtion eines Films im Kino oder Fernsehen, während derer keine Einwirkmöglichkeiten auf den Geschehensablauf bestehen, können Computerspieler im Rahmen der programmierten und dynamisch ‚verdrahteten' schematischen Abläufe eingreifen. Ein bestimmtes Steuerungspotential verbleibt dem Akteur und kann durch konzentrierte, ausdauernde, reaktionsschnelle sensomotorische Koordination sowie Spieltraining erweitert werden. Die Spielfreude kulminiert zumeist im Erreichen eines immer höheren Highscores oder anderer computerspielinterner Ziele.

Längst gibt es auch Computerspiele, die in Kooperation und Konkurrenz mehrerer Mitspieler gespielt werden können und multifunktionale Aktivitäten der Einzelspieler verlangen. So spielen bei Netzwerkspielen, zum Beispiel bei Massive Multiplayer Online Games oder bei Simulationen zwischen 1000 und 1000000 Personen mit. Bei manchen Spielen müssen Kooperation und Gegnerschaft simultan gespielt werden, wobei zugleich Anforderungen an die Merkfähigkeit (z.B. sich einen aktuellen Spielstand bzw. den momentanen Zustand der simulierten Welt einprägen), Aufmerksamkeit und Konzentration (z.B. gegnerische Aktivitäten beachten und verfolgen) sowie an emotionale und motivationale

Dynamiken des Spielers bestehen. Dieser muss zugleich motorischen Ansprüchen (Joystick, Tastatur, Maus) genügen und ist dabei auch audiovisuell gefordert (Beachtung der Vorgänge auf dem Monitor, Erkennen von Mustern, Bildung von Begriffen etc.). Alle diese Anforderungen und Aktivitäten des Spielers stellen mithin Einflüsse auf seine Entwicklung dar. Sie bestehen zusammengefasst darin, komplexe Handlungsmuster zu aktivieren, und dies bedarf nicht nur der Aktivierung konvergenter gewohnter und eingefahrener Denkmuster, sondern des divergenten kreativen Denkens, das im Idealfall zu neuen Problemlösungswegen und innovativen erfolgreichen Aktivitäten zur Zielerreichung führt.

Die simultane Komplexität der Handlungsmuster beim Spieler im aktuellen Computerspiel ist in der Vergangenheit als „parallel processing" bezeichnet worden. Flugzeugpiloten z.B. müssen dies bei Ausübung ihres Berufs perfekt beherrschen. Und auch bei unterschiedlichen Szenarien im Flugsimulator wird es verlangt bzw. vorausgesetzt.

Flugsimulatoren im Computerspiel gibt es inzwischen variantenreich. Den Flugsimulatorspielen ist die außergewöhnlich hohe Realitätsnähe zu dem, was echte Piloten tun, gemeinsam, sieht man einmal von allen Rückmeldungen auf Veränderungen in der Raumlage ab.

Etwas anders als in Spielsimulationen, bei denen neben den angeführten Kompetenzen auch die sensomotorische Koordination gefragt ist, verhält es sich bei Rollenspielen. Zur Spielgeschichte selbst kann der Spieler nichts beitragen, insoweit diesbezügliche Inhalte programmiererweise festliegen. Innerhalb des Spielgeschehens erhält der Spieler jedoch eine spielinterne Rolle, die er möglichst optimal ausfüllen soll. Hier sind Kombinationsfähigkeit, antizipatorisches Denken und andere kognitive Kompetenzen sowie Ausdauer gefragt, um die eingenommene Rolle zu optimieren.

Was die traditionell angenommene Diskrepanz zwischen Spielwirklichkeit auf dem Monitor und der Wirklichkeit der „tatsächlichen" Lebensvorgänge anbelangt, zeichnet sich ein deutlicher Trend ab: Immer perfekter werden die Programme darin, echte und unverwechselbare Adaptationen an die „wirkliche Wirklichkeit" zu sein. Und selbst da, wo dies noch nicht erreicht ist, wäre es völlig verkehrt, bei Computerspielen von einer besonderen oder anderen Wirklichkeit zu sprechen.

5.6.8 Einfluss der Computerspiele auf den Spieler

Mayer schreibt in Anlehnung an Fritz: „Die Gefühle von ‚Spielprofis' werden nicht mehr verdrängt, sie sterben ab." (Mayer, 1992, S. 45).

Solche Aussagen sollte man unterlassen, solange man sie nicht durch empirische repräsentative Studien untermauern kann. Sie sind nur geeignet, Vorurteile zu schaffen oder zu festigen. Eine Studie, die wissenschaftlich fundiert das Absterben von Gefühlen bei Spielprofis überzeugend nachweist, steht aus.

Umgang mit Gewalt per Knopfdruck – dazu animieren, könnte man meinen, die inzwischen zahlreichen Kriegs- und Vernichtungscomputerspiele. Inwieweit häufiges Spielen mit solchen Szenarien die kindliche Aggressionsbereitschaft fördert und Hemmschwellen senkt, ist keineswegs nur eine ethische Frage. Sie muss entwicklungs-, persönlichkeits- und ökopsychologisch angegangen und experimentell überprüft werden. Nur in einem solchen erweiterten Rahmen und mit den richtigen Methoden kann man hierbei zu weiterreichenden Ergebnissen gelangen. Alles andere wären Schreibtischspekulationen. Zweifelsohne besteht hier Erkenntnisbedarf, denn die Ergebnisse der Aggressionsforschung ebenso wie die unserer Feldexperimente können nicht ohne Einschränkung auf den Realitätsbereich Computerspiel generalisiert werden.

Man kann einen Schritt weiter gehen und fragen, ob es sich bei solchen, durch die Software weitgehend determinierten Spielabläufen überhaupt noch um ein Spiel handelt? Sind diese Spiele noch zweckfrei, oder sind sie von der Herstellung bis zur Beendigung des Spiels selbst zweckgebunden? Man kann es aber auch so sehen: Die spielerische Selbstentfaltung hat eine andere Qualität; sie besteht, nachdem ein bestimmtes Computerspiel ausgewählt wurde, darin, nun der spielinternen Anforderungsstruktur (Aufmachung, Ablauf, Regeln, Ziele) zu genügen und das bestmögliche Resultat zu erzielen.

Immer wieder wird auf Gefahren für die Integrität der sich entwickelnden Persönlichkeit durch Computerspielen aufmerksam gemacht. Soziales Ausklinken, Computerautismus, Einzelgängertum, Computer als Sozialersatz, virtueller Realitätsbezug – dies sind nur einige der Schlagworte, mit denen manche Autoren auf mögliche psychosozial nachteilige Konsequenzen für Computerspieler aufmerksam machen.

Abgesehen davon, dass somit wieder simplifizierend lineare Zusammenhänge hergestellt werden, die in der psychischen Wirklichkeit des Individuums vielseitiger und komplexer sind, finden wir meist noch einen weiteren Denkfehler solcher Argumentation. Er besteht darin, anzunehmen, dass computerbeeinflusst eine Generation heranwachse, „welche sich immer mehr in Richtung auf eine virtuelle Realität hin entwickelt und dann der Simulation mehr Bedeutung zukommen lässt als der Realität. Selbst vor dem realen Leben machen die Spielemacher nicht halt." (Mayer, 1992, S. 61). Nur um seine Einseitigkeit besser enttarnen zu können, habe ich dieses wenig schlüssige Argument im Wortlaut zitiert.

Erstens ist jede Medienrealität zunächst einmal Realität, real zu erleben, zu erfahren, zu verarbeiten – und zwar unabhängig davon, ob es sich um computergespielte Geschicklichkeitsspiele wie z.B. Reaktions- und Sportspiele handelt oder mehr kognitiv orientierte Adventures, Simulationen und Strategiespiele. Es verhält sich hier ganz analog der Unterscheidung von Spielwirklichkeit und Wirklichkeit. Diese Unterscheidung ist stets künstlich, denn beides ist Realität. Lediglich verschiedene Realitätsebenen lassen sich unterscheiden – und das vor dem Hintergrund verschiedener Lebensformen des Kindes. Spiel, auch das Computerspiel, kann als eine der kindlichen Lebensformen bezeichnet werden.

Zweitens zeigt schon die Tatsache, dass sich Kinder und Jugendliche, auch Erwachsene geraume Zeit nehmen, um sich mit den so genannten virtuellen Realitäten der Computerspiele auseinanderzusetzen, welch hohe persönliche Relevanz diese Tätigkeit offenbar hat.

❗ Die Zeitregulation individuellen Handelns ist ein Indiz für Realität, für reales Erleben und Erfahren auch dann, wenn es sich hierbei um Computerspiele handelt. Offenbar haben sie eine vergleichsweise hohe Attraktivität für „Langzeitspieler".

Drittens – und das gilt als ein gemeinsames Merkmal aller Spiele und allen Spielens – ist das Spielerleben, ist die durch Spiel gewonnene Erlebniserweiterung dann intensiv und persönlich effektiv, wenn die spielerische Simulation der Wirklichkeit subjektiv optimal gelingt: Man gebe kleinen Mädchen zwei Baby-Puppen, eine, die nichts hat und nichts kann und eine, die alles hat und alles kann, was kleine Babys eben haben und können. Mit welcher der beiden Puppen werden die kleinen Mädchen wohl ausgiebiger spielen? Die gelungene Adaptation von Spielzeug an die „wirkliche" Wirklichkeit kann geradezu als ein Kriterium des Spielwertes für das Kind angesehen werden. Und wenn Spielzeug darüber hinaus Funktionen hat, mit denen man die „wirkliche" Wirklichkeit spielerisch noch überbieten kann, umso besser!

Computerspiele machen davon keine Ausnahme. Deswegen muss es geradezu im Interesse der programmierenden Spielemacher liegen, „vor dem realen Leben [...] nicht halt" zu machen. Im Gegenteil, das reale Leben und die möglichst realitätsadäquate Simulation wirklicher Ereignisse dürfte ein entscheidendes Merkmal für die Attraktivität von Spielzeugen sein. Nicht nur Hersteller von Computerspielen, sondern überhaupt die erfolgreichen Spielwarenhersteller scheinen das sehr gut zu wissen. Man denke z.B. an Lego, Fischertechnik und so weiter. Die Nachgestaltung der Realität ist ein übergeordnetes Ziel vieler Spiele – warum nicht auch der Computerspiele?!

Viertens stoßen wir hier automatisch auf die strittige Problematik von Aggressions- und Kriegsspielen. Auch wenn es kultur- und spielethisch nicht gerade ermunternd sein mag, aber diese Spiele lassen sich unter dem Aspekt der möglichst perfekten Realitätsgestaltung als übergeordnetem Spielziel mühelos in unseren Argumentationsgang einordnen: Aggression und Krieg zeichnen die Menschheitsgeschichte traurigerweise bis in die Gegenwart aus. Die ersten Meldungen unserer Nachrichtenmagazine kommen häufig genug von Kriegsschauplätzen. Geschichtslexika sind im Wesentlichen Lexika der Kriegsgeschichte.

Bei wahrlich existenziellen Lebenssituationen, in denen das Überleben selbst zum eigentlichen Lebensinhalt geworden ist, sind Spielrealität und spielexterne Realität von außen kaum mehr zu unterscheiden.

Muss es daher verwundern, wenn die Spielwarenindustrie „realitätsgerechtes" Aggressions- und Kriegsspielzeug herstellt, und muss es erstaunen, wenn Kinder, Jugendliche und Erwachsene damit spielen, erfahrbare und erfahrene Realität nachgestalten?! Offenbar hat gerade die ausgiebige spielerische Nachgestaltung destruktiv erfahrener Ereignisse einen beträchtlichen Bewältigungswert. Das wäre einmal kein ablehnendes Argument gegen diese Art Spielzeuge, sondern eines für deren mögliche psychohygienische Funktion beim Spieler (zu einem empirischen Nachweis siehe Kapitel 3).

Natürlich wäre es naiv, Gefahrenpotentiale hochgradig realitätsadaptierter Kriegscomputerspiele zu verkennen. Ihre Wirksamkeit setzt aber auch persönlichkeitsstrukturelle Besonderheiten des Spielers voraus, z.B. Aggressionsneigungen aufgrund erfahrener psychosozialer Zuwendungsdefizite in der Kindheit oder aufgrund bisher erlebten Erfolges eigener Aggressionen. Hier könnten solche Spiele eventuell über ihre kompensatorische Funktion hinaus wirksam werden und diese Neigungen beflügeln. Sind aber die spielexternen Lebensverhältnisse von Kindern intakt, dürften aggressive Simulationsspiele nicht die hohe Modellfunktion besitzen, die ihnen von manchen einseitig unterstellt wird.

Häufig kann man feststellen, dass Computerspieler vorrangig in komplexen, auf verschiedensten untereinander vernetzten Ebenen simulierter Szenarien erfolgreich sein wollen – ob es sich dabei um ein Kriegsspiel handelt oder die gefährliche Entdeckung eines Planeten im Weltall, ist von untergeordneter Bedeutung. „Gewalt und Krieg im Videospiel" (Fehr & Fritz, 1993) ausfindig zu machen, ist das Eine, generelle Wirkungen einzuschätzen das viel schwierigere Andere.

Die Wissenschaftssprache schafft manchmal vorschnell Kategorien, um Personen und ihr Verhalten einordnen, bzw. Problembereiche sprachlich fassen zu können. Besonders beim Computerspiel hat sie es hierbei eilig; Gelegenheits und Dauerspieler werden leichtfertig nach Gefühlsintensität, emotionalen Abnutzungseffekten, Aspekten der Stressbelastbarkeit, der Sozioemotionalität usw. taxiert: große Worte anstelle gesicherten Wissens! Seien wir doch vorsichtig! Natürlich mag die mediale Welt der immer perfekter werdenden Computerspiele all das bei Kindern und Jugendlichen betreffen. Aber die Wirksamkeit der Einflüsse diverser Computerspiele auf die Psyche ist eben nicht durch die Spiele allein determiniert, sondern auch – und vor allem – durch die psychodynamischen und persönlichkeitsstrukturellen Voraussetzungen der Spieler, durch ihre Lebensverhältnisse, -stile und -welten und durch ihre Entwicklungsbedingungen.

Vorzeitige, d.h. nicht durch harte empirische Forschungsbefunde gestützte Generalisierungen schaden eher. Sie nutzen nicht. Auch der leichtfertige Verweis auf „Spielsucht" bei Vielspielern entbehrt erfahrungswissenschaftlicher Fundierung, man begnügt sich mit leichtfertigen Analogieschlüssen. So kann man bei Eurich (1986, S. 68) den seltsamen Satz lesen: „Aber wie beim Kater eines Alkoholikers am nächsten Morgen: auch der Computerfreak fängt wieder an, beginnt wieder von vorne." Nun, der Mensch neigt eben zur Wiederholung all der Dinge, die ihm Spaß machen. Computerspielen gehört offenbar dazu. Muss es daher gleich mit Alkoholismus oder sonst einer Sucht verglichen werden?

Zweifelsohne sorgt die Anforderungsstruktur moderner Computerspiele für Anspannung, sie wird, ähnlich der Spannung bei anderen Spielen, aufgesucht, ohne zugleich Sucht zu sein. Eurichs Auffassung, Computerspiel mache „erschöpft" und führe zu einer Reduktion der „vitalen Gefühle [...] um den Null-Wert" (Eurich, 1986, S. 68), mag hin und wieder zutreffen. Generalisiert man sie, wird sie ebenso einseitig und falsch, wie alle anderen vereinfachenden Generalisierungen über das Spiel und seine Spieler.

Übrigens sind Umfragen bei Spielern nicht der einzige oder gar beste Weg zur Erkenntnis ihrer Spieltätigkeit. Wir müssen die Spieler beim Spielen selbst beobachten, sie experimentellen Variationen ihres Spielhandelns aussetzen und dann die Ergebnisse prüfen; zusätzlich können wir sie dann auch noch befragen. Einen solchen komplexen Weg empirischer Spielforschung haben wir eingeschlagen.

Im Rahmen unseres Forschungsprojekts zur Spielformenentwicklung führte Peter Ohler ein Laborexperiment zum Computerspiel mit dem Thema „Aggressive Akte bei Echtzeitstrategiespielen und Ego-Shootern" durch. Darin wurde empirisch der Frage nach einer tatsächlichen Aggressionswirksamkeit solcher Spiele nachgegangen. Insbesondere „sollte überprüft werden, ob das Ausmaß medial vermittelter aggressiver Inhalte sich auf die Anzahl spielinterner aggressiver Verhaltensakte auswirkt". Besondere Relevanz hat hier der „Zusammenhang von Strategieorientierung (der Computerspieler) und aggressiven Verhaltensakten. Es zeigt sich, dass alle Maße der Strategieorientierung bei Echtzeitstrategiespielen und Ego-Shootern signifikant bis hochsignifikant negativ mit dem Auftreten aggressiver Verhaltensakte beim Spielen von Ego-Shootern korrelieren. Das heißt, je strategischer die Computerspieler agieren, desto weniger zeigen sich aggressive Verhaltensakte, die über die Spielnotwendigkeit hinausgehen." (Ohler, 2001, S. 9)

Es lässt sich in den Ergebnissen sogar eine klare negative Korrelation zwischen Strategieorientierung beim Spielen von Ego-Shootern und dem Anteil aggressiver Verhaltensakte von $r=-0.70$ und $r=-0.80$ nachweisen. Bei anderen, weniger oder gar nicht mit Aggressionen beinhalteten Computerspielen dürfte dieser Zusammenhang noch geringer ausfallen. Es ist also eher davon auszugehen, dass Computerspieler mit einer in ihrer Persönlichkeitsstruktur bereits vorhandenen Prädisposition zur Aggression schon im Spielverhalten bezüglich Gewalt enthaltenden Computerspielen auffallen. Bei solchen Personen könnten gewalthaltige Computerspiele sogar zu einem psychodiagnostischen Test ihrer Aggressionsbereitschaft werden. Fazit von Peter Ohler:

[Es ist evident,] „dass gefährdete Jugendliche nicht nur ein abweichendes Verhalten im Alltag an den Tag legen, sondern auch die Computerspiele anders benutzen als andere Jugendliche. Wer eine erhöhte Aggressionsbereitschaft zeigt, spielt auch anders, respektive nutzt gewalthaltige Computerspiele zumindest nicht nur als Regelspiele. Wer dagegen gewalthaltige Computerspiele kontinuierlich als Regelspiele benutzt, sollte durch die Gewalthaltigkeit des medial vermittelten Inhalts nicht oder nur sehr selten geringfügig gefährdet sein, da dem Spieler der fiktionale Charakter des Spiels bewusst ist" (ebd.).

5.6.9 Computerspiel für ältere Menschen

Die Entwicklung des Menschen erfolgt über seine ganze Lebensspanne – von der Zeugung bis zum Tod. Dieser als Ontogenese bezeichnete Zeitraum gilt ebenso für die Entwicklung des Spiels beim Menschen und damit auch für die Entwicklung des Computerspiels.

Bisher ist die industrielle Produktion und marktwirtschaftliche Verteilung dieser Spiele vorrangig auf die Kinder, Jugendlichen, jungen Erwachsenen und zum Teil Erwachsenen ausgerichtet. Eindeutig vernachlässigt werden ältere und alte erwachsene Menschen, was die Herstellung geeigneter Spielkonsolen und interessanter

Spiele anbelangt. Dabei besteht gerade bei älteren Menschen ein beträchtliches Entwicklungspotenzial zur Stimulation ihrer Erlebnisvielfalt und vor allem ihrer psychomotorischen Koordination, ihrer Aufmerksamkeit, Konzentration und ihrer Interessen. Die Differenzierung und Integration psychischer Kräfte und Funktionen während der Entwicklung im Alter verlangt geradezu nach besonderer Anregung und Motivierung, wie sie Computerspiele leisten können.

Außerdem verfügen ältere und alte Menschen über ein anderes Zeitbudget: Schule, Beruf und familiäre Verpflichtungen gehören zumeist nicht mehr zu den Tätigkeitsbereichen, durch welche sie über große Zeiträume vereinnahmt werden. Das bedeutet ein neues und innovatives Potenzial für die Freizeitgestaltung während der Entwicklung im höheren Alter.

Für die Produktion altersangepasster Computerspiele geht es eigentlich nur darum, auf der Basis von ergonomischen Studien, Motivationsanalysen hinsichtlich des Spielbedürfnisses und eines plastischen sowie praktizierbaren Anregungsgehalts an Spielen, der die Bedürfnisse älterer und alter Menschen an Spielen befriedigen kann, zu finden und in einer der Entwicklung im Alter entsprechenden Weise anzubieten. Es wird dabei mit Sicherheit nicht nur um Spielprogramme für das Kartenspiel gehen dürfen, sondern alle Spielgenres sollten, entsprechend aufbereitet, verfügbar sein. Denn auch während der Entwicklung im höheren Alter ist der Mensch, ebenso wie in der Kindes- und Jugendentwicklung auf reichhaltige Stimulation von außen angewiesen, um seine Selbstentfaltungsmöglichkeiten optimieren zu können. An dieser Stelle ist sowohl die Branche der Computerhersteller als auch die der Spieleproduktion gefordert, dem dringlichen Bedarf an Spielmöglichkeiten für ältere und alte Menschen nachzukommen. Wie für Kinder, Jugendliche und Erwachsene sind auch für ältere und alte Menschen sowohl Einzel- als auch Gruppenspiele gefragt. Tastatur und Bildschirmoberfläche sollen den Kriterien einer Computerergonomie für den älteren und alten Menschen entsprechen.

Frei gewähltes Spiel ist Selbstzweck, das gilt vom Funktionsspiel des kleinen Kindes bis zum Computerspiel der ganz alten Menschen. Während das Kind durch sein Spiel Kompetenzpotenziale für seine Persönlichkeitsentwicklung schafft, die es im Lebensvollzug vorteilhaft umsetzen kann, reaktiviert und stabilisiert der alte Mensch diese Potenziale durch regelmäßige Spielpraxis mit Computerspielen. Denn diese fördern Ausdauer, Konzentration, Reaktion, motorische Koordination, Entscheidungsfähigkeit, Handlungsregulation, Autonomie, das Leistungsgefühl und vieles mehr. Sie vermitteln insgesamt das verlässliche Empfinden, sehr wohl Ereignisse steuern und die Dinge selbst in die Hand nehmen zu können. Somit tragen sie zu einem positiven Selbstwertgefühl und autonomer Eigenaktivität sowie weitgehender Unabhängigkeit im Alter bei. – Das alles ist ein großer Gewinn für die alternde Person sowie für die Gesellschaft und ihre altersbezogenen Institutionen, wie Alten- und Pflegeheime.

> ❗ Die Psychologie des Kinderspiels ist eben eine Psychologie für die gesamte Lebensspanne, genau so, wie das Spiel des Menschen ein Phänomen seines gesamten Lebensvollzuges ist.

Wir sind es gewohnt, das Spielen als eine Haupttätigkeit des kindlichen Lebensvollzugs zu thematisieren. Rein zeitlich mag in der Kindheit am meisten gespielt werden. Auch wenn andere als wichtiger angesehene Verhaltensweisen das Spiel in der späteren Entwicklung zeitenweise zu verdrängen scheinen, ist nachweisbar, dass erwachsene Menschen auch im fortgeschrittenen Lebensalter wie von selbst immer wieder die Situation des Spiels aufsuchen.

Ein bekanntes Beispiel für diesen Zusammenhang sind die diversen Kartenspiele, aber auch Regelspiele wie Dame, Mühle und Schach werden immer wieder gespielt. Das Spiel begleitet den Menschen bis zum Lebensende und bleibt ihm bis dahin als Fundamentales Lebenssystem in förderlicher Weise erhalten.

5.6.10 Zusammenfassung

- Spielzeuge sind seit eh und je Zeugnisse für die Lebensvorgänge einer Gesellschaft und deren Entwicklung. Je perfekter Spielzeuge die Realität widerspiegeln, desto höher ist ihr Spielwert. Die Herstellung von Spielzeugen ist letztlich im Realitätsbezug des Menschen verwurzelt und dokumentiert die Entwicklungen dieses Bezuges.
- Dieser Gesichtspunkt gilt auch für die elektronischen Modellspielzeuge, die in jeder Hinsicht realitätsgetreue Nachbildungen darstellen und als solche die Spielzeugnutzer in ihren Bann ziehen. Prototypisch hierfür ist die Modelleisenbahn. Generationen von Jungen und erwachsenen Männern haben in ihr ihre persönliche Spielwelt über unterschiedliche Zeiträume hinweg gefunden. Von Spielsucht sprach dabei niemand.
- Ganz anders bei den Computerspielen von Kindern, Jugendlichen und Erwachsenen. Werden diese Spiele über Stunden, Tage und Wochen gespielt, fällt leichtfertig der Begriff der Spielsucht. Dabei faszinieren die audiovisuellen Medien im Computerbereich durch ihre inzwischen brillante Technik (u.a. Filmqualität) und dadurch, dass die Konzeption der Spiele immer vielseitiger, raffinierter, perfekter wird. In ihrem Vormarsch auf dem Spielzeugmarkt haben Computerspiele den Absatz konventioneller Spielzeuge längst bei weitem übertroffen. Wie kommt das? – Spielzeuge sind Zeugen ihres Zeitalters. Wir leben im Zeitalter der Computer und der Medien. Computerspiele sind mediale Spielzeuge der Gegenwart. Ihr Erlebniswert ist außergewöhnlich hoch, ihre Realitätsnähe frappierend groß.
- Computerspiele fördern die Entwicklung der Wahrnehmung, des Denkens und der Motivation, sie unterstützen die Kombinations- und Koordinationsfähigkeit, sie wirken sich positiv auf die Geschicklichkeit, Ausdauer und Konzentrationsfähigkeit aus.
- Teamspiele beeinflussen die Gruppendynamik der beteiligten Computerspieler positiv. Spiele, die unkonventionelle Problemlösungsstrategien erfordern, stimulieren das divergente Denken und somit die Kreativität.
- Ebenso gibt es Beeinträchtigungen. So kann die Software die Spielhandlungen auf bestimmte Vorgehensweisen festlegen, die keine kreativen Lösungen zulassen. Auch kann die Zielbildung beim Spieler durch die Ereignisstruktur in der Software gesteuert sein. Die häufig stundenlangen Spielzeiten schränken alternative Erlebens- und Verhaltensmöglichkeiten – „an der frischen Luft" – stark ein. Bei Einzelkindern besteht die Gefahr der sozialen Isolation, es sei denn, sie spielen auch Multiplayer-Spiele.
- Heute unterscheidet man grob Strategiespiele, Simulationsspiele, Rollenspiele und Geschicklichkeitsspiele, wobei in jeder dieser vier Hauptgruppen fast immer unterschiedlich ausgeprägte Anteile der anderen Spielgenres enthalten sind. Auch hier gilt eines der Grundprinzipien, die für die ontogenetische Entwicklung der Spielarten beim Menschen typisch sind: dass nämlich die verschiedenen Spielformen sich zunehmend mischen.
- Eine jüngere Entwicklung liegt in den Multiplayer-Spielen vor. Sie sind weltweit im Internet anonym spielbar. An den Massive Multiplayer Online Games (MMOGs) können Hunderte (evtl. sogar Tausende) Teilnehmer mitspielen.
- Der persönliche Sinn von Computerspielen wurzelt in deren Symbolwelten mit einem objektivierbaren Realitätsstatus. Letzteren Gesichtspunkt haben sie mit der Attraktivität von konventionellem Spielzeug gemeinsam.
- Zwar können die Spielinhalte von Computerspielen in phantastischen Welten stattfinden. Dennoch sind sie für die Spieler weder fiktiv noch illusionär. Der Bezug des (psychisch gesunden) Spielers zum Spiel ist real. Computerspiele haben nach Alltagsanspannungen der Kinder (z.B. nach der Schule) durchaus eine Entspannungsfunktion.

- Dies kann bei ausgedehnten Spielzeiten zu Anspannung und Stress führen, gefolgt von Abgespanntheit, Erschöpfung und Müdigkeit.
- Nach repräsentativen Befragungen von Kindern und Jugendlichen haben diese Spaß an der Simulation von Realität im Computerspiel. – Viele Kritiker des Computerspiels erweisen sich als Nichtkenner der Materie und argumentieren auf der trügerischen Basis eigener Vorurteile. Dagegen ist für die Spieler der Computer ein realer und verlässlicher Spielpartner, Grundlage förderlicher Emotionen in diversen Computerspielen. Die individuelle Persönlichkeitsstruktur und die jeweils individuelle intrinsische Motivation sind entscheidend für die Selektion eines Spielgenres.
- In der kindlichen und jugendlichen Freizeitregulation nehmen Computerspiele eine leicht gehobene mittlere Position ein (vgl. mpfs, KIM-Studie 2006). Computerspiele erlauben einen integrativen und synergetisch wirksamen Umgang mit den psychischen Kräften, zum Beispiel bei der Regulation von Gefühlen wie Ärger, Wut, Freude. Wie andere Spieler, verfügen auch Computerspieler über ein Grenzbewusstsein darüber, ob sie in einem Spiel sind oder nicht in einem Spiel sind.
- Computerspiele beeinflussen die individuelle Entwicklung, denn Kinder wachsen mit Computern und den Spielen auf. Sie beeinflussen zumeist positiv das Selbstwertgefühl, denn im Unterschied zur sonstigen Erfahrung während der kindlichen Entwicklung, sich zuweilen schwach, abhängig, unterlegen und minderwertig zu fühlen, ist man als Computerspieler eine „very important person" und nimmt hoch dekorierte Positionen ein.
- Entscheidende Kriterien der Hersteller für die Attraktivität eines Computerspiels sind Spielhäufigkeit und Spieldauer sowie das Erleben von flow, einem Zustand der Selbstvergessenheit und Absorption durch das Spiel – von Nichtwissenden häufig verwechselt mit Sucht.
- Bei Gewinnspielen sind alle Formen der Ereignisinszenierung durch die Software – auch die der Gewalt – dem Ziel der Spannungserhöhung und Erlebniserweiterung bei der Realisierung des Spielziels, zu gewinnen (oder zumindest den Highscore höher zu treiben) untergeordnet. Wie bei konventionellen Regelspielen kann man im Computerspiel sowohl Erfolg als auch Misserfolg erleben.
- Nur wenn Computerspiele eine Ersatzfunktion zum Beispiel für zerrüttete Familienverhältnisse erhalten oder bei psychopathogenem Realitätsverlust durch bestimmte Krankheitsbilder wie Schizophrenie, die mit Halluzinationen, Wahnideen und Verwechslung von Realitätsebenen einhergehen, kann das Grenzbewusstsein, im Spiel oder nicht im Spiel zu sein, verloren gehen mit unter Umständen verheerenden Folgen für Leib und Leben auch Nichtbeteiligter. Nicht selten ist aber zusätzlich eine extreme Verletzung des Selbstwertgefühls und eine wahrgenommene Vernichtung von existenziellen Lebensperspektiven durch personale Umwelten eine entscheidende Determinante dafür, dass es zum Ausbruch von blinder Gewalt kommt, zum Beispiel zum Amoklauf. — Computerspiele für so etwas verantwortlich zu machen, kommt einer Ablenkung von den eigentlichen Ursachen gleich und zeugt nur von einem vorurteilsvollen Nichtwissen über die eigentliche Bedeutsamkeit dieser Spiele für die Kinder und Jugendlichen und ihre Persönlichkeitsentwicklung.
- Die großen weltweiten Netzwerkspiele entziehen auch dem Vereinsamungsargument den Boden. Viele Tausende von Spielern können zum Beispiel bei einer Simulation in Kooperation und Gegnerschaft zugleich spielen. Dabei sind die Spieler in allen psychischen und psychomotorischen Kompetenzen gefordert. Im aktuellen Computerspiel besteht nun einmal eine simultane Komplexität der Handlungsmuster beim Spieler.

- Hinsichtlich der Einflüsse der Computerspiele auf den Spieler halten sich zäh eine Reihe spekulativer Vorurteile, insbesondere, was Gewaltwirkung, Abstumpfung und Spielsucht anbelangt. In Wirklichkeit handelt es sich nur um eine medial vermittelte spielinterne Anforderungsstruktur (Aufmachung, Ablauf, Regeln, Ziele), der man genügen muss, um bestmögliche Resultate zu erzielen. Gefahrenpotentiale hochgradig realitätsadaptierter Kriegscomputerspiele kann man zwar bei prinzipiellen Aggressionsneigungen eines Spielers, etwa aufgrund erfahrener Zuwendungsdefizite in der Kindheit oder erlebter Erfolge von Aggressionen, diskutieren. Dennoch sind diesbezügliche Ereignisstrukturen von Computerspielen, wie alle Spielzeuge in der Menschheitsgeschichte, (medial vermittelte) Zeugnisse realer Geschehnisse.
- Nach unseren eigenen Untersuchungen zur Aggressionswirksamkeit gewalthaltiger Computerspiele wird die Aggressionsbereitschaft durch persönlichkeitsstrukturelle Voraussetzungen moderiert. Ansonsten zeigt sich eine hochgradig negative Korrelation in den von Peter Ohler durchgeführten Experimenten zwischen Aggressionsinduktion der Spiele und ihrer angeblichen Wirksamkeit von $r = -0.70$. Es lässt sich dieser unterstellte Zusammenhang zwischen gewalthaltigem Computerspiel und Gewaltneigung als Folge beim jugendlichen Spieler empirisch nicht nachweisen. Einen solchen Zusammenhang generell stiften zu wollen, entbehrt also jeglicher empirisch in der Forschung gewonnenen Basis.
- Da die Entwicklung der Menschen im Alter eine zunehmend wichtige Rolle in der Gesellschaft spielt, ist die Computerindustrie gefordert, Computerspielkonsolen und Computerspiele auch für die älteren Generationen herzustellen und auf dem Markt anzubieten. Die Erlebnisvielfalt, Koordination, Aufmerksamkeit und Konzentration alter Menschen könnten neben psychomotorischen und weiteren Fertigkeiten gefördert werden.
- Das Spiel mit Computerspielen bedeutet grundsätzlich die aktive Auseinandersetzung mit Symbolsystemen. Diese Auseinandersetzung fördert nicht nur die kognitiven Regulationssysteme des Kindes und des Jugendlichen, sondern sie fördert diese Kompetenzen zu jedem Zeitpunkt der Persönlichkeitsentwicklung, also auch während des *gesamten* Lebensvollzugs des Menschen.
- Auch das verfügbare Zeitbudget älterer Menschen bietet eine günstige Voraussetzung. Die Spielprogramme sollten alle Genres angemessen umfassen. Denn auch die Persönlichkeitsentwicklung im Alter bedarf optimierter Möglichkeiten der Selbstentfaltung. Demgemäß müssen sich die Computerergonomie und die Spieleentwicklung den physiologischen, sensomotorischen und entwicklungspsychologischen Erfordernissen des alternden Menschen anpassen. Es lässt sich zeigen, dass durch solches Spielen im Alter die selbständige Regulation der Lebensvorgänge ebenso verbessert und konsolidiert werden kann, wie die persönliche Ausdauer, Konzentration und Handlungssteuerung. Das sind insgesamt beachtenswerte Vorteile für die Entwicklung des Menschen im Alter sowie für die Institutionen der Gesellschaft.

6. Anwendungsaspekte

6.1 Anwendungsaspekte für Spieldiagnostik und Spieltherapie — 214

- 6.1.1 Diagnostik und Therapie: Spiel in der klinischen Praxis 214
- 6.1.2 Individuelles Kind und klinisches Handeln 215
- 6.1.3 Diagnostisches Vorgehen in der Spielbeziehung 215
- 6.1.4 Veränderung der Lebenssituation als heilsame Maßnahme 216
- 6.1.5 Therapeutisches Vorgehen mit Hilfe des Spiels 217
- 6.1.6 Freiheit des Spielverhaltens in der therapeutischen Behandlung 217
- 6.1.7 Persönlichkeitsentwicklung, Spieldiagnostik, Spieltherapie 219
- 6.1.8 Kindliches Leben und Verständnis des Spielverhaltens 219
- 6.1.9 Gefahr der Beeinträchtigung und mögliche Gegenmaßnahmen 220
- 6.1.10 Zusammenfassung 220

6.2 Hinweise für Eltern, Pädagogen, Seelsorger, Ärzte und Psychologen — 221

- 6.2.1 Das Spiel – Wirklichkeitsbezug des Kindes 221
- 6.2.2 Das Spiel und die Spielumwelten des Kindes 222
- 6.2.3 Bedingungen spielerischer Selbstentfaltung 223
- 6.2.4 Nachahmung, Bewältigung und Integration von Gegensätzen im Spiel 224
- 6.2.5 Signale des Spiels 225
- 6.2.6 Das Spiel als Vermittler der Zeit im Erleben 225
- 6.2.7 Die hohe Relevanz des Spiels im kindlichen Leben 226
- 6.2.8 Zusammenfassung 227

6.1 Anwendungsaspekte für Spieldiagnostik und Spieltherapie

Spieldiagnostik und Spieltherapie sind zwei Anwendungsgebiete der Entwicklungs- und Pädagogischen sowie der Klinischen Psychologie. Die Spieldiagnostik geht davon aus, dass das kindliche Spiel wertvolle Informationen über das psychische Geschehen liefert, aufgrund derer man den aktuellen psychischen Zustand des Kindes und eventuelle innere Konflikte erschließen kann. Damit macht sich die Diagnostik das kindliche Spiel zunutze, indem sie es als „die eigentliche ‚Sprache' des Kindes" (Zulliger) erfasst, beschreibt und auswertet, um dann ihre Folgerungen zu ziehen, was zu tun sei bzw. welche Indikationsstellung in Bezug auf eine geeignete Therapieform getroffen werden soll.

6.1.1 Diagnostik und Therapie: Spiel in der klinischen Praxis

Werden durch die psychodiagnostische Untersuchung des kindlichen Spielverhaltens beim Kind Beeinträchtigungen seines Wohlbefindens, Störungen seiner Entwicklung und/oder seiner Lebensverhältnisse festgestellt, können vor allem spieltherapeutische Behandlungsmaßnahmen Abhilfe schaffen. Eine Spieltherapie kann dazu beitragen, die kindlichen Entwicklungspotenziale freizulegen und zum Wohle des Kindes zu fördern. Auch in der Therapie spielt das Spiel eine maßgebende Rolle für einen gelingenden, das Wohlbefinden des Kindes steigernden Veränderungsprozess: „Das Spiel ist in der Kinderpsychotherapie das *vorrangige Kommunikationsmedium* des Kindes und des Therapeuten. Letzterer interagiert und interveniert primär im Rahmen von Spielhandlungen und in Bezug auf die Spieltätigkeiten des Kindes" (Schmidtchen, 1989, S. 146).

Spieldiagnostische Testverfahren gibt es bereits seit langem. Zwei sehr bekannt gewordene Spieltests, die die vom Kind spielerisch umgesetzte Symbolik als Grundlage diagnostischer Beschreibungen und Auswertungen verwenden, sind der Sceno-Test (v. Staabs 1939) und der Welt-Test (Lowenfeld 1939). Diese Verfahren erschließen aus der kindlichen Handhabung von Spielmaterialien eine Diagnose des emotionalen, kognitiven und sozialen Entwicklungsstands des Kindes, wobei besonders der Sceno-Test vom „Vorliegen neurotischer Störungen" ausging: „Er will Hinweise geben, wo im Einzelfall die Probleme und Schwierigkeiten seelischer Art liegen, und inwiefern sie zu den Umweltfaktoren in Beziehung stehen" (v. Staabs 1964, S. 9). Dieses Diagnoseverfahren ist insoweit nach wie vor aufschlussreich, als es die Wirksamkeit von Umweltfaktoren auf das psychische Geschehen einbezieht – und das schon zu einer Zeit, zu der der Begriff Umwelt in den akademischen Psychologiebüchern kaum einmal vorkam.

Auch in meinen eigenen feldexperimentellen Untersuchungen in der Zeit von 1978 bis 1988 waren die Spielgegenstände des Sceno-Tests wertvolle Materialien zur Beurteilung des kindlichen Spielverhaltens und zur Überprüfung grundlegender allgemein- und entwicklungspsychologischer Fragestellungen. Es macht wenig Sinn, die nur fragmentarische Weiterentwicklung der Spieldiagnostik bis heute nachzuzeichnen. Zwar hat es einige Untersuchungen gegeben (siehe Harding, 1972; Schmidtchen, 1979 u.a.), aber ein richtiger „Durchbruch" konnte wegen des ungeklärten Spielbegriffs, und weil es bislang keine wirklich überzeugende Theorie des Kinderspiels gab, nicht gelingen. Nach wie vor sind Phantasie, Symbolik und der spielerische Realitätsbezug die Ausgangsdaten, die Kinder durch ihr Spiel zur Verfügung stellen. Auf ihre Weise des Spielens muss sich die Spieldiagnostik einlassen. Aber genügt das? Keineswegs. Eine zutreffende Diagnose freien kindlichen Spiels ist erst möglich, wenn man nicht nur den allgemeinen psychologischen Sinn der Spielhandlungen aufgrund psychologischer Theorien analysiert und diagnostiziert, sondern wenn man vom persönlichen Sinn der Spielhandlungen für das Kind selbst ausgeht. Denn, so lautet unsere theoretische Grundidee, im freien Spiel stellt das Kind seinen eigenen und eigentlichen Bezug zur Wirklichkeit her, und zwar zu der Wirklichkeit, *wie es sie selbst erlebt und erfährt*. Psychologische Theorien und Erklärungsmöglichkeiten können zwar dabei helfen, den persönlichen Wirklichkeitsbezug des Kindes besser zu erkennen und zu verstehen, aber der Sinn des kindlichen Wirklichkeitsbezugs gründet in den kindlichen *Lebensverhältnissen* (Ökosysteme des kindlichen Lebens, wie Familie, Verwandtschafts- und Freundschaftsverhältnisse, die Wohnverhältnisse, Alltagsabläufe und -ereignisse) und dem individuellen psychischen *Bezugssystem* des Kindes (seiner Informationsverarbeitung, seinem Gedächtnis, seinen Bedürfnissen, Emotionen, seiner Motivation, seinen Wünschen und Zielen, seinem Wohl- oder Unwohlbefinden). Aus diesen und ähnlichen Gründen ist jede Diagnostik des psychischen Geschehens beim Kind auf maximal mögliche Ökosystem- und Bezugssysteminformation angewiesen, wenn sie hinsichtlich abzuleitender Entscheidungen, zum Beispiel eine fundierte Indikationsstellung für eine adäquate Therapie zur weiteren Entwicklung des Kindes auch optimal sein soll. Daher kann es nicht genügen, nur einige Tests durchzuführen oder das Spielverhalten zu analysieren.

6.1.2 Individuelles Kind und klinisches Handeln

Will man diagnostisch und prognostisch das erforderliche Höchstmaß an Genauigkeit und Richtigkeit (etwa für die Entscheidung zu einer Kindertherapie) erreichen, muss man das kindliche Leben, die kindlichen Interaktionsverhältnisse und die psychischen Zusammenhänge beim individuellen Kind selbst (Bezugssysteminformation) bestens kennen. Erst dann ist man auch in der Lage, spezifisches Spielverhalten und Besonderheiten des spielerischen Gestaltens eines Kindes adäquat diagnostisch einzuschätzen. Erst wenn man genaueres über das Kind und seine es beeinflussenden Umwelten weiß (Ökosysteminformation, zum Beispiel Einfluss der Familie, der Eltern, Geschwister usw.), weiß man schließlich auch einzuschätzen, welches die diagnostisch richtige Indikation für weiterreichende Maßnahmen ist.

❗ Eltern, Erzieherinnen und Erzieher können die Qualität einer psychodiagnostischen Institution (Erziehungsberatungsstelle, psychologische oder pädagogische Beratungsstelle) daran erkennen, wie weitreichend und gründlich das Informationsbedürfnis über ihr Kind und seine Lebensverhältnisse ist.

Auch der betriebene Zeitaufwand kann hier aufschlussreiche Hinweise geben. Ferner sollten Sie beachten, ob Sie selbst in den Gesamtablauf kooperativ einbezogen werden und auch von da aus ein „gutes Gefühl" haben.

6.1.3 Diagnostisches Vorgehen in der Spielbeziehung

Je nach Problemlage kann der psychologische Diagnostiker bestimmte Spielsituationen als Einzelspiel mit diversen Spielgegenständen, als Interaktions- und Sozialspiel mit einer zweiten Person oder als (soziales) Gruppenspiel zwischen mehreren Mitspielern arrangieren. Auch er selbst kann, wenn er eine entsprechende Beziehung zum Kind aufgebaut hat, Spielpartner sein und aus den Spielinteraktionen mit dem Kind diagnostische Schlüsse ziehen. Sie wirken sich auf seine Erwägung sinnvoller (zum Beispiel spieltherapeutischer) Behandlungsmaßnahmen aus. Manchmal lässt sich der psychodiagnostische Prozess des Informationsgewinns über das Kind und seine Problemsituation vom psychotherapeutischen Prozess stattfindender Veränderungen beim Kind nicht trennen. Der Kontakt zum mitspielenden, am Kind und seiner Spieltätigkeit interessierten Spieltherapeuten kann schon als solcher therapeutisch günstige Auswirkungen haben, obwohl gezielte Maßnahmen noch nicht ergriffen worden sind. Der Erlebniswert der Spielbeziehung zur Person und zu den in den Interaktionsprozess eingebundenen Spielgegenständen kann bereits heilsam wirken. Das setzt aber voraus, dass sich das Kind akzeptiert fühlt und sein Verhältnis zum Psychodiagnostiker bzw. -therapeuten als echte Beziehung erlebt. Eine solche Beziehung ist auch die Grundvoraussetzung dafür, zusammen mit dem Kind gezielte therapeutische Maßnahmen durchzuführen, die seine Aufmerksamkeit, sein Interesse und konkrete Anstrengungen erfordern.

6.1.4 Veränderung der Lebenssituation als heilsame Maßnahme

Manchmal kann es sich als sinnvoll erweisen, das Spiel nicht direkt in die Techniken der therapeutischen Behandlung von Kindern einzubeziehen, sondern einen mehr indirekten Weg der Beeinflussung durch die kindlichen Lebensverhältnisse zu suchen. So kann durch Erziehungs- oder Familienberatung unter Umständen erreicht werden, dass sich die gewohnten Interaktionsverhältnisse in der Familie, die Wohnverhältnisse, der Alltagsablauf, die Freizeitgestaltung und – was häufig am wichtigsten ist – die elterlichen Einstellungen zum Kind vorteilhaft verändern. Manchmal sind es regelrechte „Kleinigkeiten", die man ändern muss, um einen Wandel der beeinträchtigenden Symptomatik zum Besseren hin zu erreichen. Es ist also gar nicht immer notwendig, eine spieltherapeutische Behandlung durchzuführen, damit sich das kindliche Bezugssystem besser an die Besonderheiten der das Leiden erzeugenden Lebensverhältnisse anpassen kann. Es genügt zuweilen, bei den Eltern und anderen Erziehern bzw. Erzieherinnen beraterisch darauf hinzuwirken, dass einige einflussreiche Komponenten der Ökosysteme verändert werden, innerhalb derer der kindliche Lebensvollzug sich entwickelt. Solche gezielten Veränderungen können im natürlichen Alltagsablauf des Kindes „als *Ursachen für spontane Verbesserungen* von gestörten seelischen Verhaltensweisen" (Schmidtchen, 1989, S. 157) gelten. Schmidtchen nennt einige dieser möglichen Veränderungen der kindlichen Lebenssituation, die ohne eigentliche therapeutische Interventionsmaßnahmen wirksam werden können. Es bedarf lediglich der Idee und ihrer Umsetzung, und dabei kann Beratung hilfreich sein, die geeigneten Maßnahmen zu ergreifen:

„Das können Einflussnahmen von Familienmitgliedern, Freunden, anderen Kindern, Nachbarn, Lehrern, Pastoren, Richtern etc. sein. Auch räumliche Veränderungen z.B. durch einen Urlaub, eine Klassenreise, einen Schulwechsel etc. können Ursachen für spontane Problemverbesserung sein" (Schmidtchen, 1989, S. 157).

Warum, kann man fragen, können Verbesserungen einer Symptomatik durch nicht professionell umgesetzte, ganz „natürliche" Maßnahmen im Alltag spontan hervorgerufen werden? Meines Erachtens besteht einer der Hauptgründe darin, dass durch solche Veränderungen sich eine Art Selbstheilungsprozess entfalten kann, der, nebenbei bemerkt, einen ähnlichen Aufbau hat wie beim freien kindlichen Spiel. Seine psychohygienischen Funktionen hängen ja eng zusammen mit dem Erlebniswert der Spieltätigkeit und mit den meisten spontanen Erlebniserweiterungen, die die freie Spieltätigkeit so spannungs- und überraschungsreich machen und die positiv neugierige Aufmerksamkeit des Kindes fordern. Veränderungen zeitlicher, räumlicher oder interaktionaler Art wie etwa die von Schmidtchen 1989 angeführten (Urlaub, Klassenreise, Schulwechsel) haben für das Kind einen spezifischen Aufforderungscharakter. Sie sind geeignet, es aus dem gewohnten Schema der als lästig und beeinträchtigend erlebten Alltagsabläufe herauszulocken, es auf die Erwartung von Überraschungen einzustellen, seine Motivation für das Erleben und Erfahren von Neuem und Anderem zu stimulieren. Eine Analogie zum Verlauf des freien Spiels ist erkennbar.

Manchmal ist eine Entwicklungsstörung jedoch zu komplex, zu fortgeschritten oder sogar schon chronisch, so dass die beschriebenen

Maßnahmen nicht wirksam werden, ja sogar als weiter beeinträchtigend erlebt werden. Beispielsweise kann ein Kind, das sich seit langem vernachlässigt erlebt, sich durch jede sonstige Veränderung seiner gewohnten Umwelt zusätzlich verunsichert, eventuell sogar verstoßen fühlen. Auch kann es sein, dass die Eltern über einen bestimmten Zeitraum hinweg beraten werden müssen, damit psychotherapeutisch bewirkte Veränderungen beim Kind im Alltag wirksam bleiben können.

6.1.5 Therapeutisches Vorgehen mit Hilfe des Spiels

Bei der psychotherapeutischen Behandlung von Kindern ist das Spiel ein ideales Interaktionsmedium für das wechselseitige Verständnis von Kind und Therapeut. Allerdings kann es sein, dass das Kind diverse Widerstände dagegen hat, gemeinsam mit dem Therapeuten zu spielen. Sie entsprechen dem kindlichen Gefühl innerer Unsicherheit und sind der Ausdruck eines Bedürfnisses nach Selbstschutz. Hier sind Geduld, Einfühlungsvermögen, Verständnis, Flexibilität und eine gewisse Geschicklichkeit des Therapeuten gefragt, um sich nach und nach als ein vom Kind akzeptierter Spielpartner zu erweisen. Dies kann aber nur gelingen, wenn der Therapeut sich zurückhaltend verhält: Nicht er, sondern das Kind soll der Leiter des Spielgeschehens sein. Der Therapeut sollte auf keinen Fall als übermächtiger Partner erscheinen, der alles weiß und kann.

! Eine zurückhaltend sensible Einstellung erscheint besonders für den Umgang mit den vom Kind in das Spiel eingebrachten Symbolen erforderlich zu sein. Denn durch sein symbolisches Verhalten vermittelt das Kind ein Bild seiner selbst und seiner Individualität, und gerade hier ist es besonders verletzlich.

Die Deutung kindlicher Symbolisierungen durch den Therapeuten kann direkt Widerstände hervorrufen und den therapeutischen Fortschritt behindern, es sei denn, das Kind signalisiert sehr klar, dass es auf eine Interpretation seiner Spielhandlung angewiesen ist, sie haben möchte. Ansonsten genügt es, wenn sich der Therapeut auf die symbolische Spielsprache des Kindes einlässt und auf der vom Kind ausgehenden Symbolebene mit ihm spielt. Diese Ebene offenbart die Wurzeln der Konflikte, die der Symptombildung zugrunde liegen, wesentlich klarer. Außerdem ist der heilsame Erlebniswert des Spiels viel wirksamer, wenn man die Interaktionsebene des Symbolisierens einhält, da sie durch die spielerische Interaktion ja bereits möglich geworden ist. Das schließt allerdings nicht aus, eine Spielverhaltensweise auch einmal mehr fragend zu interpretieren, wenn man das Gefühl hat, dass das Kind darauf wartet oder sich zumindest bereit zeigt. Schließt der therapeutische Prozess auch Rollenspiele ein, ist bei aller Symbolisierung deren doppelte Funktion beachtenswert und eventuell aufschlussreich, denn das Kind symbolisiert unter Umständen sich selbst, andere Personen oder Ereignisse (Selbstdarstellung, Darstellung anderer Personen oder Ereignisse). Damit gibt es Hinweise auf den Zusammenhang seines psychischen Befindens mit der Tätigkeit und dem Einfluss von Bezugspersonen.

6.1.6 Freiheit des Spielverhaltens in der therapeutischen Behandlung

Wie viel Freiheit soll eine spieltherapeutische Behandlung dem Kind lassen? Welche Freiheiten des kindlichen Verhaltens eine spieltherapeutische Behandlung gewähren kann und soll, hängt von der Art der Störung ab. Ein sehr ängstliches oder/und gehemmtes Kind wird unter Umständen beträchtliche Anfangsschwierigkeiten haben, überhaupt zu spielen. Auch hinsichtlich spielerischer Interaktionen mit dem Psychotherapeuten wird es anfänglich vorsichtig und zurückhaltend sein. Bei einer solchen Symptomatik kann die Tatsache, dass es überhaupt zum gemeinsamen Spiel kommt, schon als grundlegender Fortschritt angesehen werden, denn die Grundlage einer gemeinsamen Spielbeziehung, aufgrund derer sich die kindlichen Ängste nun im Spiel zeigen können, ist damit geschaffen. Dafür, diese Ängste gemeinsam mit dem Kind verarbeiten und nach und nach einen angstfreien Lebenskontext für die kindliche Weiterentwicklung herstellen zu können, bietet das Spiel sehr günstige Voraussetzungen, da das Kind hier alle Freiheiten bekommt, seine Ängste handelnd zu symbolisieren und mit therapeutischer Hilfe spielerisch zu bewältigen.

Anders ist die Ausgangssituation bei delinquenten Kindern, die durch ihr normabweichendes Verhalten, durch Aggressivität und Disziplinlosigkeit bereits „auffällig" geworden sind. Ihnen im Spiel alle Freiheiten zu lassen, wäre ein Fehler, denn es würde ihre Symptomatik des nicht kontrollierten und unangepassten Verhaltens nur weiter verstärken. Kinder mit einer solchen Problematik überschreiten leicht die normativen Grenzen des Verhaltens. Es ist für sie überhaupt kein besonderes Problem, Regeln und Pflichten zu verletzen, sich ohne Gewissensbisse über Verbote hinwegzusetzen. Bedeutet das, dass diese Kinder nicht leiden und deswegen eigentlich gar keine Behandlung benötigen? Nein. Durch ihre Unangepasstheit und ihr regelwidriges Sozialverhalten fallen sie nicht nur auf, die übrige Gemeinschaft lässt sie auch leicht spüren, dass sie nicht so recht dazu gehören. Es droht die Gefahr der Abkapselung und Isolation und mit ihr das zunehmende Bedürfnis, durch auffallende Aktivitäten die Aufmerksamkeit der anderen auf sich zu ziehen. Da diese Aktivitäten aber zumeist als schädigend, störend oder zerstörend eingestuft werden, laufen diese Kinder Gefahr, noch mehr in das Abseits der Isolation zu geraten, ein Kreislauf, der leicht zum Teufelskreis werden kann, wenn keine therapeutische Intervention erfolgt.

Wie sieht eine Spieltherapie bei einer solchen Störung aus? Ganz im Unterschied zum ängstlichen und kontaktscheuen Kind ist bei einem solchen Problem das Spielen kein Verhaltenssystem zur Bewältigung und Überwindung von Ängsten und Hemmungen, sondern es wird als Ausgangsbasis dafür verwendet, dem Kind nach und nach die Verbindlichkeit von Normen und Regeln beizubringen. Das Kind muss in der Spieltherapie mit dem Therapeuten zunächst spielerisch lernen, wie weit es gehen kann, ohne die Freiräume und die Selbstentfaltung der anderen Partner im sozialen Zusammenleben laufend zu verletzen. Es muss nach und nach lernen, sich in die Bedürfnisse seiner Mitmenschen einzufühlen, damit ein konfliktärmeres Zusammenleben mit ihnen möglich wird. Der Spielverlauf kann dem Kind während der spielerischen Interaktionen aufzeigen, wo die Grenzen seines Verhaltens liegen. Er kann ihm verdeutlichen, dass es die anderen beleidigt, kränkt und verletzt, vielleicht auch wütend macht, wenn es seine Selbstentfaltung nicht auf die gemeinschaftlich akzeptierten und reglementierten Verhaltensgrenzen einstellt. Das vom Therapeuten initiierte Spiel kann durch seinen Verlauf Grenzen aufzeigen, ein Verhalten, das die Grenzen dennoch überschreitet, einfach stoppen und dem Kind die möglichen, für es selbst nachteilig wirksamen Konsequenzen für seine Akzeptanz in einer Gemeinschaft verdeutlichen. Das Kind wird durch die spielinternen Verbindlichkeiten auf soziale Regeln aufmerksam gemacht; die gespielte Rolle und die Spielregeln fordern die Anerkennung ihrer Gültigkeit. Das Spiel selbst verlangt es, sie zu befolgen. Ferner kann das therapeutisch „begleitete" Spiel dem Kind alternative Verhaltensmöglichkeiten aufzeigen, die eine bessere soziale Integration seiner Person in die Gemeinschaft mit anderen Kindern erleichtern.

! Abgesehen von Qualität und Ausmaß einer psychischen Störung wird jedes Kind als Klient einer Spieltherapie über kurz oder lang die Grenzen seines Verhaltens testen. Es wird spielerisch (und das ist ja gestattet) ausprobieren, wie weit es in der einen oder anderen Hinsicht gehen kann, bis es auf den Widerstand des Spielpartners stößt. Dabei kann man erkennen, dass das therapeutische Spiel auch ein Lernspiel ist, das eine erlebnis- und verhaltensmäßige Basis für Grenzerfahrungen schafft. Dabei handelt es sich um die vom Kind in der Spieltherapie gemachten

Erfahrungen darüber, wie weit es bestimmte Aktivitäten in seinem Verhalten umsetzen kann, bis es auf die Grenzen der Akzeptanz durch die anderen stößt.

Das Testen von Grenzen ist ein ganz normaler und gesunder psychischer Vorgang, der entscheidend dazu beiträgt, die innere Regulation des kindlichen Verhaltens zu stabilisieren. Der Entwicklungsfortschritt dabei besteht darin, dass das Kind nun verbindlich weiß, wie es seine Verhaltensweisen orientieren muss, damit es sich einerseits selbst entfalten kann und andererseits von der Gemeinschaft akzeptiert bleibt. Notwendig ist dieser Schritt, da es tatsächlich Normen der Gemeinschaftlichkeit gibt und bei Abweichung Sanktionen durch die Gemeinschaft drohen. Erkennt das Kind die Grenzen, weiß es auch zugleich um die Freiräume seines Verhaltens. Beide Aspekte ergänzen sich und bilden ein tragfähiges Fundament für die weitere Entwicklung der individuellen Identität.

6.1.7 Persönlichkeitsentwicklung, Spieldiagnostik, Spieltherapie

Die Persönlichkeitsentwicklung zur Identität ist ein weiter, langer und hindernisreicher Weg, der störungsanfällig, überraschungsreich und mit besonderen Ereignissen und Erfahrungen gepflastert ist. Manche Kinder haben das Glück, diese Entwicklung aufgrund ihrer ausgewogenen und psychisch förderlichen Lebensverhältnisse unbeschadet durchzumachen. Andere werden durch besondere Umstände, durch kritische Lebensereignisse, durch psychische Nöte oder manch anderes beeinträchtigt und entwickeln Störungen und Symptome. Hier sind Spieldiagnostik und Spieltherapie wertvolle Anwendungsgebiete, die dazu beitragen können, den Schaden zu begrenzen, indem sie Gründe und Ursachen einer Symptomatik beschreiben, analysieren, erkennen, um durch gezielte Therapiemaßnahmen zu intervenieren. Eine fachmännisch durchzuführende Spieltherapie ist günstig, um die psychischen Konflikte des Kindes, die den Hintergrund seiner Symptome bilden, aufzuarbeiten und zu bewältigen.

> ❗ Es ist eine der vielen schwierigen Aufgaben von Eltern, Erzieherinnen und Erziehern, zu erkennen, ab wann das Leiden eines Kindes den Kontakt mit einer qualifizierten psychologischen Beratungs- und/oder Therapieinstitution unumgänglich macht. Zumeist ist es günstig, einen solchen Kontakt nicht zu lange hinauszuschieben, wenn man ihn gefühlsmäßig für erforderlich hält.

6.1.8 Kindliches Leben und Verständnis des Spielverhaltens

Sinnvoll und letztlich entwicklungsfördernd dürfte sein, wenn Eltern, Erzieher und Erzieherinnen ein Verständnis kindlichen Spielverhaltens aus dem tatsächlichen Lebenszusammenhang der Kinder gewinnen, wenn sie wissen, welche Erlebnisse die Kinder im Alltag haben und welche Erfahrungen sie machen. Denn Kinder beziehen diese in ihr Spiel ein und verarbeiten sie dadurch.

> ❗ Sollte es der Fall sein, dass nach dem Gefühl der Eltern und Erzieher(innen) ein Kind merkwürdig und auffällig spielt, beispielsweise sehr extreme Aggressionen produziert oder immerzu beim gleichen Spielthema verharrt, ist es ratsam, den fachlich qualifizierten Entwicklungspsychologen, den Pädagogischen oder Klinischen Psychologen zu Rate zu ziehen, denn dann besteht die Möglichkeit, wie im folgenden Abschnitt gezeigt wird, durch Spieldiagnostik die psychodynamischen Gründe dieses Verhaltens offen zu legen und gegebenenfalls heilpädagogische oder spieltherapeutische Maßnahmen zu ergreifen. Ansonsten aber sind der eigene „gesunde Menschenverstand" der Eltern und das „persönliche Gefühl" der nahen Bezugspersonen immer noch günstiger als einseitige „Ratgeber".

6.1.9 Gefahr der Beeinträchtigung und mögliche Gegenmaßnahmen

Die bisherigen Ausführungen zeigen, dass die kindliche Psyche ein vielseitig anpassungsfähiges System ist. Kinder beantworten die Komplexität unterschiedlicher Umwelteinflüsse individuell und sehr flexibel. Ihr Bezugssystem ist dynamisch, plastisch, beeinflussbar, formbar. Ihre Lernfähigkeit ist viel sensibler als im späteren Alter.

Das lässt sich am Spracherwerb verdeutlichen: Nie mehr sind Fremdsprachen so leicht und beiläufig erlernbar, wie in der Kindheit. Auf der anderen Seite sind Kinder sehr verletzlich, wenn sie sich mit Realitätseinflüssen auseinandersetzen müssen, die sie ohne äußere Hilfe nicht verkraften. Psychische Beeinträchtigungen (Angst, Insuffizienzgefühl, Gefühl der Machtlosigkeit) sind die Folge, und sie wirken in dem Ausmaß, in dem es dem Kind nicht gelingt, die beeinträchtigenden Erlebnisse zu verarbeiten und zu bewältigen. Eher selten ist der Fall eines Kindes, dessen Entwicklung ohne jegliche Beeinträchtigungen erfolgt.

! Auch dabei können Eltern, Erzieherinnen und Erzieher das Kind fördern, indem es ihnen gelingt, die Gefahren der Beeinträchtigung ihres Kindes (zum Beispiel durch bestimmte Ereignisse, Personen, Umwelten) rechtzeitig zu erkennen und präventiv (vorbeugend) Förderungsmaßnahmen zu ergreifen oder zu veranlassen.

Da die Ursachen der genannten Möglichkeiten einer Beeinträchtigung vielgestaltig sein können, beginnen wir sie gar nicht erst aufzuzählen, sondern nutzen den verfügbaren Raum lieber, um konkrete Möglichkeiten darzustellen, wie man den befürchteten Beeinträchtigungen, schon bevor sie eintreffen, abhelfen kann (Prävention) und was man tun kann, wenn Symptome schon vorhandene Beeinträchtigungen signalisieren und man etwas unternehmen muss, um sie zu lindern, zu verarbeiten, zu heilen (Intervention, Diagnostik, Therapie). Dabei wird sich zeigen, dass das kindliche Spiel wertvolle Dienste leisten kann, wenn es darum geht, die Gründe kindlichen Leidens zu erkennen (Spieldiagnostik), das Leiden abzubauen und wenn möglich zu beseitigen (Spieltherapie).

6.1.10 Zusammenfassung

- Das kindliche Spiel kann in der klinischen Praxis zur Psychodiagnostik von Entwicklungs- und sonstigen psychischen Störungen eingesetzt werden. Es ist somit zugleich eine Hilfe dabei, eine geeignete Indikationsstellung (eine sachlich begründete Entscheidungsgrundlage für die Wahl der angemessenen Therapieform) zu finden. Ferner kann das Spiel selbst, vor allem bei jüngeren Kindern die geeignete Therapie sein. In ihrem Spiel stellen Kinder ihre Phantasie, Symbolik und durch ihre Spielhandlungen den Erlebnis- und Realitätsbezug als Ausgangsdaten zur Verfügung.
- Ein solides diagnostisches und prognostisches Vorgehen setzt die Kenntnis repräsentativer Bezugssysteminformationen beim individuellen Kind voraus, ferner gründliche Ökosysteminformationen über die kindlichen Lebensverhältnisse. Voraussetzung für eine heilsame Wirkung von Spieldiagnostik und Spieltherapie (man kann beides nicht leicht trennen) ist eine echte Beziehung zwischen Therapeut und Kind, in der sich das Kind akzeptiert fühlt.
- Eine Veränderung der kindlichen Lebensverhältnisse, zum Beispiel durch Erziehungs- oder/und Familienberatung oder durch Veränderung von Interaktions- oder Wohnverhältnissen oder der Alltagsabläufe und der Freizeitgestaltung kann ebenfalls heilsam wirken.
- Das Spiel selbst ist ein ideales Interaktionsmedium für das wechselseitige Verständnis von Kind und Therapeut. Letzterer sollte mit

der Deutung kindlicher Symbolisierungen äußerst behutsam umgehen. Es ist sinnvoll, eine meist einen Konflikt offenbarende Symboldeutung erst dann zu geben, wenn das Kind signalisiert, dies zu wollen.
- Wie frei Spielverhalten in der Therapie sein kann, häng von der Qualität der Störung ab. Bei einem Angstsyndrom kann es schon ein heilsamer Fortschritt sein, wenn es überhaupt zu einer Spielbeziehung zwischen Kind und Therapeut kommt – als Basis für den therapeutischen Fortschritt. Bei delinquenten Kindern, die durch ihr normabweichendes Verhalten auffallen, wird das Spielen in der Therapie zur Ausgangsbasis dafür, dem Kind nach und nach die Verbindlichkeit von Normen und Regeln beizubringen. Im Spielverlauf kann der Therapeut bestimmte Grenzen des Verhaltens aufzeigen. Bei Delinquenzsyndromen ist das therapeutische Spiel auch ein Lernspiel, das die Erfahrung von Grenzen des Verhaltens vermittelt. Erkennt das Kind die Grenzen, weiß es auch um die Freiräume seines Verhaltens.
- Die kindliche Persönlichkeitsentwicklung kann bei psychisch förderlichen Lebensverhältnissen des Kindes ausgewogen und unbeschadet verlaufen, im umgekehrten Fall, bei psychischer Beeinträchtigung, Störungen und Symptome hervorbringen. Hier ist es die schwierige Aufgabe von Eltern, Erzieherinnen und Erziehern, zu erkennen, ab wann professionelle fachliche Hilfen nötig sind.
- Kinder verarbeiten ihre Alltagserfahrungen im Spiel. Daher ist die sensible und sorgfältige Beobachtung ihres Spiels manchmal der Schlüssel zur Erkenntnis ihres psychischen Befindens bzw. ihrer Lebenslage. Hier kommt Eltern, Erzieherinnen und Erziehern die Aufgabe zu, Gefahren der Beeinträchtigung ihres Kindes (z.B. durch Ereignisse, Personen, Umwelten) rechtzeitig zu erkennen und präventiv Fördermaßnahmen zu ergreifen oder Interventionsmaßnahmen zu veranlassen.

6.2 Hinweise für Eltern, Pädagogen, Seelsorger, Ärzte und Psychologen

6.2.1 Das Spiel – Wirklichkeitsbezug des Kindes

Bei aller Vielgestaltigkeit und psychologischen Komplexität des Kinderspiels gibt es ein generelles Merkmal, das sich wie ein roter Faden durch alle kindlichen Spiele zieht. Ob wir nun die ersten Funktionsspiele des Säuglings betrachten oder das komplizierte Regelspiel zwischen älteren Kindern bzw. Schulkindern, die vielfältigen Konstruktionsspiele mit ihren unterschiedlichen Anforderungsstrukturen oder die mit innigem Engagement gespielten Rollenspiele: Jedes Mal gestalten die Kinder durch das Spiel ihren Bezug zur Wirklichkeit! Selbst wenn sie dabei noch so phantasiereich agieren, durch die Art ihrer Spielgestaltung von manchen Gewohnheiten abweichen, zuweilen das ignorieren, was sie im sonstigen Alltag unentwegt beachten müssen – es bleibt dabei: Das Spiel ist die kindliche Art und Weise, den eigenen, persönlichen und somit individuellen Wirklichkeitsbezug aktiv zu schaffen, zu gestalten und für die Dauer des Spiels aufrecht zu erhalten.

> ❗ Wie wichtig und ernst die Kinder diese Form ihres Bezugs zur Wirklichkeit nehmen, kann man an den negativen Emotionen erkennen, die auftreten, wenn ein intensives Spielgeschehen ohne nachvollziehbar triftigen Grund von außen unterbrochen wird.

Einen weiteren Beweis liefert der Spielverlauf als solcher: Kinder dulden keine Abweichungen von seiner inhaltlichen Logik und Regelhaftigkeit; das ist ein geradezu normativer Aspekt, der zudem die Ernsthaftigkeit und innere Folgerichtigkeit des Spielgeschehens unterstreicht.

Beachten Eltern, Erzieherinnen und Erzieher diesen grundlegenden Gesichtspunkt, dürfte das Spiel ihrer Kinder echte Chancen auf „Selbstverwirklichung" haben. Leider muss man aber zugeben, dass gerade die pädagogische und psychologische Fachliteratur der vergangenen Jahrzehnte den Blick für diese Sichtweise verstellt hat. Viel zu sehr wurde das Kinderspiel mit den Begriffen der Fiktion, der Illusion, der Quasi-Realität eines „So-tun-als-ob" beschrieben, und wenn man diese Begriffe einmal nicht benutzte, beschrieb man das Spiel als Produkt der kindlichen Phantasie, das geeignet sei, die Kreativität zu fördern.

An und für sich wären solche Begriffe gar kein Makel, denn nicht selten haben Spiele fiktive, illusionäre, quasi-reale Momente, die die kindliche Phantasie zur Spielgestaltung einsetzt. Aber wesentlich ist, was Otto (1979, S. 75f) sehr treffend formuliert:

> „Primär ist der Bezug des Kindes zur Realität, die sich im Inhalt des Spiels widerspiegelt [...] – vorausgesetzt allerdings, dass die Kinder die [Vorgänge, Ereignisse] bereits in Wirklichkeit erleben und deren Zusammenhänge kognitiv verarbeiten konnten. Die Logik der Realität wird im Inhalt des Spiels also streng abgebildet sowie ernst, oft sogar kleinlich genau eingehalten. Nicht selten kann man beobachten, wie Kinder empört reagieren oder auch in Tränen ausbrechen, wenn unaufmerksame Spielpartner oder taktlose Erwachsene diese innere Echtheit der Realitätsbezogenheit im Spiel missachten"

Ich glaube, dies ist einer der wichtigsten Hinweise, den man allen geben kann, die mit Kindern zu tun haben:

> ❗ Der *spielerische Realitätsbezug* des Kindes ist genauso sensibel zu beachten und ernst zu nehmen wie die kindlichen Beziehungen zur Realität, die Kinder außerhalb ihres Spieles entfalten. Beachtet man diesen wichtigen Punkt, dürfte eine „richtige" Einstellung zur kindlichen Spieltätigkeit unproblematisch sein.

6.2.2 Das Spiel und die Spielumwelten des Kindes

Eine weitere Reihe grundlegender Gesichtspunkte betrifft die *Spielumwelten* des Kindes. Die das kindliche Spiel fördernden oder beeinträchtigenden Umwelten sind Bestandteile der kindlichen Lebensverhältnisse. Es ist zunächst die Familie, die häusliche Wohnumwelt und die dabei gegebene Lebenssituation, die dem Kind die ersten Sozialkontakte, aber auch den ersten Kontakt zu Spielgegenständen ermöglicht. Das Kinderspiel hat hier einige Wurzeln. Kinderhorten und Kindergärten kommt als Spielumwelten eine ergänzende und erweiternde Funktion zu. Als soziale Institutionen können sie die Sozialität und Gemeinschaftlichkeit kindlichen Spielens unterstützen und zugleich die Eltern von den Erziehungs- und Versorgungsaufgaben vorübergehend entlasten. Außerdem schaffen sie in der Regel günstige Voraussetzungen für eine Ausweitung der Spielmöglichkeiten. Besonders der so wichtige soziale Kontakt mit anderen Kindern bietet gute Voraussetzungen für die Entwicklung von Rollen- und Regelspielen, für gemeinsame Konstruktionsspiele und alle möglichen Formen des Sozialspiels. Günstig wäre, wenn auch die ersten Schuljahre eine Kombination von Spiel- und Lernumwelt bieten könnten, denn eine ausschließliche Lern- und Leistungsumwelt verhindert eher die Entfaltung individueller Entwicklungspotentiale zugunsten der Aneignung von Bildungs- und Kulturgütern. Aber das eine sollte das andere nicht ausschließen: Spielerische Selbstentfaltung, gemeinsames Spielerleben und gemeinsame Gestaltung von Spielereignissen während der Schulzeit dürfte den sonst häufig nach der Anfangszeit sinkenden oder gar negativen Erlebniswert der Institution Schule erhöhen und auch zu einer Steigerung der kindlichen Lernerfolge beitragen. Bei allem ist zu bedenken, dass die Spielentwicklung mit dem Schuleintritt keineswegs aufhört, sondern ganz im Gegenteil in ihre differenziertesten Formen übergeht. Dürfen wir den Kindern die geeigneten Umweltbedingungen zur Erweiterung und Integration ihrer spielerischen Möglichkeiten und Kompetenzen vorenthalten? Nein.

❗ Eltern, Erzieherinnen und Erzieher, Pädagogen, Psychologen und alle mit der Betreuung, Erziehung und Ausbildung der Kinder betrauten Personen sollten sich im Sinne der Förderung dafür einsetzen, dass das Spiel eine dem Unterricht und dem gezielten Lernen ebenbürtige Stellung in den schulischen Institutionen erhält. Besonders wichtig ist dies während der Grundschuljahre. Spielen und Lernen schließen sich nicht gegenseitig aus. Sie ergänzen einander, und gar nicht selten gehen sie ineinander über. Auf jeden Fall stellen sie komplementäre Fundamentale Lebenssysteme zur Förderung der kindlichen Persönlichkeitsentwicklung im Ganzen dar.

Vollständigkeitshalber weise ich darauf hin, dass das Spielzeug, das Kindern zur Verfügung steht (siehe unter 3.4) ein zentraler Bestandteil ihrer Spielumwelten ist. Spielzeug hat aber auch eine wichtige gesellschaftliche, kulturelle und wirtschaftliche Dimension. Im Spielzeug spiegelt sich das gesellschaftliche Selbstverständnis von Generationen und Epochen. Die Spielzeugkultur ist ein Spiegel der gesellschaftlichen Kultur und Entwicklung. Die gigantischen Ausmaße moderner Spielwarenmessen (etwa in Nürnberg) zeigen die ökonomische Dimension auf. Ganze Wirtschaftszweige erblühen am und leben vom Spielwarengeschäft; mit dem kindlichen Spiel wird eine Unmenge von Geld verdient.

❗ Hier ist es eine Hauptaufgabe aller an der Erziehung der Kinder Beteiligten, aus dem Überangebot die „richtige" Wahl zu treffen. Überfluss an Spielzeug kann die Spielaktivitäten der Kinder mindestens ebenso beeinträchtigen wie Spielzeugmangel.

Spielplätze, Spielräume und Spielzeiten können als wesentliche Einflussgrößen auf das Kinderspiel gelten. An geeigneten Spielplätzen besteht, insgesamt gesehen, ein akuter Mangel. Hier gibt es großen Nachholbedarf. Schon bei der Planung von Spielplätzen sollte unbedingt auf die entwicklungs- und kinderpsychologischen Hinweise (siehe unter 3.4) geachtet werden. Entscheidend ist, dass ein Spielplatz kindgemäß gestaltet wird. Das bedeutet: Alle Geräte müssen hinsichtlich ihres Aufforderungscharakters zum Spielen und bezüglich der kindlichen Bewegungskoordination sowie unter allen verbindlichen Sicherheitsnormen in ihrer Funktionalität abgestimmt und überprüft sein.

❗ Es wäre nur sinnvoll, Eltern und Kinder in die Planung sowie Gestaltung von Spielplätzen einzubeziehen. Besonders die Eltern sollten sich hier zur Optimierung der Spielumwelten ihrer Kinder aktiv einbringen.

6.2.3 Bedingungen spielerischer Selbstentfaltung

Spielräume und Spielzeiten unterliegen eher dem erzieherischen Einfluss der kindlichen Bezugspersonen als die Gestaltung öffentlicher Spielplätze. Besonders im häuslichen Bereich des Wohnens und Zusammenlebens sollten den Kindern genügend Räume und Zeiten zur Verfügung stehen, in denen sie ungehindert spielen können. Die Familienumgebung bleibt die Ausgangsbasis der kindlichen Entwicklung. Da das kindliche Spiel so grundlegend wichtige Funktionen für die Entwicklung hat, ist es eine Aufgabe der Eltern, bestmögliche Bedingungen zur spielerischen Selbstentfaltung der Kinder zu schaffen. Dabei sind Spielzeug, Spielraum und Spielzeit neben dem Interesse an der kindlichen Spielaktivität die Grundpfeiler eines optimalen häuslichen Milieus, in dem sich das Kinderspiel günstig entwickeln kann.

Alle genannten Hinweise betreffen mehr oder weniger die kindlichen Lebensverhältnisse, unter deren Voraussetzung Kinder spielen können. Sie müssen ergänzt werden um einige psychologische Hinweise, die zu beachten sind, wenn zugleich Spiel- und Entwicklungsförderung angestrebt wird.

Die konkreten Lebensverhältnisse werden von uns als Basis und Rahmenbedingungen für die kindliche Entwicklung immer wieder genannt. Innerhalb dieser Verhältnisse gestaltet sich die kindliche Lebenssituation aufgrund spezifischer Einflüsse auf das Kind. Das Kind ist von einer vielfältigen Gegenstandswelt umgeben und mit den unterschiedlichsten Funktionen dieser verschiedenen Gegenstände konfrontiert. Unter dem Einfluss der täglichen Interaktionen mit den Eltern und anderen Bezugspersonen entwickelt es zunehmend Sozialkontakte. Durch den spielerischen Gegenstandsbezug sowie durch die diversen Formen des sozialen Kontakts bewirken die kindlichen Erlebnisse bleibende Erfahrungen.

❗ Insofern geht das elterliche Erziehungsverhalten in die Alltagserfahrung des Kindes ein und damit auch in sein Spielverhalten. Eltern stehen in jedem Falle „Modell", sie werden deshalb im kindlichen Bezugssystem erfahrungswirksam.

In welcher Weise das der Fall ist, kann man besonders im kindlichen Rollenspiel beobachten, wenn nämlich das Kind die Symbolfunktion einsetzt, um Wünsche Wirklichkeit werden zu lassen. Dabei werden zur Nachgestaltung der erlebten Wirklichkeit Symbole eingesetzt. Und je nachdem, wie der Erlebniswert einer kindlichen Erfahrung beschaffen war, bietet das Spiel als primäres kindliches Verhaltenssystem die psychohygienisch notwendigen Bewältigungsmöglichkeiten.

In diesem Zusammenhang ist vor falschen Interpretationen des kindlichen Spielverhaltens zu warnen. Denn die kindlichen Bewältigungsstrategien können im Spielverhalten sehr verschiedene Formen annehmen, und sie können der Ausdruck unterschiedlicher psychischer Prozesse sein, durch die Kinder ihre Erfahrungen verarbeiten. So muss die aktive Nachgestaltung kulturell anerkannter Rollen der Erwachsenen (wie zum Beispiel Traktorfahren, Autofahren, Kind pflegen, zu Bett bringen usw.) keineswegs immer eine spielerische Wunscherfüllung sein.

Der gleiche Spielvorgang kann unterschiedliche psychische Hintergründe haben. Es kann sich etwa auch um die spielerische Kompensation eines Defizits handeln oder nur darum, dass der besondere Erlebniswert einer bestimmten Spielhandlung das Kind dazu drängt, sie öfter zu wiederholen.

❗ Interpretationen des kindlichen Spielverhaltens sollte man also vorsichtig und eher zurückhaltend handhaben; man sollte sie überhaupt nur wagen, wenn man den Erfahrungshintergrund eines Kindes kennt und außerdem über seine Bedürfnisse, Vorlieben und Motive (sein Bezugssystem) gut informiert ist.

6.2.4 Nachahmung, Bewältigung und Integration von Gegensätzen im Spiel

Besonders unsere umfangreichen Feldexperimente haben klar gezeigt, dass Kinder spannungsreich erlebte antisoziale bzw. aggressive Erfahrungen manchmal exzessiv nachahmen, sie sogar zuweilen nachgestaltend erweitern: Manche Kinder ließen „Klimbambula, den bösen Ärgerer" alles stehlen, also auch Gegenstände, die in der Vorlesegeschichte und dem entsprechenden Videotrickfilm gar nicht vorkamen. Eine solche Generalisierung der Nachgestaltung aggressiver Handlungen geht über die bloße Nachahmung erlebter und erfahrener Ereignisse weit hinaus. Es wäre sehr oberflächlich, Kinder, die auffallend intensiv Aggressionshandlungen nachgestalten, sie sogar generalisieren, nun als besonders aggressiv zu bezeichnen. Denn betrachtet man die Forschungsergebnisse in den anderen psychischen Funktionsbereichen ihres Spielverhaltens, wie etwa Emotionen, Bewertungen und Einstellungen, so wird klar, dass diese Kinder die Aggressionshandlungen des Modells Klimbambula strikt ablehnen. Handelt es sich also um einen inneren Widerspruch des psychischen Geschehens bei diesen Kindern? Keineswegs!

Ihr Spielverhalten zeigt lediglich eine alternative Form der Bewältigung von gemachten Erfahrungen: Sie bewältigen die erlebten und erfahrenen Aggressionen des ansonsten attraktiven Akteurs Klimbambula dadurch, dass sie seine aggressiven Handlungen im Spiel „bis zum Geht-nicht-mehr" nachgestalten. Daran, dass manche Kinder ihn nach diesen Nachgestaltungen sogleich empfindlich bestrafen, kann man sehen, wie besonders das freie Spiel dem Kind die Möglichkeit verschafft, die aufgrund des Zusammenwirkens verschiedener psychischer Kräfte und Funktionen (Emotion, Motivation, Kognition, Bewertung) entstandenen unterschiedlichen Tendenzen des Verhaltens *problemlos* miteinander zu integrieren.

❗ Es kommt darauf an, dass wir Erwachsenen aus so heterogenem Spielverhalten kein Problem machen, indem wir es aus Unwissenheit falsch interpretieren. Das kindliche Spiel ist nun einmal ein hochflexibles und plastisches Verhaltenssystem, das alle Gegensätze verträgt oder sogar vereint, gestalterisch umsetzen kann und dadurch das kindliche Erleben erweitert.

6.2.5 Signale des Spiels

Man sollte auch nicht zu zurückhaltend sein, wenn es um die Einschätzung des Spielverhaltens der Kinder geht. Das Spiel ist nicht unantastbar, es ist vielmehr aussagekräftig, und manchmal enthält es Signale, die man unbedingt beachten muss. Vermeiden Kinder das Spielen über einen längeren Zeitraum oder spielen sie immer und immer wieder die gleichen Inhalte, kann das ein Hinweis auf eine Stagnation in der kindlichen Persönlichkeitsentwicklung sein.

❗ Haben Eltern ein solches Gefühl, erscheint es sinnvoll und ratsam, eine kinderpsychologische Beratung bzw. Erziehungsberatungsstelle in Anspruch zu nehmen.

Manchmal kann eine Korrektur gewohnter Abläufe oder ein vorübergehender Wechsel eingeschliffener Ereignisse die Situation verändern; und wenn eine psychodiagnostische Untersuchung Hinweise dafür ergibt, dass Anzeichen einer beginnenden Fehlentwicklung vorliegen und eine Spieltherapie günstig wäre, so ist das aus Verantwortung dem Kind gegenüber ein viel besserer Weg, als nichts zu tun. Gar nichts zu unternehmen kann in der Folge zu weitergehenden Beeinträchtigungen des Kindes, eventuell zu einer Chronifizierung seines Leidens führen.

Die Möglichkeiten einer positiven Veränderung durch Spieltherapie sind aufgrund ausgereifter Behandlungsmethoden heute besser denn je. Eine Behandlung muss manchmal gar nicht lange dauern, um Erfolge zu haben. Allerdings ist die innere Bejahung durch die Eltern sowie ihre Bereitschaft, das Kind dabei zu unterstützen, eine sehr wünschenswerte Voraussetzung für einen bleibenden Erfolg.

6.2.6 Das Spiel als Vermittler der Zeit im Erleben

Das Spiel ist das ideale kindliche Verhaltenssystem dafür, entsprechend seinem Entwicklungsstand sowohl Erfahrungen zu machen als auch bereits gemachte Erfahrungen konstruktiv zu verarbeiten. Insofern ist das Kinderspiel ein Geschehen, das die Zeit in der Gegenwart des Spielgeschehens vermittelt. Wenn Kinder spielen, geschieht es häufig in Bezug zur Vergangenheit und zur Zukunft zugleich. Entscheidend beim Spiel ist aber der Gegenwartsbezug, das heißt das aktuelle Spielerleben.

Es gibt wohl wenige Verhaltensmöglichkeiten des Menschen, die ein so hohes Maß der zeitlichen Verdichtung von Ereignissen und Erfahrungen zulassen, wie das beim Spielen der Fall ist. Grundlegend für das positive Erleben ist der Erlebniswert eines jeden Spiels, den man nicht hoch genug einschätzen kann. Die neugierige Spannungssuche, das spielerische Explorieren und Experimentieren, die ausdauernde

Anstrengung bei spielerischen Konstruktionen, die Sorgfalt und Vehemenz bei Rollenspielen, die emotionale Dynamik beim gemeinsamen Regelspiel und bei sonstigen Sozialspielen – all das sind Aspekte des Erlebniswertes beim Spielen. Und alle enthalten sie, weil der Gang der Spielereignisse nie genau vorhersagbar ist, die Möglichkeit der Erlebnissteigerung. Ist es nicht so, dass wir diese Steigerung eigentlich ein Leben lang suchen? Am ehesten enthält das Spiel aufgrund seines Überraschungsgehalts und seiner relativen Gefahrlosigkeit in den Konsequenzen diese Möglichkeit. Kindern mehr Spielraum und Spielzeit zur Verfügung zu stellen, ihr Spiel als solches zu akzeptieren und nicht zu maßregeln, bedeutet im Endeffekt auch, ihre eigenen Grenzen für ein erweitertes Erleben zu öffnen.

❗ Das kindliche Spiel trägt also zur Entfaltung des aktiven Erlebens und zur Gestaltung der kindlichen Lebensereignisse durch das Kind bei, vor allem aber zu seiner optimalen Entwicklung. Indem die Erwachsenen für das Spielen der Kinder die besten Voraussetzungen schaffen, werden sie nicht nur zu guten Spielpartnern, zu echten Förderern der kindlichen Entwicklung, sie öffnen dadurch auch ihre eigenen Grenzen des Erlebens und Verhaltens und fördern dadurch die eigene Persönlichkeitsentwicklung.

6.2.7 Die hohe Relevanz des Spiels im kindlichen Leben

Dieses Buch wurde mit einem bestimmten Ziel verfasst: Allen Erwachsenen, die mit Kindern und mit dem kindlichen Spiel zu tun haben, jenes psychologische Grundwissen zu vermitteln, das zu einem kompetenten Umgang mit der kindlichen Spieltätigkeit führen kann. Im Hintergrund stand dabei das Motto eines berühmten Psychologen, der einmal den Satz geprägt hat, es sei nichts so praktisch wie eine gute Theorie. Doch gerade eine solche Theorie fehlt bisher in der Psychologie des Kinderspiels. Es gibt eine Vielzahl verschiedener Meinungen, Behauptungen, Hypothesen, theoretischer Ansichten und so genannter wissenschaftlicher Auffassungen, die in der Regel nur Teilwahrheiten enthalten bzw. deren Wahrheitsgehalt nicht in jedem Fall erwiesen ist. Aus diesem Grund habe ich im vorliegenden Buch darauf verzichtet, alle möglichen Auffassungen zum Kinderspiel zu referieren. Interessierte Leserinnen und Leser können diese in den im Literaturverzeichnis angegebenen Werken nachlesen.

Die Psychologie des Kinderspiels gehört zu den vernachlässigten Gebieten der psychologischen Forschung, wenn man einen Vergleich zu anderen Forschungsgebieten der Psychologie zieht. Dennoch habe ich versucht, das vorhandene Wissen in die theoretischen Überlegungen des vorliegenden Buches einzubeziehen. Natürlich ist eine Psychologie des kindlichen Spielens vorrangig eine Forschungsaufgabe der Entwicklungspsychologie. Denn das Kinderspiel erweist sich zunehmend als ein Entwicklungsphänomen ersten Ranges. Immer mehr setzt sich auch in Fachkreisen die Auffassung durch, dass das kindliche Spiel ein zentrales Verhaltenssystem des Kindes ist.

❗ Spiel scheint für das aktuelle Erleben der Kinder ebenso relevant zu sein wie für die kindliche Persönlichkeitsentwicklung als solche. Es ist inzwischen durchaus möglich, Kinder, Jugendliche und Erwachsene danach zu unterscheiden, wie „spielkompetent" sie sind. Zwischen der Spielkompetenz Erwachsener und dem kindgemäßen Umgang mit den kindlichen Spielaktivitäten scheint ein Zusammenhang zu bestehen.

Bei allem ist zu bedenken, dass das Spielen eine Aktivitätsform ist, die Kinder (und Erwachsene) freiwillig und von sich aus aufsuchen. Es gibt kaum alternative Möglichkeiten des menschlichen Verhaltens, die ein solches Ausmaß an Freiwilligkeit, Spontaneität und Eigenaktivität erlauben wie das Spielen. Nirgendwo sonst im menschlichen Leben ist auch so viel Freiraum für die unterschiedlichsten Verhaltensweisen und auf den ersten Blick manchmal widersprüchlichen Handlungen. Auch ist aus psychologischer Sicht kein alternatives Verhaltenssystem zu erkennen, das so viele unterschiedliche psychohygienische und selbstheilende Funktionen enthält wie das Kinderspiel. Zugleich aber lassen sich im kindlichen Spiel Regelhaftigkeit, Logik und Wirklichkeitsbezug nachweisen: Spielend gestalten Kinder ihren Bezug zur Wirklichkeit, und dieser Bezug ist viel realer, als dass man ihn beim heutigen Wissensstand noch mit den Begriffen der Fiktion, der Illusion, der Imagination oder der Quasi-Realität und des „So-Tun-als-ob" angemessen beschreiben könnte. Solche Bezeichnungen werden dem Spiel nicht gerecht.

❗ Bei genauerer Betrachtung entpuppt sich das Kinderspiel als ein überaus wichtiges System, das von außen gefördert und beeinträchtigt werden kann. Seine komplexe Funktionsweise, seine persönliche Wichtigkeit für das Kind, die Häufigkeit und die Dauer des Spielens, seine Individualität und Sozialität, seine Flexibilität und Plastizität sowie seine so vielfältigen Erscheinungsformen sprechen für die hohe Relevanz des Spiels im kindlichen Leben.

Als erwachsene Bezugspersonen und direkte wie indirekte Spielpartner der Kinder sind wir gefordert, dem kindlichen Spiel in allen dargelegten Bereichen die bestmöglichen Chancen zu geben, sich selbst zu verwirklichen. Selbstverwirklichung bedeutet, dass die *H*andlungen, das *E*rleben, der *R*ealitätsbezug und die *Z*iele in dem vom Kind erzeugten aktiven Spielgeschehen *eins* werden können. Auf diese Weise entsteht das, was wir hier als das *HERZ* des Spiels bezeichnen und das in diesem Buch empirisch und theoretisch hinsichtlich der unterschiedlichen Formen seiner Entwicklung erforscht werden sollte. Die Ausformulierung der *HERZ*-Theorie findet sich in Kapitel 7.

6.2.8 Zusammenfassung

- Das Spiel ist die kindliche Art, den eigenen, individuellen Wirklichkeitsbezug zu schaffen, zu gestalten und aufrecht zu erhalten. Kinder schätzen die innere Logik und Regelhaftigkeit ihres Spiels, sie dulden keine Abweichungen von der Logik und inneren Echtheit des Realitätsbezugs im Spiel.
- Die Spielumwelten des Kindes, zunächst die Familie und häusliche Wohnumwelt, dann Kinderhorte und Kindergärten schaffen in der Regel günstige Voraussetzungen für die Entwicklung und Konsolidierung von Spielmöglichkeiten. Sozialität und Gemeinschaftlichkeit bilden grundlegende Bedingungen der Spielentwicklung insgesamt. Da die Spielentwicklung des Kindes nach dem Schuleintritt ihre differenziertesten Spielformen hervorbringt, ist es eine dringliche Notwendigkeit dafür zu sorgen, dass das Spiel eine dem Unterricht und dem gezielten Lernen ebenbürtige Stellung in den schulischen Institutionen erhält. Spielen und Lernen ergänzen einander.
- Spielzeug sollte zentraler Bestandteil kindlicher Spielumwelten sein. Es ist das Werkzeug des kindlichen Spiels. Die Spielzeugkultur ist ein Spiegel der Kultur und Entwicklung der Gesellschaft. Für das Kinderspiel und die Entwicklung der Kinder kommt es darauf an, das richtige Spielzeug zu beschaffen (Spielwert, Erlebniswert). Es gehört zu den Aufgaben aller erziehenden Personen und Institutionen, für eine Optimierung der Spielumwelten ihrer Kinder zu sorgen. Spielplätze, Spielräume und Spielzeiten stellen wesentliche Einflussgrößen auf das Kinderspiel dar. Sie müssen funktional und sicherheitstechnisch optimiert sein und einen kindgemäßen Aufforderungscharakter zum Spielen enthalten.

- Im häuslichen Bereich des Zusammenlebens ist es eine Aufgabe der Eltern, bestmögliche Bedingungen zur spielerischen Selbstentfaltung der Kinder zu schaffen. Darüber hinaus werden Eltern so oder so im kindlichen Bezugssystem erfahrungswirksam. Das Ausdifferenzierte Symbol- und Rollenspiel der Kinder gibt meist klaren diagnostischen Aufschluss darüber, wie Kinder ihre Eltern erleben, nämlich so, wie sie sie im Spiel thematisieren. Aber Vorsicht: Manchmal ist das Symbol-/Rollenspiel des Kindes bereits von Bewältigungshandlungen gegenüber der erlebten und erfahrenen Realität durchsetzt.
- Die Spielsituationen unserer Feldexperimente haben klar gezeigt, dass Kinder extrem erlebte Gegensätze in ihrem Spiel mühelos integrieren können. Das Zusammenwirken ihrer psychischen Kräfte und Funktionen erweist ihr praktiziertes Spiel als ein hochflexibles und plastisches Verhaltenssystem, das alle erfahrenen Gegensätze durch seine Handlungen gestalterisch umsetzen kann und dadurch sein eigenes Erleben erweitert.
- Das Spielverhalten des Kindes ist wie ein Seismograph seiner inneren Vorgänge. Die Spielhandlungen und Spielkontexte signalisieren das Ausmaß des inneren Wohlbefindens. Sollten sich hier Auffälligkeiten zeigen, die man von außen zwar spürt, aber dennoch nicht so recht einschätzen kann, ist es ratsam, kinderpsychologische Beratung zu beanspruchen.
- Das Kinderspiel vermittelt die Zeit in der Gegenwart. Aktuelles Spielerleben und Gegenwartsbezug sind eins, Erlebniswert und Erlebnissteigerung inklusive. Das HERZ des Spiels ist eine sinnbildliche Abkürzung für den im folgenden abgehandelten Theorieentwurf zur Erklärung des Kinderspiels in der Persönlichkeitsentwicklung über das **H**andeln, das **E**rleben, den **R**ealitätsbezug und den **Z**ielbezug im Spiel. Alle sonstigen Aspekte des Kinderspiels, die wir in diesem Buch erarbeitet haben, sprechen für die hohe Relevanz des Spiels im kindlichen Leben.

7. HERZ-Theorie des Kinderspiels

7.1	Vorbemerkung	230
7.2	Handlung im Spiel	230
7.3	Erleben im Spiel	231
7.4	Realität im Spiel	234
7.5	Ziele im Spiel	235
7.6	„Eis"-Modell des Spiels	235
7.7	Zusammenfassung	237

7.1 Vorbemerkung

Es gibt in der Psychologie unzählige Überlegungen zu verschiedenen Aspekten des Spiels. Eine allgemeingültige (nomothethische) Theorie zur Erklärung (Explikation) des Kinderspiels liegt indessen nicht vor. Im Folgenden soll eine Theorie, ein Versuch zur Erklärung des kindlichen Spiels anhand seiner zentralen Bezugskomponenten entworfen werden. Diese hauptsächlichen Komponenten bestehen in der *Handlung*, dem *Erleben*, der *Realität* und dem *Ziel* sowie in der wechselseitigen Beziehung dieser Komponenten des Fundamentalen Lebenssystems Spiel.

7.2 Handlung im Spiel

Jedes Spiel manifestiert sich über die Handlungen, die das Spielgeschehen gestalten. Handlungen sind intentionale und bedeutungshaltige sowie zielbezogene Verhaltensakte, und sie haben einen persönlichen Sinn. Dies ist generell charakteristisch für Handlungen. Das bedeutet, dass jede menschliche Handlung durch diese typischen Charakteristika beschrieben werden kann. Für die psychische Determination von Handlungen gilt aufgrund ihrer Intentionalität und des Zielbezugs, dass Handlungen motiviert sind. Wie die individuelle Handlungsmotivation beschaffen ist, das hängt mit der subjektiven Bedeutungshaltigkeit und dem persönlichen Sinn zusammen, den das individuelle psychische Bezugssystem aufgrund seiner Erfahrungen und Einstellungen in Bezug auf die Realität und diverse Handlungsziele generiert.

Erfahrungen können als überdauernde Engramme der Erlebnisse, Gegenstandsbezüge und persönlich relevanten Ereignisse im Gedächtnis der Person gelten, die sie bei jeder weiteren Genese einer Handlung einbezieht. Das hängt von den Einstellungen ihres psychischen Bezugssystems ab. *Einstellungen* sind Systemkomponenten des Bezugssystems, die den individuellen Gegenstandsbezug beim Handeln steuern und möglichst realitätsangemessen moderieren.

❗ Unter Einbeziehung innerer *Bewertungsprozesse* „entscheiden" Einstellungen intrapsychisch darüber, ob und unter welchen besonderen Bedingungen eine Handlung realisiert wird oder nicht.

Kinder verfügen schon früh über ein Grenzbewusstsein darüber, ob sie sich in einem Spiel befinden oder nicht. Handlungen im freien Spiel sind spielextern konsequenzenfrei. Deswegen braucht das psychische Bezugssystem durch seine Einstellungen auf Basis von Bewertungsprozessen im Spiel keine möglichen (erwarteten) externen Konsequenzen (z.B. Sanktionen) bei der Genese des gegenstandsbezogenen Handelns zu gewichten. Das ist *der* große Unterschied zwischen Spiel und Nichtspiel. Er macht sich in allen zentralen Bezugskomponenten des kindlichen Spiels bemerkbar, den immer zielbezogenen Handlungen und dem gesamten Erleben der Realität im Spiel.

Bezüglich der kindlichen Handlungen im Spiel bleibt noch eines zu klären. Bisher wissen wir, dass sie, wie spielexterne Handlungen auch, intentional, bedeutungshaltig, zielbezogen und mit einem persönlichen Sinn versehen sind. Worin bestehen aber Intentionalität, Bedeutungshaltigkeit, Zielbezug und persönlicher Sinn kindlicher Handlungen im Spiel? – Im Unterschied zum Nichtspiel können Handlungen im Spiel frei von spielexternen Regelungen wie zum Beispiel Normen, Werten, Sanktionserwartungen generiert und im Spiel umgesetzt werden. Für das Spiel als Lebensform des Kindes bedeutet das, dass es sein Erleben frei leben und seine Handlungen ebenfalls frei gestalten kann. Das impliziert für die Motivation seines Handelns im Spiel einen riesigen Ansporn, der zudem vom Kind selbst stammt, also natürlich intrinsisch ist. Jetzt kann das Kind sein eigenes Erleben im spielerischen Gegenstandsbezug frei gestalten und mehr noch: Das Kind kann sein Erleben beliebig erweitern. — In solcher Art der *Erlebniserweiterung* zeigt sich die Kernmotivation des Spiels. Das dynamische Wechselspiel von Motivation, Zielbezug, Spielhandlung und Realitätsgestaltung ist in seinem Kern dadurch bedingt,

Abb. 7.1 Die Welt des Spiels sieht manchmal für Beobachter völlig verkehrt aus. Dagegen ist das *HERZ* des Spieles vollkommen klar. (Foto: Christoph Fischer)

Erlebniserweiterungen hervorzubringen. Das ist die ontogenetische Kernmotivation für das Hier und Jetzt eines Spiels – mit übrigens weitreichenden Folgen für die Persönlichkeitsentwicklung.

7.3 Erleben im Spiel

Es ist bekannt, dass sich die Psychologie seit jeher mit dem Erleben schwer tut, da man es ja nicht beobachten, sondern nur zum Beispiel aus Verhaltens- und Handlungskontexten erschließen kann. Für die empirische Spielforschung ist dieser Umstand mit zusätzlichen Schwierigkeiten verbunden, da bei jeder Spielform eine *spielinterne Zieldynamik* festzustellen ist, die beträchtliche *Zielfluktuationen* mit sich bringt, was für den spielerischen Realitätsbezug mit besonderen Konsequenzen verbunden ist: Kinder wechseln zwischen verschiedenen Ebenen ihrer spielerisch gestalteten Realität spontan. All das erschwert eine zuverlässige Erfassung des Erlebnisgehaltes eines Spiels.

Dennoch bleibt es dabei: Das Erleben und die diversen Erlebniserweiterungen stellen die Kernmotivation der spielerischen Handlungsregulation dar. Wo sonst eigentlich hat das Kind so stark erweiterte Möglichkeiten der persönlichen, selbst initiierten Realitätsgestaltung wie im freien Spiel. Dieses ist eben extravagant und in seinem *HERZ* (*Handlung, Erleben, Realität, Ziel*) unbegrenzt, solange es stattfindet. Es gibt im sonstigen kindlichen Leben keine Alternative dazu. Im Spiel erlebt das Kind alle seine Bezugskomponenten psychisch real. Das bedeutet, es geht darin um nichts weniger als um eine psychisch faktisch erlebte Wirklichkeit. Alle kindlichen Spielhandlungen sind erlebnismäßig wirklich, ein Umstand, der sich besonders eindrücklich in den Frühen Symbolspielen und den späteren Ausdifferenzierten Symbol- und Rollenspielen von Kindern zeigt. Die verwendeten Symbolisierungen stehen zwar im spielerisch hervorgebrachten Handlungskontext für spielextern erlebte Ereignisse und Erfahrungen, aber dadurch, dass sie im Spiel inszeniert werden, erschaffen sie simultan ein dynamisches, bedeutungshaltiges,

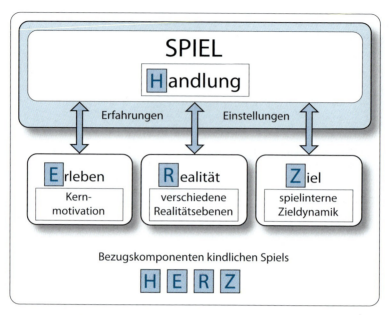

Abb. 7.2 Die *HERZ*-Theorie des Spiels mit den Bezugskomponenten Handlung, Erleben, Realität und Ziel. Diese Komponenten erzeugen durch ihre Interaktion die Spielgegenwart, wobei Erfahrungen und Einstellungen eine individualisierende Rolle spielen.

mit persönlichem Sinn ausgestattetes Geschehen, das als wirkliches erlebt wird. Und die kindliche Faszination steigert sich dadurch, dieses Wirklichkeitserleben noch erweitern zu können, indem es aktiv die Ereignissituation zum Beispiel durch Zielfluktuationen anreichert und damit die spielinterne Zieldynamik bewegt.

Man kann diesen Vorgang auch als die kindliche Lust am eigenen, selbst initiierten Spielerleben bezeichnen, die objektiv wie subjektiv ausschließlich auf die spielerische Gegenwartsgestaltung gerichtet ist. Dies, so könnte man sagen, sei der subjektive ontogenetische Sinn des Spiels für das Kind.

Wir haben bisher genug betont, dass das kindliche Spiel reine Gegenwartsgestaltung sei. Dazu kommt aber noch ein mächtiges Entwicklungspotenzial. Man kann gut beobachten, dass durch den Lebensvollzug im Spiel und durch das Spiel selbst noch weitere Komponenten der psychischen, psychosomatischen und psychosozialen Persönlichkeitsorganisation und Persönlichkeitsentwicklung betroffen sind, die von den permanenten Erlebniserweiterungen seit jeher profitieren. Es handelt sich dabei um die psychischen Kräfte und Funktionen, genauer, um ihre Differenzierung und Integration durch das Spiel während der Evolution des Lebens. Dabei kommt dem Erleben in dem Fundamentalen Lebenssystem des Spiels die entscheidende progressive Funktion zu.

Niemand wird bestreiten, dass Spielen mit dem Erleben von Lust grundlegend verbunden ist. Dieses Lusterleben betrifft aber nicht nur die psychischen Kräfte wie Triebe, Affekte, Emotionen, Motivationen, sondern auch die psychischen Funktionen wie Wahrnehmung, Kognition, Symbolsysteme, z.B. die Sprache. Einerseits sind Erlebniserweiterungen mit einer Steigerung der Lust verbunden. Andererseits geht jede Erlebniserweiterung mit einer Erfahrungsbereicherung des individuellen Bezugssystems einher. Diese betrifft die psychischen Kräfte und Funktionen gleichermaßen. Sie bewirkt jedes Mal eine Differenzierung und Expansion des Handlungspotenzials in Bezug auf die Gegenstände der Realität.

Übertragen wir diesen Gedankengang auf die Evolution des Lebens bzw. der Lebewesen.

Wir sehen im Spiel den Motor der Persönlichkeitsentwicklung, die in der Ontogenese des Menschen (im Zeitraum von der Zeugung bis zum Tod), stattfindet. Ist das Spiel auch der Motor der Evolution, und wenn, wie hängt das mit dem Erleben zusammen? — Wir sind der Auffassung, dass das Erleben, wie das Spiel, ein Fundamentales Lebenssystem zumindest der höheren, offen regulierten Lebewesen darstellt. Es verbindet im psychischen Geschehen die psychischen Kräfte mit den psychischen Funktionen und enthält insoweit ein Handlungspotential. Dieses wird im Spiel in den individuellen aktiven Erlebniserweiterungen umgesetzt. Das macht die Besonderheit aller menschlichen Spielformen aus: Sie beziehen ihre hohe Attraktivität aus der Motivation der individuellen Spielhandlungen zur aktiven Erlebniserweiterung in Bezug auf die Spielrealität. Das impliziert quasi automatisch Emergenzen in den handlungsrelevanten psychischen Funktionen, etwa den Kognitionen. Diesen Vorgang kann man in der Evolution des Lebens bei phylogenetischen (stammesgeschichtlichen) Vorgängen des Menschen beobachten:

> „Der Stock des Affen wechselt im Spiel seine Funktionseigenschaften: In der Kampflaune ist er ein Objekt zum Schlagen, Stechen oder Stoßen, im Spiel zwischen Partnern ein Objekt zum Ziehen, Scharren oder Kratzen, auf der Flucht wiederum ein Mittel zum Sprung über Gräben oder hohe Hindernisse. Der Wechsel der Verhaltensintention erzeugt wählbare Funktionseigenschaften. Das Spiel führt damit zu einer für den heranwachsenden Organismus neuartigen Durchgliederung von Situationen, zur Entdeckung einer Welt von Möglichkeiten im Umgang mit den Dingen. Was von dem Entdeckbaren wirklich genutzt, was verfügbar wird, hängt vom Differenzierungsgrad des Gedächtnisses und seiner inneren Organisation, mithin also von der Organisationshöhe des Zentralnervensystems ab" (F. Klix, 1971, S. 527).

Solche Veränderungen der Intentionen sind durch aufgesuchte Erlebniserweiterungen angetrieben bzw. motiviert und gehen mit psychischen (im Beispiel mit psychomotorischen) Funktionserweiterungen einher. Diese beziehen sich im Erleben und Verhalten direkt auf die Umweltgegenstände der Realität.

> „Der Wechsel in den Intentionen schließt auch einen Wechsel in den Reaktionen der Objektwelt auf die motorischen Aktivitäten ein. […] Wenn junge Schimpansen mit Stöcken spielen und an ihnen hochspringen, erfahren sie eine Funktionseigenschaft, die visuell nicht zugänglich ist: Zum Beispiel eine Fertigkeit, die den eigenen Körper trägt" (F. Klix, 1971, S. 526).

Analoge Vorgänge beobachten wir beim menschlichen Kind im Übergang vom Funktions- zum Experimentierspiel, im Konstruktionsspiel usw. Jedes Mal gehen mit den aufgesuchten Erlebniserweiterungen auch Bereicherungen der eigenen Erfahrung einher. Außerdem kommt es dadurch zu Emergenzen in der Entwicklung psychischer Funktionen, die hochrangig wichtig für die Adaptation und das Überleben sind, zum Beispiel der Kognitionen: „Spiel fungiert phylogenetisch als Protokognition […] Spiel taucht in der Evolution vor den Kognitionen auf. Man kann sagen, es ist ein Vorläufer von mentalen Repräsentationen, die ein Probehandeln erlauben". Für das Spiel „bedeutet dies, dass das Probehandeln […] eine adäquate Verhaltensweise generiert, die dann in gefahrloses physikalisches Verhalten münden kann" (Ohler, Nieding, 2000, S. 204; ausführlich Ohler, 2002): — Im menschlichen Spiel erfolgt dieses Verhalten als Handlung in Bezug auf die Realität. Probehandeln fungiert dabei als ein intrapsychisch generierender Vorgang, der einen konkreten Gegenstandsbezug, einen *Realitätsbezug*, beinhaltet.

7.4 Realität im Spiel

Jedes Spiel ist Realität, eine eigene Realität. Spätestens ab der Entwicklung der Objektkonstanz (Objektpermanenz) bildet sich beim Kind ein Bewusstsein darüber aus, ob es sich in einem Spiel befindet (=Spielwirklichkeit) oder, ob es sich in der Wirklichkeit des Nichtspiels befindet. Dieses Bewusstsein bezeichnen wir als *Grenzbewusstsein*.

Die Realität im kindlichen Spiel wird durch seine immer zielbezogenen Handlungen bestimmt. Diese werden intendiert durch das antizipierte Spielerleben, und sie werden insbesondere intrinsisch motiviert durch die kindliche Lust an diversen Erlebniserweiterungen, die ja im freien Spiel ohne jegliche Konsequenzen seitens der spielexternen Realität möglich sind. Diesbezüglich sprechen wir von der Freiheit des kindlichen Handelns im Spiel. Wir meinen damit nicht nur Konsequenzen- und Sanktionsfreiheit bezüglich der Handlungen in der Spielrealität. Wir meinen damit auch eine persönliche Freiheit im Realitätsbezug, der zwar auf den bisherigen Erfahrungen basiert und über die Einstellungen des kindlichen Bezugssystems durch Bewertungsprozesse moderiert wird (vgl. Mogel 1990a), der aber verschiedene *Realitätsebenen* im Spiel betreffen kann. Betrachten wir als Beispiel das Konstruktionsspiel eines Jungen:

> **Beispiel:**
> Der Junge prüft zunächst die physikalische Beschaffenheit vorhandener Spielmaterialien (Ebene 1), er nimmt ein längliches Holzstück, „fährt" damit rasch auf dem Boden entlang, während er die typischen Motorengeräusche der Formel-1 nachahmt (Ebene 2). Danach nimmt er nach und nach einige Holzstücke, baut eine Art Fundament, worauf er dann geduldig und kunstvoll einen Turm errichtet (Ebene 3). Nach Vollendung des Bauwerks gibt der Junge einen tiefen Seufzer der Erleichterung von sich und zeigt sich zufrieden über die gelungene Konstruktion (Ebene 4). Er tritt aus dem Spiel heraus, unterhält sich mit den anderen Kindern, um mit einer Gruppe von zwei Mädchen und Jungen zu seinem Turm zurückzukehren (Ebene 5). Dann äußert er: „Ratet mal, was jetzt passiert?!" – Dabei mustert er die gespannten erwartungsvollen Gesichter seines Publikums (Ebene 6). Jetzt beginnt er langsam an einer der Stützen des Turms zu ziehen; dieser wankt und stürzt ein. Der Junge strahlt, die anderen zeigen sich überrascht bis erstaunt (Ebene 7).

Unschwer können wir sieben verschiedene Ebenen des Realitätsbezugs bei diesem Spiel erkennen:

- Ebene 1 zeigt Handlungen, die für das Experimentierspiel typisch sind,
- Ebene 2 verweist auf bestimmte, typische Symbolspielhandlungen,
- Ebene 3 vermittelt die Realitätsebene des Konstruktionsspiels, und
- Ebene 4 betrifft den Realitätsbezug zu sich selbst.
- Ebene 5 zeigt etwas Besonderes: dass nämlich das Kind aus seiner Spielrealität heraustritt in die Realität des Nichtspiels,
- um dann unter Einbezug von sozialen Bezugspersonen wieder zurückzukehren – das ist Ebene 6.
- Ebene 7 zeigt im Grunde einen Realitätsbezug der Selbsterhöhung, indem der Junge die anderen durch den gezielt herbeigeführten Einsturz seines Bauwerkes überrascht.

Solche Wechsel von Realitätsebenen findet man in den verschiedensten Spielen von Kindern. Sie sind sozusagen an der Tagesordnung, und sie erschweren die Erkenntnis des motivationalen Sinns der Spielhandlungen von außen her. Exakt dieser Sinn wirkt aber in der dynamischen Interaktion von psychischen Kräften und Funktionen des Kindes, die seine spezifischen Handlungen erst hervorbringen.

Da wir den Realitätsbezug in Kap. 2.5 schon eingehend erörtert haben, bedarf es in diesem Zusammenhang keiner weiteren Ergänzungen.

7.5 Ziele im Spiel

Das Kind bestimmt den Realitätsbezug seines Spiels durch seine immer zielbezogenen Handlungen. Es gibt weder ein zielloses noch ein zieldiffuses Spiel. Behauptungen dieser Art verkennen das Wesen des kindlichen Spiels. Kinderspiel und Spiel überhaupt erfolgt aufgrund seines prinzipiellen Zielbezugs.

Wie der Spieler mit seinen Zielbezügen in seinem Spiel umgeht, ist eine Frage der Umweltkonstellation (z.B. Verfügbarkeit von Spielzeug) einerseits, des individuellen Bezugssystems der kindlichen Erfahrungsorganisation andererseits. Kennt man dieses Bezugssystem, erleichtert das unter Umständen die Erkenntnis der spielinternen Zielbezüge von außen her. Aber selbst dann bleibt die mögliche Erkenntnis des Sinnes eines Spiels schwierig. Denn in den meisten Spielen kommt das vor, was wir als *spielinterne Zieldynamik* bezeichnen. Kinder verändern während eines Spiels ihre Ziele, indem sie ein Ziel dem anderen unterordnen, verschiedene Ziele dynamisch hierarchisieren oder sie permutieren.

Spielende Kinder spielen eben nicht nur einfach mit ihren Spielgegenständen (z.B. Spielzeug), sie spielen auch mit den eigenen Spielzielen, und damit spielen sie mit dem Spiel selbst. Es kommt also zu *Zielfluktuationen*, die einer motivationalen Diversifikation der zielbezogenen Handlungsfolgen. Wenn wir bei solchem häufig spielintern diskontinuierlichem und erwartungskonträrem Wandel des Spielgeschehens sagen, Spiel sei ein komplexes Geschehen, geben wir im Grunde zu, es aufgrund seiner Eigendynamik nicht zu verstehen. Und dennoch hat jede einzelne zielbezogene Handlung im Spiel ihren konkreten Sinn.

Es gibt weder eine Ziellosigkeit noch einen Zufall im Spiel, abgesehen davon, dass es im Kosmos sowieso keinen Zufall gibt. Zufall steht für Nichtwissen. Und Spiel ist ein kosmisches Geschehen. Es ist in allen Aspekten streng determiniert. Jede einzelne Spielhandlung ist zielgerichtet und hat trotz aller Zielfluktuationen innerhalb der spielinternen Zieldynamik ihren ureigenen Sinn.

Weil diese Spieldynamik in einen komplexen Determinationszusammenhang der Lebensvorgänge selbst eingebettet ist, haben wir für die Spielforschung schon immer die Kombination von Bezugssystem- und Ökosystemforschung proklamiert und uns selbst auch an einen solchen Ansatz gehalten.

Nur wenn wir die spielenden Kinder in allen relevanten Dimensionen ihres psychischen Bezugssystems genau kennen, haben wir eine Chance, ihre Zielbezüge und dynamischen Fluktuationen dieser Ziele in ihrem Spiel zu erkennen. Das ist aber nur eine notwendige Voraussetzung dafür, den eigentlichen Sinn ihres Spieles besser zu verstehen und auf diesem Weg auch zu einem tief greifenden Verständnis der Kinder zu gelangen. Bislang jedenfalls wissen wir viel zu wenig von den Zielen des Spiels der Kinder und natürlich auch zu wenig von der Motivation, die zur Zielgenerierung führt.

Die Realisierung von Spielzielen offenbart empirisch die wesentlichen Systemkomponenten der psychischen Selbstorganisation (= Bezugssystem) der Kinder. Nirgendwo offenbart sich das Kind klarer. Wir müssen nur die Sprache seines Spiels verstehen lernen. Wenn uns das durch die HERZ-Theorie des Spiels in der Praxis besser gelingt, wäre das, auf das Ziel bezogen, das Kind durch sein Spiel besser zu verstehen, ein erfreulicher Fortschritt gegenüber dem bisherigen Erkenntnisstand zum Spiel.

7.6 „Eis"-Modell des Spiels

Es gibt in der Psychologie unzählige Überlegungen zu verschiedenen Aspekten des Spiels. Eine allgemeingültige (nomothetische) Theorie zur Erklärung (Explikation) des Kinderspiels liegt indessen nicht vor. Im Folgenden sollen die grundlegenden psychodynamischen und strukturbildenden Vorgänge bei der Entwicklung des Spiels dargestellt werden, die als ein intrapsychisches Geschehen die Konfiguration der *HERZ*-Komponenten in ihrer wechselseitigen Beziehung antreiben.

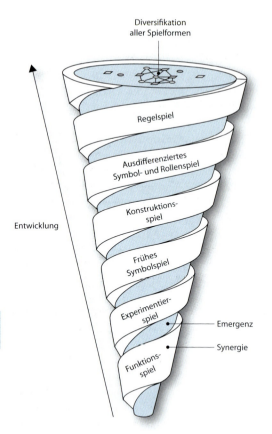

Abb. 7.3 „*Eis*"-Modell der Spielformenentwicklung beim Kind. Es zeigt, wie *E*mergenzen *i*n *s*ynergetische (=*Eis*), und damit neuartige Spielformen übergehen. Die emergenten Eigenschaften werden auf ein qualitativ höheres Niveau der Spielentwicklung transformiert. Dieser dynamische Vorgang beeinflusst zugleich die damit qualitativ höhergeordnete Koordination der Komponenten *Handlung, Erleben, Realität, Ziel* (= *HERZ*) des Spiels. Das „*Eis*"-Modell kennzeichnet diese Entwicklung vom Funktionsspiel bis zum Regelspiel. Es umfasst alle weiteren Diversifikationen des Spiels (vgl. auch Abb. 4.2, S. 137).

Diese Komponenten und ihre Beziehungen untereinander werden für jede einzelne Entwicklung von Spielformen durch die psychodynamischen Vorgänge der *Emergenz* und der *Synergie* hervorgebracht. Emergente Vorgänge führen zu Ordnungen der Komponenten (*HERZ*) einer jeweiligen Spielform, die dann durch synergetische Integration ihrer Eigenschaften die Spielform faktisch etablieren. Ausgehend von dem jetzt erreichten Entwicklungsstand kann durch emergente Prozesse der Strukturbildung und der Synergie dieser Strukturen eine weitere und zugleich neue Spielform entstehen. Die psychodynamischen Vorgänge der Emergenz und Synergie erzeugen somit alle neuen Spielformen im Entwicklungsgeschehen beim Menschen, vom Funktionsspiel bis hin zum Regelspiel und allen Diversifikationen des Spiels im Erwachsenenalter.

❗ Die zuvor entwickelten Spielformen sind in der nächst höheren Form im Prinzip enthalten.

Das „*Eis*"-Modell zeigt, wie *E*mergenzen *i*n *sy*nergetische (= *Eis*), d.h. qualitativ neuwertige Formen des Spiels (Spielformen) übergehen und diese vom Funktionsspiel bis zum Regelspiel manifestieren. Was einer „*Eis*tüte" gleicht (vgl. Abb. 4.2, S. 137), veranschaulicht also den dynamisch integrativen Prozess während der Entwicklung des Menschen, der die strukturbildenden Emergenzen von quantitativ-qualitativ aufeinander bezogenen psychischen Kräften (Triebe, Affekte, Emotionen, Motivation) und Funktionen (Wahrnehmung, Kognition, Sprache, Handlung) in synergetisch höher entwickelte Spielformen verwandelt und so jeweils neuwertige und komplexere Spielmöglichkeiten etabliert. Die Diversifikation der Spielformen in der Abbildung besagt, dass alle entwickelten Spielformen nun frei kombiniert auftreten können, je nach dem, wie das Kind auf seine Wirklichkeit eingestellt ist.

❗ Die insgesamte psychische Dynamik der Entwicklung bei dem gesamten Vorgang ist gewaltig. Sie reicht von der Lustmotivation und den rudimentären Gegenstandsbezügen beim Funktionsspiel des Säuglings bis hin zu regelbezogenen polytelen Denkstrategien und Handlungen beim Regelspiel des Erwachsenen. Sie umfasst auch alle ab den Regelspielen möglichen Diversifikationen des Spielens beim Menschen. Sie schließt somit auch alle kreativen Spiele mit ein.

7.7 Zusammenfassung

- Die HERZ-Theorie geht von vier grundlegenden Bezugskomponenten des kindlichen Spiels (und des Spiels generell) aus: Handlung, Erleben, Realität, Ziel. Durch diese vier Komponenten offenbart sich das psychische Geschehen im Spielen.
- Die Kernmotivation der Spielhandlungen ist auf das generelle Ziel einer Erlebniserweiterung im spielerischen Realitätsbezug gerichtet. Ansonsten werden die gegenstandsbezogenen Handlungen durch die intrapsychisch organisierten Erfahrungen und Einstellungen des psychischen Bezugssystems moderiert. Die aktiv herbeigeführten Erlebniserweiterungen sind das Ergebnis des inneren (intrapsychischen) Zusammenwirkens von psychischen Kräften und Funktionen; es ist ein emergenter Vorgang, der die spielinterne Zieldynamik und den Bezug zu verschiedenen Realitätsebenen im Spiel als synergetisch-ganzheitlichem Geschehen hervorbringt.
- Der spielerische Gegenstandsbezug ist immer ein aktives Geschehen. Das gilt insbesondere für das Erleben und die Erlebniserweiterungen. Die Lust am Spiel hängt eng mit ihnen zusammen. Die Erlebniserweiterungen beinhalten neben dem affektiven bzw. emotionalen Aspekt der Lust zudem eine implizite Erkenntniskomponente. Die Erlebniserweiterungen erzeugen Überraschungsmomente bzw. Neuigkeiten, die dem spielenden Kind unter anderem auch kognitive Anpassungsleistungen abverlangen.
- Dies gilt nicht nur für die ontogenetische Entwicklung des Menschen. Es gilt auch für die Evolution. Dort werden die Lebewesen durch ihre spielerisch herbeigeführten Erlebniserweiterungen zur kognitiven Adaptation an die selbst hergestellten Gegenstandsbezüge „gelenkt": Sie erkennen unterschiedliche Funktionen von Gegenständen in verschiedenen Verhaltenskontexten, wie Klix (1971) gezeigt hat. Hier wirkt also das Spiel eindeutig protokognitiv (Ohler 2000), das heißt das Spiel bahnt der Evolution den Weg zur Erkenntnis. Somit ist das Spiel in der Evolution des Lebens ein Fundamentales Lebenssystem. — Wie man sich die Bezugskomponenten kindlichen Spiels vorstellen kann, zeigt Abb. 7.2, S. 232 zur HERZ-Theorie.
- Was die Spielentwicklung beim Menschen anbelangt, gilt: Wie auf der einen Seite das Spiel als der Motor der Persönlichkeitsentwicklung angesehen werden kann, sind auf der anderen die Emergenz und die Synergie der psychischen Kräfte und Funktionen als *die* Motoren der Spielentwicklung zu thematisieren. Auf ihrer Basis wird die Entwicklung des Spieles erst angetrieben. Aufgrund der emergenten, synergetischen Prozesse wird sie energetisch versorgt. Die von ihnen hervorgebrachten Strukturen lassen erst das entstehen, was ich hier als das *HERZ*, d.h. die aktive Kombination von *Handlung, Erleben, Realität und Ziel* des Spiels bezeichnet habe. Das Spiel ist somit ein emergentes Fundamentales Lebenssystem des Menschen, das sich durch synergetische Integrationsprozesse als ein gegenwärtiges Geschehen realisiert.

Glossar – Erläuterung wichtiger Begriffe

Verweise auf weitere Glossarbegriffe sind mit *Kursivsetzung* gekennzeichnet.

A

Adaptation Insgesamte Anpassung des Organismus an die Lebensvorgänge, wobei dynamische, genetische und strukturelle Determinanten der beteiligten Lebenssysteme wie Organismus, Psyche, Ökosysteme zusammenwirken beziehungsweise beteiligt sind. Die Adaptation geht aus der biologischen Organisation des *Organismus* hervor.

Adaptation von Spielzeug an die Wirklichkeit Ausmaß der Wirklichkeitsnähe von Spielzeug, d.h. je realitätsgerechter das Spielzeug ist, desto eher kann seine Wirklichkeitsnähe als Kriterium des *Spielwerts* für das Kind angesehen werden.

Affiziertheit Persönliche Betroffenheit durch Ereignisse und *Erfahrungen*.

Akkommodation *Schemata* werden gemäß der besonderen Bedeutung von Umweltereignissen verändert, wodurch sich das Individuum die besondere („neue") Umwelt aneignet.

Aktivierungszirkel Vom Organismus aufgesuchtes Spannungsgeschehen, das durch den ständig plötzlichen Wechsel von Spannungsanstieg und Spannungsabfall gekennzeichnet ist. Erregung und Anspannung einerseits, Entspannung und Erleichterung andererseits pendeln zwischen einem „affektiven Gleichgewicht" hin und her.

Ambivalenz Gleichzeitige positive und negative *Affiziertheit* beziehungsweise Zuneigung und Abneigung zugleich in Bezug auf Dinge, Personen, Ereignisse, Situationen, Konstellationen. Allgemein: Zwiespältige Einstellung zu *Erfahrungs*inhalten.

Analogie, unmittelbare Form des *transduktiven Denkens*, die ein zweieinhalbjähriger Junge zum Beispiel so äußert: „Peter ist groß, weil er seine Suppe isst, aber Andi (sein viereinhalbjähriger Bruder) bleibt klein, weil er seine Suppe nicht isst."

Anforderungsstruktur Art und Weise der Anforderungen, die das Kind an ein Spielziel stellt, das es erreichen möchte. Es verknüpft sein Spielziel deshalb mit bestimmten Ergebniserwartungen, etwa beim Konstruktionsspiel mit einem bestimmten Leistungsstandard.

Anspruchsniveau Schwierigkeitsgrad, auf den sich ein Kind in seinem Spiel einlässt und den es bewältigen möchte; bei Gelingen erlebt es eigene *Spielkompetenz*, bei Misslingen dagegen Inkompetenz.

Anthropologie Wissenschaft vom Menschen, von der Natur des Menschen, von seiner Naturgeschichte sowie von seiner Stellung im Leben und im Kosmos. Im engeren Sinn: Die Stellung des Menschen in der „Schnittstelle" von Umweltgebundenheit und Weltoffenheit.

Antizipation Psychische beziehungsweise geistige innere Vorwegnahme eines Ereignisses oder eines Sachverhalts im Sinne einer präsituativen, dem faktischen *Erleben* und *Erfahren* vorangehenden Erkenntnis.

Assimilation Das Kind eignet sich Daten aus seiner Umwelt an, indem seine (kognitiven) *Schemata* Bedeutung auf Ereignisse, Gegenstände und Personen der Umwelt übertragen.

AUDIOVISNOBERS Forschungs-Großgerät **AUDIO**-**VIS**ual and **N**umeric **OB**servation and **E**valuation of **R**eference **S**ystems: Labor am Lehrstuhl für Psychologie der Universität Passau zur Erfassung des Kinderspiels. Kurz: *VISOR*, das heißt: **VIS**uelles **OR**tungssystem („visor" nach lat. „viso": genau ansehen, besichtigen, anschauen, betrachten).

Äquilibration Gleichgewicht von *Assimilation* und *Akkommodation* und vor allem kognitiv struktureller Motor der *Adaptation*.

B

Bewältigungsstrategien Aktive, psychisch organisierte Vorgehensweisen zur Meisterung von erlebten Ereignissen und erfahrenen Einflüssen sowie zum Ausgleich der motivationalen Lage. Bewältigungsstrategien zielen letztlich auf eine Erhöhung der *Selbstkompetenz* des Individuums, um mit den Anforderungen des Lebens besser fertig zu werden.

Bewältigungswert Begriff für die kompensatorische Funktion mancher „aggressiver" (Computer-) Spiele hinsichtlich individueller Bewältigung durch ausgiebige spielerische *Nachgestaltung* destruktiv erfahrener Ereignisse.

Bewegungskoordination Grob- und feinmotorische Abstimmung von Bewegungsvorgängen während des Verhaltens und beim *Handeln*.

Bezugsperson Eine Person, die einem persönlich wichtig und die im eigenen Leben bedeutsam ist, sodass eine Relation der Bindung zu der Person besteht.

Bezugssystem Individuelle psychische Organisation des *Erlebens* und Verhaltens, des Bewertens und *Handelns* auf der Grundlage psychischer Kräfte und Funktionen, wie *Emotion*, *Motivation* und *Kognition*, die das psychische Geschehen beim Menschen regulieren.

Bezugssysteminformation Spezifische Informationen über die inneren *Erlebens-* und Verhaltensbedingungen beim Kind, das heißt, seine Verarbeitung von *Erfahrungen*, seine Ziele und Handlungsabsichten, seine Bedürfnisse, *Emotionen*, *Motivationen*, seine Wünsche, die inneren Bedingungen seines Wohl- oder Unwohlseins.

Bewertungsprozesse Vorgänge im psychischen *Bezugssystem* des Menschen, die unter Einbezug der individuellen *Erfahrungen* und Einstellungen sowie durch die *Antizipation* möglicher Folgen darüber entscheiden, inwieweit eine intendierte (siehe Intention) gegenstandsbezogene Handlung tatsächlich realisiert wird.

D

Denken, divergentes Unkonventionelles, von vorgegebenen Normen unabhängiges Denken, das seine Inhalte frei auswählt und Zusammenhänge sachimmanent stiftet, ohne äußere Rahmenbedingungen hierfür einbeziehen zu müssen.

Denken, transduktives Denken des Kindes, das vom Besonderen auf das Allgemeine schließt. Dieses Denken verwendet *unmittelbare Analogien*, von deren Wahrheitsgehalt das Kind überzeugt ist.

Determination Bedingtheit oder Bestimmtheit im Sinne der Verursachung eines Vorgangs durch einen anderen. Es gibt diverse Formen der Determination, zum Beispiel zeitliche, räumliche, personale, soziale, ereignisabhängige, konstellative, kosmische usw.

Dynamik Bewegtes Geschehen, das Eigengesetzlichkeiten folgt und Eigengesetzlichkeiten erzeugt. Ursprünglich: die Lehre von den Kräften und den durch die Kräfte hervorgerufenen Bewegungen. Im psychischen Geschehen die affektiven, emotionalen, motivationalen Kräfte und deren Bewegungen betreffend.

E

Emergenz Innere Strukturen oder Ordnungen von Komponenten eines lebenden Systems, die aus ihren einzelnen Teilen beziehungsweise den summierten Eigenschaften dieser Teile nicht zu erklären sind, die aber dennoch qualitativ höher strukturierte Ebenen (hier: Spielformen) der Integration bei komplexen Lebenssystemen hervorbringen können. Das wird durch die *Synergie* der neuen emergenten Teile beziehungsweise ihrer Eigenschaften möglich.

Emotion Umfassender Begriff für alle Vorgänge beim Menschen, die mit Gefühlen und Gefühlsregungen verbunden sind.

Energie Insgesamte Quelle der psychischen Kraft, der Spannung und des Antriebs zum Leben. Aktives

Reservoir der psychischen, physischen, psychophysisch und psychosomatisch verankerten Kräfte zur Versorgung und Aufrechterhaltung der *Dynamik*, Plastizität und Regulation des psychischen Geschehens.

Entwicklungsfortschritt, synergetischer Dynamisches Zusammenwirken verschiedener psychischer Kräfte und Funktionen, wie zum Beispiel von *Emotion*, *Motivation* und *Kognition*, das durch Entwicklung bedingt wird und zu einer dynamischen Ordnung führt, die die weitere Entwicklung fördert.

Ereigniskonstellation Stellung eines Ereignisses im Zusammenhang mit weiteren Ereignissen in einer zeitlich-räumlichen oder/und subjektiven/objektiven Gesamtsituation. Eine Konstellation kann im Prinzip unendlich viele wirksame Komponenten enthalten.

Erfahrung Psychische Verarbeitung des Erlebten, die dem kindlichen Gedächtnis erhalten bleibt und als innere Bedingung wie Voraussetzung des weiteren Spielens sowie des sonstigen individuellen *Erlebens* und Verhaltens wirkt.

Erfahrungen, antisoziale Ereignisse mit sozial unerwünschten Verhaltensweisen (zum Beispiel andere schädigen), die negative *Erfahrungen* bewirken.

Erfahrungen, prosoziale Ereignisse mit sozial erwünschten Verhaltensweisen (zum Beispiel anderen helfen), die positive *Erfahrungen* bewirken.

Erfahrungsabfolge Reihenfolge, in der positive und/oder negative *Erfahrungen* gemacht werden.

Erfahrungsbildung Vorgang der intrapsychischen Präsentation und Repräsentation von persönlich erfahrenen Ereignissen des Lebensvollzugs im psychischen *Bezugssystem* des Individuums.

Erfahrungsorganisation Im psychischen *Bezugssystem* des Menschen verankerte eigene *Erfahrung*, die beim Verhalten und *Handeln* – und damit auch im Spiel – reaktualisiert und individuell wirksam wird.

Erleben Aktuelle Aufnahme und Verarbeitung aller innerhalb der gelebten Gegenwart gewonnenen Informationen in das persönlich-subjektiv-individuelle psychische *Bezugssystem* sowie aktive innere emotionale, motivationale und kognitive Präsentation und Repräsentation der vergangenen, gegenwärtigen, zukünftigen Vorgänge im psychischen *Bezugssystem* des Menschen.

Erlebniserweiterung Persönlich motivierte und in Handlungen umgesetzte Gegenstandsbezüge zur Erzeugung von Ereignissen mit erhöhtem spannungsreichem *Erleben* eines gegenwärtigen Geschehens.

Erlebniswert Art und Weise, in der Ereignisse und Einflüsse vom Kind als persönlich bedeutsam erlebt und erfahren werden; persönlicher Wert dieser Ereignisse und Einflüsse auf die Regulation des *Handelns*.

Exploration Gezieltes Erkunden eines interessierenden Realitätsbereichs.

Explorieren Neugieriges Suchen und Ausprobieren.

F

Familie Begriff für alle familiären Lebensformen, in denen sich Kinder entwickeln sowie Bezeichnung für das früheste Sozialsystem im Leben des Kindes.

Fundamentale Lebenssysteme Dies sind psychologisch grundlegende, die individuelle Persönlichkeitsentwicklung fördernde Vorgänge des psychischen Geschehens mit unmittelbarer Relevanz für positives *Erleben* und erfolgreiches *Handeln*. Geborgenheit, Selbstwert und Spiel sind solche Systeme. Gemeinsam ist ihnen, dass sie
- eine individuelle Optimierung der förderlichen Seiten des *Erlebens* anstreben und so eine *psychohygienisch* adaptive *Funktion* ausüben,
- in einer aktiven Individuum-Umwelt-Relation stehen, wobei
- an den Regulationen und Steuerungen sowie an Aufbau und Aufrechterhaltung positiver *Emotionen* – wie z.B. Freude – orientiert sind.

Fundamentale Lebenssysteme sind lebensförderlich und existenzsichernd wirksam, indem sie durch ihre systemeigenen *Dynamiken* vorteilhafte Entwicklungen der psychischen Organisation des Lebens in Gang setzen und ihre Funktionsweise sicherstellen. Mit dem grundsätzlich positiven *Erlebniswert* der Fundamentalen Lebenssysteme geht eine Verbesserung der adaptiven *Kompetenzen* des Individuums einher.

Funktion, psychohygienische durch *Erlebniswert* und *Erlebniserweiterung* ausgleichende und heilsame Funktion (des Spiels).

Funktionsmuster erfahrungsbeeinflusste, zusammenhängend organisierte *Emotionen*, *Motivationen* und *Kognitionen* des kindlichen *Bezugssystems*.

G

Gegenstandsbezug, spielerischer aktive Beziehung des Kindes zu den Gegenständen seiner Spieltätigkeit bzw. seines *Erlebens* und Verhaltens.

Geschichte von Klimbambula Vorlesegeschichte über ein magisches menschenähnliches Wesen, das – je nach Geschichtenteil – antisozial oder prosozial agiert, das heißt, arme Dorfleute durch nächtliche Diebstahlhandlungen schädigt (antisozial) oder armen Dorfleuten durch nächtliche Helferhandlungen Gutes tut (prosozial).

Grenzbewusstsein im Spiel Bewusstsein des Kindes darüber, ob es sich mit seinen Aktivitäten im Spiel oder außerhalb des Spiels befindet.

H

Handeln *Sinn*- und bedeutungshaltiges, zielbezogenes Verhalten, das motiviert und von der Person aus intendiert ist.

Handlungseinheit „Kind-Umwelt"-Zusammenhang zwischen dem Kind und seiner Umwelt, der durch die zielbezogene kindliche Spieltätigkeit entsteht und aufrechterhalten wird.

Handlungsregulation Psychische Steuerungsvorgänge zur Aufrechterhaltung des Gleichgewichts und der Stabilität im dynamischen Handlungssystem beziehungsweise im psychischen *Bezugssystem* des Menschen.

I

Interaktion Aktuelle und aktive sowie soziale und wechselseitige Beziehung zwischen den Individuen einer Gesellschaft, Gemeinschaft oder Gruppe.

Individualität Persönliche Besonderheit, die ein Individuum als solches kennzeichnet und die seine Unverwechselbarkeit akzentuiert.

K

Klimbambulaspiel Spiel mit allen Figuren und Gegenständen, die in der *„Geschichte von Klimbambula"* vorkommen.

Kognition Umfassender Begriff für die Funktionen, Prozesse und Strukturen beim Menschen, die mit Wissen, Kenntnissen und Erkenntnissen zu tun haben. Kognitionen haben die psychische Hauptfunktion, zu einer inneren Ordnung des individuellen Bezugs zur Realität beizutragen.

Kompetenz Fähigkeiten, Fertigkeiten und Talente, die besondere Potenziale einer Person in bestimmten Verhaltens-, Handlungs- und Ereignisbereichen freisetzen. Kompetenzen reichen von universellen Begabungen bis zu besonderen Spezialisierungen.

Kreativität Unkonventioneller Ideenreichtum, der mit *divergentem Denken* bei der Erfassung und Gestaltung der Lebensvorgänge und der Wirklichkeit einhergeht.

Kontext, sozialer Zusammenhang der *Interaktionen* und Ereignisse zwischen den Mitgliedern einer Gesellschaft, Gemeinschaft oder Gruppe, der für die daran beteiligten Personen einen *Sinn* hat; siehe auch *Sinnkontext*.

M

Modellierung Bestimmte Personen und Verhaltensweisen wirken als Vorbilder, sie bewirken die *Nachahmung* oder *Nachgestaltung* ihrer Handlungen.

Motivation Umfassender Begriff für alle Vorgänge beim Menschen, die mit seinem dynamisch-intentionalen *Zielbezug* verbunden sind.

N

Nachahmung Das mehr imitierende Nachmachen von Verhaltensweisen und/oder Handlungen einer anderen Person bzw. eines Lebewesens.

Nachgestaltung Persönlich akzentuierte und differenzierte Form der *Nachahmung*, welche den Imitationsaspekt einer *Nachahmung* funktional den selbst gestalteten Aspekten des Geschehens integriert.

O

Objektpermanenz (Objektkonstanz) Sobald das Kind weiß, dass ein Gegenstand auch dann vorhanden ist, wenn er aus seinem unmittelbaren Blickfeld verschwunden ist, verfügt es über Objektpermanenz. Zuvor ist es der Auffassung, dass ein zuerst sichtbarer, dann aber verdeckter (unsichtbarer) Gegenstand seine Existenz verloren hat.

ökopsychisch Zusammenhang zwischen dem psychischen Geschehen und den Umwelten des *Erlebens* und Verhaltens. Die Umwelten beeinflussen das Individuum, dieses wiederum seine Umwelten. Der Zusammenhang ist wechselseitig, dabei qualitativ unterschiedlich sowie vielseitig.

Ökosysteminformation Information über die Lebensverhältnisse, unter deren Einwirkung das Kind sich entwickelt, zum Beispiel häusliches Milieu, *Familien*klima, kindliches Verhältnis zu Eltern und Geschwistern, eventuell zu einem Haustier, zu Spielsachen sowie zu den Besonderheiten und Gewohnheiten des Tagesablaufs.

Ontogenese Entwicklung des Individuums von der Zeugung bis zum Tod.

P

Pluralisierung familialer Lebensformen Begriff für die gegenwärtig zunehmende Vielfalt der Formen des Zusammenlebens von familialen Sozialpartnern oder familialen Lebenssystemen.

Polytelie Merkmal komplexer lebender Systeme, das ihre Fähigkeit beschreibt, ganz unterschiedliche, eventuell sogar widersprüchliche Gegenstandsinformationen mehrfach zielbezogen zu koordinieren, zu kombinieren und dem System so zu integrieren (siehe *Synergie*), dass sinnvolle neue Qualitäten der Systemregulation entstehen, das heißt hier: neue Spielformen.

Psychodynamik Siehe *Dynamik*

Psychohygiene Alle Vorgänge umfassend, die sich eignen, persönliches Leiden zu lindern und das psychische Wohlergehen zu fördern. Psychohygiene ist auf das dynamische Gleichgewicht eines leidensfreien Verhältnisses der psychischen Kräfte und Funktionen gerichtet.

R

Realitätsbezug Beziehung zur Wirklichkeit, wie sie ist und wie sie erlebt wird. Im Realitätsbezug sind die objektive und die subjektive Seite der Beziehung zur Wirklichkeit vereint.

Realitätsebene des Spiels Bestimmter Abschnitt oder Bereich der Wirklichkeit, den das Kind durch sein Spiel realisiert.

S

Schema Psychischer Plan und grundlegende Struktur für die Repräsentation von *Erfahrungen* sowie den Aufbau des *Erlebens*, Erkennens und Verhaltens.

Selbst Der Begriff des „Selbst" ist eine zusammenfassende Bezeichnung für alle psychischen Prozesse, Strukturen und Funktionen, die die unmittelbare *Individualität* der menschlichen Persönlichkeit betreffen. Daher wurde dieser Begriff in der Vergangenheit mit „Psyche", dem „Eigenen" oder dem „Subjekt" gleichgestellt. Wegen seiner Komplexität und Mehrdeutigkeit wurde der Begriff des Selbst hier durch den Begriff *Bezugssystem* ersetzt.

Selbstaktualisierung Aktive eigene, individuelle Gestaltung des *Erlebens*, Verhaltens und *Handelns*, die zu persönlichen *Erfahrungen* führt.

Selbstentfaltung, spielerische beim Computerspiel Sie besteht nach der Auswahl eines Computerspiels darin, der spielinternen *Anforderungsstruktur* (Aufmachung, Ablauf, Regeln, Ziele) zu genügen und das bestmögliche Resultat zu erzielen.

Selbstkompetenz Alle optimierten psychischen Vorgänge des Individuums, die seiner *Individualität* und seiner Fähigkeit zur Lebensbewältigung förderlich sind.

Selbstmotivation Innere Beweggründe des Kindes zu spielen sowie die innere Beziehung des Kindes zu seinen Spielzielen.

Sinn Innere Bedeutung eines Geschehens.

Sinn, sozialer Ein den gesellschaftlichen und kulturellen Vorstellungen entsprechender Zusammenhang (etwa eines individuellen Verhaltens), siehe auch *Sinnkontext*.

Sinnkontext Zusammenhang zwischen Personen und/oder Ereignissen, der mit dem Verständnis eines *Realitätsbezugs* zu tun hat.

Spielkompetenz Fähigkeit, Spielhandlungen erfolgreich durchzuführen und selbstgesetzte Spielziele zu erreichen; allgemein: Fähigkeit zu spielen.

Spielsituation, standardisierte Ausgangssituation eines Spiels, die für alle Spieler die gleiche Anordnung der Spielgegenstände enthält.

Spielumgebung Gegenstände, Personen, Ereignisse, Räume und Zeiten, die den äußeren Rahmen des Spiels bilden.

Spielverlauf Alle Vorgänge und Ereignisse eines Spieles, die sich zwischen seinem Anfang und seinem Ende abspielen; siehe auch *Zeitdauer*.

Spielwert Persönlicher *Sinn* und subjektiver Wert von Spielzeug für die individuelle Spieltätigkeit des Kindes, die eng verknüpft ist mit dem *Erlebniswert* von Ereignissen.

Spielwirklichkeit Das spielerische Tun des Kindes; insbesondere Spielgestaltung, persönlicher *Sinn*, individuelles *Erleben* und Verhalten im Spiel, das auf bestimmte *Spielziele* bezogen ist.

Spielziele Ziele der Spielhandlungen des Kindes. Während eines Spiels können sich die Spielziele manchmal rasch ändern, siehe auch *Zielflexibilität* und *Zielfluktuation*.

Symbolwelten Welten, die zwar durch Symbole präsentiert und repräsentiert werden, aber einen durchaus objektivierbaren Realitätsstatus haben, z.B. ein Rennauto im Computerspiel, das sich zum realitätsgetreu simulierten Fahren von Formel1-Rennen eignet.

Synergie Zusammenfügung beziehungsweise Integration der emergenten Eigenschaften eines lebenden Systems, wodurch qualitative Neustrukturierungen dieses Systems entstehen (hier: neue Spielformen). Diese neuen Strukturen sind als Ergebnis der Synergie von *Emergenzen* differenzierter organisiert und ermöglichen dem Lebenssystem regelhafte polytele (siehe *Polytelie*) Koordinationsleistungen.

U

Universalität, Transkulturelle Interkulturell gleichartige, d.h. kulturunabhängige Funktionsweise *Fundamentaler Lebenssysteme*. Das *Fundamentale Lebenssystem* des Spiels zeigt diese Form der Universalität.

V

Variation, feldexperimentelle Unterschiedliche Anordnung einflussreicher Ereignisse, die Kinder in verschiedenen Gruppen eines Ökosystems (zum Beispiel eines Kindergartens) in jeweils verschiedener Abfolge erfahren.

Verhaltenssystem Innerer (psychischer) und äußerer (sichtbarer) Zusammenhang eines spezifischen Verhaltens, zum Beispiel des Spielverhaltens, der einen Teil des Lebensvollzugs ausmacht.

Videoprotokoll Videographische Erfassungen von kindlichen Spielen stellen Videodokumentationen dar, die, je nach Fragestellung, ausgewertet und dann als Videoprotokolle archiviert werden.

Vielzieligkeit siehe *Polytelie*

VISOR Siehe *AUDIOVISNOBERS*

W

Wirklichkeitsebenen Unterschiedliche persönliche Relevanz verschiedener Wirklichkeitsqualitäten von Ereignissen, Sachverhalten, Gedanken und Handlungen usw.

Z

Zeitdauer Anfang und Ende eines Spiels bestimmen seine Zeitdauer. Was sich in der Zwischenzeit abspielt, das ist der *Spielverlauf*.

Zeitlichkeit Einteilungsform zur Organisation und Regulation der Lebensvorgänge bei Erwachsenen. Kinder benötigen Zeitlichkeit nicht, da sie – wie auch die gesamte Tierwelt – in der Gegenwart leben. Sie kennen keine Zeit.

Zeitregulation individuellen Handelns Sie ist als Indiz für Realität bzw. reales *Erleben* und Erfahren anzusehen, auch wenn es sich bei diesem *Handeln* um das Spiel mit Computerspielen handelt.

Zielbezug Gerichtetheit der Spieltätigkeit des Kindes auf ein Ziel oder verschiedene Ziele.

Zielerreichung Das angestrebte Ergebnis eines Spiels bestätigt, dass das Spielziel erreicht worden ist.

Zielflexibilität Möglichkeit und Fähigkeit eines Kindes, den *Zielbezug* und die Zielrichtung seiner Spieltätigkeit spontan zu ändern, was *Zielfluktuationen* bedingt.

Zielfluktuation Rascher, dynamischer Wandel der Spielziele während des Spielens.

Literatur

Adler, A. (1930). *Kindererziehung*. Frankfurt am Main: Fischer (1976).

Baacke, D., Frank, G., Radde, M. & Schnittke, M. (1989). *Jugendliche im Sog der Medien. Medienwelten Jugendlicher und Gesellschaft*. Opladen: Leske + Budrich.

Bandura, A. (1977). *Sozial-kognitive Lerntheorie*. Stuttgart: Klett.

Barker, R.G. (1968). *Ecological psychology: Concepts and methods for studying the environment of human behavior*. Stanford: University Press.

Bateson, G. (1973). *Steps to an ecology of mind*. London: Granada Publishing.

Berlyne, D. E. (1960). *Conflict, arousal and curiosity*. New York.

Bierhoff, H.-W. (1974). Spielplätze und ihre Besucher. In Rudinger, G. (Hrsg.). *Praxis der Sozialpsychologie*, Band 2. Darmstadt: Steinkopff Verlag.

Bühler, K. (1930). *Die geistige Entwicklung des Kindes*, 6. Aufl. Jena: Fischer.

Bühler, K. (1967). *Abriß der geistigen Entwicklung des Kindes*, 9. Aufl. Heidelberg: Quelle und Meyer.

Butterfield, J., Parker, P. & Honigmann, D. (1982). *What is Dungeons & Dragons?* New York: Warner Books, Inc.

Buytendijk, F. J. J. (1933). *Wesen und Sinn des Spiels*. Berlin: Wolff.

Château, J. (1969). *Das Spiel des Kindes. Natur und Disziplin des Spielens nach dem dritten Lebensjahr*. Paderborn: Schöningh.

Carr, H. A. (1902). *The survival value of play*. Investigations of the university of Colorado.

Einsiedler, W. (1991). *Das Spiel der Kinder. Zur Pädagogik und Psychologie des Kinderspiels*. Bad Heilbrunn: Klinkhardt.

Einsiedler, W. (1992). Spielen-Spielfreude-Spielernst. Pädagogische-psychologische Grundprobleme des Kinderspiels. In Bauer, G. G. (Hrsg.). *Homo Ludens*. 11. Internationale Beiträge des Instituts für Spielforschung und Spielpädagogik an der Hochschule »Mozarteum« Salzburg (S. 109-119). München, Salzburg: Verlag Emil Katzbichler.

Einsiedler, W. & Treinies, G. (1985). Zur Wirksamkeit von Lernspielen und Trainingsmaterialien im Erstleseunterricht. *Psychologie in Erziehung und Unterricht, 32*, S. 21-27.

Elkonin, D. (1980). *Psychologie des Spiels*. Berlin: Volk und Wissen.

Ellis, M. J. (1973). *Why people play*. Englewood Cliffs, NJ: Prentice-Hall.

Erikson, E. H. (1950). *Kindheit und Gesellschaft*. Stuttgart.

Erler, L., Lachmann, R. & Selg, H. (Hrsg.) (1986). *Spiel. Spiel und Spielmittel im Blickpunkt verschiedener Wissenschaften und Fächer*. Bamberg: Nostheide.

Eurich, C. (1985). *Computerkinder. Wie die Computerwelt das Kindsein zerstört*. Reinbek: Rowohlt.

Famulla, G.-E., Gut, P., Möhle, V., Schumacher, M. & Witthaus, U. (1992). *Persönlichkeit und Computer*. Opladen: Westdeutscher Verlag.

Fehr, W. & Fritz, J. (1993). *Gewalt und Krieg im Videospiel*. Computerspiele auf dem Prüfstand. Bundeszentrale für politische Bildung, S. 17-24.

Fein, G. G. (1981). Pretend Play: An integrative review. *Child Development, 52*, S. 1095-1118.

Flitner, A. (Hrsg.) (1988). *Das Kinderspiel*, 5. Aufl. München: Piper.

Fränkischer Tag: Kinder lieben viel „Action" im Fernsehen. Medienfachtagung in München – Politiker und Experten diskutierten. Forchheim, 17.11.1990, S 3.

Freud, S. (1900). *Die Traumdeutung. Über den Traum*. GW II/III (1942, 1948). London: Imago.

Freud, S. (1913). *Totem und Tabu. Einige Übereinstimmungen im Seelenleben der Wilden und der Neurotiker*. GW IX (1940, 1948). London: Imago.

Freud, S. (1920). *Jenseits des Lustprinzips*. GW XIII, S. 1-69.

Fröbel, F. (1951). *Ausgewählte Schriften*. Zwei Bände. Hrsg. von E. Hoffmann. Godesberg.

Garvey, C. (1978). *Spielen*. Stuttgart: Klett-Cotta.

Glogauer, W. (1993). *Die neuen Medien verändern die Kindheit. Nutzung und Auswirkungen des Fernsehens, der Videospiele, Videofilme u. a. bei 6- bis 10jährigen Kindern und Jugendlichen*. Weinheim: Deutscher Studien Verlag.

Götz, M. (2006). *Mit Pokémon in Harry Potters Welt: Medien in den Fantasien von Kindern*. München: Kopäd.

Grabowski, K. (1998). *Formen des kindlichen Spiels in Nordthailand. Ein ökologischer Ansatz.* Unveröffentlichte Diplomarbeit, Technische Universität Berlin.

Groos, K. (1896). *Die Spiele der Tiere.* Jena: Fischer.

Groos, K. (1899). *Die Spiele der Menschen.* Jena: Fischer.

Gudjons, H. (1990). *Spielbuch Interaktionserziehung.* 4. Aufl. Bad Heilbrunn: Klinkhardt.

Gulick, L. H. (1898). *A philosophy of play.* New York: Scribners.

Haken, H. (1981). *Erfolgsgeheimnisse der Natur: Synergetik, die Lehre vom Zusammenwirken.* Stuttgart: Deutsche Verlagsanstalt.

Haderer, C. (1993). Play It Again. V*isa – Das Magazin von Visa-Austria, Heft 5/93.* S. 18-24.

Hagedorn, G. (1987). *Spielen.* Reinbek: Rowohlt.

Hall, G. S. (1920). *Youth.* New York: Appleton.

Harding, G. (1972). *Spieldiagnostik.* Weinheim: Beltz.

Heckhausen, H. (1964). Entwurf einer Psychologie des Spielens. *Psychol. Forsch. 27*, S. 225-243. [Auch in Flitner, A. (Hrsg.). *Das Kinderspiel.* 5. Aufl. München: Piper]

Hering, W. (1979). *Spieltheorie und pädagogische Praxis. Zur Bedeutung des kindlichen Spiels.* Düsseldorf: Schwann.

Hetzer, H. (1979). Entwicklung des Spielens. In Hetzer. H., Todt, E., Seiffge-Krenke, J. & Arbinger, R. (Hrsg.). *Angewandte Entwicklungspsychologie des Kindes- und Jugendalters* (S. 68-94). Heidelberg: Quelle und Meyer.

Hoelscher, G. (1994). *Kind und Computer.* Berlin, Heidelberg, New York: Springer-Verlag.

Hoffmann, A. (1990). *Kreatives Spielen.* Leipzig, Jena, Berlin: Urania.

Holmes, E. (1981). *Fantasy Role Playing Games.* London, Melbourne: Arms and Armour Press.

Huiskes, A. (2005). Wer will ein Held sein – Die Geschichte des Rollenspiels. *Nautilus.* Heft 13. S. 74-77.

Huizinga, J. (1938). *Homo ludens. Vom Ursprung der Kultur im Spiel.* 2. Aufl. Hamburg (1962): Rowohlt.

Kaltenbrunner, G.-K. (Hrsg.) (1987). *Im Anfang war das Spiel. Schöpfertum und Glück zwischen Arbeit und Freizeit.* Freiburg: Herder.

KinderEinspruch! Thema »Computerspiele« (01. Mai 1994) SAT1, META productions GmbH.

Klix, F. (1971). *Information und Verhalten. Kybernetische Aspekte der organismischen Informationsverarbeitung.* Berlin: VEB Deutscher Verlag der Wissenschaften.

Kooij, van der R. (1983). Empirische Spielforschung. In Kreuzer, K.J. (Hrsg.). *Handbuch der Spielpädagogik.* Bd. 1, (S. 89-158). Düsseldorf: Schwann.

Krappmann, L. (1973). Entwicklung und soziales Lernen im Spiel. In Flitner, A. (Hrsg.). *Das Kinderspiel.* 5. Aufl. S. 168-184. München: Piper.

Kreuzer, K. J. (Hrsg.) (1983). *Handbuch der Spielpädagogik.* Bd 1. Düsseldorf: Schwann.

Kröber, S. (1993). Spiele(n) ohne Grenzen. *Forum – Internationales Universitätsmagazin, Nr. 8, D, 9. Jahrgang,* Dezember 1993. Forum Verlag GmbH. Konstanz, S. 14-15.

Leontjew, A. (1979). *Tätigkeit, Bewußtsein, Persönlichkeit.* Berlin: Volk und Wissen.

Leslie, A. M. (1987). Pretense and representation: The origins of „Theory of mind". *Psychological Review, 94,* S. 412-426.

Lillard, A. S. (1993b). Young children´s conceptualization of pretense: Action or mental representational state? *Child Development, 64,* S. 372-386.

Löschenkohl, E. & Bleyer, M. (1993). Die Eroberung der Bildschirmwelten durch die Kinder. In Maaß, J. & Schartner, C. (Hrsg.). *Computerspiele – (Un-)heile Welt der Jugendlichen?* (S. 31-52). München, Wien: Profil Verlag.

Lowenfeld, M. (1939). The world pictures of children: a method of recording and studying them. *British Journal of Medical Psychology, 18,* S. 65-101.

Maaß, J. & Pachinger, K. (1993). Computerspiele – Einstieg in die Bildschirmwelt? In Maaß, J. & Schartner, C. (Hrsg.). *Computerspiele – (Un-)heile Welt der Jugendlichen?* (S. 11-24). München, Wien: Profil Verlag.

Maaß, J. & Schartner, C. (Hrsg.) (1993). *Computerspiele – (Un-)heile Welt der Jugendlichen?* München, Wien: Profil Verlag.

Mayer, W. P. (1992). *Aufwachsen in simulierten Welten. Computerspiele – die zukünftige Herausforderung für Eltern und Erzieher.* Frankfurt a M.: Peter Lang.

Meltzoff, A. N. & Moore, M. K. (1977). Imitation of facial and manual gestures by human neonates. *Science, 198,* S. 75-78.

Mogel, H. (1984). *Ökopsychologie. Eine Einführung.* Stuttgart: Kohlhammer.

Mogel, H. (1985). *Persönlichkeitspsychologie. Ein Grundriss.* Stuttgart: Kohlhammer.

Mogel, H. (1988). *Wirklichkeit im Kinderspiel.* Vorlesung, gehalten vor der Fakultät Pädagogik, Philosophie, Psychologie der Otto-Friedrich-Universität Bamberg, 14.2.1988.

Mogel, H. (1990a). *Bezugssystem und Erfahrungsorganisation.* Göttingen: Hogrefe.

Mogel, H. (1990b). *Umwelt und Persönlichkeit. Bausteine einer psychologischen Umwelttheorie.* Göttingen: Hogrefe.

Mogel, H. (1991). Zur Bedeutung des Spiels in der Familie. *Forschungsforum der Otto-Friedrich-Universität Bamberg, Heft 3.*

Mogel, H. (1994^2). *Psychologie des Kinderspiels.* Berlin: Springer.

Mogel, H. (1995). *Geborgenheit. Psychologie eines Lebensgefühls.* Berlin, Heidelberg, New York: Springer.

Mogel, H. (1995a). *Spiel – Fundamentales Lebenssystem des Kindes.* Hauptvortrag, gehalten auf dem 2. Weltkongress des International Council for Children's Play, Salzburg, Österreich.

Mogel, H. (1995b). *Die Entwicklung des Spiels als ein Fundamentales Lebenssystem des Kindes.* Vortrag, gehalten auf der 12. Tagung Entwicklungspsychologie der Deutschen Gesellschaft für Psychologie, Leipzig.

Mogel, H. (1996). *Gedanken und Forschungsergebnisse zur Bedeutung des Kinderspiels für die Kindesentwicklung.* Vortrag an der Universität von Chiang Mai, Thailand.

Mogel, H. (1997). *Die Geschichte von Klimbambula.* Passau: Wissenschaftsverlag Richard Rothe.

Mogel, H. (1999). Kindliche Lebenswelten und ihre Entwicklung: Spiel, Wirklichkeit, Erlebniserweiterung. In Seibert, N. (Hrsg.). *Kindliche Lebenswelten. Eine mehrperspektivische Annäherung* (S. 113-125). Bad Heilbrunn: Klinkhardt.

Mogel, H. (2000). Wirklichkeit, Erfahrungsbildung und Erfahrungsverarbeitung im Spiel des Kindes. In Seibert, N. & Serve, H.J., Terlinden, R., . *Problemfelder der Schulpädagogik* (S. 57-69). Bad Heilbrunn: Klinkhardt.

Mogel, H. (2001). *Are Fundamental Life-Systems Transcultural Universal? A Cross-Cultural Study of Children`s Play in Thailand und Germany.* Report to the National Research Council of Thailand on a cross-cultural study on children's play. University of Chiang Mai. Bangkok.

Mogel, H. (2001). *Die Entwicklung der Spielformen beim Kind als Prototyp für die Ontogenese eines Fundamentalen Lebenssystems.* Vortrag, gehalten auf der World Play Conference an der Universität Erfurt.

Mogel, H. (2008^2). Geborgenheit. In Auhagen, A.E. (Hrsg.). *Positive Psychologie.* (S. 50-64) Weinheim, Basel: Beltz.

Mogel, H. & Ohler, P. (1997). *Die Entwicklung der Spielformen beim Kind.* Antrag auf Gewährung einer Sachbeihilfe zu einem Forschungsvorhaben an die DFG. Universität Passau, Lehrstuhl für Psychologie.

Mogel, H. & Ohler, P. (2001). *Die Entwicklung der Spielformen beim Kind.* Arbeitsbericht an die DFG. Universität Passau, Lehrstuhl für Psychologie.

MPFS: Medienpädagogischer Forschungsverbund Südwest (2006). *KIM-Studie zu Freizeitaktivitäten.*

Munz, C. (1987). *Psychologie des Spielens in ökologischer Perspektive.* Tübingen (Diss.).

Munz, C. (1992). *Ecological considerations for a psychology of play.* Forschungsbericht des Psychologischen Institutes der Technischen Universität Berlin.

Oelkers, J. (2001). Was lernt man mit Pokémon? *Medien-Dialog Jg. 14, Nr. 6/7,* S. 14-19.

Oelkers, J. (2002). Die Welt aus Lego und Pokémon. Kindererziehung im Konsumzeitalter. *Universitas 59. Jg., Nr. 671,* S. 473-481.

Oerter, R. (1993). *Psychologie des Spiels. Ein handlungstheoretischer Ansatz.* Donauwörth: Auer.

Ohler, P. (1995a). *Kognitive Prozesse bei Computerstrategiespielen.* Vortrag, gehalten auf dem 2. Weltkongress des International Council for Children's Play, Salzburg, Österreich.

Ohler, P. (1995b). *Computerstrategiespiele: Zur kognitiven Ökopsychologie von Problemlöseprozessen.* Vortrag, gehalten auf der 12. Tagung der Fachgruppe Entwicklungspsychologie der Deutschen Gesellschaft für Psychologie in Leipzig.

Ohler, P. & Nieding, G. (2000). Was lässt sich beim Computerspielen lernen? Kognitions- und spielpsychologische Überlegungen. In Kammerl, R. (Hrsg.). *Computerunterstütztes Lernen* (S. 188-215). Reihe: Hand- und Lehrbücher der Pädagogik. München: Oldenbourg Verlag.

Ohler, P. & Nieding, G. (2001). *Play and toys today.* Conference Proceedings of the 22nd World Play Conference. University of Erfurt. Erfurt: TIAW-Verlag.

Ohler, P. (2001). Technischer Bericht des Laborexperiments zum Regelspiel, speziell zum Computerspiel: „Aggressive Akte bei Echtzeitstrategiespielen und Ego-Shootern". In Mogel, H. & Ohler, P. (2001). *Die Entwicklung der Spielformen beim Kind.* Arbeitsbericht an die DFG. Universität Passau, Lehrstuhl für Psychologie.

Ohler, P. (2002). *Spiel, Evolution, Kognition.* Von den Ursprüngen des Spiels bis zu den Computerspielen. Bad Heilbrunn: Klinkhardt.

Otto, K. (1979). Zum Wesen und zur ontogenetischen Bedeutung des kindlichen Spiels. *Wissenschaftliche Zeitschrift der Pädagogischen Hochschule „Dr. Theodor Neubauer" Erfurt/Mühlhausen. Gesellschafts- und Sprachwissenschaftliche Reihe,* 16. Jg., 2, S. 7-30.

Otto, K. & Riemann, S. (1990). *Zur Spezifik der Beziehungen zwischen Kindern und Erwachsenen im Spiel.* Referat, gehalten auf dem 17. Kongress des ICCP in Sonneberg, St. Andreasberg am 29.4.1990.

Otto, K., Schmidt, K., Sotamaa, Y. & Salovaara, J. (Hrsg.) (1978). *Spielzeug zum Spielen. Beiträge zu Kriterien für gutes Spielzeug.* Amt für industrielle Formgestaltung. Berlin, Leipzig, Helsinki.

Parten. M.B. (1932). *Social participation among preschool children.* Journal of Abnormal and Social Psychology.

Piaget, J. (1959). *Nachahmung, Spiel und Traum. Die Entwicklung der Symbolfunktion beim Kinde.* Gesammelte Werke. Band 5 (Studienausgabe). Stuttgart (1975). Klett.

Piaget, J. (1969). *Das Erwachen der Intelligenz beim Kinde.* Gesammelte Werke. Band 1. Stuttgart (1975). Klett.

Piaget, J. (1972). *Probleme der Entwicklungspsychologie.* Kleine Schriften. Frankfurt (1984): Syndikat.

Poeplau, W. (1992). *Monster, Macht und Mordmaschinen. Computerspiele – digitale Illusionen und soziale Wirklichkeit.* Wuppertal: Peter Hammer Verlag.

Portmann, A. (1973). Das Spiel als gestaltete Zeit. In Flitner, A. (Hrsg.). *Das Kinderspiel.* 5. Aufl. (S. 55-62). München: Piper.

Prenger, C. (1994). Kids & Computer. Die Hi-Tech-Spielkameraden. *Gesundheit – Das Magazin für Lebensqualität, Jänner 1994.* Fachverlag Gesundheit. Klosterneuburg. S. 62-64.

Retter, H. (1979). *Spielzeug. Handbuch zur Geschichte und Pädagogik der Spielmittel.* Weinheim: Beltz.

Riemann, S. (1987). *Entwicklungsbesonderheiten des Regelspiels im frühen Schulalter.* Unveröff. Dissertation. Universität Erfurt.

Riemann, S. & Otto, K. (1990). Zur psychologischen Analyse des Regelspiels im frühen Schulalter. *Psychol. Praxis,* 8/4, S. 347-360.

Rubinstein, S. L. (1946). *Grundlagen der Allgemeinen Psychologie.* Moskau, (Berlin 1971): Volk und Wissen.

Ruske, W. (1990). *Handbuch Spiel und Freizeit im öffentlichen Raum. Leitfaden für Planung, Ausschreibung, Gestaltung, Einrichtung und Betrieb von Spielplätzen und Freizeitanlagen.* Düsseldorf: Werner.

Rüssel, A. (1965). *Das Kinderspiel. Grundlinien einer psychologischen Theorie.* 2. Aufl. München: Wissenschaftliche Buchgesellschaft.

Schartner, C. (1993). Computernutzung und politisch-kulturelle Kompetenz. In Maaß, J. & Schartner, C. (Hrsg.). *Computerspiele – (Un-)heile Welt der Jugendlichen?* (S. 119-128). München, Wien: Profil Verlag.

Scheuerl, H. (1990) *Das Spiel.* 11. Aufl. Weinheim: Beltz.

Schmidtchen, S. (1989). *Kinderpsychotherapie. Grundlagen, Ziele, Methoden.* Stuttgart: Kohlhammer.

Schmidtchen, S. & Erb, A. (1979). *Analyse des Kinderspiels. Ein Überblick über neuere psychologische Untersuchungen.* 2. Aufl. Königstein: Athenäum.

Seeßlen, G. (1993). Aufstand im Ghetto – Vorüberlegungen zu einer Theorie der Computerspiele. In Maaß, J., Schartner, C. (Hrsg.). *Computerspiele – (Un-)heile Welt der Jugendlichen?* (S. 65-76). München, Wien: Profil Verlag.

Seibert, N. (Hrsg.) (1999). *Kindliche Lebenswelten. Eine mehrperspektivische Annäherung.* Bad Heilbrunn: Klinkhardt.

Seibert, N., Serve, H.J. & Terlinden, R. (Hrsg.) (2000). *Problemfelder der Schuldpädagogik.* Bad Heilbrunn: Klinkhardt.

Sheff, D. (1993). *Nintendo-"Game Boy". Wie ein japanisches Unternehmen die Welt erobert.* München: Goldmann.

Spanhel, D. (1990). *Jugendliche vor dem Bildschirm. Neueste Forschungsergebnisse über die Nutzung der Videofilme, Telespiele und Homecomputer durch Jugendliche.* 2. Aufl. Weinheim: Deutscher Studien Verlag.

Spencer, H. (1855). *Prinzipien der Psychologie.* Stuttgart.

Staabs, v. G. (1964). *Der Scenotest. Beitrag zur Erfassung unbewußter Problematik und charakterologischer Struktur in Diagnostik und Therapie.* 4. Aufl. Bern: Huber.

Stern, W. (1952). *Psychologie der frühen Kindheit.* Heidelberg: Quelle und Meyer.

Sutton-Smith, B. (1973). Das Spiel bei Piaget – eine Kritik. In Flitner, A. (Hrsg.). *Das Kinderspiel.* 5. Aufl. (S. 114-125). München: Piper.

Sutton-Smith, B. (1978). *Die Dialektik des Spiels. Eine Theorie des Spielens, der Spiele und des Sports.* Schorndorf: Verlag Karl Hofmann.

Sutton-Smith, B. (1988). Spiel und Sport als Potential der Erneuerung. In Flitner, A. (Hrsg.). *Das Kinderspiel.* 5. Aufl. (S. 62-72). München: Piper.

Sutton-Smith, B. (1990). Spiel zwischen den Generationen. *Spielmittel, 10,* 3, S. 60-70.

Thomae, H. (1968). *Das Individuum und seine Welt. Eine Persönlichkeitstheorie.* Göttingen: Hogrefe.

Treinies, G. & Einsiedler, W. (1989). Direkte und indirekte Wirkungen des Spielens im Kindergarten auf Lernprozesse/Lernleistungen im I. Schuljahr. *Unterrichtswissenschaft, 17,* S. 309-326.

Winnicott, D.W. (1958). Übergangsobjekte und Übergangsphänomene. In Winnicott, D.W. (1976). *Von der Kinderheilkunde zur Psychoanalyse.* Dt. Auszug aus „Collected Papers" (S. 293-312). München: Kindler.

Wittgenstein, L. (1971). *Philosophische Untersuchungen.* Frankfurt: Suhrkamp.

Wygotski, L.S. (1973). Das Spiel und seine Rolle für die psychische Entwicklung des Kindes. *Ästhetik und Kommunikation, 11,* S. 16-37.

Zulliger, H. (1951). *Schwierige Kinder. Zwölf Kapitel über Erziehung, Erziehungsberatung und Erziehungshilfe.* Bern, Stuttgart, Wien: Huber

Zulliger, H. (1952). *Heilende Kräfte im kindlichen Spiel.* Stuttgart: Klett. (1972. 4. Aufl. Frankfurt: Fischer).

Sachverzeichnis

A

Abkapselung 218
Abreaktion **17-18**, 23, 70
Actionspiele 195, 202
Adventures **195-196**, 205
Adaptation **131-132**, 136, 204, 205, 233, 236
Affiziertheit 96
Aggression 16, 54, 70, **177-178**, 179, 211, 219, 225
Aggressionsbereitschaft **204-207**, 211
Aha-Erlebnis 161, **163-164**
Akkommodation **19-20**
Aktivierungszirkel **21-22**, 134
Aktivität 8, **19-20**, 23, 27, **43-44**, 74, 105, **109**, 113
Akzeptanz 7, 11, 62, **218-219**
Alter, Computerspiel im **207-211**
Ambivalenz 24, 100
Analogie 107, 216
Aneignung 38, 41, 43, 102, 222
Anforderungsstruktur 50, **108-109**, 113, 140, 159, 160, 168, 211
Angst 15, 133, 148, **177-179**, **217-218**, **220-221**
Anpassung 6, **38**, 43, 56, 113, 117, **131-132**, 136, 181, 236
Anspannung 14, 33, 46, 198, 207, 210
Anspruchsniveau 24
Anstrengung 33, 216, 226
antisozial 86, **89-91**, **92-94**, 99, 103, 177, 224
Antizipation 72, 74
Arbeit 3, 33, 111, 143, 172, 193
AUDIOVISNOBERS 55
Assimilation **19-20**

B

Ballerspiel 198
Bedeutung **1-30**, 75-81, 141-142, 182-189
Bedingungen 9, **43-44**, 92, **223-224**
Bedürfnislage 16, 180
Beeinflussung **38-43**, 216
Beeinträchtigung 16, 50, 96, 102, 194, 209, **220**
Behandlung **217-219**, 225
Betroffenheit siehe Affiziertheit

Bewältigung 46, 48, 51, 70, 94, 95, 98, 134, 165, 181, 190, 201, 202, **224-225**
Bewältigungsfunktion 20
Bewältigungsstrategien 26, 46, 88, 92, 96, 103, 108, 224
Bewältigungswert 206
Bewegen **3-4**, 6, 7, 39, 105
Bewegungskoordination 104, 223
Bewegungsspiele 15, 37, 52, 115, 116
Bewertung 11, 44, 66, 70, 76, **85-94**, **95-103**, 224
Bewertungsprozesse 85, 88, 126, 230, 234
Bezugsgegenstand 39, 90, 91, 95, 96, 98, 100, 101, 176
Bezugsperson 35, 38, 40, 43, 165, 184, 203, 217, 227, 234
Bezugssystem 37, 44, 55, 72, 73, 74, 76, **85-86**, 89, 90, 94, 95, 96, 97, 102, 103, **180-182**, 190, 201, 215, 216, 220, 224, 228, 230, 232, 234, 235, 236
Bezugssysteminformation 43, 72, 74, 182, 215

C

Chance 14, 25, 46, 116, 166, 167, 222, 227, 235
Chronifizierung 225
Computer als Spielpartner 202
Computerkriegsspiel 201
Computerspiel 7, 52, 53, 54, 65, 73, 98, 114, 124, 134, **173-174**, 181, **190-211**, 262

D

Darstellung 15, 70, 79, 90, 133, **162-169**, 183, 184, 217
Dasein 103
Denken 8, 19, 20, 44, 78, 107, 141, 164, 194, 203, 204, 209
Denken, divergentes 194, 204, 209
Denkentwicklung 44, 203
Determination 42, **70-71**, 72, 141, 230, 235
Deuten, Deutung 20, 79, 217, 221
Diagnostik siehe Spieldiagnostik
Dynamik 9, 10, **11-13**, 14, 16, 34, 37, 62, 94, 125, 166, 167, 178, 226

E

Ebenbürtigkeit 25
Effekt 11, 45, 49, 50, 77, 105, **125-127**, 132, 138, 150, 163, 185, 187
Einstellung 44, **88-89**, 94, 98, 100, 108, 118, 166, 217, 230, 232, 236
Eis-Modell **137-138, 235-237**
Eltern 25, 27, 34, 37, 62, 68, **75-81**, 103, 176, 177, 178, **179-182**, 190, 195, 215, 219, 220, **221-228**
Emergenz 62, 132, 137, 139, **140-141**, 233
Emotionen 6, 15, 17, 26, 46, 50, 52, 88, **90-94, 96-101**, 132, 133, 141, **159-160**, 210, 221, 232
Energie 8, 9, 18, 23
Energieüberschuss 18
Entdecken 105, 144, 145, 163
Entspannung 17, 21, 23, 26, 134, 184, 198, 209
Entwicklung **19-20**, 23, **24-29, 43-48**, 53, 62, **104-113, 130-151, 174-182, 209-211**, 227, 235
Entwicklungschance 118, 119, 188
Entwicklungsdynamik **104-106**, 113
Entwicklungsförderung siehe Förderung
Entwicklungsfortschritt 106, 219
Entwicklungspotential 26, 28, **111**, 113, 166, 174, 189, 198, 222
Entwicklungsstörung 216
Entwicklungsverlauf 45, 164, 184
Ereignis 43, 50, 85, 95, 113, 165, 168, 190
Ereignisabfolge **89-90**
Ereigniskonstellation 44
Erfahren 20, 48, 58, **85-127**, 205, 216, 233
Erfahrung 29, 43, **85-94, 98-101**, 103, 108, 210, 221
Erfahrungsabfolge 96, 100
Erfahrungsbildung 29, 42, 44, 52, **85-86**, 103, 189
Erfahrungsorganisation 70, 71, 72, 73, 190, 235
Erfahrungsverarbeitung 51, 71, 100, 101, 182
Erfahrungsvorsprung 186, 202
Erfahrungswert 113
Erfinden 163, 164, 173
Erfolg siehe gelingen
Ergebnis 5, 37, 52, **59-61, 67-68, 90-94**, 98, 140, **144-148**, 151, **158**, 160, 236
Ergebniserwartung 46, 164, 165
Erholung 17, 18, 23
Erkunden 45, 77, 105
Erleben 6, 8, 13, 17, 37, **85-127**, 159, 174, 190, 210, **225-226**, 228, **231-233**

Erlebniserweiterung 7, 49, 51, 52, **94-96**, 98, 103, 113, 133, 136, 200, 210, 231, 232, 233, 234, 236
Erlebniswert **13-15**, 17, 23, 58, 62, 74, 94, **95**, 98, 103, 121, 133, **178-182**, 190, 209, **227-228**
Ersatzbefriedigung 20, 22
Erschöpfung 33, 198, 199, 203, 210
Erwachsene 4, 14, 25, 79, 80, 103, 109, 113, 116, 119, 120, 121, 174, 178, 188, 222, 226, 227
Erwartung 29, 46, 48, 78, 99, 108, 158, 164, 183, 216
Erzieher/-innen siehe Eltern
Existenz 102, 103, 113
Experimenten siehe Feldexperimente
Experimentieren 12, 36, 77, 105, 106, 107, 114, 163, 225
Experimentierspiel 50, 62, 71, 76, 111, 137, 138, 140, **144-145**, 146, 157, 161, 168, 234
Explorieren 105, 225

F

Familie 35, 37, **182-190**, 227
Familienbegriff 182
Familienspiel 25, 188
Familienumgebung 223
Feldexperiment 72, 87, 88, 89, 90, 91, 93, 94, 97, 99, 228
Fiktion 109, 201, 222, 227
Fiktionsspiel 47, 79, 109
final 46, 73
Flexibilität 11, 16, 28, 38, 41, 131, 168, 227
Flugsimulationsspiel 195
Förderung **174-182**, 223
Förderungsmaßnahmen 180, 220
Freiheit 2, 3, 5, 17, **33-37**, 176, 181, 189, **217-219**, 234
Freiraum 11, 77, 117, 227
Freispiel 27, 87, 90
Freiwilligkeit **27**, 29, 226
Freizeit 11, 114, 143, 200
Freude 2, 3, 5, 14, 19, 24, 25, 33, 51, 78, 105, 112, 159, 168, 188, 199, 210
Frühförderung 19, 174
funktional 26, 227
Funktion, motorische 18, 47, 164,
Funktion, psychische 8, 18, 44, 46, 71, 76, 87, 88, 90, 92, 93, 95, 100, 102, 111, 130, 132, 174, 194, 233, 236

Funktion, sensorische 18, 164,
Funktion, psychohygienische 6, 15, 23, 51, 94, **95-103**, **133-134**, 136, 187, 206
Funktionslust 12, 19, 23, 24, 49, 53, 105, 116, 138, 140, 167
Funktionsmuster 88, 90, 94, 100,
Funktionsspiel 24, 27, 37, 45, 49, 53, 62, 71, 105, 106, 107, 114, 137, **138**, 139, 140, 146, 150, **163-164**, 168, 185, 187, 190, 208, 221

G

Geborgenheit 6, **15-17**, 54, 57, 115, 121, 187, 189, 190
Geborgenheitsgefühl 15, 118, 199
Geborgenheitssystem 186
Gegenstand 7, 42, 45, 50, 66, 78, 106, 107, 113, 138, 139, 160, 161, 162
Gegenstandsbezug **6-7**, 8, 39, 43, 45, 59, 60, 66, 135, 136, 138, 139, 140, 155, 159, 185, 224, 230, 236
Gegenwart 7, 8, 15, 18, 22, 23, 74, 101, 102, 103, 136, **167-169**, 184, 209, 228
Gelingen 24, 38, 46, 51, 61, 71, 77, 108, 165, 168, 185, 214, 217
Geschichte von Klimbambula 72, **87-88**, 89, 92, 97
Geschicklichkeitsspiel 145, 147, 149, 150, 151, 195, 197, 209
Gesellschaft 37, 38, 39, 40, 41, 42, 43, 47, 115, 121, 182, 188, 209, 211, 227
Gestalten 5, 6, 8, 17, 42, 95, 101, 102, 103, 114, 130, 164, 169, 174, 186, 221, 227, 230
Gestaltung 2, 8, 9, 11, 13, 15, 16, 23, 42, 46, 56, 60, 72, 74, 75, 79, **90-94**, 101, 102, 108, 114, 118, **162-169**, 184, 222, 223, 226
Gewinnen 5, 16, 25, 26, 48, 52, 80, 111, 113, 132, 166, 169, 188, 200, 202, 210
Gewinnspiel 42, 188
Gleichrangigkeit siehe Ebenbürtigkeit
Glück 14, 26, 48, 219
Glücksgefühl 6, 26, 108
Grenzbewusstsein 75, 107, 165, 189, 198, 201, 210, 230, 234
Grenzen 12, 41, 110, 119, 218, 219, 221, 226
Grenzerfahrungen 218
Grenzüberschreitung 41
Grundbedürfnisse 43, 114

H

Handeln 5, 8, 26, 28, 33, **35**, 36, 53, 100, 138, 155, 159, 199, 202, **215**, 228, 230
Handlung siehe handeln
Handlungseinheit 9, 16, 173
Handlungskompetenz siehe Kompetenz
Handlungskontext siehe Kontext
Handlungsmuster 38, 47, 194, 195, 204, 210
Handlungsregulation 43, 53, 74, 103, 208, 231
Handlungsspielraum 114, 172
Handlungsstruktur 46, 142, 197
HERZ-Theorie 228, **231-237**
Hilfestellung 11, 25, 81
Hier siehe Jetzt
Humor 5

I

Identität 126, 219
Illusion 73, 80, 109, 115, 190, 222, 227
Illusionsspiel 47, 79, 109
Individualentwicklung 42
Individualität 9, 73, 94, **101**, 102, 106, 130, 132, **180-181**, 182, 217, 227
Individuum 6, 21, 43, 62, 95, 104, 131, 133, 135, 205
Interaktion 3, 4, 38, 40, 41, 43, 47, 48, 54, 62, 77, 81, 122, 125, 127, 166, 169, 176, 217, 220, 224, 232
Intervention 195, 218, 220
Intimität 117, 121, 187, 190
Isolation siehe Abkapselung

J

Jetzt 8, 136, 167, 184, 232

K

Katharsis (Seelenreinigung) 17
Kinderzimmer siehe Spielzimmer
Klima, emotionales 43
Klimbambula 34, 72, **87-101**, 168, 202, 224, 225
Kognition 26, 43, 49, 54, 76, 88, 130, 225, 232, 233
Kompensation 21, 47, 51, 201, 224
Kompetenz 13, 24, 46, 53, 78, 107, 132, 167, 176
Konflikt 21, 93, 109, 170, 221

Konfliktlösungsfähigkeit 176
Konfliktverarbeitung **40-41**
Konstruktionsspiel 24, 25, 29, 46, 47, 50, 52, 54, 59, 60, 61, 62, 68, 108, 114, 132, 133, 137, 139, 140, **145-146**, 150, **155-162**, 165, 168, 185, 186, 190
Konstruktionsziel siehe Ziel
Konsumspielzeug 42
Kontakt 41, 58, 75, 78, 92, 116, 138, 178, 181, 215, 219, 222
Kontext 39, 42, 43, 46, 54, 64, 68, 70, 72, 101, 148, 162, 166, 168, 196, 228, 231
Koordination, sensomotorische 105, 203, 204
Körperselbst 105
Kreativität 2, 27, 58, 143, 157, 160, 161, 194, 209, 222
Krieg 177, 199, 201, 206
Kriegsspiel 201, 206
Kriegsspielzeug **176-178**, 181, 199, 206
Kultur 36, 37, **38**, 41, 42, 54, 141, 142, 147, 148, 150, 151, 223, 227
kulturell 40, 42, 47, 142, 143, 176, 224

L

Leben 4, 5, 8, **18-19**, 22, 23, 28, 46, 73, 75, 80, 85, 102, 116, 119, 121, 131, 151, 180, 182, 194, **219**, **226-227**, 231
Lebensbereich 26, 130, 132
Lebensform, kindliche siehe Lebensweise, kindliche
Lebensfreude 27, 179
Lebenssituation 200, **216-217**, 222, 224
Lebenssystem, fundamentales 6, 130, 134, 181, 223
Lebensverhältnisse 39, 43, 62, 73, 76, 104, 116, 131, 150, 179, 180, 182, 183, 188, 190, 200, 206, 214, 215, 216, 219, 220, 222, 234
Lebensvorgänge 5, 13, 102, 131, 136, 142, 164, 181, 204, 209, 211, 235
Lebensweise, kindliche 38, 103, 118, 182
Lebenszusammenhang 219
Leid 14, 24, 25, 29, 185
Leiden 216, 218, 219, 220
Leistungsmotiv 200, 203
Lernen 26, 48, 50, 81, 111, 143, 165, 174, 175, 181, 218, 223, 227, 235
Lernfähigkeit 220
Lernspiel (didaktisches Spiel) 2, **175**, 181, 218, 221
Lob 13
Logik 126, 135, 167, 221, 222, 227

Lust 2, 4, 9, **19**, 24, 77, 105, 138, 232, 234, 236
Lustgewinn 3, 19

M

Machtgefälle 109
Machtlosigkeit 26, 220
Medien 114, 125, 176, 177, 193, 203, 209
Medienrealität 205
Missbehagen 25, 26
Misserfolg 15, 50, 108, 155, 157, 158, 159, 165, 168, 185, 186, 203, 210
Misslingen 17, 24, 25, 46, 51, 56, 81, **108-109**, 113, 156, 165, 185
Miteinander-Spielen 176
Modelleisenbahnspiele 202
Modellierung **38-39**, 43
Mogeln 16, 166
Motivation, motivational 8, 12, 16, 19, 21, 22, 26, 27, 43, 46, 49, 53, 67, 74, 76, 95, 96, 101, 103, 105, 107, 109, 113, 117, 134, 136, 155, 163, 168, 178, 196, 201, 203, 209, 210, 230, 232, 234, 235

N

Nachahmung, nachahmen **38-39**, 43, 45, 47, 91, 92, 93, 96, 97, 98, 99, 106, 165, **224-225**
Nachgestaltung, nachgestalten 17, 43, 47, 79, 90, 96, 106, **109-111**, 113, 140, 166, 167, 168, 177, 181, 187, 190, 191, 198, 202, 206, 224
Netzwerk, soziales **122-127**
Netzwerkspiele 127, 197, 203, 210
Neugier 2, 4, 10, 12, 56, 77, 91
Neuigkeitsgehalt 4, 71, 78
Nichtspiel 33, 35, 41, 78, 89, 90, 107, 110, 187, 189, 230, 234
Norm 14, 28, **40-42**, 39, 43, 47, 75, 91, 96, 109, 122, 151, 166, 179, 190, 218, 219, 221, 230
Notwendigkeit 14, 19, 20, 130, 207, 227

O

Objektivität, objektiv 5, 11, 13, 14, 26, 54, 57, 62, 67, 68, 74, 77, 135, 193, 232
Objektkonstanz siehe Objektpermanenz
Objektpermanenz 81, 83, 106, 113, 234
Offenheit 41, 99

ökopsychisch 75, 76, 115
Ökosystem 29, 116, 142, 191, 200, 215, 216
Ökosysteminformation 180, 215, 220
Ontogenese 22, 38, 45, 48, 74, 104, 130, 132, 137, 141, 183, 207, 233
Ordnung 34, 116, 131
Organisation 6, 22, 43, 44, 46, 90, 100, 106, 122, 135, 140, 143, 233

P

Pädagogisierung 18, 174, 176, 181
Passivität 27
Persönlichkeitsentwicklung siehe Entwicklung
Phantasie 3, 14, **28**, 29, 78, 79, 114, 116, 125, 143, 161, 170, 214, 220
Plastizität 11, 16, 41, 227
Pluralisierung 182
Polytelie 159, 160, 193
Prävention 220
Problemlösung 28, 160, 194, 204, 209
prosozial 86, 89, 90, 91, **92-94**, 96, 97, 98, 99, 100, 101, 103
Pseudopädagogen 177, 181
Psychodynamik 19, 21, 23, 116
Psychohygiene 131

Q

Quasi-Realität 21, 22, 23, 26, 73, 110, 118, 222, 227

R

Raum 2, 4, 7, 58, 59, 65, 66, 71, 74, 79, 117, **118-119**, 121, **135-136**, 156, 202, 220
Raum-Zeit-Bezug 2
Räumlichkeit 2, 4
Realität 29, 38, 47, 69, 73, 74, 110, 135, 169, 174, 191, 198, **199-200**, 201, 205, 206, 209, 222, 230, 232, **234**
Realitätsbezug siehe Wirklichkeitsbezug
Realitätsebene siehe Wirklichkeitsebene
Realspiel 79
Regel 20, 48, 110
Regeln 3, 39, 41, 110, **111**, 113, 122, 145, 166, 169, 187, 218, 221
Regelhaftigkeit 50, 107, 187, 221, 227

Regelspiel 16, 17, 25, 29, 47, 48, 52, 53, 62, 71, 80, 110, **111-113**, 122, 132, 133, 137, 139, 145, 146, **147**, 150, **166-167**, 169, 183, 187, 188, 190, 221
Regelverstöße 166
Rekapitulation 18
Risiko 5, 21, 79
Rolle 3, 43, 47, 48, 51, 74, 80, 109, 110, 120, 151, 164, 165, 169, **184-188**, 202, 204, 218, 232
Rollenspiel 47, 51, 53, 62, 79, 80, 109, 110, 132, 134, 137, 139, **140**, 145, 146, 147, 150, 165, 166, **169-174**, 186, 187, 190, 196, 197, 224, 228
Rollentausch 80
Rollenwechsel siehe Rollentausch
Rollenzuweisung 81

S

Scheitern 28, 46, 81, 168, 179
Schemata 105, 140, 163
Schießspiele 195
Schmerz 14, 188
Schule 143, 198, 199, 208, 222
Schutzzone 26
Selbst siehe Bezugssystem
Selbstachtung 25
Selbstaktualisierung 44, 133, 186, 189
Selbstbestimmung **36**
Selbstbeteiligung 24, 118, 183
Selbstbezug 10
Selbstdarstellung 133, **162-163**, 165, 166, 167, 168, 169, 217
Selbstentfaltung 8, 12, 16, 26, 34, 57, 101, **118-119**, 121, 164, 165, 174, 205, 211, **223-224**, 228
Selbsterhöhung 167, 183, 187, 234
Selbstgefühl 117
Selbstgestaltung 26, 44, 95, 102, 117, 119, 121, 164, 167, 168, 185
Selbstheilungsprozess 216
Selbstmotivation 24
Selbstschutz 217
Selbstveränderung 9, 16
Selbstvergessenheit 29, **36**, 202, 210
Selbstverwirklichung 8, 62, 155, 222
Selbstwertgefühl 6, 13, 25, 46, 50, 167, 169, 184, 186, 188, 202, 210
Selbstwertsteigerung 13
Selbstzweck 18, 34, **36**, 37, 102, 167, 176, 208

Sensibilität 39, 43
Sicherheitsgefühl 57, 114, 179
Sieger 4, 14, 80, 167, 188
Simulation 170, 195, 196, 197, **199-200**, 205, 210
Simulationsspiel 52, 195, 197, 206, 209
Sinn 2, 4, 5, 7, 18, 23, 39, 40, 58, 74, 95, 102, **109**, 113, 115, 117, 133, 135, 163, 165, 167, 178, 181, 184, 190, **198-199**, 209, 214, 230, 232, 235
Sinngebung 40
Sinnkontext siehe Kontext
Sinnzuweisung 39
sozial **38-43**, 47, **109-111**, 122, **124-125**, 132, **134**, 149, 176
Sozialkontakt 77, 81, 134, **178**, 194, 222, 224
Spannung 3, 10, 12, 15, 21, 35, 99, 103, 117, 134, 184, 196, 200, 207, 210
Spannungssuche 3, 4, 134, 166, 225
Spaß 2, 4, 11, 12, 15, 24, 29, 35, 45, 48, 49, 78, 114, **199-200**, 206, 210
Spiel, elektronisches 52, 183, 189, **191-192**, 193, 200
Spielaktivität 27, 33, 38, 46, 57, 77, 89, 117, 118, 133, 134, **149-151**, 175, 223, 226
Spielart 15, 23, 24, 45, 47, 48, 76, 103, **104-108**, 114, 122, 169, 183, 185, 195, 197, 202, 209
Spielauswahl **174-175**
Spielbedürfnis 9, 11, 76, 175, 208
Spielbeziehung 4, **215-216**, 218, 221
Spielcharakter 171, 173
Spieldiagnostik 54, **214-221**
Spieldynamik 34, 235
Spieleffekte 11
Spielehersteller 172, 202
Spielen siehe Spieltätigkeit
Spielentwicklung 18, 75, 81, 104, 141, **143-144**, **182-190**, **193-195**, 222, 227
Spielerfahrung 19, 46, 123, 167
Spielergebnis 25
Spielerleben 46, 86, 95, 135, 179, 181, 205, 222, 225, 228, 232, 234
Spielförderung **176**,
Spielform 49, 50, 51, 52, 53, 54, 60, 62, 71, 72, 122, 130, 136, 137, 140, 150, 155, 158, 159, 168, 231
Spielfreude 8, 19, **24-26**, 27, 29, 203
Spielgegenstände siehe Spielzeug
Spielgegenwart 71, 72, 73, 74, 76, 95, 168, 185, 232
Spielgeschehen 7, 9, 15, 16, 27, 28, 29, 60, 74, 103, 110, 111, 122, 135, 167, 168, 171, 174, 187, 194, 221, 230

Spielgeschick 14
Spielgewohnheit 175
Spielhandlung 5, 10, 13, 16, 22, 34, **39**, 43, 60, 70, 74, 87, 94, 95, 96, 101, 103, 105, 106, 107, 108, 113, 123, 133, 155, 157, 165, 178, 184, 189, 190, 194, 209, 214, 217, 220, 224, 228, 230, 231, 233, 234, 236
Spielinhalt 11, 13, 14, 20, 34, 43, 71, 73, 76, **85-94**, 102, 109, 111, 122, 124, 125, 142, 150, 151, 155, 195, 198, 200, 209
Spielkompetenz 25, 39, 105, 163, 175, 226
Spielkonstellation 25
Spielkontakt 116, 178, 181
Spielkontext 64, 68, 70, 72, 162, 168, 228
Spielleiter 122, **171-172**
Spiellust 9, 28, 33, 56
Spielmaterial 47, 65, 67, 108, 111, 155, 156, 159, 187, 214, 234
Spielmotivation, Spielmotiv 9, 16, 20, 25, 56, 138, 162, 181, 199, 200
Spielpartner 3, 11, 25, 38, 48, **75-81**, 120, **122-123**, 167, 176, 180, 185, 187, **188-189**, 190, 197, 199, 202, 203, 210, 215, 217, 218, 222, 226, 227
Spielplatz 37, **42-43**, **113-121**, 188, 223, 227
Spielraum 11, 16, 37, 58, 62, 76, 88, 102, **113-121**, 179, 180, 182, 187, 188, 189, 190, 223, 226, 227
Spielregel 14, 17, 25, 26, 27, 38, 47, 48, 52, 71, 80, 110, 111, 122, 166, 169, 188, 218
Spielsituation 22, 24, 25, 72, 86, 87, 98, 102, 142, 149, 168, 180, 188, 215, 228
Spielsucht 192, 202, 206, 209, 211
Spieltätigkeit 5, 6, 7, 8, 9, 11, 14, 15, 18, 19, 24, 29, 33, 36, 39, 44, 58, 79, 81, 86, 89, 94, 95, 104, 105, 111, 118, 135, 149, 159, 162, 166, 178, 181, 182, 183, 184, 207, 214, 215, 216, 222, 226
Spieltest 214
Spieltheorie 17, 18, 19, 23, 53, 70, 73, **137-141**
Spieltherapie **214-221**, 225
Spielumgebung 9, 61, 147, 148
Spielumwelt 71, 171, 173, **222-223**, 227
Spielverderber 25
Spielverhalten 5, 11, 14, 16, 17, 19, 22, 39, 40, 41, 42, 43, 47, 52, 54, 62, 63, 67, 68, 77, 79, 87, 88, 90, 92, 93, 95, 96, 98, 100, 101, 114, 120, 121, 125, 126, 143, 144, 149, 157, 160, 175, 186, 214, 215, **217-221**, 224, 225, 228

Spielverlauf 6, 14, **15-16**, 22, 25, 26, 27, 37, 51, 52, 73, 76, 110, 111, 125, 126, 156, 160, 166, 167, 171, 178, 180, 188, 218, 221
Spielvorgang 9, 78, 161, 192, 200, 224
Spielweise 163
Spielwert 58, 62, 71, 73, 74, **114-115**, 117, 121, 181, 190, 193, 199, 205, 209, 227
Spielwirklichkeit 5, 8, 22, 23, 27, 70, 71, **73**, 74, 201, 204, 205, 234
Spielzeit 16, 35, 37, 66, **113-121**, 143, 180, 182, 188, 194, 202, 209, 210, 223, 226, 227
Spielzeug 9, 15, 34, 35, 40, **42**, 56, 58, **59-61**, 62, 75, 76, 77, 81, **113-121**, **123-124**, 146, 176, 177, 179, 180, 181, 188, 191, 205, 209, 223, 227, 235
Spielzeugherstellung 190
Spielzeugkultur 223, 227
Spielzeugpropheten **176-178**, 181
Spielziel 5, 9, 11, 12, 15, 16, 22, 23, 24, 25, 28, 36, 50, 52, 54, 72, 74, 76, 708, 111, 113, 133, 134, 138, 141, 161, 166, 167, 169, 179, 185, 197, 199, 206, 210, 235
Spielzimmer 34, 76, 101, 118
Spontaneität 27, **28**, 29, 36, 226
Stagnation 175, 225
Strategie 188, 195, 196, 197
Strategiespiel 52, 195, 203, 205, 209
Subjektivität, subjektiv 5, 8, 11, 13, 14, 26, 58, 72, 73, 74, 77, 135, 189, 196, 199, 205, 230, 232
Symbol 78, 109, 165
Symbolebene 217
Symbolfunktion 78, 81, **107-108**, 113, 139, 166, 224
Symbolik 214, 220
Symbolisierung, symbolisieren 51, 79, 107, **162-169**, 217, 218, 221, 231
Symbolgehalt 79, 81
Symbolspiel 16, 17, 43, 50, 51, 52, 53, 54, 59, 60, 61, 62, 67, 71, 76, 79, 80, 111, 130, 132, 137, 138, 139, 140, 142, 146, 158, 160, 161, 165, 166, 167, 169, 183, 186, 194, 228
Symbolsystem 140, 198, 202, 210, 232
Symbolwelt 198, 209
Symptom, Symptomatik 216, 217, 218, 219, 220, 221
Synergie 62, 132, 137, 139, 140
Synthese 168, 184

T

Theorie 18, 19, 23, 52, 104, **130-131**, 151, 214, 226, **230-236**
Therapie siehe Spieltherapie
Transduktion 107
Transduktionsschlüsse 107
Transkulturelle Universalität **141-142**, 143
Traum 14, 28, 135, 136, 171
Trugschlüsse 23

U

Üben 4, 6, 20, 36, 44, 58, 77, 202
Überformung 40, 42
Übergeneralisierung 25
Überlegenheit 25, 75, 202
Überraschungsgehalt 13, 21, 71, 74, 179, 226
Übungsfunktion 19
Übungsspiele, sensomotorische 105
Umgebung 9, 11, 15, 25, 38, 42, 43, 44, 56, 57, 61, 104, 105, 116, 150, 178, 183, 185, 191
Umgebungspersonen 38
Umorientierung 22
Umwelt 3, 4, 6, 7, **9-10**, 12, 16, 19, 26, 34, 35, 36, 38, **39-40**, 42, 43, 44, 45, 49, 62, 75, 77, 78, 81, 85, 94, 104, 105, 106, 107, 113, 117, 119, 121, 131, 133, 135, 162, 164, 172, 174, 178, 180, 187, 189, 202, 214, 217
Umweltbezug 3, 10
Umwelteinwirkungen **75**, 76
Umweltgestaltung 11, 16, 162, 168
Unterlegenheit 25, 26, 47, 167, 187, 188

V

Variation, feldexperimentelle 87
Verbitterung 24
Vergangenheit 7, 8, 35, 70, 72, **73**, 74, 101, 102, 103, 136, 168, 169, 184, 225
Vergangenheitsbezug 35, 37, 72, 73, 74, 179
Vergnügen 2, 4, 5, 12, 19, 23, 24, 33, 38, 41, 45, 57, 105, 107, 183, 185, 187, 199
Verhaltensgrenzen 218
Verhaltenskompetenz 45, 117, 131, **178-179**
Verhaltensspielraum 26, 28, 44, 118

Verhaltenssystem 20, 26, 27, 28, 38, 40, 41, 42, 78, 95, 102, 130, 133, 136, 176, 178, 218, 224, 225, 226, 227, 228
Verhaltensvorlieben 115
Verhaltenswert **13-14**, 18, 47, 113, 115, 121
Verlieren 14, 16, 17, 26, 29, 48, 52, 81, 111, 126, 133, 167, 169, 188, 190
Verständnis 5, 20, 40, 179, 217, **219**, 220, 235
Verwickeltheit 21
Videoprotokoll 55, 73, 88, 98, 141
Virtuelle Realität 205
VISOR 53, 55, 62, **65-66**, 156, 157
Vorerfahrung 35, 76, 92, 123
Vorübung **18-19**, 22

W

Wandel 9, 11, 12, 14, 16, 22, 36, 42, **43-62**, 104, 123, 136, 189, **190-211**, 216, 235
Wechselseitigkeit 42
Weiche 193
Werk 164
Wertvorstellungen 41
Widerstand 80, 196, 217, 218
Wiederholung, wiederholen 18, 21, 42, 45, 49, 53, 108, 114, 132, 140, 163, 164, 168, 185, 187, 206, 224
Wirklichkeit 2, 4, 5, 6, 8, 11, 13, 14, 15, 17, 18, 19, 20, 22, 23, 24, 26, 28, 29, 33, 36, 38, 44, 46, 47, 50, **69-74**, 75, 78, 79, 95, 101, 102, 106, 108, **109-111**, 113, 114, 118, 119, 120, 121, 130, 133, 138, 140, 141, 142, 165, 168, 183, 184, 186, 187, 189, 190, 191, 193, 201, 204, 205, 211, 215, 221, 222, 224, 227, 231, 234
Wirklichkeitsaufbau **13-14**,
Wirklichkeitsbezug 6, 72, **114**, 115, 119, 120, 121, 183, 215, **221-222**, 227
Wirklichkeitsebene 14, 107, 113
Wirklichkeitsstatus 23, 104, 109
Wirklichkeitsverankerung 190
Wohlbefinden 4, 13, 15, 16, 57, 58, 95, 96, 102, 119, 131, 188, 189, 214, 215, 228
Wunsch 11, 78
Wunscherfüllung 22, 174, 224
Wunschvorstellung 14

Z

Zeit 2, 4, **7-8**, 15, 71, 72, 73, 74, 96, 101, 103, **119**, 121, 133, **135-136**, 143, 167, 168, 169, 185, **190-211**, **225-226**, 228
Zeitlichkeit 2, 4, 21, 73
Zeitlosigkeit 168
Zeitperspektive 21, 22, 23, 103
Zeitregulation 73, 131, 205
Zeitraum 27, 38, 48, 75, 76, 77, 119, 122, 132, 179
Zeug 39, 40, 42
Ziel 3, 5, 7, 9, 12, 16, 18, 23, 24, 25, 28, 33, 46, 50, 100, 108, 109, 111, 122, 123, 130, 132, 146, 155, 157, 159, 161, 163, 165, 167, **180-181**, 202, 205, 230, 231, 232, 235, 236
Zielbezug 3, 4, 33, 72, 138, 180, 228, 230
Zielerreichung 35, **108-109**, 155, 159, 199, 204
Zielflexibilität 4
Zielfluktuation 11, 12, 16, 22, 72, 155, 168, 189, 231, 232, 235
Zielrichtung 3, 4
Zielstruktur 21, 22, 23, 109, 138, 140
Zielverwirklichung 22, 186
Zirkulärreaktion 163, 164
Zufall 14, 26, 48, 71, 80, 110, 111, 114, 166, 170, 171, 188, 235
Zufriedenheit 15, 24, 26, 108, 159, 167
Zukunft 8, 18, 46, **73**, 95, 101, 102, 136, 147, 167, 168, 169, 184, 225
Zukunftsbezug 35, 37, 73, 74, 179
Zurückhaltung 11
Zwang 13, 27, 28
Zweck 5, 18, 23, 29, 33, 34, 35, 36, 102, 123, 146, 148, 163, 164, 186, 190, 202
Zweckfreiheit, zweckfrei 19, 21, 23, **33-34**, 38, 72, 118, 119, 179, 181, 189, 204
Zwecksetzung 34, 36
zweckvoll 34

Der Autor und sein Team

Abb.: Das „Eismodell" – Dynamik von Emergenz und Synergie in der Entwicklung des Kindes bis hin zum HERZen des Spiels.

Der Autor: Univ. Prof. Dr. Hans Mogel

Inhaber des Lehrstuhls für Psychologie an der Universität Passau

Das Team: Isolde Höfler

Sekretärin am Lehrstuhl für Psychologie, Universität Passau:
Textverarbeitung
Koordination
Organisation

Sonja Meyer, MA

Wissenschaftliche Mitarbeiterin am Lehrstuhl für Psychologie, Universität Passau:
Organisation
Redaktion
Lektorat

Christoph Fischer

Studentischer Mitarbeiter am Lehrstuhl für Psychologie, Universität Passau:
Fotodokumentation
Textbearbeitung
Buchbeitrag

Josef Gregurek

Studentischer Mitarbeiter am Lehrstuhl für Psychologie, Universität Passau:
Grafikbearbeitung
Satz und Layout
Buchbeitrag

Printing and Binding: Stürtz GmbH, Würzburg